MASSU

DU MÊME AUTEUR

Un certain Raymond Barre, Hachette, 1977
La Vie quotidienne à l'Elysée au temps de V. Giscard d'Estaing, Hachette, 1978
Les Grognards de Cabrera, Hachette, 1978 (en collaboration avec Jérôme Phelipeau)
Philippe Pétain, Hachette, 1980
Emile de Girardin, prince de la presse, Denoël, 1985 (Prix Napoléon-III 1986)
Une couronne pour deux, J.-C. Lattès, 1986 (en collaboration avec N. Kern et D. Seguin)
Charles Pasqua, J.-C. Lattès, 1986
Brasillach le Maudit, Denoël, 1989 (Prix des Amis de Robert Brasillach 1990)
Tous nuls, Denoël, 1989
Saint-Cyr, génération Indochine-Algérie, Plon, 1992 (Prix des Ecrivains combattants 1993, Prix de la Légion d'honneur 1994)
La Bataille d'Alger, Perrin, 1995
Jacques Faizant, dessinateur de légendes, J.-C. Lattès, 1996 (en collaboration avec Olivier Raynaud)
Au secours nos élus nous ruinent, Denoël, 1997
La Légende de Jacques Anquetil, Rageot, 1997
De Lattre, Perrin, 1998
6 Février 1934, Perrin, 2000
La Bataille d'Alger, Perrin, 2002

Pierre Pellissier

Massu

Perrin

www.edition-perrin.fr

ISBN : 2-262-01930-4

Chapitre 1

L'enfance et les études
Saint-Cyr
Le baptême du feu au Maroc
La découverte de l'Afrique

La naissance du XXe siècle n'apporte pas aux Français de changements radicaux, de nouveautés hardies, de bouleversements profonds. En fait, le siècle précédent va se survivre jusqu'aux lendemains de la Première Guerre mondiale, celle que l'Europe appellera la « Grande Guerre ».

La IIIe République a hérité d'un pays que Napoléon III avait ouvert à l'industrialisation et poussé vers le modernisme. Elle est aussi à la tête d'un Empire colonial que lui ont offert, dans l'indifférence générale, quelques esprits entreprenants. Ce sont des conquêtes diversement appréciées ; que les Français de l'époque jugent d'une façon curieuse si l'on se réfère à ce que deviendront leurs préférences ou leurs engagements, un demi-siècle plus tard. Dans les dernières années du XIXe siècle, ce que l'on appelait la gauche prétendait incarner l'esprit des Lumières, les droits de l'homme et le progrès social pour tous. Pour ces bonnes raisons, elle était favorable aux aventures coloniales ; n'était-ce pas une immense œuvre humanitaire que la France offrait ainsi au monde... ? A l'opposé, la droite, que représentaient les milieux conservateurs, n'avait guère d'attirance pour de telles expéditions lointaines, incertaines et de toute façon coûteuses ; quel intérêt représentaient pour la France ces contrées lointaines et ces peuplades inconnues ? Et l'expédition mexicaine n'était-elle pas une des causes de la débâcle impériale ? Le premier ministère des Colonies de l'histoire des Républiques date de 1894. La France, présente en Indochine, à Madagascar, s'implante un peu plus en Afrique noire, au Soudan, en Guinée, au Tchad, et elle entreprend, en 1902, la pacification du Sahara. L'Afrique-Occidentale française s'organise autour d'un gouvernement général contrôlé par Paris dès 1904, six ans avant l'Afrique-Equatoriale française. Les esprits les plus lucides, sachant regarder au-delà des frontières du vieux pays – et ceux-là sont rares – constatent effectivement que nos ambitions coloniales ne peuvent pas être sans risque. Si l'Algérie paraît calme et parfaitement conquise, il n'en est pas de même du Maroc voisin où les incidents se multiplient. La France vient d'occuper Oujda et la plaine de la Chaouïa, où s'affrontent deux sultans. Il y en a donc un de trop ! Abd el-Aziz passe pour être trop sensible à l'influence française ; son frère Moulay Hafid, discrètement soutenu par les Allemands, tente de le supplanter.

Au-delà des frontières françaises, vers l'est, l'Europe pourrait bien connaître, demain ou plus tard, de nouvelles tensions. Mais qui se préoccupe sérieusement de la poussée de fièvre agitant les Balkans ? Les Hongrois font régner la terreur en Croatie ; l'Autriche-Hongrie s'est emparée de la Bosnie-Herzégovine ; la Bulgarie, un moment assujettie à la Turquie, arrache son indépendance. Tout cela paraît bien lointain et un tantinet folklorique ; pourquoi s'en inquiéter ? Si l'on cédait ainsi au pessimisme, il faudrait également se préoccuper de la Russie où, en quelques années, s'accumulent des événements dont le sens et la portée ne sont pas évidents. Se réclamant des théories révolutionnaires de Karl Marx, un Parti social ouvrier apparaît en 1898 ; l'opposition bourgeoise et libérale naît avec le siècle ; le tsar Nicolas II refuse toutes les réformes en 1904 pour les accorder en 1905 après, il est vrai, une vague de grèves, d'attentats et de mutineries.

En France même, de puissants courants agitent le pays. La séparation des Eglises et de l'Etat, officielle en 1905, brise des amitiés, divise des familles. L'affaire Dreyfus pourrait être oubliée. Certes, dès son retour du bagne, le capitaine a été de nouveau condamné au procès de Rennes, en septembre 1899, mais il a été aussitôt gracié puis réhabilité en 1906. Pourtant, la France traînera encore très longtemps ce boulet et l'armée en supportera la responsabilité. Il y a aussi des mouvements sociaux tournant facilement à l'agitation et aux troubles. Ainsi, les viticulteurs du Midi se révoltent en 1907, les fonctionnaires prétendent au droit de grève et les ouvriers réclament une retraite qui leur sera d'ailleurs accordée en 1910.

Les arts, eux-mêmes, ajoutent à la fièvre ambiante. Selon ses relations, il est de très bon ton ou du plus mauvais goût de se rendre aux concerts où se jouent les œuvres de Debussy, un musicien qualifié d'impressionniste, trop novateur en tout cas pour les oreilles timides. Si les sculptures de Rodin ou de Maillol ont leurs passionnés plus nombreux que leurs détracteurs, Picasso agite le monde de la peinture. Il fait scandale en 1907, avec ses *Demoiselles d'Avignon* ; l'année suivante, il aborde résolument une période nouvelle qui va briser les perspectives, oublier les courbes, imposer des formes géométriques aux volumes et prendre le nom de « cubisme ». Les impressionnistes, dont les audaces en firent les cibles privilégiées des critiques, paraissent déjà dépassés, presque classiques. Modigliani, longtemps tenté par la sculpture, signe sa première grande toile en 1908, *La Juive*. Il n'y a guère qu'une récente invention des frères Lumière qui laisse le public indifférent. Depuis les premières projections, à partir de 1895, il ne paraît pas y avoir d'avenir pour le cinématographe...

Il n'est pas certain que ces diverses péripéties bouleversent la vie de Châlons-sur-Marne en 1908. D'ailleurs la ville est discrète, effacée, et l'ambition ne l'a pas encore gagnée au point de vouloir devenir Châlons-en-Champagne, ce qu'elle est aujourd'hui. La cité est pourtant fière d'être ville de garnison, et non des moindres.

C'est à Châlons-sur-Marne, le 7 mai 1908, que naît le petit Jacques, fils de Charles Massu et de Marie Lefevre. Il aurait aussi bien pu naître ailleurs, au hasard d'une affectation de son père qui en a déjà connu quelques-unes et en connaîtra d'autres. Charles, le père, est habitué depuis son plus jeune âge aux errances des officiers de carrière. A l'époque lieutenant dans l'artillerie, il est le fils du général Emile Massu et le petit-fils du colonel Jean Massu. Ce ne sont donc pas les fées qui veillent sur le berceau du nouveau-né, c'est Minerve en personne. Du côté de sa mère, la famille offre une apparence géographique plus stable, une branche maternelle de souche parisienne et une branche paternelle bien ancrée à Chamant, dans l'Oise, dont les Lefevre, père et grand-père de Mme Massu, ont été les maires.

Charles et Marie Massu expliqueront plus tard à leurs fils – ils en auront quatre – les liens de parenté les unissant à quelques familles célèbres : les Schneider dont le nom est attaché à la sidérurgie en général et aux forges du Creusot en particulier, ou bien le duc de Massa, ministre de la Justice de Napoléon Ier, puis Ney, maréchal de France, duc d'Elchingen et prince de la Moskowa et, plus loin encore, Guillaume le Conquérant...

De ses premières années, comme tous les bambins, le petit Jacques Massu ne gardera que quelques images éparses. Il n'a que six ans lorsque son père, en garnison à Toul cette fois, part pour une guerre que chacun veut imaginer brève et victorieuse. Elle ne sera ni fraîche ni joyeuse mais interminable et meurtrière. L'enfant regarde son père, le lieutenant Charles Massu, quitter la caserne à cheval, suivi de sa batterie. Dans quelques jours, sa mère préparera les malles et emmènera ses trois premiers fils vers Paris, pour se rapprocher de sa famille. Si Jacques a six ans maintenant, Jean en a cinq et André quatre [1].

Les enfants grandissent ainsi dans un monde étrange, qu'ils partagent pourtant avec presque tous les gamins et gamines de leur âge : des familles sans homme, sans l'affection ni l'autorité d'un père, sans les moments de calme et d'abandon bien rares dans ces foyers redoutant les plus mauvaises nouvelles. Des femmes qui espèrent, des enfants qui attendent, des distractions mesurées et des pensées pour les absents, tous les absents... Le soir, il est de bon ton de tricoter pour les soldats du front. Jacques Massu n'a jamais oublié les écharpes qu'il multipliait ; pour un enfant qui n'a pas l'habitude de manier les longues aiguilles à tricoter, il est plus facile de réussir une écharpe qu'un bonnet ou un gilet.

L'éducation de ses fils pousse Mme Massu à confier l'aîné à une école privée voisine de son domicile parisien. Il y a, rue Franklin, tout à côté de la maison de Georges Clemenceau, une école de bonne réputation, Saint-Louis de Gonzague, que gèrent les jésuites. Jacques Massu y reste de la 9e à la 6e, soit les années 1915 à 1918. Il se plie à la règle de l'établissement et porte l'uniforme de rigueur pour ces jeunes garçons ; son premier uniforme... La guerre achevée, lorsque son père est affecté à Gien, où l'armée dispose d'un important dépôt de matériel – qui reste un centre de réparation des blindés au début du XXIe siècle – Jacques Massu entre à l'école libre de la ville, l'institution Saint-Joseph. Les professeurs sont des religieux pleins de bonne volonté mais pas nécessairement des enseignants de premier choix ; encore que Jacques Massu semble avoir été un excellent sujet en grec et en allemand. Si l'école n'est pas franchement brillante, elle offre à ses élèves d'autres ouvertures, peut-être humainement plus précieuses. Celles-ci vont conduire le jeune homme à participer à des semaines sociales à Lyon ou au Havre. Et cela, il ne l'oubliera plus : « J'ai senti d'assez bonne heure combien la société francaise était disparate dans ses façons de vivre. »

Il participe aussi aux « conférences de Saint-Vincent de Paul » ; il visite des familles vivant dans un état physique douteux et dans un dénuement matériel épouvantable. Il leur apporte des gâteaux. Avec le temps, il trouvera cette aide passablement ridicule : « C'était, avouera-t-il, des choses dont ils n'avaient pas besoin si l'on pense à tout ce qui leur faisait défaut pour être mieux logés, mieux nourris, mieux habillés... »

1. Une généalogie plus complète du général Massu figure en annexe. Henri, le quatrième fils Massu, est né à Paris en 1920.

Les prêtres de Saint-Joseph, naturellement prosélytes, auraient sans doute aimé que leurs jeunes élèves soient plus nombreux à regarder du côté du séminaire pour le bien de leurs âmes et de l'Eglise réunies. L'idée ne s'est pas imposée à Jacques Massu, sûr de sa foi mais déjà tourné vers une vocation militaire progressant doucement, presque secrètement, mais sûrement.

Heureux de retrouver femme et enfants, le père ne leur parle jamais de ses années de guerre, de son passage en enfer, de la blessure qui le handicape et l'oblige à marcher en boitant bas. Sa carrière militaire s'achèvera au parc de matériel de Gien, où sont entretenus et réparés les chars d'assaut, une tâche confiée à l'époque à l'artillerie. Si le père et le fils discutent longuement de sa vocation, le jeune Jacques avance seul vers son objectif. Il reconnaît que son père ne s'est à aucun moment opposé à ses aspirations mais il ne l'a pas davantage encouragé : « D'ailleurs, si mon père m'avait poussé vers l'armée, il aurait évité de me laisser aller vers le baccalauréat philo. »

Cette orientation n'est pas habituelle, encore moins souhaitable, pour un jeune homme songeant à préparer le concours d'entrée à l'Ecole spéciale militaire de Saint-Cyr. Elle va l'obliger à une année de rattrapage, passée dans une classe de mathématiques du lycée Pothier, à Orléans. Après quoi, en 1926, remis à niveau, il peut aller préparer le concours d'entrée à Saint-Cyr au prytanée militaire de La Flèche. Là, outre le rattrapage en mathématiques, il comble une autre lacune, à savoir une forme physique insuffisante que complique un petit problème d'albumine passant pour éliminatoire. Les exercices physiques paraissent lui convenir, il se muscle. Il apprend aussi à monter à cheval, une découverte qui deviendra, au fil des décennies, une vraie passion. Au prytanée, les études sont intéressantes, les enseignants d'excellent niveau ; Gien est oublié. Il y a aussi d'autres garçons qui se révèlent de parfaits camarades, et dont les routes ne cesseront de couper la sienne tout au long de leurs vies. Jacques Massu garde ainsi une certaine admiration pour Pierre Guillaumat, le fils du général qui se distingua à Verdun puis sur le front d'Orient avant d'être ministre de la Guerre en 1926. Le jeune Guillaumat est surtout remarqué par ses congénères pour les prix qu'il additionne. Il reste à savoir si cette accumulation de succès n'a pas, à l'occasion, laissé quelques aigreurs chez ses condisciples... Les élèves reçoivent, de plus, un embryon de formation militaire. Les résultats confirment les impressions de l'élève Massu : en 1928, ils sont une centaine issus de La Flèche à être reçus au concours d'entrée de Saint-Cyr.

Le concours de l'année 1928 est, comme toujours, difficile donc sélectif ! Il s'ouvre le lundi 21 mai 1928, avec l'arrivée d'une vague de chaleur succédant sans transition aux frimas et à la neige des premiers jours du mois. La première épreuve, la composition française, dure de 7 à 11 heures du matin : « Quelles sont les principales différences entre les mathématiques et les sciences de la nature ? Quel est le rôle des mathématiques dans les sciences de la nature ? »

Pour se remettre de ce premier effort, les candidats planchent l'après-midi de 14 à 17 heures sur la physique et la chimie ; un long problème autour d'une association en série de cent accumulateurs possédant chacun une force électrique de 2 volts et une résistance intérieure de 0,1 ohm... Pour les questions de cours, ils parleront du galvanomètre et de l'aimant mobile, puis des carbonates. Le mardi, suivent l'histoire puis l'épure. L'histoire ne devrait pas, *a priori*, les prendre au dépourvu : « Les alliances et les ententes entre les grandes nations européennes de 1871 à 1914. »

Le mercredi matin, ce sont les langues, avec seulement l'anglais ou l'allemand au menu ; l'après-midi est consacré aux mathématiques. Le jeudi matin, le sujet de géographie concerne la population française : « Etude générale de sa répartition et de ses mouvements (oscillations contemporaines et regroupements ; immigration urbaine et rurale), étude plus spéciale du peuplement des régions industrielles du Nord et du Nord-Est. »

Après quoi, sur la feuille blanche qui leur a été remise en même temps que le texte de la composition, les candidats doivent localiser sur un croquis « les grandes zones d'accroissement ou de diminution de la population en France, les grands centres urbains, les régions d'immigration étrangère ». Le concours s'achève le jeudi après-midi avec l'épreuve de calcul logarithmique : « Calculer les angles A,B,C, d'un triangle, la superficie S, le rayon r du cercle inscrit, le rayon R du cercle circonscrit sachant que les côtés a, b, c, sont respectivement :

a = 8545,2 m b = 6436,8 m c = 4268,9 m.

Le jeune Jacques Massu, au sortir du concours, doit se dire que sans l'année de rattrapage passée au lycée d'Orléans, le casoar aurait pu rester un beau rêve. Il sait aussi qu'étant reçu, sa vie va bifurquer à l'automne. Avant de rejoindre la vieille école, il connaît ses dernières vacances familiales. Le cadre en est toujours le même : la petite villa de Mers-les-Bains qu'il retrouve depuis des années avec ses parents et ses trois frères. Ce sont aussi les mêmes voisins, un colonel ami de son père, sa femme et leurs quatre enfants ; les mêmes plaisirs discrets d'une époque depuis longtemps révolue, bains de mer et jeux de ballon, partie de pêche dans les rochers. Il y a aussi de longues balades à bicyclette vers Dieppe, ce qui n'est pas une mince affaire puisqu'à la sortie du Tréport, il faut monter la longue côte conduisant sur le plateau vers Criel-sur-Mer et Grandcourt, avant de dégringoler jusqu'à Dieppe. Là, il a peut-être appris, sur les ardoises que les marchands de bicyclettes accrochent à leurs devantures, la victoire du Luxembourgeois Nicolas Frantz qui gagne ainsi son deuxième tour de France. Le jeune Massu a vingt ans maintenant ; il tient encore son rôle de grand frère aîné, mais il mûrit. La silhouette est longue, mince, dégingandée, le visage est dessiné à grands traits ; le cheveu déjà rétif et le sourire de guingois. Il ressent parfois un étrange pincement côté cœur lorsque apparaissent deux jeunes estivantes qui se joignent volontiers à la bande. A la réflexion, de ces deux Norvégiennes, c'est sûrement Margit, plus que Frida, qui est la cause de ce léger émoi...

A l'automne 1928, l'élève officier Jacques Massu rejoint l'école de Saint-Cyr, tout près de Versailles. Les bâtiments sont aussi austères qu'élégants, tels que les a voulus Louis XIV en 1686 pour héberger deux cent cinquante demoiselles nobles et pauvres dont les pères sont morts au service du Roi. La Maison royale de Saint-Louis porte surtout la marque de Mme de Maintenon qui veilla autant à l'éducation des orphelines qu'à la réputation de l'établissement. L'histoire de Saint-Cyr n'est donc pas exclusivement militaire, d'autant que Mme de Maintenon avait parfois des initiatives déconcertantes. Ne demande-t-elle pas à Racine, retiré depuis douze ans déjà, de reprendre la plume pour lui écrire deux tragédies ? Les jeunes filles deviennent alors actrices pour créer *Esther* en 1689, puis *Athalie* en 1691. Et comment ne point se laisser aller à quelques rapprochements lorsque Racine, dans sa préface, situe les personnages de son ultime tragédie « loin du monde, au milieu du monde même ». C'est aussi cela, l'Ecole spéciale militaire de Saint Cyr, Jacques Massu va le découvrir [1]...

1. L'Ecole spéciale militaire, créée en mai 1802 par le Premier Consul, était à l'origine installée à Fontainebleau. Elle est transférée à Saint-Cyr en 1808. Dissoute le 16 juillet 1815 – après avoir formé 4 101 officiers –, il s'avère indispensable de la reconstituer en 1818. Elle réintègre Saint-Cyr où elle restera jusqu'en 1940. Ses locaux détruits par les raids aériens des 12 et 21 juin puis du 20 juillet 1944, l'Ecole spéciale militaire s'installe à Coëtquidan.

Comme tous les élèves de l'école, il va suivre les cours de « pompe » et de « mili ». La « pompe » cela peut se traduire, en civil, par la culture générale, avec d'excellents professeurs venus de Paris qui enseignent aux élèves l'histoire, la géographie, les mathématiques, l'administration. La « mili » est, de toute évidence, ce qui touche à la fonction militaire et qui ne paraît pas avoir été à l'époque d'un niveau éclatant ; même s'il ne s'agit que d'exercices, du tir, des marches, du règlement militaire... Certes, en quittant Saint-Cyr, ils sauront beaucoup de choses à propos des grandes batailles de l'Histoire, mais leur formation pratique s'est limitée aux compétences d'un chef de section, ce qu'ils resteront tous deux ans après leur sortie de l'école. Satisfait de la « pompe », Jacques Massu s'est étonné de la médiocrité de l'enseignement militaire. Il n'était pas le premier, il ne sera pas le dernier ; c'était encore un reproche courant dans les années cinquante...

Les élèves de la 115e promotion 1928-1930 – devenue en cours d'études la promotion Foch – doivent penser à leur future carrière, donc choisir leur arme. Saint-Cyr se laissant aussi traverser par quelques modes, liées aux événements intérieurs comme à l'environnement international, deux armes sont en vogue à cette époque : il est de bon ton de sortir dans la cavalerie ou dans l'aviation [1]. Pour Jacques Massu convenablement classé sans être parmi les tout premiers, le choix est évident : ce sera l'aviation ! Il échoue d'aussi peu que possible : à l'amphi-corps, il reste bien une place disponible lorsque vient son tour, mais elle est réservée pour un élève moins bien classé auquel est accordée une priorité puisqu'il vient, précisément, de l'aviation... Le jeune Massu est navré ; il le sera davantage encore deux ans plus tard, lorsque ce camarade sera tué, au Maroc, parce qu'il a croisé un obus égaré sur sa trajectoire de vol. A défaut de l'aviation, il pense brièvement aux aérostats mais il renonce. Cette affectation ne lui paraît pas des plus prestigieuses. Elle aurait été, de plus, bien éphémère – mais il ne le sait pas à cet instant – les ballons n'ayant jamais réussi une percée foudroyante dans l'histoire militaire française. Pour l'immédiat, aérostats et dirigeables n'ont qu'une courte histoire derrière eux, dont deux dates sont à retenir. Le dirigeable *Italia* du général Nobile s'est écrasé au pôle Nord le 25 mai 1928, le lendemain du concours d'entrée de la promotion de

1. L'Ecole de l'air de Salon-de-Provence n'existe pas encore. Les officiers de l'aviation sont effectivement formés à Saint-Cyr ; ce sera le cas pour deux généraux dont les carrières recouperont celle du général Massu : les généraux Challe (promotion Chevalier Bayard/23-25) et Jouhaud (promotion du Rif/ 24-26).

Saint-Cyr 1928-1930; il est vrai que le géant britannique, le *R 101*, ne s'enflammera en vol que le 4 octobre 1930, quelques semaines après l'amphi-corps. Quant au Zeppelin, dont les Allemands sont si fiers, il a effectivement fort belle allure... Oubliant les ballons, Jacques Massu revient vers des choix plus classiques, ceux qui conduisent les jeunes officiers vers la Coloniale, puis la Légion ou les chasseurs. Pour lui, ce sera la Coloniale... Il sait qu'un tel choix suppose de nombreux séjours outre-mer, la découverte de pays lointains dont il ne connaît rien, une autre vie. Il devine, au-delà de l'inconnu, la possibilité de quelques aventures.

Il s'est expliqué par la suite sur ce choix. Outre la soif d'espace, de nouveauté, il y avait aussi l'image de quelques-uns de leurs aînés, les plus célèbres et les plus glorieux : « Certains de nos anciens avaient un grand prestige sur nous, les jeunes. »

Les grands généraux de sa jeunesse – qui ne sont pas nécessairement saint-cyriens – ont effectivement longuement parcouru les colonies. Gallieni est passé par le Tonkin, le Soudan, Madagascar. Joffre, le polytechnicien, a suivi exactement le même parcours. Lyautey a aussi servi au Tonkin et à Madagascar avant de pacifier le Maroc. Lyautey, avouera Massu, « c'était un peu un dieu pour nous à l'époque ». Il est vrai que ces jeunes officiers savent tout de son œuvre de pacification, de ses idées sociales. Ils se précipiteront aussi à l'Exposition coloniale qui est son œuvre, une manière de compensation que lui offre la République après l'avoir arraché au Maroc, dans des circonstances douteuses. De cette éviction, Massu garde une rancœur, que le temps n'effacera point, envers un homme qui a été un grand soldat mais qui a accepté de prendre la place de Lyautey destitué : Philippe Pétain !

De cette rivalité de maréchaux, le vainqueur de Verdun ne sort pas grandi. Massu – et il n'est sûrement pas le seul parmi les jeunes officiers – considère que Pétain n'avait pas le droit d'intriguer pour prendre la place de Lyautey. Il reste à savoir si Pétain a effectivement comploté contre Lyautey...

La réalité paraît sensiblement différente. En 1925, le Cartel des gauches est au pouvoir. Edouard Herriot, le président du Conseil, paraît avoir oublié que ses prédécesseurs voulaient apporter aux peuples conquis les lumières de l'humanité. Le « Cartel », plus matérialiste, entend en finir avec une aventure marocaine devenue pesante et coûteuse. Les politiques, de plus, n'aiment pas Lyautey, le monarchiste : il leur a si clairement manifesté sa défiance et son mépris en 1917, lors de son passage au ministère de la Défense [1]. Ils lui préfèrent Pétain, vieux maréchal républicain, tellement rassurant depuis qu'il s'est fait moins acerbe, moins critique ; Pétain rentrant les griffes, ronronnant de plaisir devant les honneurs en tout genre. Ainsi naît un attelage parfaitement hétéroclite. Mais a-t-on idée, aussi, de vouloir faire collaborer Lyautey le pacificateur avec Pétain qui ne songe qu'à écraser les rebelles... En octobre 1925, Lyautey découvre, en lisant la presse, qu'il s'apprête à partir en cure... La surprise passée, il cède à une immense colère – il les aime tonitruantes et spectaculaires, piétinant volontiers son képi. Il tombe dans le piège tendu par le gouvernement : il démissionne ! Lui succédant, Pétain ne montre aucun enthousiasme particulier, aucun attachement pour ce Maroc dont il est désormais le maître, ou presque : il est le plus souvent possible en France. Et lorsque Abd el-Krim fait sa reddition le 25 mai 1926, Pétain ne vient même pas au Maroc ! Lyautey et Pétain ont été les jouets des politiques ; l'un, trop sûr de lui, ne sachant ni ne voulant plier la nuque ; l'autre déjà retors et ne pouvant plus dire non au pouvoir et à ses apparences. Voici donc les deux maréchaux brouillés pour un moment [2]. De cette aventure sans gloire, il ne restera à Pétain que des amitiés espagnoles qui, avec le temps, paraîtront encombrantes : les généraux Primo de Rivera et Sanjurjo. Lyautey, amer, se consolera avec son Exposition coloniale...

Sous-lieutenant de l'infanterie coloniale en 1930, Jacques Massu ne part pas immédiatement à la découverte de l'Afrique. Il va pourtant apprendre à connaître les Africains, car il est affecté au 16e régiment de tirailleurs sénégalais, basé à Montauban. Il va de surprises en découvertes. Il apprend, pour commencer, qu'un régiment de tirailleurs sénégalais, c'est simplement une appellation administrative mais ce n'est en aucun cas une réalité géographique : ses hommes viennent tous du Soudan, l'actuel Mali ! Qu'il sache aussi qu'un régiment peut être éclaté sur différents sites. Pour le

---

1. Le général Lyautey, rappelé du Maroc, devient ministre de la Guerre en décembre 1916. Il démissionne en mars 1917, abandonnant les députés en séance et laissant son discours inachevé. Il refusait depuis un moment de les informer de ses projets, même en comité secret, estimant que la Défense nationale ne pouvait courir aucun risque d'indiscrétion.

2. Lorsque l'Académie française songe à Pétain pour succéder à Foch, Lyautey qui est l'un des « quarante » déclare qu'il votera pour Pétain par devoir mais qu'il n'assistera plus à aucune séance de l'Académie. Il sera pourtant présent le 22 janvier 1931, pour la réception de Pétain sous la coupole... Pétain élu à l'unanimité grâce à Lyautey...

16e RTS, il y a trois points de chute. Le colonel s'est installé à Montauban même ; il garde autour de lui le « bataillon d'études », délicate appellation pour désigner l'élite de son unité. Un deuxième bataillon est détaché à Castelsarrasin ; celui-là est affublé d'un autre surnom, plus étrange encore : il réunit les « malingres », qui ne sont peut-être destinés ni à la réflexion ni aux efforts... Enfin, à Cahors, stationne le bataillon « de guerre », où un chef hors du commun, le commandant de Boishamon, a entrepris de faire de ses hommes les meilleurs combattants possible. C'est lui qui hérite du sous-lieutenant Massu.

A travers ses pseudo-Sénégalais, c'est l'Afrique qu'entrevoit le jeune officier. Les hommes qu'il a en charge ne parlent pas français, ou si peu. Quelques sous-officiers plus instruits jouent les interprètes. Pourtant l'atmosphère est bonne. Les tirailleurs sont gais. Massu s'en amuse : « J'étais nul, j'avais conscience de ne rien avoir appris à Saint-Cyr mais j'étais plein de bonne volonté et heureux de trouver en face de moi une bonne volonté analogue. »

Le voici donc promu instructeur, apprenant à ses tirailleurs le démontage et le remontage des armes, les entraînant au tir et accessoirement leur donnant des cours de français. C'est aussi cela, la Coloniale. Après quoi, il leur faut apprendre à manœuvrer, acquérir les réflexes qui sont essentiels au combat, non seulement pour être un soldat digne de ce nom mais aussi pour survivre. Connaissant son métier, le commandant de Boishamon sait où ses hommes pourraient être engagés dans les prochains mois ou les prochaines années. Il y a encore des zones non pacifiées au Maroc où l'on se bat toujours, même si Pétain a d'autres soucis en tête, notamment son discours de réception à l'Académie française qui va l'occuper de longs mois. Boishamon prépare donc son bataillon pour des combats tels qu'ils se poursuivent dans le Tafilalet ou le Haut-Atlas. Pour cet entraînement, il a repéré des terrains dans les environs de Cahors, qui lui paraissent parfaitement appropriés. Cadres et tirailleurs apprennent là l'usage du terrain, l'art et la manière de deviner les embuscades, d'y échapper ou de les tendre. Le commandant a aussi des conseils plus personnels à dispenser au jeune sous-lieutenant. Qu'il évite en priorité le piège menaçant tout jeune officier de la Coloniale ! Partir le plus loin possible offre certes une double satisfaction, avec la découverte d'horizons nouveaux et une solde bien plus substantielle qui peut aider à démarrer dans la vie. Mais que le sous-lieutenant Massu soit attentif : après Cahors, il sera certainement plus important pour sa carrière d'aller là où se passent les choses. Au Maroc donc ! Il y apprendra son métier aux côtés d'officiers qui n'ont pas voulu choisir la facilité.

En septembre 1931, comme il le souhaitait, Jacques Massu est affecté au Maroc. Avant d'aller embarquer pour Casablanca, il prend le temps de venir à Paris. Les visites d'au revoir à la famille certes, mais aussi cette Exposition coloniale qu'il n'est pas question de négliger. Elle a été inaugurée le 6 mai par le président Gaston Doumergue qui l'a dédiée à l'union et à la paix entre les peuples. Bousculant le protocole pour cette inauguration, Doumergue n'a voulu à ses côtés que le seul Lyautey, qui l'a préparée pendant deux ans et demi. C'est d'ailleurs Lyautey qui, dans son allocution, insiste sur le sens profond de cette manifestation : « Ce que nous voulons, c'est témoigner aux yeux du monde, pendant les six mois qui vont venir, que, dans l'ordre des choses matérielles, intellectuelles, sociales et morales, l'action réalisée à travers les gens et les pays par les nations colonisatrices est essentiellement constructive et bienfaisante. »

Des millions de visiteurs contempleront le chef-d'œuvre du moment qu'est la reconstitution du temple d'Angkor, puis les pavillons africains et le parc zoologique d'un style nouveau, plus proche de la nature que de la prison. Le public apprécie aussi la touche supplémentaire d'exotisme offerte avec les emplacements réservés à la Belgique, à l'Italie comme au Portugal, indiscutables puissances coloniales ; avec, aussi, une authentique surprise lorsqu'ils poussent jusqu'à l'espace accordé aux Etats-Unis auxquels personne n'oserait prêter une telle vocation... et pourtant sont présentés Porto-Rico, Hawaii et l'Alaska, futurs Etats de l'Union.

Mais qui a vraiment prêté attention au discours de clôture que prononce le gouverneur général Olivier :

> « Un cycle de l'histoire du monde s'est achevé, qui vit les heurts et les froissements des races, l'hégémonie de l'une, l'assujettissement des autres. Un nouveau cycle commence qui les fera se rapprocher toutes... l'exposition a préparé les voies [1]... » ?

Casablanca, la ville voulue, tracée, bâtie par Lyautey, n'est pour le jeune lieutenant qu'un port de débarquement, la porte grande ouverte sur des péripéties qu'il espère variées, formatrices et, pourquoi pas, glorieuses. Impossible de s'attarder, il doit rejoindre Fez, où est installé l'état-major du 5e RTS. Quelque deux cents kilomètres l'attendent avant d'aborder la ville impériale... Le voici partant plein ouest, pour découvrir des paysages nouveaux, apercevoir

1. Cité par Jean-Jacques Bloch et Marianne Delort, *Quand Paris allait à l'Expo*, Marabout, 1983.

les troupeaux de moutons efflanqués, les douars aux masures en torchis cernées de broussailles et de cactus, les oueds asséchés où s'accrochent des buissons de lauriers-roses.

Il voudrait se croire au temps des grandes heures de Lyautey. Il n'est que dans un protectorat où l'on essaie parfois d'oublier la pacification qui se poursuit dans les djebels. Le colonel l'accueille fort aimablement d'ailleurs, avant que leur conversation n'oblique vers un curieux chemin de traverse : quelques questions aussi banales que polies, puis une autre encore qui lui paraît sans doute la plus importante puisqu'il l'a gardée pour la conclusion de ce premier entretien :

> « Vous savez jouer au tennis ?
> – Oui, mon colonel.
> – Alors venez pour une partie, à 17 heures... »

Le lieutenant Massu garde de l'aventure un sentiment mitigé mais surtout amusé : « Je me suis fait battre diplomatiquement par mon colonel. »

Celui-ci a dû trouver le partenaire intéressant et son environnement quotidien rehaussé par cette arrivée. Il pose donc une autre question à Massu, au moins aussi importante que la précédente, une de ces questions incluant la réponse :

> « Vous allez rester à Fez, n'est-ce pas ?
> – Mon colonel, je suis venu pour faire campagne ; je serai content d'aller dans le Sud. »

S'il avait assisté à la scène, le commandant de Boishamon aurait sûrement trouvé que son élève avait parfaitement retenu ses leçons. C'est bien dans le Sud que l'on guerroie à cette époque.

Le sous-lieutenant Massu découvre l'organisation militaire française, les relations franco-marocaines et ce qui existe déjà d'authentiquement chérifien. L'armée est la conjuguaison de troupes diverses. La Coloniale est représentée par deux régiments dits sénégalais – l'un stationné à Fez, l'autre résidant à Marrakech – et par le prestigieux RICM de Casablanca qui, au contraire des deux précédents, est entièrement « blanchi » [1]. L'armée d'Afrique est aussi présente, avec ses régiments de tirailleurs algériens et marocains, ses spahis et ses goumiers. Dans ses rangs figure le prestigieux Henri de Bournazel, qui n'abandonne jamais sa longue cape rouge de spahi et

1. Le régiment d'infanterie coloniale du Maroc changera de nom par la suite, tout en restant le RICM. C'est un des régiments les plus décorés de l'armée française.

dont le souvenir ne quittera plus Massu : « Pour un jeune officier, un homme comme ça c'est un drapeau... »

Puis il y a la Légion étrangère, sa légende et ses traditions, sa discipline de fer faisant indifféremment de ses hommes des combattants ou des pionniers, capables de traquer le rebelle comme de tracer des routes. Du Maroc, le sous-lieutenant Massu sait parfaitement que c'est un protectorat ; une formule administrative résumant le statut d'un Etat indépendant qui a besoin, estime la France, d'un protecteur parce qu'il n'a pas pu imposer son autorité à toutes les populations du territoire concerné... et nous en sommes encore bien là dans le Maroc des années trente, même si la rébellion n'enflamme plus que le Tafilalet et la Moulouya. Le résident général représentant la France est Lucien Saint. La dynastie régnante est, comme aujourd'hui, celle des Alaouites qui peut prétendre descendre du Prophète et être à la fois de souche berbère et arabe. Il y a, enfin, une administration chérifienne comme l'a voulu Lyautey, travaillant à l'indépendance du Maroc

Après son escale à Fez, Massu rejoint Ksar es-Souk, sur les contreforts sahariens de l'Atlas, où est implanté le 3e bataillon du 5e RTS que commande un chef de bataillon au nom prédestiné de Bataille ! Il y a aussi une compagnie portée du 2e régiment étranger d'infanterie. Massu descend ensuite plus au sud, jusqu'à Erfoud. Les consignes reçues sont celles que l'on transmet ordinairement à tout jeune officier prenant un commandement ; avec quelques compléments qui sont autant d'avertissements. Dans cette zone incertaine, les hommes savent s'embusquer pour user du moukala, le fusil qui peut être une antique pétoire ou une arme de qualité depuis que les Allemands ont décidé de soutenir discrètement la rébellion, parfois encadrée par des officiers teutons en quête d'aventure ou de profit... Les femmes sont aussi redoutables, elles ont le coutelas facile et la même haine du roumi que les hommes. En contrepartie, il faut reconnaître que les vaincus se rallient volontiers. Les officiers des « affaires indigènes », imprégnés de culture locale, parlant parfaitement la langue, à la fois juges de paix et administrateurs, savent orchestrer ces ralliements à l'occasion de fêtes qu'ils organisent, les « targuiba ». Autant s'habituer le plus vite possible à toutes ces données, puisque le séjour normal est de deux années et que logiquement Massu – promu lieutenant en 1932 – restera jusqu'en 1933.

Jacques Massu reçoit le baptême du feu le 15 janvier 1932 dans le Tafilalet. Le groupement du commandant Cornet a reçu pour mission de s'emparer de deux points forts qu'occupent les rebelles : un village fortifié, ou ksar, puis une arête rocheuse située plus à l'est qui est également solidement défendue. Le groupement s'est scindé en deux éléments. Massu joue les agents de liaison. Il doit passer un message du commandant du 2/5e RTS au patron du groupe franc du régiment, s'apprêtant à attaquer le ksar. Il réussit à le rejoindre quelques minutes avant l'attaque, ce qui étonne déjà son interlocuteur l'imaginant mal repartant ensuite vers Cornet. Qu'il reste donc, ce sera plus prudent; il ajoute ce bref commentaire que Massu a gardé en mémoire : « Ça va chauffer. »

Très digne, le sous-lieutenant Massu n'entend pourtant pas s'attarder : « J'ai effectué ma liaison, je retourne vers mon chef. »

Il remonte à cheval et s'éloigne. Le cheval glisse dans un canal d'irrigation, trébuche et tombe, la selle tourne. Massu, devinant qu'il doit faire une jolie cible depuis le village haut perché, rééquipe comme il peut, saute sur la bête, file au galop. Et se fait tirer comme un lapin! La mission est accomplie; il lui reste cependant une étrange impression, celle d'une carrière qui aurait pu s'achever dans le canal d'irrigation d'une palmeraie des contreforts de l'Atlas.

En 1933, il est muté à sa demande au bataillon du commandant Lupy évoluant en permance dans le Haut-Atlas. Il découvre la vie en colonne. Etre en colonne, c'est nomadiser, comme les manouches, dira-t-il. La méthode est héritée du maréchal Bugeaud qui l'expérimenta près d'un siècle plus tôt, en Algérie puis au Maroc. Une colonne se déplace en carré; sur chaque côté du carré progressent les éléments de l'infanterie, au centre avancent l'artillerie et les bagages, puis galopent dans les environs proches les spahis et les éventuels partisans. Etant donné que l'artillerie et les bagages suivent la route, la piste ou ce qui en tient lieu, il est évident que l'infanterie crapahute à travers le djebel... Depuis Bugeaud, le principe n'a guère évolué. Le lieutenant Massu se souvient des lentes progressions en terrain difficile, des nuits passées à la belle étoile avec pour seul matelas le tapis qu'ils faisaient suivre; les toilettes aussi rares que l'eau; quelques poses mais aussi des combats parce que les rebelles ne sont jamais loin. En d'autres circonstances, il n'est pas nécessaire de chercher les rebelles, comme ce 1er mai 1933 où l'ordre leur est donné de récupérer un piton normalement tenu par la Légion étrangère qui vient d'être sérieusement malmenée. A trop joyeusement fêter Camerone en zone d'insécurité, les légionnaires se sont laissé surprendre. Une grande targuiba suivra quelques semaines plus tard.

Le lieutenant Massu sait que son séjour tire à sa fin. Il a connu ses premiers combats, tout en sachant relativiser leur importance :

« Ce n'était pas une guerre terrible, j'ai quand même vu tomber une trentaine d'officier pendant mes deux ans. Ce n'est pas rien, surtout pour un jeune officier. »

Il a aimé cette ambiance curieuse faite de risques, de fraternité, de découvertes, d'imprévus, d'inconfort aussi. Il s'est laissé prendre au charme du grand Sud. Il est jeune, il est libre. Il demande à prolonger son séjour. Il a d'ailleurs commencé à apprendre l'arabe puisque c'est chez les goumiers qu'il aimerait poursuivre sa campagne marocaine. Le général Giraud va le décevoir : il ne saurait être question d'une prolongation, que Massu rentre en France... Un discret clin d'œil du destin : s'il avait été affecté à un goum, Massu aurait du même coup quitté la Coloniale pour l'armée d'Afrique. Il aurait été au Maroc en juin 1940 et peut-être, ensuite, sous les ordres de Giraud...

Lorsqu'il rentre en métropole, contraint et forcé, le lieutenant Massu a appris tout ce que les instructeurs n'enseignaient pas à Saint-Cyr : la manière de quadriller le terrain, d'organiser les tours de garde et les rondes, d'animer et de tenir en main une section ou une compagnie, l'art d'éviter le combat quand on le peut et d'épargner la vie de ses hommes autant qu'il est possible. Une vieille recette guerrière tenant en quelques mots – « ça passe ou ça casse » – lui paraît être la pire des doctrines, dont il ne voudra jamais entendre parler. Il découvre aussi que certains chefs, que d'autres jugent prestigieux, ne lui paraissent pas mériter une entière confiance ; simplement parce que sa courte expérience de la guerre, à défaut de tout connaître, lui permet déjà de savoir ce qu'il ne faut pas faire. Ainsi n'oubliera-t-il jamais un épisode de cette guerre, au cœur du Djebel Saigho, lorsque Giraud envoie des hommes à l'assaut d'un piton rocheux qui a toutes les apparences d'une forteresse naturelle, facile à défendre mais pratiquement imprenable. A la nuit tombante le bilan est lourd. Des centaines de blessés gisent sur le sol, souffrant, gémissant, attendant des soins et quelques gouttes d'eau ; il y a une soixantaine de morts et parmi les cadavres allongés sur la rocaille, celui de Henri de Bournazel, roulé dans son éternelle cape rouge, cette fois noircie de son sang séché, Bournazel qui était devenu le gouverneur du Tafilalet. Massu n'aimera jamais parler de cette journée, si ce n'est d'une brève phrase : « Il a vraiment lancé ses hommes à la mort, et cela de la part d'un chef, je ne l'ai jamais digéré. »

Jacques Massu, au cours de sa carrière puis ses cantines déposées, aura d'autres occasions de revenir au Maroc. Son souvenir le plus pittoresque est certainement le plus tardif. En 1984, il joue les touristes avec des anciens de la 2e DB et la maréchale Leclerc. Retrouvant Fez qu'ils visitent en taxi, Jacques Massu s'improvise guide, signale un monument, une mosquée ou un souk à ses amis. Le chauffeur de taxi – qui porte d'ailleurs des décorations françaises – s'étonne, écoute puis devient curieux :

> « Tu as été militaire au Maroc ?
> – Oui, il y a longtemps. J'étais sous-lieutenant...
> – Après tu es monté en grade ?
> – Oui, un petit peu...
> – C'est bien, bravo mon lieutenant. »

Sa nouvelle affectation, métropolitaine donc, le conduit vers le 12e régiment de tirailleurs sénégalais, basé à La Rochelle. Il rejoint le bataillon détaché à Saintes où l'ambiance ne peut être excellente : la garnison, comme toutes les garnisons de France d'ailleurs, est consignée. Ce sont les contrecoups du 6 février 1934, une nuit d'émeute parisienne parce que la foule avait décidé d'aller conspuer les députés supposés vendus ou pourris. La manifestation a fait une vingtaine de morts et allait être suivie de quelques semaines tendues. Il est vrai que certains de ces députés – essentiellement des élus du vieux parti radical – étaient compromis dans le scandale Stavisky, du nom d'un escroc qui, pour ses détournements, avait su user au mieux de ses relations parlementaires.

L'époque ne plaît guère à Massu ; Saintes ne l'enchante pas ; ses occupations au 12e RTS n'ont rien de passionnant. Comme souvenir notable, il ne garde de ce court séjour qu'un déplacement au Havre pour l'inauguration d'un monument dédié au général Archinard qui avait été de la conquête du Soudan[1]. Il part à la tête d'une section de Sénégalais ; une section de spahis venus de Senlis les rejoint, puis tout se complique. Puissance invitante, le régiment d'infanterie du Havre oublie les deux délégations, jugées peut-être trop folkloriques. Elles doivent se débrouiller tant bien que mal, assistées par les anciens combattants havrais étonnés du procédé. Puis, il y a Pétain, que Massu, toujours attaché à Lyautey, aime de moins en moins ; Pétain qui au lendemain du 6 février s'est laissé gagner par un regain d'ambition et que voici ministre de la Guerre... De retour à Saintes, il lui paraît évident que l'essentiel est d'en repartir le plus vite possible. Vers l'Afrique bien évidemment !

1. Le général Archinard, né au Havre en 1850, est mort en 1932. Il avait été le commissaire militaire à l'Exposition coloniale.

La solution la plus simple est de permuter avec un autre officier, affecté en Afrique mais désireux de rester en métropole. L'homme existe, le poste aussi ; un coup de pouce serait pourtant le bienvenu. Le lieutenant Massu se tourne vers le colonel Cornet devenu un officier d'état-major distingué. Lui seul peut l'aider pour cette place à pourvoir chez les méharistes, en Mauritanie. C'était le sommet du possible, hélas réservé à un officier ayant déjà l'expérience de ces troupes très particulières. Cornet ne peut mieux faire qu'un poste au Togo. Alors, va pour le Togo...

En 1934, au Togo, les forces françaises sont des plus limitées. Il n'y a comme officiers pour tout le territoire où va évoluer Jacques Massu qu'un capitaine et un lieutenant, tous deux fixés à Lomé. Encore faut-il arriver jusqu'à Lomé sans être emporté par les vagues... A l'époque, les méthodes de débarquement sont rudimentaires : au flanc du navire attend une chaloupe, où les passagers sont transbordés dans une nacelle ; la chaloupe aborde le wharf auquel ils accèdent aussi par un panier accroché à une grue. Après quoi, plus ou moins trempés, les voyageurs achèvent à pied le chemin vers la terre ferme. Lomé est aussi une ville qui l'étonne, avec ses bourgeoisies blanche et noire, habitant les mêmes quartiers et se fréquentant sans difficulté. Le capitaine qui l'accueille partage, à la cité administrative, une villa avec un avocat, Me Viale, qui est d'ailleurs le seul fixé au Togo à ce moment ; le directeur des douanes habite tout à côté, au camp de la milice. Mais le lieutenant Massu n'a pas le temps de déballer ses cantines et d'installer ses pénates.

Sa première tâche est une mission d'apaisement et de désarmement au pays Konkomba. Il est supposé partir pour quelques semaines ; il ne reviendra à Lomé que quinze mois plus tard... La raison tient aux difficultés rencontrées par le chef de subdivision de Bassari, Rocher. C'est un Martiniquais que son identité de couleur desservait peut-être, notera aimablement Jacques Massu. Il est évident, en tout cas, que Rocher se trouve être victime d'une « achouma » – une perte totale de prestige. Il ne parvient plus à faire rentrer les impôts, puis, quand il veut arrêter un assassin, l'affaire se passe aussi mal que possible. Les guerriers sortent les armes et, l'habitude revenant, c'est un renouveau des guerres tribales. Pour sortir de l'impasse, il faut une tournée de désarmement. Elle est confiée au lieutenant Massu, partant ainsi en toute innocence à la découverte du Togo ! Ce qui est aussi redoutable que saugrenu avec ces guerres en pays Konkomba, c'est leur enchaînement inéluctable.

Qui dit guerre sous-entend combattants tués, qui parle de combattants tués annonce une cérémonie pour leur enterrement... Or, dans cette région togolaise, chaque inhumation est l'occasion d'une beuverie où l'on abuse généreusement de la bière de mil, puis, les esprits s'étant échauffés, chaque beuverie s'achève par des affrontements entre clans, parfois par des morts qu'il faut enterrer et honorer d'une nouvelle beuverie à la bière de mil... Que le lieutenant Massu aille donc voir de près si l'on peut empêcher une nouvelle guerre de cent ans chez ces gens qui ont certes un authentique courage physique mais qui ne savent pas se battre. Embrumés par l'alcool, les deux clans adverses se placent face à face et échangent des tirs de flèches empoisonnées, ce qui reste la plus rudimentaire des tactiques. Ces bagarres sont bien la seule chose que l'on peut reprocher aux Konkombas. Le reste du temps, ils sont parfaitement fréquentables, aimables, avec un sens de la famille très classique. Cultivateurs, ils paient même l'impôt très régulièrement si on le leur demande poliment, ce qui paraît pourtant avoir entraîné des difficultés avec ce monsieur Roche que Massu doit aller tirer d'affaire.

Les moyens accordés au jeune lieutenant sont à la hauteur de la situation ; il aura droit à deux camions et une compagnie de la milice levée à Lomé. Son ordre de mission est parfaitement clair :

> « Le but de l'expédition dont le caractère doit demeurer tout à fait pacifique sera de montrer notre force aux Konkombas, dont l'humeur indépendante et guerrière se traduit, malgré notre présence fréquente parmi eux, par des rixes meurtrières entre les habitants des villages, de désarmer les guerriers et de détruire leurs flèches ainsi que les arbres à poison plantés aux environs des agglomérations, de faciliter, le cas échéant, au commandant de cercle et au chef de subdivision, l'arrestation des auteurs des crimes qui ont été commis récemment dans la région. »

Voici le lieutenant Massu quittant Lomé le 17 avril 1935. Il est le soir même à Sokodé, ce qui relève de l'exploit puisque le détachement a parcouru trois cent vingt-cinq kilomètres de pistes. Deux jours plus tard, il arrive à Nawaré, dont il fera son camp de base et où le travail commence. Entre le 19 avril et 14 mai, le lieutenant Massu récupère trois cent mille pointes de flèches et, au total, deux tonnes et demie de matériels guerriers de diverse nature. Pour faire bonne mesure et ne rien oublier de l'ordre de mission, il arrache partout où il les débusque ces fameux strophantus, ou arbres à poison.

L'administrateur de la France d'outre-mer en charge de la

région, un certain Geismar, lui conseille de rester aussi longtemps que possible à Nawaré :

> « Tu as une chance fantastique, tu es seul en plein cœur de la brousse africaine, tu n'as pas de patron... Qu'est-ce que tu peux rêver de mieux ? Puisque tu as choisi la Coloniale, c'est une expérience magnifique pour toi, il faut en profiter au maximum. »

Alors le lieutenant refait les pistes, en construit de nouvelles, quadrille la région. C'est une tâche élémentaire, pourtant indispensable à toute colonisation qui entend rester une œuvre de pacification. Après l'arabe étudié dans l'espoir d'intégrer un goum marocain, il apprend les rudiments du dialecte local ; un penchant qui, avec les années, deviendra presque une habitude...

Le voici s'installant dans une vie dont pouvait, à l'époque, rêver tout élève officier désireux de servir dans la Coloniale. Une extraordinaire indépendance, des responsabilité, des initiatives ; une vie hors du commun à la condition d'accepter la solitude, un environnement dont on ne sait jamais s'il est paisible ou hostile, des populations frustes, souvent attachantes, quelquefois incertaines. Ce sont les dernières aventures paisibles d'un siècle prêt à s'embraser. La solitude ayant ses limites, Jacques Massu fait quelques rencontres et noue des relations de voisinage, si l'on peut dire. Son plus proche voisin, le lieutenant-médecin Juguet, est installé à une bonne centaine de kilomètres, à Sokodé. Il a pourtant quelques bonnes raisons de venir se perdre à Nawaré : Massu et ce spécialiste de la lèpre se sont ennuyés ensemble à Saintes et Juguet sait que Massu, toujours débrouillard, a un réfrigérateur fonctionnant au pétrole qui leur garantit des glaçons à l'heure du whisky. Un missionnaire protestant, le pasteur Kennis, prend aussi ses habitudes chez Massu ; par amitié, ce qui n'interdit pas d'apprécier les glaçons sur quelque boisson de la vieille Ecosse. Le pasteur Kennis a aussi parfois d'étranges idées, la meilleure est assurément d'avoir acheté un cabriolet Ford, la plus mauvaise étant de ne pas en avoir prévu le financement. Le lieutenant Massu lui rachète le véhicule et l'entraîne dans de longs périples. Jusqu'à Niamey, par exemple, où il rencontre un autre ancien de la promotion Foch, le lieutenant Romain-Desfossés qui effectue son premier séjour africain sur les rives du lac Tchad.

Pour parcourir son territoire, le lieutenant Massu aime enfourcher son cheval ; ses hommes devront apprendre à monter et leur troupeau prend de l'importance. Il en équipe d'autres de bicyclettes qu'il fait venir de Lomé. Nawaré pourrait bien devenir un sujet d'étonnement pour le capitaine qui ne trouve pourtant aucune raison particulière d'aller visiter son lieutenant. Alors Massu revient tous les trois mois vers sa base arrière. Rappelé définitivement à Lomé, il entame un périple de longue haleine : près de cinq cents kilomètres, avec hommes et chevaux, le matériel et les bicyclettes, puis le plus discret des animaux familiers, le serpent python que le lieutenant Massu aime déposer sur son bureau d'où la bête ne bouge plus... La fantaisie risque de surprendre à Lomé. Qu'importe, Massu ne s'y plaît guère. La solitude du broussard pouvait être parfois pesante, elle est moins futile que les soirées de la ville, où il est indispensable de fréquenter le Cercle, de bavarder, de refaire le monde, d'être vu et se faire voir. Ce n'est pas exactement le style du lieutenant Massu, qui trouve ces mondanités fastidieuses. Ce ne sera d'ailleurs jamais le sien. Il préfère des relations moins convenues, des contacts plus rares et plus chaleureux, un noyau d'amis, et ce rôle reviendra à Lomé à un couple d'Anglais pratiquant le commerce de gros, les Perkins dont il fera, en remerciement, des cavaliers.

Il faut croire que sa façon d'administrer son domaine avait été jugée favorablement puisque, à sa demande, une prolongation de séjour lui est accordée. La mort de son père, aux derniers jours de 1936, l'oblige à y renoncer ; il va devoir s'occuper un temps de sa mère, veuve à cinquante et un ans.

Le retour en France, en 1937, peut étonner celui qui n'a fait que de courts passages en métropole ces dernières années. A son bref séjour précédent, la situation politique entrevue depuis Saintes pouvait paraître apaisée. Les manifestations du 6 février 1934 n'avaient pas livré la France au fascisme ; elles n'avaient d'ailleurs pas été organisées pour cela. Un gouvernement que l'on pouvait qualifier de droite avait succédé aux cabinets à dominante radicale-socialiste ; Gaston Doumergue en était le président du Conseil et Philippe Pétain le ministre de la Guerre. La France surmontait l'épreuve mais Doumergue savait qu'une réforme de la Constitution devenait indispensable. Pour avoir trop attendu, il allait échouer et démissionner. Aux élections législatives de 1936, les 26 avril et 3 mai, un déplacement des voix de l'ordre de 3 % donnait le pouvoir aux socialistes, réconciliés avec les communistes après seize ans de brouille. Le règne du Front populaire commençait étrangement, avec d'innombrables grèves et occupations d'usines, avec des cortèges brandissant des gonfalons rouges et avançant poings levés sur fond d'*Internationale*. Les réformes s'additionnaient, les caisses se vidaient et Léon Blum s'épuisait qui, au printemps 1937, allait démissionner.

De tout cela, le lieutenant Massu n'a su que bien peu de chose. La presse, obsolète avant d'arriver à Lomé, ne parvenait jamais à

Nawaré. La radio était encore un luxe, sifflant et crachouillant, interdit aux blédards. Et de toute façon, la nation priait aimablement ses officiers de ne pas s'occuper de politique, puisqu'elle ne leur accordait même pas le droit de vote [1]...

Jacques Massu consacre donc ses congés à sa mère, l'aide à organiser sa vie, avant de rejoindre sa nouvelle affectation : il sera de juillet 1937 à juillet 1938 au 41e régiment de mitrailleurs, le seul régiment de la Coloniale stationné dans l'est de la France. S'il avait eu à faire un choix, il aurait assurément préféré Sarreguemines à Metz où la population militaire est telle qu'il faut sans cesse saluer des officiers plus gradés ou rendre leur salut aux moins gradés... A Sarreguemines, la densité est moindre, les célébrités galonnées infiniment plus rares. Nul n'a jamais su exactement pourquoi le lieutenant Massu a pu y rencontrer un officier de cavalerie, accumulant les succès en concours hippique, s'octroyant avec sa monture un record du monde de saut en hauteur, mais dont le commandement, en Indochine, oubliera qu'il était un fringant cavalier et surtout pas un homme à enfermer dans un camp retranché tel que Diên Biên Phu : le futur général de Castries. Le lieutenant Massu prend le commandement d'une compagnie implantée à Puttelange. Il se retrouve dans un des espaces de la ligne Maginot dépourvus de fortification. Ces derniers ne manquent pas, d'ailleurs. Le plus périlleux de ces trous, une ouverture béante, s'étend jusqu'à la mer du Nord, puisque pour ne pas chagriner les amis belges, curieusement susceptibles, la fameuse ligne de fortification s'arrête avant la frontière commune aux deux pays alliés. Ailleurs, parce que le terrain paraît justifier cette économie ou parce que les crédits ont été chichement comptés, il n'a pas été systématiquement implanté d'énormes fortins imprenables, aux longs couloirs souterrains que l'on parcourt en petits trains électriques, où les hommes vivent reclus à deux pas de leurs batteries d'artillerie supposées interdire le passage aux hordes germaniques. Là où la ligne Maginot n'est plus dessinée qu'en pointillés, il n'existe que de petites constructions dites « bouchons » : trois ou quatre casemates s'appuyant les unes les autres, armées de mitrailleuses ou de canons de 25. Le domaine du lieutenant Massu...

La guerre n'est pas encore là, elle menace pourtant. Hitler est arrivé au pouvoir en 1933. Il a occupé la Rhénanie en 1936, sans que la France – ni ses alliés – réagisse. Il est vrai que le pacifisme fait son chemin ; que la Société des Nations se prend pour la garante d'une paix éternelle ; que l'industrie de guerre française tourne au ralenti

1. Le droit de vote a été accordé aux militaires par l'ordonnance du 17 août 1945.

alors que l'Allemagne travaille jour et nuit à son armement. La frontière entre les deux pays est fermée ; les Allemands achèvent la ligne Siegfried face à la ligne Maginot. Dans la compagnie du lieutenant Massu s'agitent quelques meneurs communistes. Ils ne maîtrisent pas encore les ficelles d'une propagande efficace ; leur antimilitarisme primaire permet de les identifier très rapidement. Au pire ils ne parviennent à entraîner que quelques esprits grognons trouvant naturellement que la soupe n'est qu'un mauvais rata :

– On les repérait assez vite, dira Massu, et on s'en méfiait.

Au terme de son année passée à Puttelange, le lieutenant Massu peut refaire ses cantines. L'Afrique l'attend. Il n'espérait pas mieux. Il est vrai que la situation, tendue certes, ne tourne pas encore franchement au vinaigre. Hitler n'a pas révélé toutes ses ambitions, l'Europe démocratique n'a pas démontré toutes ses faiblesses. Les accords de Munich n'interviendront qu'en septembre 1938, deux mois après l'arrivée du lieutenant Massu en Afrique-Equatoriale française où il débarque au mois de juillet.

Son second séjour commence par une déception. Il rêvait du Tchad, un territoire réservé aux officiers très bien notés et auquel il pouvait prétendre après son passage au Togo. Lorsqu'il arrive à Fort-Lamy, il apprend qu'il sera officier de renseignement à Bangui, capitale d'un territoire qui s'appelle encore l'Oubangui-Chari et qui attendra encore une vingtaine d'années avant de devenir la République centrafricaine, ce qui est nettement moins enthousiasmant que le Tchad. Bangui, de plus, voisine avec le Congo belge, le futur Zaïre, pays ami donc... Il ne lui reste qu'à faire intervenir le colonel ancien du Tafilalet. L'usage, en soi, n'a rien d'étonnant ; il s'est toujours créé ainsi, dans l'armée, des équipes qui se font, se défont, se retrouvent et s'entraident ; certains disent des « écuries ». Le voici nommé à la tête de la 6e compagnie du régiment de tirailleurs sénégalais du Tchad. Il sera aussi commandant de subdivision pour le Tibesti ; chef civil et militaire, il devra s'y habituer. Il s'installe à Zouar. Le lieu est difficile à repérer sur une carte, perdu dans l'une de ces zones blanches, sensiblement là où se rencontrent les frontières du Tchad, du Niger et du Tibesti. Vers le sud, à quelque huit cents kilomètres à vol d'oiseau, il y a le lac Tchad. Plein nord, la côte méditerranéenne de la Libye est à environ mille deux cents kilomètres, selon les mêmes moyens d'évaluation.

En prenant possession de son nouveau territoire, le lieutenant Jacques Massu ne sait pas encore qu'il y a rendez-vous avec l'Histoire.

Chapitre 2

En poste au Tchad
Les premiers combats de la France libre
Compagnon de la Libération
La marche vers Tunis

Perdu dans un petit coin de désert, tout au nord du Tchad, le lieutenant Massu découvre ses hommes, son domaine, ses tâches...

L'environnement est aride. Les populations sont rares, souvent nomades. Il serait audacieux de parler de garnison. Son entourage immédiat se limite à quatre ou cinq Européens seulement : un officier adjoint et les sous-officiers. Sous leurs ordres, la compagnie de tirailleurs sénégalais qui ne le sont pas plus qu'à Cahors ou à Saintes, Massu commence à s'y habituer. Ce sont essentiellement des Sarahs et des Adjaraïs, originaires du sud du Tchad. Parler des proches voisins devient franchement audacieux. Il en existe deux pourtant. Le colonel commandant le régiment est installé à Fort-Lamy, à des journées de piste en filant plein sud. Un général est implanté au Niger, à Zinder, et celui-ci Massu le connaît et l'aime bien : Cornet, colonel à l'époque, était son patron au Maroc. De là à reprendre physiquement contact... Il y a une immensité désertique entre les deux hommes; l'erg de Ténéra et le grand erg de Bilma, soit plus de mille kilomètres sans la moindre piste, avec de très improbables points d'eau. A Zouar, le cantonnement est spartiate. Le nouveau chef de poste dispose d'une masure de trois pièces, un bureau, une pièce à tout faire que personne n'oserait appeler salon ou salle de séjour et une chambre. Il dort sur un « tara », ces lits indigènes qui sont un assemblage de peaux de bêtes tendues sur des branches de palmier. Quant au confort, il est élémentaire : un seau de toile fait office de douche, les toilettes se résument à un trou dans le sable, dans un enclos derrière la bâtisse; ces fameuses feuillées que le règlement oblige les militaires à creuser... dans le quart d'heure suivant leur arrivée! Il s'en accommodera.

Les tâches incombant à un lieutenant de la Coloniale, venant de fêter ses trente ans, sont aussi diverses que variées. Il est avant tout officier et il doit garder les hommes qui lui sont confiés – sénégalais ou non – en état de combattre. Il y a donc des exercices de tir, des marches, l'éternel montage et remontage des armes, le sens de la manœuvre indispensable à tout guerrier digne de ce nom. Il y a encore le maniement d'armes, puique l'on risque toujours de devoir accueillir un haut personnage de l'administration coloniale, ce qui n'est pourtant pas ordinaire à Zouar, il faut l'avouer. Il convient aussi de protéger le poste et le village voisin parce que, de l'autre coté de la frontière, Mussolini s'implante sérieusement et qu'il pourrait bien, à terme, se révéler avide d'espace... Lorsqu'il pose son képi noir de la Coloniale sur un coin de son bureau où ne se love plus le python familier, le lieutenant Massu devient le commandant de la subdivision, tâche plus administrative que militaire, sans aucun doute aussi importante au regard de la présence française dans ce coin du désert africain. A lui de collecter l'impôt et sans doute a-t-il une pensée pour l'administrateur antillais récusé par les Konkombas du Togo ; à lui de lever des partisans qui renforceront sa maigre garnison. A lui aussi d'assister l'économie, c'est à dire de venir en aide aux familles risquant la famine parce que les rares cultures maraîchères dépendent d'une pluie qui ne vient pas toujours à temps ou du vol de sauterelles qui les détruira. Enfin, il lui appartient de rendre la justice, c'est-à-dire de régler les « madeloums », les différends qui opposent les hommes au sein d'une même famille. Cette fonction de justice n'est pas une franche sinécure chez les Toubous, l'ethnie majoritaire, de confession musulmane. Les Toubous passent pour avoir la tête chaude et le goût de la vendetta... Ce rôle le conduit, en mai 1939, à intervenir dans la succession du chef – le Derdé – des Toubous, à la mort du Derdé Chaaï. Le lieutenant Massu s'appuie sur le droit coutumier relevé par son prédécesseur le capitaine Schneider. Il soutient Oueddei Kichidémi [1]. Son rival, chef du canton de Zouar, Alifa Guettimi, refuse l'arbitrage, ce qui le conduira en prison parce que son neveu a voulu tuer Oueddei Kichidémi. Pour ce qui est de l'islam, le lieutenant Massu notera simplement que ses Toubous n'en connaissent qu'une version douce, loin de l'intégrisme dont il sera question des décennies plus tard. Encore que tout officier de la Coloniale, comme de l'armée d'Afrique, sache qu'au gré des lectures ou des imams le Coran puisse tout dire et le contraire de tout...

1. Le père de Goukouni Oueddei, président du Tchad en 1981-1982.

Le lieutenant Massu mène une vie qu'il apprécie, celle d'un nomade allant à dos de chameau, parcourant le Tibesti d'un poste à l'autre : depuis Zouar, son port d'attache, vers Aouzou, Bardaï ou Wour, il passe ainsi vingt-cinq nuits par mois éloigné de Zouar, dormant à la belle étoile, à l'abri de murets de pierres sèches surmontés de nattes en feuilles de palmier, près des chameaux baraqués. La mission pourrait être monotone, puisqu'il s'agit essentiellement d'inspecter les petites garnisons, de vérifier qu'elles soient opérationnelles en cas d'attaque. Bientôt ces postes perdus deviendront des points stratégiques. Les Italiens tiennent à la Libye, dont ils ont achevé la conquête vers 1931. Depuis, Mussolini s'imagine volontiers élargissant son empire. Nice, la Savoie, la Tunisie ce serait déjà bien ; avec le Tchad, le Niger, l'Egypte, ce serait tellement mieux... Depuis son occupation, la Libye a donc vocation à être une base de départ stratégique. En moins de dix années, elle a été équipée pour cette tâche. Eparpillés sur cet immense territoire désertique, cent cinquante terrains sont implantés pour l'aviation italienne. Pour les véhicules, des pistes sont repérées, aménagées ; plusieurs d'entre elles sont carrossables, notamment l'une allant de Benghazi vers Koufra et l'autre de Tripoli vers Mourzouk. Si la France n'envisage rien de semblable sur ses terres, elle évalue pourtant les risques encourus. Dès 1938, la Section d'étude de Brazzaville publiait une note ainsi conclue : « En cas d'une offensive de notre part sur Mourzouk et Koufra, ces postes reliés à Tripoli et Benghazi par une piste automobilable seraient susceptibles de recevoir des renforts dans les trois jours au maximum [1]. »

Lorsque, au terme de ses périples, le capitaine Massu – il a reçu son troisème galon en juin 1939 – rejoint sa base de départ, il renoue avec un confort très relatif. Vivre à l'indigène peut d'ailleurs avoir son charme, tous les officiers célibataires de la Coloniale le savent. A Zouar, ce charme exotique porte un nom : Moïdo, une jeune Toubou devenue sa compagne, sans doute très fière d'avoir été choisie par le chef blanc... Rentrant de ses méharées, le capitaine Massu trouve les quelques lettres qui l'attendent depuis des jours, parfois un paquet avec deux ou trois livres. Jusqu'en 1940, il pourra, à l'occasion, écouter les programmes de la radio ; il a encore des piles pour l'alimenter. Il suit donc attentivement les informations, s'étonne autant de l'effondrement polonais que de la tactique allemande, s'inquiète de ce qui restera pour l'Histoire la « drôle de guerre ». Lorsque survient l'offensive allemande de mai 1940 suivie

1. Cité par le général Ingold dans *L'Épopée Leclerc au Sahara.*

par la retraite de l'armée et l'effondrement de la France, c'est l'incompréhension, presque la honte. Avec la rage au cœur, comme peut l'avoir un officier dont le pays succombe et qui est loin, très loin du champ de bataille. Il est surpris de voir ses tirailleurs attentifs, préoccupés, suivre l'écho des événements agitant le monde des Blancs. Après, il n'y aura plus ni courrier ni livres, et, faute de piles, plus de radio. Le poste de Zouar ne sera plus relié avec l'extérieur que par des télégrammes en graphie.

C'est par ce dernier lien avec l'extérieur qu'il découvre – après coup, comme tout le monde ou presque – l'appel du 18 juin. Un opérateur du régiment a pris sur lui de le transmettre aux postes isolés à plusieurs reprises, les jours suivants. A le lire, Massu dira avoir été content et avoir pensé : « En voilà un qui ne s'abaisse pas comme les autres. »

Il échange des télégrammes avec les officiers de son régiment. Ils se connaissent bien, arrivant presque tous du 241e régiment d'infanterie coloniale. Ils n'ont guère d'états d'âme ensuite : le régiment décide, dès le mois d'août, de rallier de Gaulle. Ce sera le seul régiment de l'infanterie coloniale à se rallier en bloc, notera Massu qui, plus tard, expliquera son choix :

> « La nouvelle de la défaite nous avait plongés dans un océan de tristesse, mais au milieu de cet océan émergeait un récif qui s'appelait de Gaulle et proclamait que rien n'était fini. Avec lui, il y avait encore un avenir; avec les autres, il n'y avait rien. Il était la seule voie possible pour conserver un espoir de rétablissement; n'importe qui aurait lancé cet appel que nous l'aurions suivi. Lorsque j'ai pris la décision de me rallier à son appel, je ne le connaissais pas, je ne savais pas qui il était, je crois même que je n'avais jamais entendu parler de lui. Je ne savais même pas orthographier correctement son nom. La première fois que je l'ai noté dans mon journal de poste, j'ai écrit : de Gaul. »

Pour le territoire du Tchad, le ralliement s'effectue le 26 août 1940, lorsque le gouverneur Félix Eboué et Marchand, le commandant militaire, proclament, à Fort-Lamy, le ralliement du territoire aux Forces françaises libres. Perdu dans les sables, le capitaine Massu ne peut sûrement pas tout connaître des circonstances de ce ralliement, qui sera suivi presque immédiatement par d'autres territoires.

Depuis quelque temps, Vichy ironise sur les ambitions des Français de Londres tout en suivant une ligne politique précise : puisque de Gaulle ne paraît pas prendre en main la population européenne de l'Afrique-Equatoriale française, il y a toutes les chances pour que les velléités de résistance et de ralliement de ces coloniaux s'érodent rapidement. L'inaction pouvant, il est vrai, parfaitement démobiliser les bonnes volontés, l'amiral Platon s'évertue, au cours d'une tournée africaine, à inverser le courant de l'opinion. Sans grand succès. En fait, de Gaulle ne sait trop ce que pensent, en Afrique, civils et militaires, bien que de nombreux télégrammes lui parviennent depuis la fin juin. Une importante fraction des Européens d'Afrique noire s'affirme désireuse de continuer la lutte. Mais avec quelle détermination... combien passeront des intentions aux actes...

> « Au mois d'août, écrira de Gaulle dans ses *Mémoires de guerre*, la France libre avait quelques moyens, un début d'organisation, une certaine popularité. Il me fallait tout de suite m'en servir. »

A Londres, on comprend aussi qu'aucun territoire africain ne basculera seul ; il faut quelques coups de pouce. Ce sera la première tâche confiée au commandant Parant. Qu'il aille se rendre compte sur place. Il part le 21 juillet.

Le 9 août arrive à Lagos une mission venant de Londres. René Pleven, Hettier de Boislambert et le capitaine de Hautecloque qui a tout juste eu le temps de devenir le commandant Leclerc, rejoignent Larminat. Ils pensent que le Cameroun sera facile à rallier, les populations ne gardent pas le meilleur souvenir de la présence allemande, qui s'est achevée avec leur défaite de 1918. D'anciens colons n'annoncent-ils pas de façon déplaisante leur prochain retour ? Les émissaires de Londres savent qu'ailleurs la tâche sera sans doute plus ardue. Ils se séparent : Pleven reste à Lagos, Boislambert file sur Douala, Leclerc gagne Accra où se trouve déjà le commandant Parant. Contacts... rencontres... complots... Le capitaine Moitessier surgissant du Caire, plus ou moins en liaison avec les Britanniques, passe à Fort-Lamy où il a des relations. Il peut expliquer ce qu'il faut pour rallier le Tchad à coup sûr : que s'y présente un envoyé du général de Gaulle ! Ce sera le lieutenant-colonel Colonna d'Ornano, Leclerc se chargera du Cameroun, Larminat de Brazzaville

Le 24 août, d'Ornano et Pleven sont à Fort-Lamy. Marchand étant absent il est décidé de l'attendre, il ne tarde d'ailleurs pas. Le 26 août, le gouverneur Eboué proclame l'entrée du Tchad dans la guerre de libération. Il est vrai qu'Eboué était, lui aussi, en relation discrète mais efficace avec de Gaulle depuis le 16 juillet. Le Cameroun suit en deux temps. Le 27 août, Leclerc et dix-sept hommes dont deux pères blancs s'emparent de Douala ; le capitaine Dio se rallie. Le 28 août, Yaoundé, la capitale administrative et militaire, cède au capitaine Gardet appuyé d'une compagnie. Viennent ensuite le Congo puis l'Oubangui, enfin le Gabon qui, après quelques jours de réflexion, va se laisser aller à une brutale marche arrière. L'Afrique-Equatoriale française et le Cameroun sont récupérés sans que coule une seule goutte de sang. Il n'en sera pas de même pour le Gabon que Leclerc décide de reprendre par la force. L'affaire est réglée le 10 novembre 1940. Avec quelques dégâts et un léger nuage entre Leclerc et de Gaulle. Celui-ci aura plus tard une jolie formule envers Leclerc : « Leclerc indiscipliné, certes non. Il a toujours exécuté mes ordres, même ceux que je ne lui ai pas donnés [1]. »

Au Gabon, de Gaulle voulait éviter que coule le sang français ; il ne voulait pas prendre des risques identiques à ceux qu'il venait de connaître, en septembre, dans le fiasco de Dakar. Leclerc, au contraire, considère que l'importance stratégique du Gabon imposait cette entrée en force. Il a simplement accepté que certains officiers des FFL refusent de participer à l'affaire : leur contrat d'engagement prévoit d'ailleurs formellement qu'ils ne combattront jamais contre d'autres Français. Parmi ceux-ci, le capitaine de Lamaze, dont un des lieutenants s'appelle Pierre Messmer... L'engagement, sans être dramatique, fera une trentaine de morts, sept chez Leclerc, vingt-six en face dont cinq Européens.

Est-ce l'esprit d'initiative de Leclerc, sa détermination, qui surprennent ou inquiètent de Gaulle, toujours est-il que pour la mission qu'il lui fixe ensuite – le commandement militaire du Tchad – il l'associe à un civil, Pierre Olivier Lapie.

Depuis octobre, de Gaulle, comme il le rapporte dans ses *Mémoires de guerre*, a des idées précises sur les opérations que pourraient monter, depuis le Tchad, les Français libres :

> « Mon intention était d'établir, aux confins du Tchad et de la Libye, un théâtre d'opérations sahariennes, en attendant qu'un jour l'évolution des événements permît à une colonne française de s'emparer du Fezzan et d'en déboucher sur la Méditerranée. Mais le désert et les difficultés inouïes des communications et des ravitaillements ne permettraient d'y consacrer que des effectifs restreints et spécialisés... »

Le 2 décembre, Leclerc prend officiellement son commandement, entrée en fonction qu'il accompagne d'une réception à Fort-

1. La tension existant à ce moment entre de Gaulle et Leclerc est détaillée très précisément par le général Compagnon, dans son ouvrage *Leclerc, maréchal de France*, Flammarion, 1994.

Lamy, puis d'un télégramme à l'intention de ses troupes qui sera expédié jusqu'aux postes les plus lointains :

> « Le général de Gaulle m'a donné l'ordre de prendre le commandement militaire du Tchad et celui du régiment de tirailleurs sénégalais du Tchad. J'en suis heureux, d'abord parce que le Tchad est le premier territoire français qui a refusé d'accepter l'esclavage allemand, ensuite parce qu'il touche à la Libye et au Niger, ce qui suffit à en démontrer l'importance. Nous ne poursuivrons ensemble qu'un seul but : améliorer la valeur combative de nos unités, avec méthode, patience, discipline, prêts à nous défendre comme à attaquer, aux ordres du général de Gaulle... »

Il est temps pour Leclerc et Massu de faire connaissance... Puis Massu pourra découvrir de Gaulle...

Le hasard et le général de Gaulle jettent ainsi sur la route du capitaine Massu un homme qu'il ne connaît pas : le colonel Philippe Leclerc de Hautecloque. Par une mystérieuse péripétie, qu'explique certainement la nécessité pour l'intéressé d'harmoniser son grade et ses fonctions, le capitaine de Hautecloque devenu le commandant Leclerc début août, lorsque de Gaulle l'envoie en Afrique, est déjà colonel le 27 du même mois lorsqu'il s'empare de Douala en compagnie d'Hettier de Boislambert. De Gaulle, indulgent sans être dupe, consacre trois lignes dans ses *Mémoires de guerre* à cette promotion hors du commun : « Leclerc, devenu, comme par enchantement, colonel et gouverneur, occupa avec simplicité le Palais du Gouvernement... »

Leclerc et Massu ne se connaissent donc pas encore. Ils pourraient pourtant avoir quelques souvenirs en commun, bien que six années d'âge les séparent. C'est peu et c'est beaucoup. Hautecloque a déjà quitté Saint-Cyr lorsque Massu est reçu au concours d'entrée. Massu est lieutenant lorsque Hautecloque revient à l'école comme instructeur. Ils auraient également pu se croiser au Maroc, où ils ont servi tous deux aux mêmes époques. Il se trouve simplement qu'un cavalier et un fantassin de la Coloniale n'ont guère de raisons de se fréquenter ; et l'on peut même se côtoyer sans se fréquenter... Il leur faudra, en tout cas, attendre le 15 décembre 1940 pour qu'ils se rencontrent, au cœur du désert.

Rien n'a été franchement simple lors de cette première entrevue. Il y avait les préventions de l'un comme de l'autre, celles de Massu réticent, celles de Leclerc désireux de s'imposer. Deux rôles de composition pour une représentation à huis clos.

Pour Massu, jeune capitaine mais déjà colonial rassis, Leclerc n'est qu'un cavalier :

> « A notre égard, il était encore marqué par le " complexe " du cavalier qui avait encore l'habitude de considérer les coloniaux pas vraiment comme des " rigolos " disons comme des gars qui avaient tendance à prendre, avec les règles de la discipline, des accommodements particuliers. Va-t-il vouloir faire de nous des " cavaliers " dont le monocle et le stick sont pour nous les attributs légèrement caricaturaux ? Parviendrons-nous à le transformer en colonial ? »

La première impression tourne à la méfiance :

> « Quand il est arrivé à Zouar, je l'ai transporté en chameau depuis le terrain d'aviation jusqu'au poste. La compagnie était alignée devant le poste sur deux-trois rangs. Il a fait recommencer le maniement d'armes et vérifier la propreté d'un fusil-mitrailleur... J'ai trouvé ça un peu bizarre. Mes armes étaient propres... C'est l'ABC du métier ! »

La méfiance vire bientôt à la déception : il y a un projet d'opération que d'Ornano mitonne amoureusement ; Massu doit en être. Or si Leclerc n'est pas très bavard pour cette première rencontre, ce qu'il annonce est franchement désagréable pour Massu : il ne veut pas entendre parler du raid en projet ! Que le capitaine ne rêve plus d'en découdre, il n'y aura pas d'opération sur Mourzouk, elle est annulée !

La déception se teinte aussitôt de prévention. Pourquoi Leclerc demande-t-il à Massu de durcir son attitude envers ses voisins de l'Afrique-Occidentale française ? Il se demande si Leclerc n'a pas quelques doutes à son égard. Massu s'en étonne parce que son ralliement à de Gaulle est sans réserve. Certes, il garde un contact radio avec ses voisins immédiats, le général Cornet son ancien patron toujours en poste à Zinder, et le commandant Nicloux, à Blima, qui avait été son capitaine à Saintes puis à Puttelange. Certes, Cornet et Nicloux sont fidèles à Vichy et n'entendent pas en démordre. Pis, ces deux vichystes n'ont pas renoncé à séduire le gaulliste ; alors que le gaulliste estime que ses voisins ont tout intérêt à rallier le général de Londres... D'ailleurs, Leclerc ne sait pas tout ! Comment aurait-il pu apprendre que Massu a songé à enlever Cornet ? Massu avait échangé des messages avec Nicloux dans un style qui fera ensuite fureur sur les ondes de Radio-Londres. Nicloux annonçait à Massu une visite de Cornet :

– Etes-vous prêt à recevoir cinquante litres d'huile ?

Massu répondait en livrant le fond de sa pensée :

– Affirmatif, mais ne garantis pas leur retour.

Un premier abord sévère, une attitude rugueuse, un raid annulé, une certaine restriction politique, c'est beaucoup pour une seule visite. La première rencontre entre le colonel Leclerc et le capitaine Massu n'a rien d'un coup de foudre !

Le raid sur Mourzouk aura pourtant lieu. Avec Massu !

Quelques jours après sa fâcheuse visite, Leclerc revient sur sa décision. Que d'Ornano agisse comme prévu ! C'est ainsi que le tout premier engagement de la Seconde Guerre mondiale à partir du Tchad est un raid franco-britannique. Sont directement concernés le général de Gaulle, le colonel Leclerc et le capitaine Massu. Il y aura ensuite, bien évidemment, des nuances sensibles entre les récits des uns et des autres. Pour de Gaulle, c'est unc brillante reconnaissance à laquelle s'est jointe une patrouille anglaise venue du Nil. Pour Leclerc, c'est une opportunité sans intérêt à laquelle il ne souhaitait pas participer, qu'il ait vu d'un mauvais œil cette incursion étrangère sur son nouveau territoire, ou qu'il ait eu envie de faire chamelier seul, sans dépendre des Anglais. Pour le capitaine Massu, l'opération de Mourzouk a été montée par les Anglais avec l'assistance du lieutenant-colonel Colonna d'Ornano. Rien d'étonnant à cela puisque le général de Gaulle, lors de son récent passage au Caire, a organisé une coopération militaire franco-britannique. Elle s'est déjà concrétisée par l'engagement du commandant Folliot à Sidi Barrani, en Cyrénaïque, et par un renforcement des troupes aux ordres de Monclar en Erythrée et en Somalie.

A l'origine de l'affaire de Mourzouk se trouve effectivement un Anglais, le major Bagnold. C'est lui qui prend contact avec d'Ornano à Fort-Lamy et l'informe que ses compatriotes vont effectuer un raid sur le Fezzan en partant du Caire. Ils ont un problème de ravitaillement ; alors, si les Français veulent les aider, qu'ils acheminent de l'eau et de l'essence au nord du Tibesti. D'Ornano, enchanté, accepte et demande en contrepartie quelques places dans les véhicules britanniques pour les Français. Il est temps pour ceux-ci, voués depuis la nuit des temps coloniaux aux méharées, de se familiariser avec les raids automobiles. Bagnold accepte : il y aura dix places pour les Français. L'une revient de droit à Massu, chargé d'acheminer les provisions. D'Ornano arrache l'autorisation de se joindre à l'expédition que Leclerc a finalement acceptée, encore a-t-il fallu que Colonna d'Ornano plaide pour le persuader de son intérêt. La colonne britannique – soixante-seize hommes et vingt-quatre véhicules – est composée d'Ecossais aux ordres du capitaine Creigton-Stuart et de Néo-Zélandais commandés par le major Clayton, chef de l'expédition. Se joignent à eux les Français qu'ils retrouvent à Kayougué : d'Ornano, Massu, le lieutenant Eggenspiller, deux sous-officiers métropolitains et cinq tirailleurs toubous.

C'est ainsi que, le 6 janvier 1941, dix Français entrent en guerre et, avec eux, toute l'Afrique-Equatoriale française : « La participation des Français était symbolique, écrira Massu, mais justement c'est ce symbole qui avait de l'importance : nous reprenions le combat... »

A dos de chameau, les Français ont transporté le ravitaillement au nord du Tibesti. Le 7 janvier, ils transbordent leur chargement dans les quatre véhicules britanniques et ils embarquent. Le lendemain, ils commencent leur progression vers Mourzouk, le centre politique et commercial du Fezzan, où les Italiens s'étaient implantés dès 1931, lorsqu'ils avaient occupé la Libye. Militairement parlant, Mourzouk, c'est un fort et un terrain d'aviation. Le fort est impressionnant : un carré de cent mètres de côté, avec des murailles hautes de huit à dix mètres, des tours d'angle et un porche monumental auquel s'appuie un minaret. Le 11 janvier au matin la colonne franco-britannique est en vue de l'objectif. Les Italiens ne soupçonnent rien. Les Franco-Britanniques en apercoivent une vingtaine, tranquilles, en chemise et seroual, ce large pantalon flottant des coureurs du désert. Ils attendent paisiblement devant la porte le convoi roulant vers eux. Ce ne peut être que des amis... L'assaut est lancé dès le début de l'après-midi. A 17 heures, l'affaire est réglée. Les Italiens n'ont plus de piste d'aviation et d'ailleurs ils n'ont plus d'essence ni le moindre appareil à faire décoller. Tout a été détruit ! Pour les assaillants, la tristesse estompe la joie de la victoire : le lieutenant-colonel d'Ornano a été tué par une rafale de mitrailleuse et, avec lui, un Néo-Zélandais, le sergent Hewson, chef de la voiture dont Massu était le passager. Massu en oublie ses blessures, légères au demeurant : deux balles italiennes l'ont touché à la jambe. Il cautérise les plaies avec une cigarette... Les honneurs rendus, les deux hommes inhumés aussi dignement que possible mais hâtivement, la colonne reflue [1]. Elle s'empare au passage d'un autre poste italien, Traghen, puis évite celui de Oum el-Araneb où l'alerte ayant été donnée, les mitrailleuses saluent dangereusement son approche. Le 19 janvier, en fin de matinée, la colonne franco-britannique – beaucoup de Britanniques et une poignée de Français – rejoint le poste de Zouar.

---

1. Les Italiens découvriront les deux tombes improvisées dans les sables. Ils transporteront les corps qu'ils inhumeront au cimetière de Mourzouk.

Le 21, les Britanniques reprennent la piste vers Faya-Largeau, où les attend Leclerc. Massu regarde s'éloigner les véhicules et retomber les nuages sablonneux qu'ils ont soulevés. Il n'y aura pas de rôle pour lui dans la prochaine aventure, ou du moins Leclerc n'a pas souhaité lui en confier. Massu sait pourquoi : avec Mourzouk il a déjà été servi, comme le lui a fait savoir Leclerc. A chacun sa parcelle de gloire...

Le colonel Leclerc sait que la traversée du désert, plein nord, peut le conduire vers Tripoli. Il est certain que, depuis le nord du Tchad, il peut percer le Fezzan italien, traverser la Cyrénaïque vers Benghazi et, en piquant vers l'ouest, s'emparer du port de Tripoli. Le projet est d'autant moins insensé que Mussolini, voulant apprivoiser le désert, a fait aménager des pistes carrossables. Les oasis de Koufra peuvent être une base de départ intéressante. Qu'importe si Koufra est à neuf cents kilomètres de Fort-Lamy, par des pistes aussi parcimonieuses que difficiles. Qu'importe si les points d'eau sont rares et les Italiens bien implantés avec leurs compagnies sahariennes – les « Sahariana » –, grandes habituées du désert...

C'est à Faya-Largeau, à la mi-janvier, alors que s'achèvent les préparatifs du nouveau raid, le projet Tobrouk, que Leclerc apprend la mort du lieutenant-colonel d'Ornano et qu'il découvre les premiers comptes rendus de l'affaire de Mourzouk. Le 25 janvier, les Britanniques qui ont participé à l'équipée arrivent de Zouar. Ils racontent longuement leur aventure à Leclerc et Leclerc écoute attentivement leur récit. Lorsque Clayton propose de participer au projet Tobrouk, les anciennes préventions de Leclerc sont définitivement tombées. Ils iront ensemble ! Ils partent dès le lendemain et sont à la frontière libyenne le 31 janvier. Entre-temps les Italiens ont repéré l'envahisseur : Clayton avait imprudemment levé le silence radio. Il est fait prisonnier avec, en poche, l'ordre d'opération. Les Français continueront seuls, sans pouvoir compter, désormais, sur l'effet de surprise. Les Britanniques, sur les pistes depuis le 26 décembre, retournent vers Le Caire, avec en chemin une dernière mission de renseignement. La suite sera une affaire purement française.

De reconnaissances en escarmouches, les hommes de Leclerc menacent les Italiens. Pour investir Koufra et s'emparer du fort d'El-Tag, Leclerc imagine une offensive qui permet de prendre les Italiens à revers. Le 19 février peut commencer le siège du fort. Les Italiens sont sans illusion : ils n'ont plus de renfort à espérer. Les Britanniques malmènent leurs compatriotes en Cyrénaïque. Tobrouk est tombé le 28 janvier, Benghazi le 7 février... Le 2 mars,

Leclerc entre en vainqueur dans le fort d'El-Tag. A ses côtés, des officiers qui vont aussi inscrire leur nom dans la future épopée : Guillebon ou Dio. Le lendemain, devant le détachement français, après avoir fait hisser les couleurs, Leclerc s'adresse à ses troupes : « Nous sommes en marche, nous ne nous arrêterons que lorsque le drapeau français flottera sur la cathédrale de Strasbourg. » Une phrase qui deviendra, pour l'Histoire, le serment de Koufra [1]...

Le 15 avril, pour sa deuxième visite à Zouar, Leclerc est accueilli par Massu débarrassé de tous ses préjugés : ce cavalier est un sacré combattant. Il mériterait même d'appartenir à la Coloniale ! Les deux hommes abordent d'une autre manière leur avenir commun. Massu rentre d'une reconnaissance motorisée qui lui a permis de boucler, entre le 27 mars et le 7 avril, un circuit passant par les quatre postes du Tibesti : Wour, Aozou, Bardaï et Zouar. Il sait maintenant que l'on peut traverser le massif entre Wour et Aozou par la passe de Kourizo, qu'il conviendra pourtant d'aménager sans que les Italiens les repèrent. Le 16 avril, Massu reprend sa reconnaissance, mais cette fois vue du ciel, avec Leclerc comme autre passager de l'avion. Ils mesurent l'ampleur du travail qui les attend : Fort-Lamy est approvisionné à partir de Douala ou de Pointe-Noire, puis, de Fort-Lamy à Faya-Largeau, il y a près de mille kilomètres de piste, cinq cents encore à partir de Faya-Largeau pour Zouar... Et c'est à partir de Zouar qu'il va falloir transporter vers le nord les vivres, les munitions et le carburant qui seront dissimulés dans des caches où viendront s'approvisionner les combattants. Ils ne rêvent pas, ils préparent l'avenir. Après tout, Tripoli n'est qu'à deux mille kilomètres de la frontière du Tchad...

La première rencontre du capitaine Massu et du général de Gaulle, le 1er mai 1941, n'est pas de celles que peut oublier un officier subalterne recevant dans ses cantonnements le chef de la France libre. Il a été prévenu quelques jours plus tôt, par un message radio, que de Gaulle viendrait à Zouar visiter la 6e compagnie de tirailleurs sénégalais du Tchad, et son capitaine par ailleurs commandant la subdivision militaire du Tibesti : « Enfin, écrira

1. Le serment de Koufra, aussi célèbre que la 2e DB et que son chef, a posé bien des problèmes aux historiens. Le général Compagnon, biographe de Leclerc, en dénombre huit versions, toutes différentes les unes des autres, non pas dans l'esprit mais dans l'expression. Il considère que la version du colonel Ceccaldi – présent à Koufra – est la plus vraisemblable, sans être certaine cependant. Certaines versions associent Metz et Strasbourg, sans doute parce que la promotion de Leclerc, à Saint-Cyr, avait été baptisée « Metz et Strasbourg ».

Massu, j'allais rencontrer ce chef prestigieux auquel je m'étais rallié spontanément sans le connaître, parce qu'il avait su réveiller en nous l'espoir que la défaite avait anéanti. »

Lorsque l'avion du général de Gaulle se pose sur la piste de Zouar, une simple ligne droite tracée dans les sables, le capitaine Massu l'attend au pied de l'échelle. Il l'invite à monter dans une voiture qui va les conduire au poste, à douze cents mètres de là. Massu est fier de ses premiers véhicules, ils lui évitent d'obliger de Gaulle à « chevaucher » un chameau, ce qui avait été le sort de Leclerc pour sa première visite.

C'est un beau rêve qui se concrétise. Le rêve a pourtant sa part de cauchemar : Zouar n'est pas l'Eden. Massu se demande comment il va pouvoir traiter son hôte. Les repas seront du genre frugal; gazelle au couscous, quelques légumes et pour boisson du lait de chèvre. Le logement sera du même style : au chef de la France libre, Massu ne peut offrir que sa chambre et le lit de peaux de bêtes. En matière de commodités, le général n'aura que le confort très approximatif d'un bivouac saharien dont il s'accommodera pourtant. Pour la garde de nuit du Général, le capitaine Massu improvise : il dormira sous la véranda, en travers de la porte.

Comme il est en tournée d'inspection, de Gaulle entend examiner le poste et ses défenses. Elles sont rudimentaires, presque inexistantes. Massu redoute donc les appréciations du Général :

> « J'avais reçu l'ordre de faire des travaux de défense au poste de Zouar et je les avais exécutés. J'avais installé sur deux rochers, au nord et au sud, des petites casemates pour mettre des armes. Je n'avais qu'un petit armement de faible valeur. Pour réunir les rochers et pour rendre l'accès difficile au réduit qui se trouvait au milieu, j'avais fait creuser à la pelle quelques centaines de mètres de tranchées dans le sable par mes tirailleurs. Le tout formait un losange; l'essentiel de ce dont je disposais comme matériel était rassemblé dans le réduit, avec le bureau de la compagnie et la radio.
>
> « Le général de Gaulle inspecte l'installation, regarde les tranchées, un petit sourire aux lèvres. Il a tout de suite vu que ça n'avait pas beaucoup de valeur par rapport aux engins modernes, que ce serait très facile à passer. Mais il n'a pas fait d'observations désagréables. Il ne me l'a pas dit carrément, mais j'ai compris qu'il pensait que j'avais fait ce que je pouvais avec ce que j'avais, c'est-à-dire rien. Il s'est mis tout de suite à la portée de ce que j'étais, de ce que nous étions là-bas : des gars perdus dans la nature mais qui avaient beaucoup de cœur et s'étaient spontanément ralliés à lui. Son attitude m'a impressionné car il venait pour la première fois dans ce coin reculé du Tchad qui était un pays tout à fait à part, et il était parfaitement à son aise. »

De Gaulle, en réalité, est déjà venu, en octobre 1940 puis en mars 1941, inspecter d'autres postes perdus au nord du Tchad, sans pousser jusqu'à Zouar, ce dont Massu ne se formalise pas : « Je comprenais bien que les voyages du Général à travers le monde étaient d'une importance capitale et qu'il était normal qu'il ne soit pas, dans un pemier temps, " descendu " au niveau des capitaines que nous étions. »

Ses précédentes incursions au nord du Tchad ont pourtant ouvert les yeux du Général. Il a déjà découvert les difficultés de ces hommes qui l'avaient rallié sans l'ombre d'une hésitation :

> « Avec le colonel Marchand, commandant les troupes du Tchad, je volai jusqu'à Faya et aux postes du désert. J'y trouvai des troupes résolues mais terriblement démunies. Il n'y avait là, en fait d'éléments mobiles, que des unités méharistes et quelques sections automobiles. Aussi, quand je déclarai aux officiers que je comptais sur eux pour s'emparer un jour du Fezzan et gagner la Méditerranée, je vis la stupeur se peindre sur leurs visages. Des raids allemands et italiens, qu'ils auraient bien du mal à repousser, le cas échéant, leur semblaient beaucoup plus probables que l'offensive française à grande portée dont je traçais la perspective [1]. »

Le capitaine Massu, qui ne sera jamais d'un naturel très expansif, bénit le ciel de l'arrivée impromptue d'un convive : un officier des Affaires indigènes, Lanusse, qui s'est échappé du Sud marocain avec trois jeunes aspirants de l'aviation. Tous désireux de rejoindre les Français libres, ils s'étaient fixé le Tibesti comme objectif, au terme d'un périple compliqué et hasardeux. Le hasard tournant occasionnellement au miracle : c'est au chef de la France libre en personne qu'ils apportent leur ralliement. Lanusse a beaucoup de choses à raconter à de Gaulle, sur l'état d'esprit des Français du Maroc et d'Afrique-Occidentale française, qu'ils viennent de traverser d'ouest en est. Massu est ravi. Il n'avait rien de palpitant à évoquer pour de Gaulle; sauf le raid sur Mourzouk, dont le Général savait déjà tout, y compris le rôle qu'avait tenu Massu dans cette action. De Gaulle est effectivement fort bien informé, Massu va le découvrir, qui sera fait parmi les tout premiers compagnon de la Libération. A se demander si de Gaulle n'est pas venu visiter l'homme du premier raid...

Savent-ils, ces soldats, que pour les ralliés des premières heures, les guerriers des premiers jours, le général de Gaulle vient

1. Charles de Gaulle, *Mémoire de guerre*, t. 1, Plon, 1954.

de créer un nouvel ordre ? A ses chevaliers, il ne peut accorder la Légion d'honneur, elle est restée à la disposition de Vichy qui tient là une des preuves de sa légitimité. Il ne souhaite pas leur accorder une croix de guerre quelque peu dévaluée depuis la débâcle et qui de toute façon serait la même pour les hommes de Londres ou de Vichy, pour les combattants fratricides de Dakar. Il a donc réfléchi à une décoration nouvelle, dont il décide aussitôt qu'elle aura trois caractéristiques essentielles. Elle sera strictement égalitaire, sans hiérarchie interne, sans espoir de promotion au sein de l'ordre. Au lendemain de la Libération, but suprême et incertain, elle ne sera plus jamais décernée. Enfin, elle sera chichement attribuée et ne sera accordée qu'aux militaires comme aux civils qui auront choisi de combattre à ses côtés, lui général de Gaulle, chef de la France libre. Il a d'ailleurs été question d'honorer des « croisés », avant d'opter pour les « compagnons ». Et ceux qui ont tardé dans leur choix ne seront jamais honorés, tels le futur maréchal Juin et tous les généraux qui, en Algérie, attendront le débarquement de 1942 pour reprendre le combat. La seule exception paraît être le général de Lattre de Tassigny, mais il se dira beaucoup qu'il a réclamé cet honneur avec une telle insistance... L'ordre, institué à Brazzaville, le 16 novembre 1940, est organisé par un décret que le général de Gaulle signe à Londres, le 29 janvier 1941.

Les quatre premiers compagnons le sont à titre posthume : parmi eux, le lieutenant-colonel Colonna d'Ornano. Massu recevra l'insigne de compagnon de la Libération 14 juillet 1942, des mains du colonel Leclerc [1].

Sur le journal du poste, aussitôt après le départ du général de Gaulle, le capitaine Massu écrit : « Le général de Gaulle fait la guerre avec ce qu'il a, en Français et uniquement en Français : un grand monsieur bienveillant et froid, un peu fatigué et écœuré de pas mal de choses et de gens. " Nous finirons par gagner la guerre ", m'a-t-il dit. »

Aux premiers jours de l'été 1941 commence une tâche impossible et qu'il faut pourtant réussir pour préparer la suite et l'avenir : créer, dans le désert, les caches où seront entreposés l'essence, l'eau, les munitions et les vivres que les prochaines colonnes lancées vers

---

1. Lorsque l'ordre referme définitivement ses registres, en janvier 1946, il y a 1 059 compagnons, auxquels s'ajoutent 238 nominations à titre posthume,18 unités combattantes, ainsi que les villes de Grenoble, Nantes, Paris, Vassieux-en-Vercors, et l'île de Sein. Au mémorial du Mont-Valérien, une place attend le dernier des compagnons de la Libération.

le nord devront trouver sur leur chemin. Le capitaine Massu y passe beaucoup de son temps et l'essentiel de son énergie. C'est à dos de chameau que sont approvisionnés les dépôts clandestins. Dans le même temps, les Italiens s'étant ressaisis, il faut organiser les postes contre leurs reconnaissances aériennes. La mission la plus ardue que confie le colonel Leclerc à Massu est parfaitement ingrate : aller à la découverte d'une piste aussi directe que possible vers Uigh el-Kébir. Massu cherche un passage nettement à l'est de la piste déjà repérée, celle-ci ayant l'inconvénient d'être trop proche de Toummo, à l'extrême nord du Niger, c'est-à-dire encore en territoire vichyste. Leclerc donne ses ordres le 7 août 1941, Massu rentre le 26 août, mission accomplie.

Deux mois plus tard, le 29 octobre, le commandant Dio vient apprendre à Massu son changement d'affectation. Il va céder Zouar au capitaine Vézinet et prendre le commandement d'une nouvelle unité. Leclerc vient de décider la création des compagnies « Découverte et Combat ». Le pluriel est certes correct mais il est réduit au strict minimum : il n'y aura, dans un premier temps, que deux de ces compagnies. La première est confiée au capitaine Massu ; il abandonne donc son territoire, et sans doute la petite Moïdo. La seconde compagnie revient à un ancien de Koufra, le capitaine Geoffroy.

Derrière cette création, suivie d'un entraînement des plus poussés, il y a toujours le projet que caressent également de Gaulle et Leclerc : foncer à travers le Fezzan pour aller rejoindre les Britanniques sur la côte méditerranéenne, quelque part vers Tripoli. Les aider donc, mais sans leur être subordonnés. De Gaulle le rappelle fermement à Leclerc : c'est lui, chef de la France libre, et lui seul, qui donnera l'ordre de déclencher l'opération... Leclerc pouvant, s'il en est besoin, provoquer cet ordre. Ce sont, en réalité, les difficultés rencontrées par les Anglais qui vont conduire Leclerc – désormais général – à mener deux campagnes au Fezzan. La première occupe les mois de février et mars 1942. La seconde lancée en décembre 1942 le mènera effectivement à Tripoli en janvier 1943.

Avec la première campagne, « Fezzan I », essentiellement des harcèlements de postes italiens, la légende Leclerc se met en place et dans son sillage naît aussi une épopée Massu.

Celui-ci reçoit pour objectif le poste de guet italien de Uigh el-Kébir. Il quitte Zouar le 21 février pour couvrir une distance de six cents kilomètres qui, compte tenu des conditions climatiques, exigera six jours de son convoi. Ils progressent sur un sol caillouteux, sous un vent de sable à ne pas mettre un chameau dehors. La suite est plus ardue encore. Dans la foulée, il leur faut aller attaquer Oum el-Araneb. Massu est confronté à une résistance coriace de la « Sahariana ». Celle-ci profite de sa connaissance du terrain pour traquer le détachement français à travers les sables. Massu et ses compagnons supportent aussi les interventions de l'aviation italienne. La résistance des postes italiens paraît étonner Leclerc, il veut en avoir le cœur net. Le 4 mars, il repart avec un détachement plus frais, accompagné de Massu. Leclerc peut constater – et reconnaître – que Oum el-Araneb, où est embusquée la « Sahariana », c'est effectivement du sérieux. A l'aviation française embryonnaire de réduire cette résistance. Leclerc reparti vers le Tchad le 9 mars, Massu veille sur l'arrière-garde de l'expédition. Le danger ne vient plus de la « Sahariana » mais de l'aviation italienne attaquant les Français à deux reprises, le 9 puis le 10 mars. Les chasseurs causent de sérieux dégâts au convoi dont pratiquement toutes les voitures sont touchées. Deux hommes sérieusement brûlés ne survivront pas à leurs blessures. Deux interventions seulement de la chasse italienne, cela pourrait bien signifier que les appareils étaient à la limite de leur rayon d'action... De cette équipée, dite « Fezzan I », Massu a supporté les chocs les plus rudes mais les objectifs de Leclerc sont atteints. Les Italiens savent qu'ils ne sont plus à l'abri des attaques des Français, capables de surgir à six cents kilomètres au-delà de leur frontière ; Leclerc sait que ses raids motorisés à travers le désert n'ont rien d'impossible comme il sait que ses hommes sont capables de les transformer en victoires. Il comprend aussi que l'aviation italienne n'est plus en état de poursuivre des éléments se repliant rapidement vers la frontière. Il devient possible de préparer la suite des événements, « Fezzan II ».

Les opérations de « Fezzan I » auraient pu achever de dissiper les réticences qui, dans les premières semaines, avaient affecté les relations entre Leclerc et Massu. Leclerc, après cette patrouille sur les lieux où le détachement Massu a souffert, regarde celui-ci autrement ; comme un chef sachant se battre. C'est à ajouter à l'actif de Massu. Mais, dans le même temps, Leclerc est prévenu contre Massu qui céderait à ses humeurs, et cela est porté au passif. Il est exact que Massu a peut-être manqué de diplomatie ; à dire vrai, la souplesse n'est pas exactement un trait essentiel de son caractère... Au retour du raid, il a trouvé sur sa table des piles de notes de service. Il fallait de toute urgence des rapports d'opération, des suggestions pour le matériel et la tactique, des détails sur l'organisation italienne, des levées d'itinéraires et, petite goutte d'eau ajoutée au flot des paperasses, provenant du commandant Hous, des demandes de décoration. Massu trouve déplacé les soucis de son chef de bataillon. Il est vrai que les deux hommes ne sont pas en totale harmonie, d'autant que le capitaine Massu sait être exigeant envers ses chefs. Il aurait tout donné pour Colonna d'Ornano, il se sent déjà prêt à tout risquer pour Leclerc, il ne se sent pas de semblable obligation envers Hous. La demande de celui-ci entraîne une réponse brève de Massu qui peut se traduire ainsi en langage militaire usuel : on s'en fout, on n'est pas là pour ramasser des médailles mais pour faire la guerre ! Se croyant sans doute directement visé, d'autant que Massu aurait laissé entendre ici et là que le commandant caressait l'espoir d'une décoration personnelle, Hous ne songe pas à cacher sa fureur. Il s'adresse à Leclerc. Massu, lui explique-t-il, ne tourne pas rond ! Après s'être amenuisée, presque dissipée, la méfiance ressurgit entre Leclerc et Massu. Pis encore, l'affaire enfle inconsidérément. Il y a de la mutation dans l'air : Massu ira au Levant [1] ! L'histoire ne l'amuse plus ; la perspective d'être exilé en Syrie, donc loin des combats à venir, le met hors de lui. Il rallie Fort-Lamy, où il a été convoqué, prépare son exil, change son argent pour des livres anglaises et confie ses états d'âme à quelques vieux coloniaux qui l'aiment bien. Il restera persuadé que le commandant Blochet et l'intendant Dupin ont pu voir Leclerc et qu'ils ont trouvé les bons arguments. A la veille de son envol, Leclerc lui propose un autre choix. Ou bien il part en permission, ou bien il accepte une mission immédiate. Le choix est instantané. Le capitaine Massu est donc chargé de découvrir un nouvel itinéraire entre Fort-Lamy et Zouar, plus rapide que l'actuelle piste passant par Moussoro, Koro-Toro et Faya-Largeau. Qu'il essaie par Mao, Zigueï et Siltou. Directement liée à la préparation de « Fezzan II », l'entreprise lui prend vingt-neuf jours, dont une vingtaine passée dans les sables à attendre une pièce de rechange, un ressort de suspension cassé. A peine de retour, il doit repartir, chercher une autre piste, plus à l'est. Qu'importent les risques et les fatigues, Massu se sait pardonné. Il a trouvé le chef méritant tous les sacrifices.

Plus tard Massu, philosophe, dira simplement : « J'ai mis deux ans à me faire accepter par Leclerc. »

Les projets du général Leclerc pour « Fezzan II » sont un moment contrariés par les décisions du général de Gaulle. Le

1. Le Caire ou la Syrie ? Les deux destinations apparaissent selon les sources. Un document daté du 9 avril 1942, cité par Jacques Massu, dissipe le doute : « Le capitaine Massu, muté aux troupes du Levant, sera dirigé sur la Syrie par première occasion avion de la Panamerican. Signé général Leclerc et, pour ordre, Quilichini. »

30 mars, à peine rentré de son premier raid, le voici nommé commandant supérieur des troupes de l'Afrique française libre ! Un très joli titre qui ne l'enchante guère, de nouvelles fonctions qui le passionnent encore moins. Leclerc ne peut s'imaginer bloqué à Brazzaville, loin de ses unités prêtes à se battre. Ses projets ne sont pas exactement en harmonie avec le calendrier du général de Gaulle qu'il connaîtra plus tard, le 22 septembre 1942. Ce jour-là, de Gaulle lui précise ses intentions offensives : ralliement du Niger, susceptible d'être recherché à partir du 15 octobre ; offensive en Libye du Sud en vue d'occuper le Fezzan avec exploitations vers Tripoli ou Ghadamès, en coopération avec les opérations alliées en Cyrénaïque et Tripolitaine, susceptible d'être déclenchée à partir du 15 décembre ; participation à des opérations alliées en territoire métropolitain, avec une brigade motorisée à trois bataillons, à partir du 15 janvier 1943.

Le programme envisagé par le général de Gaulle est logique dans ses deux premières ambitions, nettement plus aventureux pour ce qui est des opérations alliées en territoire métropolitain. Il n'empêche qu'il peut, à l'occasion, y avoir quelque conformité entre les objectifs et les événements. L'année 1942 est, effectivement, une période charnière, chargée en avancées, surprises, retournements, se succédant, se complétant et parfois se contredisant. Il peut paraître présomptueux de prétendre découvrir les premiers signes du déclin germanique ; ils ne vont plus tarder pourtant. Rommel tient tête en Libye, et les Italiens se renforcent au Fezzan ; les Allemands menacent Stalingrad ; de Gaulle a des relations conflictuelles avec ses hôtes et alliés... Puis les Alliés débarquent en Afrique française du Nord en oubliant de prévenir de Gaulle ; Rommel plie en Libye, von Paulus s'effondre à Stalingrad, l'Empire français rejoint les Alliés... Le grand virage est amorcé. Désormais l'horizon semble se dégager et un petit coin de ciel bleu apparaît.

Aux derniers jours de l'été 1942, le capitaine Massu reçoit une nouvelle affectation : le commandement, au nord du lac Tchad, d'une compagnie montée... mais à cheval. Techniquement, c'est une manière de régression, après l'expérience de la compagnie « Découverte et Combat ». Militairement, c'est essentiel, puisqu'il s'agit de tenir une frontière que les troupes de Leclerc vont beaucoup fréquenter, et plus ou moins piétiner, quand viendra l'heure de remonter vers le nord. Politiquement, c'est un rôle clef puisque, au-delà de la fameuse frontière, les troupes fidèles à Vichy ne se contentent plus de veiller au salut de l'Etat français, il leur arrive, depuis leurs créneaux, de mitrailler leurs compatriotes...

Nommé commandant en septembre 1942, Massu en tire une conclusion toute pratique : sa promotion n'est pas le fruit de l'ancienneté ! Leclerc efface officiellement ce qui pouvait lui rester de réticence à son égard. Guillebon, chef d'état-major de Leclerc, s'en mêle et félicite Massu d'être ainsi devenu le commandant du « groupement animal du secteur frontière », après quoi, il ajoute un groupe nomade aux effectifs de Massu, ce qui fera plus riche et plus en rapport avec ses quatre galons. Le commentaire du même Guillebon est plus étonnant : « Vous serez l'avant-garde d'une colonne qui doit se rendre maîtresse de Nguigmi ! »

En clair, cela signifie que le « groupement animal » doit se tenir prêt à affronter des Français : ceux qui cantonnent de l'autre côté de la frontière, les guettent et éventuellement les ajustent.

Le débarquement d'Afrique du Nord change tout. Les Américains et les Anglais prennent pied au Maroc et en Algérie. Après une résistance qui est parfois vive et d'autres fois une manière de simulacre, l'armée d'Afrique oublie Vichy et bascule dans le camp allié. La grande vague des ralliements déferle. Les uns cèdent sans façon ; d'autres y mettent quelques formes ; certains s'entêtent, en Tunisie plus qu'ailleurs ce qu'exploite Berlin où souffle un vent de panique. Hitler tente de persuader Vichy de lui laisser le libre accès à la Tunisie, ce qui ne sera ni refusé ni accepté. S'ils parviennent à s'implanter plus sérieusement en Tunisie, les Allemands peuvent espérer contenir les troupes alliées risquant de déboucher de l'ouest depuis l'Algérie. Berlin craint aussi pour Rommel, sérieusement menacé en Libye par les forces britanniques de Montgomery et la 1re division de la France libre du général Kœnig. Tout bouge, tout change... Le jeu de Vichy n'a jamais été aussi ambigu. Que l'amiral Darlan se soit trouvé à Alger le jour du débarquement allié n'arrange pas les choses [1]. Qu'il soit assassiné par le jeune Bonnier de la Chapelle ajoute au désordre. Que Giraud, préféré à de Gaulle, bénéficie des faveurs alliées, ne décourage pas ce dernier, persuadé que son rival n'a aucun sens politique.

Il est évident qu'avec le débarquement d'Algérie et du Maroc, les données globales comme la situation particulière des Alliés

1. L'amiral Darlan est venu à Alger, en novembre 1942, au chevet de son fils Alain, atteint de la poliomyelite et dont les jours paraissent en danger. Il y est surpris par le débarquement allié, garde le contact avec Vichy et tente de conserver le pouvoir à Alger au nom du Maréchal, pouvoir que lui dispute bientôt le général Giraud. Il est assassiné le 24 décembre par le jeune Bonnier de la Chapelle, qui n'a été que le bras armé d'un groupe de conspirateurs proches des milieux royalistes et gaullistes.

changent du tout au tout en Libye. Pour Leclerc, l'essentiel reste un problème de coordination entre l'offensive britannique, suivant le littoral méditerranéen d'est en ouest, et la progression de ses troupes venant du Tchad par le Fezzan, par des cheminements incertains, avec des difficultés invraisemblables pour le ravitaillement en essence, en pièces détachées, en vivres. Montgomery a promis d'aider à la synchronisation des mouvements : il donnera le signal du départ avec une semaine d'avance sur le jour J.

Les vichystes du Niger n'ont plus guère de raisons d'être agressifs ; ils préfèrent se faire oublier ou même se rallier, ce qui amuse Massu. Le « groupement animal », voué à l'inutilité, se disperse. Massu le quitte, étant appelé, en ce mois de novembre 1942, à devenir le commandant du bataillon de marche n° 1 de la colonne Leclerc, puisque désormais, parmi les Forces françaises libres, il y aura une « colonne Leclerc ». Totalement rentré en grâce, Massu est cependant déçu : il n'appartient pas aux premiers éléments qui entreprennent la remontée vers le nord, cette offensive attendue avec tant d'impatience par les hommes de Leclerc. Il ne parvient à Zouar que pour Noël 1942. Il y a une bonne semaine que les autres groupements filent vers le Fezzan. Arrivé le 8 janvier, en fin de journée à Sebha, capitale du Fezzan, sans avoir eu à combattre, il reçoit une nouvelle mission qui ne l'enchante guère, car elle va encore l'éloigner des zones de combat. Leclerc décide que le Fezzan étant désormais largement conquis, le régime d'occupation doit être mis en place. Le lieutenant-colonel Delange est désigné pour administrer le territoire militaire du Fezzan avec, pour adjoint au nouveau gouverneur militaire, un certain commandant Massu. Il n'est même pas question qu'il soit engagé dans la conquête des derniers postes italiens subsistant, ceux-ci sont tenus pour négligeables, étant implantés trop loin de la route si rapidement suivie par la colonne Leclerc. Il sera avisé au cas par cas. Il en est ainsi pour le poste de Ghat, à la frontière algérienne, qui devient, en théorie, l'objectif d'une section du bataillon Massu. Une approche aérienne démontre que c'est à la fois trop loin et trop risqué. Après des contacts débouchant sur une réconciliation franco-française, Ghat sera pris par des unités sahariennes qui attendaient, elles aussi, l'occasion de rejoindre la France libre. Et pendant ce temps, le commandant Massu piaffe à Sebha. Pour se dégourdir les jambes et apaiser ses impatiences, il accompagne ses hommes relevant les « Algériens » qui viennent de s'emparer de Ghadamès, presque au point de jonction des frontières algérienne, tunisienne et libyenne. Il revient à Zouar toujours plus trépidant. D'autant que le 26 janvier, avec quelques minutes de retard sur les Anglais arrivant de l'est, les Français surgissant du sud sont entrés dans Tripoli, l'une des deux capitales de la Libye.

Pour « libérer » Massu, il faut presque un enchaînement de circonstances. Il y a la relève du lieutenant-colonel Delange par un gouverneur civil, Delange allant prendre le commandement de la 13e demi-brigade de Légion étrangère – la prestigieuse DBLE. Il y a aussi la dispersion du bataillon Massu, dont les compagnies partent, les unes après les autres, en renfort de la colonne Leclerc, en bouche-trou diront leurs officiers. Lui-même ne rejoint le gros de la troupe qu'à Kairouan, la campagne de Libye achevée. Une période d'acclimatation occupe la première quinzaine de février 1943. C'est le temps du regroupement : la colonne Leclerc se rassemble dans la région de Mizda, à cent cinquante kilomètres au sud de Tripoli. Epaté par ces étranges « Free French » surgis du désert en loques, sur des véhicules disparates au bord de la ruine, après avoir bousculé tous les Italiens qui se trouvaient sur leur chemin, le général Montgomery décide qu'il faut les aider. Les voici effectivement habillés de neuf, à l'anglaise ; rééquipés avec du matériel anglais ; réarmés avec des armes anglaises dont il leur faut apprendre le maniement.

Et les voici changeant également de nom : la « colonne Leclerc » sera désormais la « Force L », précédente appellation des hommes de Larminat devenus, aux ordres de Kœnig, la 1re DFL, pour Division de la France Libre, cela après avoir écrit une de leurs plus belles pages de gloire à Bir Hakeim.

Le 20 février, la « Force L » repart au combat. L'objectif n'a rien d'une surprise : il s'agit de libérer la Tunisie, avec l'appui des troupes arrivant de l'ouest, notamment ces forces françaises d'Algérie à qui le débarquement de novembre 1942 a rendu des humeurs belliqueuses. La « Force L » ajoute des victoires à ses succès et de la popularité à sa gloire. Massu, plus renfrogné que jamais, grognon à force d'impatience, attend toujours son heure. Elle ne va plus tarder.

Sensiblement dans le même temps, le général Leclerc apprend que la « force L » a vécu, presque ce que durent les roses. Il va désormais commander la 2e division de la France libre. Pour justifier cette appellation de division, il lui faudra sérieusement se renforcer et se réorganiser. Parmi ses premières décisions, l'une réjouit Massu : il va prendre le commandement du 2e bataillon du futur régiment de marche du Tchad – le RMT – aux ordres du colonel Dio, assisté du commandant Vézinet. La nouvelle unité se construit sur des bases anciennes et qui ont fait leurs preuves, avec les anciens du vieux régiment de tirailleurs sénégalais du Tchad. Equipement, entraînement, amalgame vont se poursuivre en Libye, où la 2e DFL se rassemble aux environs de Sabratha, l'ancienne cité romaine rivale de Leptis Magna où naquit Septime Sévère. Leurs occupations, leurs préoccupations laisseraient supposer que ces ruines romaines, parmi les plus belles du monde antique, ont laissé indifférents les guerriers du désert. Pourtant non ; ils viennent certain soir prendre place sur les gradins de marbre que l'air, le sable et les siècles ont étonnamment polis. A la nuit tombante, face au décor de scène, façade romaine délabrée par le temps, percée d'ouvertures qu'encadrent des colonnades, ils entrevoient la Méditerranée scintillante. Ils entendent les vagues gémissant sur les quais à demi engloutis. Ils sont là, immobiles, fascinés comme ont dû l'être les légionnaires veillant ici aux limites de l'Empire romain, lorsque monte une voix qui leur paraît être celle de Germaine Sablon. Massu s'en souvient fort bien ; ils ont tous repris en chœur, ce soir-là, le refrain que tous les guerriers du moment chantonnaient sur tous les fronts du vieux monde : « Lili Marleen » !

Le 26 juin 1943, le commandant Massu reçoit une mission inattendue : il doit prendre la tête du détachement de la 2e DFL participant au défilé de la victoire, après la libération de la Tunisie. Son premier défilé de la Victoire... Une délégation de la 1re DFL sera du même voyage, avec à sa tête le commandant de Sairigné, lui aussi compagnon de la Libération, lui aussi combattant de la première heure, dont Massu fait la connaissance à cette occasion et sur lequel il porte un très bref jugement : « un seigneur ! » Il y aura aussi, pour célébrer la victoire de Tunisie, des Américains, des Anglais, l'armée « Giraud » qui a repris le combat après le débarquement américain en Algérie. La cérémonie est réussie, malgré quelques tiraillements entre les représentants des Français libres et ceux de l'armée d'Afrique, plus fraîchement engagés dans les combats. Massu, à la tête de son détachement, aperçoit de Gaulle plus qu'il ne le voit.

Les hommes de la 2e DFL rejoignent leurs bivouacs aux environs de Sabratha où ils apprennent, le 23 août, que Leclerc va devoir constituer la 2e division blindée, ou 2e DB qui sera intégrée aux forces américaines. En arrière-plan, ils entrevoient ce qui les attend : un équipement, des moyens comme ils n'ont jamais osé en rêver, eux qui sont partis en campagne à dos de chameau, telle une horde de gueux assoiffés de reconquête. Pour l'immédiat, ils se disent, le sourire aux lèvres, qu'ils vont finir par ne plus savoir qui ils sont réellement : colonne Leclerc, Force L, 2e division de la France libre, en réalité la 2e division motorisée d'infanterie, 2e division blindée... Une chose est sûre : il y a encore de sérieux remaniements en perspective. Et cela ne se fera pas en Libye.

Chapitre 3

Une division blindée en formation
Entraînement au Maroc
L'arrivée en Grande-Bretagne
Vers les côtes normandes...

Le général Leclerc, pour former sa division blindée, doit recruter et surtout intégrer des éléments de cette armée d'Afrique pour laquelle il n'éprouve aucune tendresse particulière. Il en est ainsi, parfois, avec les hommes qui ont, d'entrée, deviné la voie la plus glorieuse. Seul leur parcours peut être honorable. Au besoin, ils le proclament haut et fort aux oreilles de ceux qui ont choisi des chemins plus laborieux, parfois tortueux. Il est vrai que l'armée d'Afrique, recrutée et stationnée en Algérie comme au Maroc, s'est montrée très patiente de juin 1940 à novembre 1942. Encore convient-il de s'interroger sur la nature de cette patience. Elle a bien été abdication chez ceux que la rage de combattre l'Allemand n'animait point, pas plus que le goût de l'aventure d'ailleurs. Pour d'autres, la résignation est plus simplement la fidélité affirmée envers le régime de Vichy considéré comme le pouvoir légitime; Vichy où Pétain donnera jusqu'en novembre 1942 l'impression de limiter les dégâts face aux exigences allemandes. Enfin, grâce aux efforts de Weygand, de Juin et quelques autres, il est indiscutable que cette renonciation apparente a permis de conserver et de renforcer les régiments qui se joindront aux Alliés après le 8 novembre 1942 et qui se couvriront de gloire durant la campagne d'Italie. Que les rapports ambigus entre de Gaulle et Giraud d'une part, entre ces deux généraux puis Roosevelt et Churchill d'autre part, aient singulièrement compliqué un problème qui n'était déjà pas d'une simplicité exemplaire, c'est encore une évidence. Il fallait pourtant que les chefs tentent de dépasser de vieux clivages rendus obsolètes par le débarquement américain en Algérie et au Maroc. Pour cela, il était nécessaire de pouvoir gommer d'anciennes querelles de personnes, oublier des susceptibilités, mettre des parcelles d'amour-propre au fond des gibernes avec un drapeau par-dessus. Les premiers mois de 1943 seront pourtant fâcheusement consacrés aux querelles des chefs...

Le 26 août 1943, le général Leclerc fait halte à Alger. Il y aura là, désormais, une antenne, quelques bureaux, rue de Constantine, où sont installés ses deux délégués, les commandants de Guillebon et Verdier. Il usera de ces locaux comme d'une base arrière, tant qu'il faudra chercher des renforts et rallier des unités. Car Leclerc est persuadé que l'efficacité de la 2e DB ne peut venir que de l'apport de régiments déjà formés, cohérents et entraînés. Ne lui faut-il pas incorporer douze mille hommes pour mettre la 2e DB aux normes américaines ?

Depuis la victoire de Tunisie, trouver des hommes n'est plus une tâche insurmontable. Il y a même, à peine clandestine, une curieuse bourse aux combattants, où viennent se proposer des hommes déjà enrégimentés dans l'armée d'Afrique mais désireux de changer d'air. L'étrange marché répond à des règles aux limites de l'absurde. Les uns, réellement pressés d'intégrer une unité combattante, viennent s'offrir aux divisions de la France libre. Ils sont persuadés que ces unités, avec la bienveillance du général de Gaulle, seront les premières engagées pour la libération de la France. Quelques-uns, plus politisés, choisissent de quitter Giraud et un encadrement qui a été bien long à trouver sa voie. D'autres les imitent pour être mieux équipés, ce qui est possible ; pour être mieux payés, ce qui n'est qu'illusion. Une minorité, enfin, a hâte de changer de régiment, espérant effacer ainsi les traces de quelque incartade réprouvée par la discipline restée la force principale des armées. Pour que ces offres soient entendues, il faut aussi des chefs d'unité pressés de compléter leurs effectifs. Ce sont des généraux, des colonels, des commandants qui vont puiser dans le vivier clandestin. Toutes les tractations s'étalant au grand jour ou presque, il ne reste plus qu'à leur trouver une appellation : ce seront les « mutations spontanées », que ne connaîtra officiellement aucun règlement. Quelques jolies anecdotes illustrent ces pratiques pourtant saugrenues. Il en est ainsi pour les contacts que nouent le général Diégo Brosset de la 1re DFL et le colonel Sauzey, commandant le 2e dragons fraîchement reconstitué à Sfax. Brosset s'est vu reprocher par le général Giraud de débaucher chez ses voisins et de racoler de nouveaux arrivants qui auraient dû aller ailleurs... Sauzey, lui, se sent à court de personnel. Comme il est difficile de sanctionner des garçons supposés vouloir aller plus vite et plus sûrement au combat, comme il est délicat de renvoyer des « déserteurs » vers leur régiment d'origine où l'accueil sera certainement mitigé, Brosset et Sauzey trouvent une solution, la leur :

> « Mon unité, dit Brosset, va rejoindre l'Italie, et je vais recevoir un nouveau matériel pour cette campagne, alors j'aurai du trop-plein, du matériel britannique notamment, avec lequel je viens de me battre en Tunisie. Alors, Sauzey, puisque vous me le demandez, je vais vous passer mon matériel de surplus, encore très valable, notamment des camions, des pick-up, des command-cars. Je vais vous les amener à Sfax. Mais au lieu de vous les livrer vides, je vous les livrerai pleins de " déserteurs ". Et vous en ferez, j'en suis sûr, le meilleur emploi [1]... »

Ce que n'avait certainement pas prévu Leclerc, c'est la concurrence de Jean de Lattre. Celui-ci monte non pas une division mais « son » armée qui a reçu l'appellation provisoire de « 2e armée ». Curieusement, plus Leclerc avance dans son entreprise, plus de Lattre a envie d'avaler cette 2e DB qu'il trouve bien appétissante. Chacun d'eux recrute selon son tempérament.

De Lattre sait être doucereux, séducteur, flatteur. Ce qu'il tente avec la 1re DFL reste sans grand succès car le numéro qu'il exécute, perché sur une table, laisse trop le comédien transparaître sous le chef :

> « Vous êtes les premiers parmi les premiers. La France vous attend avec une immense ferveur. Elle vous veut plus beaux encore que vous n'êtes [2]. »

Leclerc est plus carré, mordant, parfois agressif, avec des humeurs pouvant être cinglantes. Il n'est pas homme à faire l'aimable devant ceux qui ne se prosternent pas devant de Gaulle. Ses premiers échanges avec des officiers dont il a été proche autrefois peuvent tendre vers l'aigreur avant que l'orage s'éloigne, Touzet du Vigier et Langlade en témoigneront. Les entourages en rajoutent au besoin. Ainsi le 2e spahis de Leclerc a affublé le 12e chasseurs d'Afrique de Langlade d'un aimable surnom : le « 12e nazi » ! Ce qui n'empêche pas le colonel de Langlade de souhaiter rejoindre la 2e DB. Leclerc peut aller jusqu'à l'injustice car,

---

1. L'auteur a utilisé pour cette période les souvenirs que lui a confiés le bâtonnier Bondoux – disparu depuis – pour un ouvrage consacré au maréchal de Lattre.

2. L'anecdote est citée par Yves Gras, dans *La 1re DFL* (Presses de la Cité, 1983). De Lattre sait à ce moment que la 1re DFL va aller combattre en Italie mais qu'ensuite elle sera intégrée à sa « 2e armée », qui deviendra « armée B » dès janvier 1944 puis « 1re armée » durant la campagne de France. Il n'avait plus besoin de ce numéro de charme qui compliquera définitivement ses rapports avec la division.

après tout, les marins du RBFM – le régiment blindé de fusiliers marins – étaient plutôt satisfaits d'aller se battre sous les ordres de Leclerc. Or l'accueil est rude :

> « Vous vous glorifiez probablement d'être affectés à la 2e DB. Je ne voulais pas de vous. Je vous ai acceptés parce que le général de Gaulle vous a imposés à moi... »

La 2e DB en gestation fait mouvement vers ses nouveaux cantonnements à la fin de l'été 1943. Les divers éléments quittent Sabratha entre le 20 août et le 1er septembre pour un long cheminement qui leur fait traverser la Tunisie, l'Algérie pour déboucher au Maroc. Leclerc a obtenu de s'installer dans la forêt de Témara, à une quinzaine de kilomètres de Rabat, sur la route de Casablanca ; et non en Algérie, comme il avait été prévu. Massu et son bataillon sont parmi les tout derniers à quitter Sabratha. Le voyage au long cours n'amuse personne : deux mille cinq cents kilomètres pour aller apprendre à devenir officier de char ! Le transfert s'annonce d'une bonne durée mais pas nécessairement inconfortable : le commandant Massu voyagera à bord d'une voiture Renault qui avait peut-être envie, elle aussi, de voir du pays. Ils iront, en réalité, moins loin que prévu. Le 2e bataillon doit s'implanter un temps à Djijelli, sur la côte algérienne, une quarantaine de kilomètres avant d'atteindre Bougie, très loin donc de leur destination marocaine. L'objet de cette halte est d'incorporer au régiment de marche du Tchad le corps franc d'Afrique créé il y a seulement quelques semaines mais qui a déjà affronté l'épreuve du feu en Tunisie. Autour de Massu, apparaissent des hommes déjà connus ou qui deviendront des familiers du commandant. Ainsi le capitaine Eggenspiler, ancien de Mourzouk, qui prend la tête de la compagnie de commandement ; ainsi le capitaine Fonde, arrivant avec sa compagnie du corps franc et qui ne peut savoir jusqu'où l'entraînera la fréquentation de Massu.

Djijelli ne sera pas un souvenir heureux pour les hommes du 2e bataillon, encore moins pour leur chef. Ils ont trop d'accidents à l'entraînement. Le 5 octobre, une grenade éclate et envoie quatre hommes à l'hôpital, dont le capitaine Fonde. Le 22 octobre, un exercice de minage s'achève avec la mort du capitaine de Bazelaire et deux blessés : une mine antichar, qui aurait dû être inoffensive, leur a éclaté sous les pieds. Le 25, c'est encore une grenade qui tue un sergent et fait sept blessés... Massu n'aime pas ; il suspend les exercices de tir. Ses hommes feront des marches, trente kilomètres à bonne cadence, pour oublier, pour calmer les nerfs... Le 30 octobre, le 2e bataillon lève le camp et va embarquer à la gare de Bougie. Il arrive le 3 novembre au sud de Rabat face à l'Atlantique, à Skhirat-Plage.

La première visite du commandant Massu est pour le général Leclerc qui l'a convoqué dans le camion-bureau offert par le général Kœnig. Le cadre est à l'image de son propriétaire : austère, studieux, avec des quantités de cartes étalées sur un bureau étriqué. Massu est content de retrouver Leclerc; Leclerc semble satisfait de revoir Massu. Celui-ci, pourtant, est moins tonitruant qu'à l'ordinaire. Il vient pour faire partager ses états d'âme au patron et il propose à Leclerc de le démettre de ses fonctions. Il n'est pas possible, lui semble-t-il, de confier un bataillon à un commandant que poursuit la malchance. La déveine est contagieuse, elle peut contaminer tout le 2e bataillon. Si Leclerc décide de le relever, il comprendra et s'inclinera... Leclerc sait trop ce qu'une telle malchance doit au hasard, sans que les chefs y puissent grand-chose. Certes deux grenades ont éclaté là où il ne fallait pas, au moment où il ne convenait pas; comment serait-ce la faute de Massu? Certes la mine antichar a tué Bazelaire; mais pouvaient-ils savoir qu'une mine antichar manipulée dans certaines conditions pouvait devenir un redoutable engin antipersonnel? La chronique militaire est jalonnée de ces pierres noires qui ne doivent rien, ou presque rien, à l'imprudence. Massu est prié de garder son bataillon. Ce n'est pas exprimé comme un ordre, c'est dit avec un certain sourire, une réelle confiance. Que Massu cesse de ruminer, il y a mieux à faire. Ils auront d'autres occasions d'avoir du vague à l'âme... Alors Massu redevient lui-même. Ses hommes le retrouvent tels qu'ils l'ont toujours connu, le verbe haut, l'œil perçant, jouant les renfrognés; ne laissant qu'occasionnellement entrevoir sa satisfaction envers ses hommes, afin que chacun doute en permanence de l'estime que le chef peut lui porter :

« Il ne faut jamais considérer comme acquise ma bonne opinion sur chacun, mais il faut la mériter constamment. Rien de tel pour le maintien en haleine des hommes de devoir... »

La 2e DB doit aussi se plier à une règle qu'imposent les Alliés et qui laisse les officiers mal à l'aise, amers, blessés même. Ces hommes surgissant de l'Afrique profonde n'auraient pu imaginer le sacrifice imposé : ils doivent se séparer de leurs tirailleurs africains. Les Américains veulent bien équiper une division blindée française mais ils y mettent une condition : qu'elle soit « blanchie »! La décision est d'autant plus mal appréciée que les Américains ont incorporé de nombreux Noirs dans leurs unités. Personne, à la 2e DB, n'a très bien compris cette décision; d'ailleurs personne, du côté américain, n'a songé à la leur expliquer. Les Africains – avec une partie de leurs cadres – partiront vers d'autres unités en formation. A la 2ᵉ DB, on se réorganisera selon les possibilités. C'est ainsi que le bataillon Massu a tout du puzzle ethnique. A la veille de débarquer en Normandie, le commandant Massu se risque à un inventaire déconcertant. Il a avec lui des métropolitains arrivés de Londres ou de France en passant par l'Espagne et ses prisons ; des pieds-noirs, juifs ou chrétiens ; des Maghrébins ; des Italiens qui n'aiment sans doute pas le fascisme à la façon Mussolini et des Espagnols farouchement antifranquistes. Il y a aussi quelques poignées de légionnaires déserteurs qui ne paraissent pas rassasiés d'aventures épiques. Inutile de leur demander pourquoi ils ont déserté, ils ne répondraient pas ; ce qui, à bien réfléchir, n'a rien d'extravagant compte tenu des bizarreries de l'époque et des hoquets de l'Histoire. Enfin, la mosaïque se complète de pièces hétéroclites parfois chatoyantes : deux Allemands, trois Autrichiens, sept Russes, trois Suisses, un Belge, deux Portugais, un Argentin, un Vénézuélien et, il en fallait bien un, l'apatride échappant à toutes les classifications...

Il y a également, au sein du bataillon médical, un apport qui pourrait être pittoresque – et il sera d'ailleurs considéré comme tel avant de se révéler aussi efficace que courageux. Ce sont deux sections d'ambulancières. La première est composée de jeunes femmes relevant de la marine française, la seconde arrive des Etats-Unis où une Américaine, Florence Conrad, a constitué sa petite unité de volontaires. Leclerc n'a accepté les Américaines – qui à l'exception de leur patronne sont d'ailleurs toutes françaises – que sur l'insistance de Kœnig usant d'une formule magique :

– Elles ont dix-neuf ambulances neuves...

Puisqu'elles y tiennent, qu'elles suivent donc la 2ᵉ DB jusqu'à Paris, on avisera ensuite. Florence Conrad a de l'expérience : elle a déjà servi en France, durant la Grande Guerre, comme infirmière, puis elle s'est fixée à Paris. En 1939, lorsque la guerre éclate, elle reprend sa tâche auprès des Français. Elle évacue des familles, des œuvres d'art. Elle s'occupe des prisonniers français, en fait libérer, en aide d'autres à s'évader. A la veille de l'entrée en guerre des Etats-Unis, l'ambassadeur des Etats-Unis à Paris, William Bullitt, trouve plus prudent de l'obliger à rejoindre New York. Cet exil ne peut être que provisoire : elle y monte sa petite unité d'ambulancières et d'infirmières qu'elle appelle le groupe « Rochambeau », en souvenir du général français qui œuvra auprès de La Fayette pour l'indépendance américaine. A ses côtés apparaît une jeune femme qui a fait ses premières armes d'ambulancière durant la débâcle de

1940, Suzanne Torrès. Ses compagnes ne savent pas forcément qu'elle est l'épouse d'un des plus grands avocats parisiens également parlementaire, Me Henry Torrès. Elle deviendra pour elles, et à tout jamais, Toto. C'est ainsi qu'un jour de décembre 1943, rejoignant sa popote à l'heure du déjeuner, le commandant Jacques Massu fait la connaissance du lieutenant Suzanne Torrès.

Tout ce beau monde, cavaliers, fantassins, artilleurs, ayant dressé ses tentes sous les chênes-lièges, apprend à supporter les pluies maussades, les nuits humides. Les hommes s'adaptent au nouveau matériel sortant des chaînes de montage installées à Casablanca. Ils enfilent les tenues américaines dont ils découvrent la qualité et le confort. Ils s'entraînent, manœuvrent. Toujours vorace, le général de Lattre de Tassigny espère encore cette 2e DB que son armée digérerait volontiers. Il lui rend plusieurs visites intéressées. L'une de celles-ci relève de ses habituelles entreprises de séduction. Certes, il arrive avec trois heures de retard, ce qui agace tout le monde, certes il ne tarit pas d'éloges envers Leclerc – « votre jeune, glorieux et magnifique chef » – mais la suite de son propos étonne :

> « J'ai trois chefs ; le général de Gaulle, chef du gouvernement, qui a ma fidélité et ma foi ; mon ministre, qui est assuré de mon déférent respect et de mon ardeur de servir ; mon commandant en chef, le général Giraud, qui est assuré de mon obéissance à ses ordres. Entre ces trois hommes, je suis le dénominateur commun. »

De Lattre, attaché à sa proie, revient quelques jours plus tard, toujours avec son profil et ses appétits de rapace. Cette fois – ce sera la dernière... – il veut voir la 2e DB manœuvrer. Le colonel de Langlade s'est toujours interrogé sur la suite de l'aventure : ses artilleurs ont-ils été dépassés par leurs beaux outils tout neufs, ou bien une pièce est-elle devenue folle ? Toujours est-il que les obus tombent à trois cents mètres de l'observatoire où sont installés de Lattre et sa suite, Leclerc et son état-major. Des éclats chutent à deux mètres du général de Lattre. Convoqué, Langlade s'attend au pire ; il ne reçoit que des félicitations. De Lattre devait sérieusement tenir à cette 2e DB !

Cette préparation intensive, sur laquelle insiste tant l'état-major américain, s'achève par une manière d'apothéose : l'inspection du 13 février 1944. Une commission dirigée par le général Kingman fait subir à la division son « examen de passage ». L'épreuve est rude, les interrogatoires sont sévères. Reçue, la division est admise à faire campagne au sein de l'armée américaine.

Massu connaît mieux, alors, ce que Leclerc attend de son bataillon. Il sera un des éléments de base du groupement tactique dont le colonel de Langlade va prendre le commandement, avec le 12e chasseurs, et d'autres éléments dont un escadron de reconnaissance des spahis marocains, de l'artillerie et du génie. Le 7 avril 1944, le général de Gaulle vient inspecter la jeune 2e division blindée qui a été rassemblée dans des djebels proches de la route de Rabat, à camp Marchand. Puis il réunit tous ses officiers au casino de la plage de Témara. Il évoque pour eux sa certitude d'une victoire qui pourrait encore demander des années de lutte acharnée, d'efforts nécessitant de la part des Français une volonté et une énergie sans défaillance. Soyez prêts, leur dit-il en substance, pour un prochain débarquement en France métropolitaine. Massu avouera qu'à cet instant, aucun d'entre eux ne pouvait se douter des efforts qu'avait déployés de Gaulle pour obtenir qu'une division française participe au débarquement qui allait libérer son pays.

Sur le rivage atlantique, l'hiver maussade s'éloigne ; l'air s'adoucit, le soleil est parfois rude, mais le temps s'étire, traîne, agace les troupes impatientes d'en découdre. Les hommes savent qu'ils ont été reconnus aptes à combattre ; mais ils ignorent que leur intégration à une armée américaine ou anglaise n'est toujours pas d'actualité. Pourquoi d'ailleurs faire passer d'Afrique du Nord en Angleterre une division au complet, alors que tout est prêt pour le débarquement de Normandie ! L'entraînement se poursuit pourtant, d'autant plus intensif que personne ne soupçonne cette indifférence de l'état-major allié. Les jeunes femmes du groupe Rochambeau poursuivent leur formation de mécaniciennes, cherchent des renforts en conductrices comme en infirmières. Egarées dans ce milieu de guerriers passablement misogynes, elles savent garder leurs distances ; elles sont pourtant courtisées, invitées. En retour, elles reçoivent aussi à bord de la « péniche », le local de l'ancien club nautique à l'abandon, flottant encore tant bien que mal et qui est devenu leur cantonnement. Originaire de l'est de la France, veuve depuis peu, Edith Schaller est l'une de celles qui rejoignent la péniche. Elle est infirmière, elle sait conduire, elle sera de l'aventure. Pour l'immédiat, il lui faut découvrir des occupations dont elle ignore tout : comment fonctionne un moteur, ce qui sous-entend de sérieuses notions de mécanique ; comment déminer un chemin et une route sans que leur ambulance explose. Elles briquent leurs véhicules, participent aux manœuvres de la division et, puisque c'est leur rôle, il leur arrive aussi d'évacuer vers l'hôpital des soldats malades ou blessés.

Le 7 avril, s'achève le temps des incertitudes : les premiers éléments de la 2e DB embarqueront à Casablanca dans trois jours ! Un tel déménagement n'est pas une mince affaire. Pour acheminer l'ensemble de la division, le transport va même s'étaler sur un bon mois ; ce qui sous-entend que les éléments de la 2e DB seront, un long moment, pour partie en Angleterre, pour partie près d'Oran au camp d'embarquement d'Assi ben Okba où ils attendront leurs bateaux.

Parmi les derniers arrivants à Assi ben Okba, figurent le 2e bataillon de marche du Tchad du commandant Massu et les ambulancières du groupe Rochambeau. Assi ben Okba leur laissera des souvenirs variés, qui ne leur font guère oublier l'ennui d'une longue attente. Des pluches, beaucoup de pluches, comme si les tonnes de pommes de terre qu'avale la base de transit échouaient systématiquement du côté de leur campement. Des douches, auxquelles les ambulancières renoncent vite, parce qu'elles repèrent des dizaines de paires d'yeux embusquées derrière les défaillance des toiles supposées garantir leur pudeur. Des escapades vers une plage proche. Et l'attente... Les hommes du commandant Massu et les ambulancières du lieutenant Torrès vont cohabiter un long mois, dans des conditions remarquables d'inconfort. Ce qui n'interdit pas quelques menus plaisirs, tels les dîners à la popote du 2e bataillon que Mme Suzanne Torrès boude un temps : ses filles empestent trop l'ail au retour de ces agapes... Elle y dîne pourtant un soir et, seule gradée présente, prend place à la droite de Massu. Elle se retrouve assise sur un jerrycan, partageant avec son hôte un quart émaillé et trouvant de l'ail partout, y compris, affirmera-t-elle, dans la crème fouettée du dessert ! Une ambiance de jeunesse, de gaieté authentique, de camaraderie sans contrainte, note-t-elle aussi. Il y aura une invitation en retour au groupe Rochambeau, avec un carton pour le commandant Massu. Il accepte mais en corrigeant l'orthographe de son nom : que Suzanne Torrès veuille bien noter qu'il est « Massu » et non pas « Massue ». Elle se le tient pour dit. D'ailleurs les invitations se lancent, se rendent, les liens se nouent, Suzanne Torrès découvre le double visage de Jacques Massu, rude, autoritaire, le verbe haut quand il le faut, gai et blagueur quand il se laisse aller ; Massu auquel un jour Langlade consacrera d'étranges lignes : « ... Massu, ancien compagnon du général Leclerc au Tchad, dont il avait subi des traitements assez durs avant d'être bien connu, estimé, puis aimé par celui-ci. »

Le 20 mai 1944, les ambulancières du groupe Rochambeau quittent le camp pour Mers el-Kébir, où elles vont embarquer sur le

Cap Town Castle. Le même jour, Jacques Massu et ses hommes du 2e bataillon de marche du Tchad prennent place sur un paquebot anglais, le *Franconia.* Neuf jours plus tard, après des dizaines d'exercices d'alerte, elles débarquent à Liverpool ; ils mettent pied à terre à Greenock, l'avant-port de Glasgow...

Débarqué à Glasgow le 29 mai 1944, le 2e bataillon de marche du Tchad traverse la campagne anglaise pour rejoindre le Yorkshire : dix heures de train jusqu'à la gare de Fimber-Station. Et le 6 juin, dans leur cantonnement, les Français apprennent le débarquement en Normandie. Sans regret ni nostalgie ; ils ne pouvaient pas être de cette première vague, leur rôle viendra plus tard, quand il s'agira d'exploiter l'avantage créé grâce au débarquement. Ce que Massu résumait à sa façon : « On était très impatients ! Mais nous étions une division blindée. Et nous savions pour quoi étaient faites les divisions blindées. »

Alors, ils continuent leur entraînement, comme le rappellera plus tard Massu :

> « Cela dit, pour le soldat que j'étais, c'était aussi un jour comme les autres, c'est-à-dire un jour où il fallait faire son boulot. Nous n'allions tout de même pas prendre une cuite... Nous attendions de nous battre.
> « Et quand on ne fait pas la guerre, on fait de l'instruction ! Et ce jour-là il fallait sans doute bosser davantage encore [1] ! »

Une certaine résignation n'interdit pas l'impatience : sept semaines peuvent paraître aussi longues que l'éternité. L'ensemble des unités de la 2e DB s'entraîne, manœuvre, s'impatiente. Leclerc assiste aussi souvent qu'il le peut à ces exercices, donne son avis, corrige. Il passe également de longs moments à Londres, redoutant que sa division ne soit engagée que trop tardivement à son goût. Le 21 juin, il réunit ses officiers au château de Dalton Hall, dans le Yorkshire, où est installé son état-major. Ses propos ne sont pas forcément ceux que l'on attend du patron à la veille de monter en ligne. Leclerc se place sur un autre plan, plus haut, plus loin :

> « Depuis que la décision d'ouvrir un second front a été prise, le général de Gaulle a demandé que l'armée française y soit représentée, et d'abord par notre unité : nous avons moins de matériel que d'autres, nous sommes peut-être moins bien instruits, mais à ses yeux nous représentons davantage. Il a réussi. Nous avons été les premiers à être

1. *Le Figaro* du 6 juin 1994.

désignés pour prendre part à cette campagne de libération. Pour chacun d'entre nous, ce sera un grand honneur dans notre carrière, puisqu'en Afrique, jusqu'à maintenant, je n'ai naturellement jamais pu vous en parler. Il nous reste à nous montrer à la hauteur. D'abord par notre attitude au combat. Sur le problème de la bravoure, du cran, je ne suis pas inquiet. Du moment que des Français sont commandés et bien armés, ils se battent bien. Vous l'avez déjà montré. Nos camarades d'Italie le confirment. Néanmoins vous devez faire attention : le travail demandé sera dur. (...)

« Réfléchissez aux responsabilités que vous aurez demain comme officiers, et ne perdez pas une minute pour améliorer la valeur des hommes qui vous sont confiés.

« J'attire maintenant votre attention sur un deuxième point. Je vous demande d'être à la hauteur en dehors du combat et après le combat. J'insiste car la question est grave.

« Demain, pendant la campagne de libération et après la libération, il s'agira de savoir si la France peut ou non redevenir une grande nation. Après avoir été envahie, saignée, diminuée, elle court le risque de ne jamais se relever comme grande puissance. Elle n'a jamais été en pareil danger depuis des siècles. Ceci n'est pas une affirmation gratuite, c'est malheureusement un fait.

« Le Français est toujours optimiste. Il est facile de se bercer de grandes phrases : la France éternelle... éducatrice du genre humain... Depuis cinquante ans nous savons ce que cela nous a coûté. Alors, il est plus sage de voir la réalité en face et comprendre pourquoi la France court un pareil danger.

« D'abord parce que sa classe dirigeante, ses élites, ont fait faillite. Avant 1939, une partie de cette classe dirigeante a conduit le pays jusqu'au gouffre où il est tombé. Depuis 1940, une autre partie a manqué l'occasion de la relève par l'Empire, favorisant directement ou indirectement le jeu de l'Allemagne. Quand vous rencontrerez demain un notable, vous pourrez toujours vous demander s'il a été un incapable avant 1940, ou un lâche depuis. Certes, il y a de nombreuses exceptions, mais l'ensemble de notre classe dirigeante n'échappera pas à ce dilemme. (...) »

Philippe Leclerc poursuit son propos par une touche encore plus politique. Il sait que c'est possible en ce mois de juin 1944. Comme il sait que semblables propos auraient pu briser, il y a moins d'un an, ses efforts pour monter sa division blindée. A l'époque, Langlade lui offrait le 12e chasseurs d'Afrique qui allait se dédoubler en 12e chasseurs et 12e cuirassiers. Mais, dans le même temps, il lui expliquait que se battre sous ses ordres était une joie immense, alors qu'arborer la croix de Lorraine serait certainement prématuré. En mars 1944, la croix de Lorraine sur carte de France devenant l'insigne de la 2e DB, le problème se repose et Langlade répond à Leclerc : « C'est pour vous et pour vous seul que nous l'acceptons... »

Alors, sur la pelouse de Dalton Hall, Leclerc ose :

« Je crois aussi à la nécessité d'une autorité forte : nous avons la chance d'avoir le général de Gaulle. Pour certains d'entre vous qui le connaissent peu, je voudrais souligner quelques traits de sa personnalité.
« C'est d'abord un homme indiscutable et indiscuté du point de vue moral. Il est impossible de trouver, avant 1940 comme depuis, dans sa carrière, dans sa figure, une ombre au tableau. C'est un véritable type d'officier français, dans toute l'acception du terme, contre lequel ses adversaires n'ont jamais pu relever la moindre faiblesse.
« C'est en outre un homme très susceptible au point de vue patriotique. J'ai pu m'en rendre compte souvent depuis trois ans. Les difficultés actuelles concernant ses liaisons avec Londres vous le prouvent. Je crois pouvoir affirmer que sans le général de Gaulle, l'unité de l'Empire français ne serait plus aujourd'hui qu'un souvenir.
« Bref, nous sommes sûrs qu'un pareil homme ne fera jamais passer son intérêt personnel, à aucun point de vue, avant l'intérêt national. C'est la plus précieuse des garanties.
« Dans le chaos que présentera le pays, cette autorité devra disposer d'organes solides, de bouées de sauvetage : la division, ou ce qui en restera après la bataille, devra constituer un de ces organismes sains... [1]. »

Il faudra encore un mois de patience à la 2e DB avant de faire mouvement vers le camp d'attente, non loin de son port d'embarquement, Southampton. Le 18 juillet, toujours à Dalton Hall, Leclerc reçoit ses officiers généraux et supérieurs. Il leur donne ce qu'ils espèrent tous depuis des semaines : l'ordre de mouvement pour l'embarquement. Ils partent enfin vers Southampton, salués au passage par les foules anglaises massées dans chaque village, dans chaque hameau, jalonnant les trois cents kilomètres de leur parcours. C'est en chemin qu'ils apprennent que Hitler vient d'échapper à un attentat. Paradoxalement, Langlade avouera, plus tard que ce fut un instant d'immense joie : Hitler vivant, ils allaient pouvoir aller au combat, comme ils l'avaient tous souhaité ; Hitler mort, leur aventure se serait sans doute achevée de la plus frustrante des façons. Et Langlade, rigolard, s'imagine adressant à Hitler un télégramme de félicitations !

Le groupe Rochambeau – devenu les « Rochambelles », ce qui vaut largement adoption – fait également mouvement vers le port et

1. Texte cité par Jean Compagnon (*Leclerc Maréchal de France*) qui date le discours et la remise de l'insigne divisionnaire du 21 juin ; Langlade et Massu donnent le 3 juillet pour les insignes et les drapeaux.

ses « liberty ships ». A l'approche des quais, là où la concentration des unités pourrait tourner à l'embouteillage le plus fou, Suzanne Torrès joue les éléments précurseurs ; elle part se renseigner sur les conditions d'embarquement de ses ambulances. Elle n'a qu'un défaut avoué : elle est parfaitement bilingue, avec une pointe d'accent yankee qui lui vient de sa mère. C'est beaucoup plus qu'il n'en faut pour un officier américain quelque peu farceur : la voici affectée d'office à la circulation routière... Si, si, elle fera une excellente interprète... Surtout qu'elle prenne aussi un bâton blanc pour mieux diriger les conducteurs, puis qu'elle n'oublie pas son casque lourd... Lorsque le commandant Massu, depuis son command-car, découvre le spectacle, il passe du sourire incrédule à la franche hilarité. Suzanne Torrès se fige au garde-à-vous et très digne salue le commandant... Les blindés sont chargés d'un côté, les camions et les engins chenillés sont embarqués d'un autre côté sur les « liberty ships ». Les troupes gagnent les LST (Landing Ship Transport.)

Ils gardent tous les mêmes souvenirs de la traversée ; les moments de joie entrecoupés d'instants de recueillement ; les jumelles passant de main en main pour découvrir cette terre de France si proche déjà mais que la brume fait apparaître encore lointaine ; l'impatience que l'on tue en jouant aux cartes, en ouvrant une boîte de ration ; les gorges nouées qui empêchent les hommes de chanter et bloquent quelques *Marseillaise* à peine entonnées. Bientôt la côte normande est là, avec l'armada alliée et ses navires bord à bord. Les bâtiments louvoient à travers les épaves qui ont permis d'improviser une sorte de port artificiel. Ils longent les passerelles que les pontonniers américains ont jetées à la mer. La plage d'Utah Beach est devant eux. Tous savent ce que sa conquête a coûté de sacrifices à leurs camarades américains. Il faut quitter les bâtiments. Les uns s'agrippent aux échelles de corde ou aux filets jetés sur le flanc de la coque, tandis que les LST, râpant le fond, larguent leurs passagers au plus près de la côte. Puis ce sable... cette terre... la France... Presque en se cachant, ils ont un geste dont ils rêvaient sans doute depuis des mois, ou qui leur passe subitement par l'esprit. Ils la touchent à genoux cette terre de France, ils l'embrassent, ils en glissent une poignée dans la poche du treillis. Difficile de cacher ses larmes.

– Ça fait une drôle d'impression, murmure Leclerc.

Langlade se sent un peu gêné, un peu timide, « comme d'embrasser en public, après cinq ans de séparation, la femme de notre amour retrouvée », il saisit pourtant une poignée de terre.

« Une grande minute de notre existence se vit en ce moment », pense Massu, parti depuis 1938 et qui ne reverra pas sa mère, décédée en 1941, et dont deux frères, il le sait, sont prisonniers des Allemands.

« Je ramasse le sable, je le serre contre ma joue... pour un peu je le mangerais », note Suzanne Torrès.

Il y a encore, chez ces Français qui ont voulu combattre pour la liberté, ce frémissement d'impatience qui les taraude depuis des mois, mais l'espérance, elle, change désormais de nature. N'ont-ils pas fait le pas essentiel qui vient de les arracher au rêve ; ne vont-ils pas, désormais, vers le plus dur, le plus risqué, le plus glorieux ?

C'est le 1er août 1944, à 11 heures du matin, que le général Leclerc a retrouvé la terre de France. Il est étonné par ce qu'il découvre : quelque chose qui tient d'un gigantesque chantier, d'une gare de triage avec des appels par haut-parleur pour que les regroupements s'effectuent aussi rapidement que souhaité, dans le meilleur ordre possible. Il faut que les compagnies retrouvent leur bataillon, les bataillons leurs camions, leurs chars et leur régiment, et Leclerc sa division. Un PC – déjà utilisé – l'attend au nord du Cotentin, à Vesly. L'ensemble de la division se regroupe à proximité. Elle sera au complet, prête à faire mouvement le 6 août.

Depuis leur débarquement, les Américains n'ont certes pas perdu de temps ; ils ont lancé leurs troupes vers la Bretagne et ils seront à Brest le 7 août. Puis il leur a fallu faire face à l'est. Ils ont piétiné aux portes de la Normandie, ils se sont battus, sans trop conquérir de terrain ; moins qu'ils ne l'avaient espéré en tout cas. Ils ont été un temps confrontés aux unités allemandes accrochées au terrain, tenant des villages en ruine et des villes dévastées ; puis ont surgi les troupes de la contre-offensive. Hitler, le 2 août, a donné l'ordre de reprendre le terrain perdu. Le 4 août, il a ordonné à von Kluge de lancer vers Mortain et Avranches huit des neuf divisions blindées qui se trouvent encore en Normandie. Eisenhower s'attend à des moments difficiles ; il ne freine pourtant pas Patton lancé vers l'est. Or la 2e DB est, depuis son débarquement, sous les ordres de Patton. Les impatiences de Leclerc vont pouvoir se calmer. Ses unités sont en appui des divisions américaines s'apprêtant à supporter le choc de la contre-offensive allemande. C'est aussi, dans la zone du débarquement où se trouvent encore des unités de la 2e DB, le baptême du feu pour les recrues du Maroc ; certainement pas celui qu'elles attendaient, espéraient ou redoutaient : c'est un bombardement par la Luftwaffe ! Le commandant Massu n'est pas surpris. Il avait repéré les deux nuits précédentes le survol de leurs bivouacs par de petits avions de reconnaissance allemands. Ne voulant pas s'éterniser sur l'aire de débarquement, il avait pressé son bataillon et il venait de l'installer à deux kilomètres environ de Vesly.

Le deuxième jour, des Rochambelles bivouaquent près de Ducy. Elles s'étonnent du survol de deux petits avions... Le lendemain, de retour d'une évacuation de blessés, Edith Schaller et son équipière Micheline entendent les déflagrations d'un bombardement [1]. C'est leur bivouac qui est visé. Une courte distance, leur ambulance cachée sous les arbres, elles laissent passer l'orage. Inutile de s'exposer, il va y avoir des blessés à évacuer. Et parmi ceux-ci, l'une de leurs camarades, les jambes brisées, infirme à jamais.

Les raids aériens, Massu les connaît depuis le Fezzan; il sait qu'il faut s'en méfier, riposter quand on en a les moyens. Ce n'est pas son premier souci en Normandie. D'autres anicroches lui laissent une curieuse impression et le préoccupent. Les premiers contacts entre les Normands, maintenant libérés après quatre années d'occupation, et le 2e bataillon de marche du Tchad ne sont pas exactement ceux qu'il espérait. Dans un de ses livres de souvenirs, il laisse percer son amertume en une courte phrase, sans s'épancher davantage : « Les rapports de mes hommes avec les civils sont décevants. »

C'est tout, c'est beaucoup... La remarque demande explication. En premier lieu, son unité n'est pas en cause; d'autres régiments connaissent semblable désillusion. C'est le colonel de Langlade qui sera, à ce propos, le plus précis. Il a sa manière personnelle de reprendre contact avec la France; dès le 1er août, à peine débarqué donc, il va boire le verre de bienvenue chez le maire-adjoint de Saint-Germain-de-Verville – du blanc, se souvient-il. Ils parlent, il écoute, ils se comprennent et Langlade peut nous expliquer la désillusion de Massu :

> « Dans l'ensemble, leur accueil est assez chaleureux et leur attitude émouvante. Cependant on les sent inquiets de notre comportement et leur attitude demeure prudente. Etonné au début, je finis par comprendre : bourrés de propagande allemande, ils redoutent que la Division française Leclerc, dont on leur a parlé, ne soit composée de

1. Le destin de cette jeune femme est largement hors du commun. Discrète, elle n'a rien confié de son passé à ses compagnes. Résistante dans le réseau « Alliance » de Marie-Madeleine Fourcade, dénoncée et recherchée par la Gestapo, Micheline Grimprel est évacuée sur l'Angleterre. Elle n'accepte pas d'être écartée des combats pour la libération de la France, elle s'engage chez les Rochambelles. Elle disparaît lors des combats autour d'Alençon. Les recherches effectuées ensuite permettent de retrouver sa trace à Ravensbrück – les Allemands l'auraient donc identifiée –, puis elle aurait été entraînée en Union soviétique où elle a disparu.

communistes acharnés et l'on a présenté son chef comme un aventurier de sac et de corde. Aussi notre tenue et notre discipline les rassurent-elles, mais les surprennent en même temps. Ne serait-ce pas une attitude avant de passer au massacre général de tous ceux qui ont cru et servi honnêtement leur pays sous l'autorité du Maréchal ? »

Le colonel de Langlade, ayant ainsi analysé le mal, rejoint son PC, rédige son « ordre général n° 1 » aussitôt diffusé, qui sera une manière de guide moral à l'intention de ses hommes :

« ... Vos gestes dans la bataille, votre esprit de sacrifice, votre fière discipline dans la vie journalière, votre foi dans l'avenir d'une France grande et libre seront les facteurs prépondérants qui hâteront le réveil d'une population opprimée avide de se retrouver en vous. Le général de Gaulle à qui vous devez aujourd'hui l'émouvante, l'inoubliable fierté de fouler votre sol en hommes libres, les armes à la main, vous a choisis pour remplir cette admirable mission... »

Il semblerait que Leclerc ait réussi l'amalgame de ses différentes unités. Il n'y a pas si longtemps que le colonel de Langlade lui confiait ses réticences envers la croix de Lorraine ! Massu le colonial, le saharien, part à la découverte de la France, où il a si peu vécu depuis sa sortie de Saint-Cyr. Si les premiers pas ont été décevants, la suite est plus allègre. Après les débuts délicats, les acclamations, le cidre et le calvados vont beaucoup faire pour le rapprochement entre le 2e bataillon et les Français libérés. Entre deux combats, entre trois accrochages, ils cueilleront leur part de gloire, sans réticence, tout au long de leur marche vers Paris...

Le 7 août, les choses deviennent sérieuses. Près de Mortain, des blindés du groupement tactique de Langlade accrochent des éléments de la Wehrmacht. Pour la 2e DB du général Leclerc, les combats de la Libération commencent. Pour le commandant Massu, c'est un dernier instant de tension avec le patron, après quoi, ils partiront pour des années de complète harmonie...

L'occasion de ce différend, le 10 août au lever du jour, tient à la mise en place précédant la bataille pour Alençon. Celle-ci s'annonce sérieuse. Les Français de la 2e DB – dont c'est la première opération groupée – et la 44e division d'infanterie américaine, ont face à eux la 9e Panzerdivision arrivant de Nîmes, où la vie n'était pas trop rude. Les Allemands sont équipés de chars Panther, supérieurs à ceux de leurs adversaires. L'accrochage, tout verbal, entre Leclerc et Massu tient aux circonstances, aux progressions de nuit, aux petites routes et aux chemins creux de la Sarthe comme de la Mayenne. Les véhicules de Massu et ceux de Dio, au lieu dit Les Quatre Routes, se sont entremêlés pour créer le plus incongru des embouteillages. Il est vrai que Massu se trouve sur l'itinéraire théoriquement réservé à Dio ; il est certain que Dio bénéficie pour cela d'un contre-ordre qui n'est jamais parvenu jusqu'à Massu. Deux adjoints de Massu, le commandant de Marcilly et le capitaine Philippe, supportent la colère de Leclerc ; plus amusés qu'affolés d'ailleurs. Et lorsque Massu arrive, il traverse une queue d'orage : « Vous allez tout faire louper », tonitrue Leclerc...

Fier de lui, Massu avouera plus tard que c'est là l'ultime algarade qu'il essuiera. Pendant les dix mois les séparant de la victoire, Leclerc n'aura jamais plus à pousser ou à secouer Massu, seulement le freiner ou l'arrêter...

La bataille de Normandie reprend, difficile, destructrice, avec ses combats de blindés, les offensives de ses fantassins, ses tirs d'artillerie, l'appui de l'aviation américaine qu'ils redoutent tous, bien qu'équipés depuis peu de panneaux de reconnaissance. Déployés, ils sont censés éviter les méprises... La 2e DB progresse, libère villes et villages, parfois intacts, parfois réduits à l'état de ruines fumantes. Il faut enterrer les morts, évacuer les blessés, veiller à ce que les chars et les véhicules ne manquent jamais d'essence et que les guerriers aient leur lot de munitions. Les Allemands, pris dans une nasse, tentent d'en sortir, se mélangent aux Français. Les progressions des uns et des autres se coupent et se recoupent. Les lignes sont si fluctuantes que les accidents de tir se multiplient. Pris à partie par les artilleurs de Dio, Massu et ses hommes supportent avec résignation jusqu'à l'instant où un sous-groupement Langlade décide de prêter main-forte à Dio, ce qui devient énervant à force d'insistance. Il y a les prisonniers, de plus en plus nombreux et bigrement encombrants. Il y a aussi ceux et celles de la 2e DB tombant dans les pièges de la Wehrmacht et qui parviennent parfois à s'en échapper. Un surprenant mélange d'horreur et de courage, de gloire et de rage, de souffrance et d'abnégation, que seuls, sans doute, les guerriers parviennent à maîtriser s'ils se gardent de leurs propres émotions... Le 13 août, le colonel de Langlade envoie le lieutenant de Valence rechercher une liaison et des renseignements vers le groupement tactique Dio. Autour du village de Chahains, la bataille est sévère. Au terme de la journée, Massu pourra annnoncer six cents morts chez les Allemands et cent trente prisonniers, une vingtaine de chars et autres véhicules hors combat. Pour le lieutenant de Valence, la situation est confuse ; les amis sont difficiles à retrouver ; les ennemis ne sont pas encore repliés ; il y a un étrange désordre généralisé. Faute de pouvoir rejoindre Dio, qui n'est pourtant pas loin, Valence tombe sur une section du sous-groupement Massu accrochant des Allemands. Il semble à l'officier de liaison que les ennemis arrivent au point de rupture. Il va bientôt être possible, c'est évident, de les bousculer et les pousser à décrocher. Il descend de sa Jeep et se mêle au combat. Un choc violent le jette à terre. Conscient, il découvre qu'un obus ennemi vient de lui arracher le bras droit. Sans hâte, sans crainte, il se relève, regagne sa Jeep, se tourne vers Massu et lui crie :

– Eh bien, pour un officier d'état-major, ce n'était pas si mal... Et, s'il vous plaît, mon commandant, faites-le-leur payer...

Il laisse Massu éberlué et demande à son chauffeur de le conduire au poste de secours [1].

Ce soir-là, le sous-groupement Massu, après avoir traversé la forêt d'Ecouves, située entre Alençon et Argentan, s'installe, la nuit venue, à Montmerrei. Que les hommes se reposent, il ne devrait rien se passer le lendemain ! Le 14 août au matin, le commandant Massu part donc en liaison au PC de Langlade et, chemin faisant, croise quelques-unes des ambulances des Rochambelles, Suzanne Torrès en tête.

> « Que faites-vous là ?
> – Nous venons d'être faites prisonnières. J'apporte des renseignements.
> – Parfait. »

Suzanne Torrès est encore tourneboulée. Elle et ses infirmières ont bien été capturées par les Allemands durant la nuit. Elle raconte l'aventure à Massu. Il écoute bien distraitement, lui semble-t-il. Elles traversaient le bois de Saint-Christophe-le-Japolet, à une dizaine de kilomètres au sud d'Argentan... une nuit noire... un bombardement qui n'en finit plus... un arrêt par prudence et parce qu'elles n'ont pas dormi depuis trente-six heures... Un roulement les tire de leur sommeil. Elles découvrent que le vacarme est celui d'une dizaine de chars Panther... Les Allemands veulent savoir ce qu'elles font là. Elles tentent de s'expliquer. Elles sont françaises, c'est vrai ; mais elles arborent la croix rouge et elles soignent tous les blessés y compris les Allemands, ce qui est exact. Il n'y a que des femmes dans le convoi, ce qui est faux, brancardiers et infir-

---

1. Le lieutenant de Valence, à sa sortie de l'hôpital, sera affecté auprès du général Leclerc comme aide de camp. Il sera à ses côtés jusqu'à la mort de Leclerc.

miers sont entassés dans un half-track. Contredisant le commandant allemand, son interprète alsacien glisse à Suzanne Torrès qu'ils sont en pleine déroute. Au terme de ces négociations incongrues, l'accord se fait : que les Françaises s'engagent à ne pas bouger pendant deux heures et les Allemands ne s'occuperont pas d'elles. Suzanne Torrès décide de ne pas tenir cet engagement ; pour d'évidentes raisons de sécurité, il lui paraît urgent de faire prévenir Leclerc...

Massu l'a écoutée ; mais elle n'apprécie guère la désinvolture avec laquelle il la félicite pour sa chance et lui souhaite de la persévérance pour la suite de sa campagne. Il a beaucoup à faire, c'est vrai, en ce jour de repos. Et pourtant, qu'ils en soient déjà conscients et qu'ils se le cachent encore, ces deux-là ne sont pas indifférents l'un à l'autre. Bougon comme il peut l'être quand il s'agit de dissimuler ses impressions, Jacques Massu passera plus tard aux aveux, dans une phrase éclairante glissée dans ses souvenirs : « Le temps de la causette est réduit pour l'heure, quels que soient les sentiments. »

Des sentiments donc, à peine effleurés mais qui feront leur chemin... « Un flegme que j'ai mis longtemps à lui pardonner », notera-t-elle.

Il est vrai que Langlade accueille Suzanne Torrès plus courtoisement, bien qu'elle le tire de son sommeil. Un baise-main et un compliment : « Chère amie, quelle bonne surprise. Faites-vous moins rare. »

Après quoi, le colonel et la Rochambelle regardent les cartes, alertent l'avion de reconnaissance et lancent la traque du convoi blindé qui sera anéanti au cours de la journée...

Le lendemain, une onde de joie parcourt l'ensemble de la 2e DB : d'autres troupes viennent de mettre le pied sur le sol français, là-bas sur la côte méditerranéenne. Aux environs de Saint-Tropez, petit port discret perdu quelque part entre Saint-Raphaël et le Lavandou, viennent de débarquer l'armée du général de Lattre de Tassigny et les Américains du général Patch, qui est le patron de l'opération. Radio-Londres l'annonce à 10 h 07 ; Radio-Berlin à 10 h 10, en anglais mais en trichant un tantinet : « L'attaque, qui a été exécutée au moyen de petites embarcations de débarquement, a été déjouée par la vigilance de la défense allemande... »

A son PC installé à Fleuré, Leclerc partage-t-il cette satisfaction ? Sans doute, mais il a d'autres préoccupations à cet instant. Il trouve regrettable d'avoir Argentan à portée de canon et de ne pas être autorisé à poursuivre son avance. Six kilomètres, ce n'est pourtant rien. Il a aussi en tête un autre objectif qui ne paraît pas prioritaire aux Américains mais qui l'est absolument pour tout Français : Paris !

La capitale n'est plus qu'à deux cents kilomètres. Sa libération n'est pas ce que les Américains attendent de la 2e DB, semble-t-il. Deux divisions américaines poussent déjà en direction de Dreux puis vers la Seine aux alentours de Mantes; l'une sera bientôt à Chartres. Au PC du général Patton, Leclerc tempête; il veut Paris. Le 17 au matin, il apprend qu'il va devoir se porter au nord-est d'Argentan pour bloquer la brèche au sud de Falaise, ce qui sera la bataille de Chambois. Par là tentent de s'échapper les dernières division allemandes, trop longtemps maintenues sur le front normand. Les ordres sont étudiés, suspendus, rectifiés, maintenus, remaniés. Leclerc les accepte sans grande envie de les exécuter. Que Langlade se débrouille pour ne pas s'engager à fond, et surtout qu'il se tire de l'affaire avec le minimum de casse... Langlade fera son travail, la brèche sera obstruée et les Allemands pris dans la nasse. Alors Leclerc file chez le général Bradley : il veut un feu vert pour libérer Paris.

Le 20 août, de Gaulle arrive en France, traverse le Cotentin, visite Rennes et, par Alençon, gagne la préfecture de Laval. Là, il est accueilli par un commissaire de la République, en réalité un préfet d'un modèle nouveau et provisoire. Celui-ci s'appelle Michel Debré. C'est à Laval, le 22 août, que de Gaulle est joint par un messager envoyé par Leclerc. Il remet à de Gaulle une longue lettre, qui est à la fois un compte rendu des premières semaines de combat et un appel à l'aide :

> « ... Depuis huit jours, le commandement nous fait marquer le pas. On prend des décisions sensées et sages, mais généralement quatre ou cinq jours trop tard. On m'a donné l'assurance que l'objectif de ma division était Paris. Mais, devant une pareille paralysie, j'ai pris la décision suivante : Guillebon est envoyé avec un détachement léger, chars, automitrailleuses, infanterie, direction Versailles, avec ordre de prendre le contact, de me renseigner et d'entrer dans Paris si l'ennemi se replie. Il part à midi et sera à Versailles ce soir ou demain matin. Je ne peux en faire de même pour le gros de ma division, pour des questions de ravitaillement en carburant et afin de ne pas violer ouvertement toutes les règles de la subordination militaire... »

De Gaulle ne paraît guère surpris par les réticences américaines. Il a déjà fait porter au général Eisenhower une lettre, qu'il a rédigée la veille avant de quitter Rennes pour Laval. Il rappelle dans ce message l'urgence d'une libération de la capitale. Il a été informé des premières actions de la Résistance et il sait que la situation devient tendue.

> « ... Je crois qu'il est vraiment nécessaire de faire occuper Paris au plus tôt par les forces françaises et alliées, même s'il devait se produire quelques combats et quelques dégâts à l'intérieur de la ville...
> « S'il se créait maintenant dans Paris une situation de désordre, il serait ensuite difficile de s'en rendre maîtres sans sérieux incidents et cela pourrait même gêner les opérations militaires ultérieures... »

Ce que connaît de Gaulle des événements parisiens n'est pas de nature à le rassurer. La grève de la police remonte déjà au 15 août, presque une éternité en cette période hautement incertaine. Le 17, Radio-Paris a cessé d'émettre et l'état-major de la Résistance – le Conseil national de la Résistance et son comité d'action militaire qu'est le Comac – puis le Comité parisien de libération se posent déjà la question essentielle : faut-il patienter ou déclencher sans plus attendre l'insurrection ? Le lendemain, les communistes tentent de soulever Paris, le colonel Rol-Tanguy décrétant la « mobilisation générale ». Le 19, le préfet Luizet, choisi par le général de Gaulle, s'installe à la préfecture ; le CNR suit les communistes et prépare l'occupation de l'Hôtel de Ville. Se sentant menacés, les Allemands envoient leurs chars. Le 21, en fin de soirée, il est demandé aux Parisiens de dresser des barricades. De Gaulle sait les risques que Paris court, comme il sait parfaitement dérisoire l'armement de la Résistance. Et puis, qui est ce général von Choltitz arrivé depuis trois semaines seulement à Paris ; un militaire de tradition, un fanatique, un hitlérien grand teint ? De Gaulle, déjà informé d'une trêve qu'accepterait l'Allemand, ne sait trop ce qu'elle cache. Elle est d'ailleurs si peu respectée. Que Paris ne soit pas demain un champ de ruines !

Le messager du général Leclerc repart pour le PC de la 2e DB avec, en poche, la réponse du général de Gaulle, datée de Laval, le 22 août à midi :

> « J'approuve votre intention. Il faut avoir un élément au moins au contact de Paris sans délai.
> « J'ai vu Eisenhower le 20.
> « Il m'a promis que vous alliez recevoir Paris comme direction. Le général Kœnig est en ce moment auprès d'Eisenhower, ainsi que le général Juin. Ils sont au courant.
> « Je coucherai ce soir au Mans et tâcherai de vous rencontrer demain... »

Eisenhower, quelques heures après avoir lu la lettre du général de Gaulle, décide que Leclerc doit marcher sur Paris. Il en informe Bradley, dont Leclerc faisait précisément le siège, et Bradley transmet à Leclerc. Vers 22 heures, ce 22 août, celui-ci rejoint son PC de Fleuré. Au commandant Gribus qu'il croise, il crie, sans même arrêter sa Jeep :

– Gribius, en route pour Paris.

Chacune des unités de la 2e DB regroupées en forêt d'Ecouves recoit les ordres immédiatement dactylographiés et diffusés. Le bataillon Massu en prend connaissance vers 2 heures du matin. Il n'y a plus de temps à perdre : les hommes à réveiller, les moteurs à chauffer et prendre la route : il faut être le soir à Rambouillet ! Cent quatre-vingts kilomètres en une seule étape, sans savoir comment vont réagir les Allemands.

Et, au bout de la route, la capitale...

Chapitre 4

Paris libéré
Dompaire, Dabo et Strasbourg
Vers Berchtesgaden
La Victoire

> « Paris, depuis plus de quatre ans, était le remords du monde libre. Soudain, il en devient l'aimant. Tant que le géant semblait dormir, incarcéré et stupéfié, on s'accommodait de sa formidable absence. Mais à peine le front allemand est-il percé en Normandie, que la capitale française se retrouve, tout à coup, au centre de la stratégie et au cœur de la politique... »

écrira de Gaulle dans ses *Mémoires de guerre.*

La 2e DB, en marche vers la capitale, sait que les combats peuvent être rudes, meurtriers. Tous les hommes engagés pressentent aussi qu'ils vont écrire une page d'histoire, avec leur sueur et leur sang, dans la joie et la peur, sans trop penser aux lendemains.

Pour Massu et ses hommes, c'est la folle chevauchée. Rouler aussi vite que possible vers Maintenon, Epernon, Rambouillet, et atteindre le soir venu la petite ville de Dampierre lovée paisiblement au-dessus de son château posé sur le bord de l'Yvette. Ce 23 août, Dampierre a perdu de son calme et de sa réserve. Ses habitants, un moment incrédules, cèdent à l'enthousiasme dès que l'approche des Alliés est annoncée. Ils se laissent aller au délire lorsqu'ils découvrent que ces Alliés tant espérés sont des Français, surgissant des sables africains.

D'un naturel exigeant, Massu n'est pas forcément satisfait. Il aurait dû atteindre Saint-Cyr ; il a donc quelques kilomètres de retard. Peuvent-ils imaginer, tous ces officiers, saint-cyriens d'origine, arrivant du Tchad, du Niger, du Maroc ou d'Algérie, caracolant vers leurs souvenirs, qu'il ne reste plus grand-chose de leur vieille école ? Délaissée depuis 1940 pour cause d'occupation, elle vient d'être pilonnée par l'aviation américaine. Trois bombardements au total, ceux des 12 et 21 juin puis un dernier le 20 juillet, laissent les antiques bâtiments à l'état de ruines. Il sera toujours temps de céder à la nostalgie des jeunes années après la bataille. Pour l'immédiat, afin de ne pas se laisser dominer géographiquement par un ennemi discret mais toujours présent, le commandant Massu lance une compagnie et un escadron de chars vers l'est par la côte des Dix-Sept Tournants, plus connue pour les assauts de générations de cyclistes du dimanche que pour ses offensives militaires. Le détachement débouche sur le plateau vers le Mesnil-Sevin où il passera la nuit. Du PC du colonel de Langlade, installé en forêt de Rambouillet, parvient à Massu son exemplaire de l'ordre d'opération pour le lendemain. Les premiers mots prennent ses hommes aux tripes : « S'emparer de Paris... »

Massu se découvre en tête du groupement tactique de Langlade : son premier objectif est le pont de Sèvres, puis la place de l'Etoile. Ultérieurement, ce sera la place de la Concorde !

Le 24 août, le sous-groupement Massu démarre tôt. Dès 8 h 15, il est à Châteaufort. Vers Toussus-le Noble, où les Allemands ont pris le temps de couper la route, l'avant-garde roulant sous une pluie battante passe à travers champs, au risque de s'embourber. Les Allemands ne sont d'ailleurs pas loin, embusqués pour tenter de stopper la marche d'hommes déchaînés à l'idée de fondre sur Paris. Lorsque le verrou des fantassins saute, l'artillerie ennemie prend le relais et rend les routes impraticables. Les champs, littéralement inondés, le sont encore plus ; obligés de s'y aventurer, des véhicules s'enlisent. Les hommes sont trempés, gelés. Et il y a toujours des Allemands en embuscade. Les hommes de Massu approchent de Villacoublay et de Buc. Puis c'est Clamart, où ils détruisent une voiture allemande chargée de munitions ; ils ont l'impression de s'offrir un joli feu d'artifice pour fêter l'approche de Paris. Depuis les hauteurs de Meudon, ils prennent le temps de jeter un coup d'œil vers les lointains : la tour Eiffel qui leur paraît si proche, le Sacré-Cœur perché sur sa butte et, plus à droite, Notre-Dame. Sous leurs yeux, la Seine lézarde comme si toute cette affaire ne la concernait pas. Ils ne savent plus s'ils doivent hurler de joie ou pleurer de bonheur. Devant eux, des civils s'emploient à démanteler leurs barricades qui ne retardent plus que les Français. Les tirs reprennent bientôt. Les Allemands s'accrochent sur les pentes de Sèvres et plus bas dans l'île Saint-Germain. Massu s'inquiète de tous ces hommes, de toutes ces femmes qui, pour fêter leurs libérateurs, prennent des risques insensés. Il y a déjà, parmi eux, plusieurs blessés. Toutes ces bonnes volontés guident pourtant le détachement qui, par les petites rues, peut débouler à moindre risque vers le pont de Sèvres. Tout serait parfait, ou presque parfait, si quelques résistants ne tiraient pas n'importe où, n'importe quand, sur n'importe quoi... Vers 20 h 30, les premiers éléments atteignent le pont de Sèvres. Dans la foulée, les fantassins passent, des chars suivent. Massu, qui les observe attentivement, est soulagé : le pont ne saute pas !

Massu sait maintenant que le gros de la troupe devrait traverser sans encombre le lendemain matin. Il laisse, par prudence, sa 6e compagnie et son peloton de chars à Boulogne, de l'autre côté de la Seine. Il maintient le reste de ses effectifs sur la rive gauche. Les ordres sont formels : il doit refaire ses pleins d'essence avant d'entrer dans Paris. Ce qui ne le met pas de la meilleure humeur possible, et un Massu grognon risque toujours de devenir explosif : « J'ai compris le lendemain matin que Langlade voulait faire une entrée en fanfare dans Paris... faire un peu le cirque ! »

Il avouera avoir passé la nuit au milieu du pont à ruminer sa rage de ne pouvoir filer sur Paris. Puis, ce qui est un moindre mal, à redouter que ses hommes ne puissent fermer l'œil tant la foule est enthousiaste autour d'eux et la gent féminine parfois entreprenante. Il craint aussi que les Allemands n'aient un dernier sursaut. Il les sait embusqués dans les batiments des usines Renault sur l'île Seguin, et un peu plus loin dans l'île Saint-Germain. Il n'oublie pas que depuis le matin, il y a eu cinq tués au bataillon et vingt-huit blessés évacués, dont le capitaine Fonde. A-t-il entendu, dans le lointain, les cloches de Paris ? Sûrement. Elles sonnent et se répondent depuis que les premiers hommes de la 2e DB sont arrivés sur le parvis de l'Hôtel de Ville. Le capitaine Dronne a percé, il est au cœur de Paris. Ses compagnons d'épopée ne le savent pas forcément.

Vers le pont de Sèvres, au plus profond de la nuit, la foule lassée s'est éloignée. C'est peut-être une chance pour ces quidams trop empressés. A peine les badauds dispersés, une compagnie allemande de la DCA descend l'avenue de Bellevue et se heurte à une section Massu – celle du lieutenant Postaire. Des deux côtés, la surprise est totale. Mais les Français veillaient sur leurs positions alors que les Allemands croyaient la route libre. Le combat s'engage immédiatement, violent. Un de ces accrochages qui ne font pas une bataille tout en laissant des traces sévères : l'adversaire abandonne une quarantaine de morts... Au lever du jour, rien n'est réglé. Ici et là, les Allemands restent agressifs. Ailleurs, essentiellement du côté des usines Renault, ils tentent de fuir, ce qui vaut à Massu un encombrement supplémentaire : deux cents prisonniers !

Langlade, ayant rejoint son avant-garde, marque un temps d'arrêt à la porte de Saint-Cloud, le temps de faire tirer son artillerie sur des batteries allemandes repérées sur la colline de Buzenval, au pied du Mont-Valérien. Massu est toujours grognon : « Il s'agit surtout, me semble-t-il, de carillonner l'entrée du groupement tactique Langlade dans Paris. »

Vers midi, la progression peut reprendre. Ils quittent la porte de Saint-Cloud, prennent la rue Michel-Ange, l'avenue Mozart puis la rue de La Pompe. Le plus délicat est de progresser à travers une foule hurlante, jetant des fleurs sur le convoi, prenant d'assaut les camions, les chars. Les soldats ne rencontrent pas beaucoup de barricades susceptibles de freiner leur marche. Le XVIe arrondissement ne s'est pas laissé aller, ces derniers jours, à la liesse populaire remarquée au cœur de la capitale ou dans les quartiers populaires. Il y a peut-être des raisons à cette réserve. Depuis quatre ans, les quartiers Ouest ont été désertés par nombre de leurs habitants, qui avaient les moyens de survivre dans leurs résidences secondaires ou ailleurs. Beaucoup d'immeubles ont aussi été réquisitionnés par l'occupant. Ses plus sinistres services, telle la Gestapo, ont choisi l'avenue Foch ou l'avenue Henri-Martin, tandis que les marins s'appropriaient le lycée La Fontaine. Puis, les beaux quartiers n'ont jamais connu les traditions plus populaires des manifestations ou des révoltes quand il ne s'agissait pas de révolution. Lorsque la Jeep du commandant Massu, aimablement baptisée Moïdo, aborde l'avenue Victor-Hugo, il sait qu'il touche au but. La-bas, bouchant la perspective, il y a l'Arc de triomphe et son objectif n° 1, la place de l'Etoile... Ils entrevoient les pompiers de Paris déployant un gigantesque drapeau tricolore. Plus ils sont proches du but, plus les hommes de Massu deviennent méfiants. Le Majestic leur a été annoncé comme un point très sensible, ils ont été informés de la place exacte des blockhaus protégeant le pâté d'immeubles. Un char, en trois coups de canon, réduit l'un de ceux-là, rue de Presbourg. Le 25 août, en fin d'après-midi, la place de l'Etoile est à eux !

Un objectif à faire rêver tous les soldats de France, lorsqu'il s'agit de libérer la Nation sous le joug. Un objectif qui en a fait rêver d'autres, maintenant en repli mais toujours dangereux. Apparemment, personne ne parle plus d'aller jusqu'à la place de la Concorde, libérée elle aussi. Elle a fait le bonheur d'un autre groupement.

Pour Langlade, il n'est pas question de s'assoupir sur ces premiers lauriers. Il y a le problème du Majestic à régler, et il ne s'annonce pas facile, les bâtiments étant occupés par le PC du commandement allemand. Sur l'avenue Kléber, devant ce qui fut un des palaces parisiens de l'avant-guerre, stationnent des chars, des camions et des voitures de toutes sortes. Les Allemands occupent l'ancien hôtel mais également d'autres immeubles de part et d'autre de l'avenue Kléber. Ils seraient sept ou huit cents enfermés là, selon les renseignements. Déjà des chars de la 2e DB prennent pour cibles les véhicules qui encombrent l'avenue. Presque un exercice de tir. Chars et camions explosent sous les obus français, dans le fracas que répercutent les façades, avec la chaleur des brasiers, les odeurs d'huile et de caoutchouc brûlés, celle de la poudre aussi. Les Allemands, pour l'instant, ne ripostent pas. Est-ce une raison pour déclencher les grandes manœuvres pouvant engendrer de sévères combats, aux dépens d'unités dont Leclerc aura besoin plus tard, au détriment de Paris dont ce quartier risque de souffrir ? Le colonel de Langlade ne le pense pas. D'autant que le colonel commandant le Majestic vient de faire savoir qu'il pourrait traiter, à condition que ce soit avec l'armée régulière. Sous la protection d'un drapeau blanc, un émissaire est venu jusqu'à Langlade, sous l'Arc de triomphe :

> « Quelles sont vos conditions ?
> – Nous n'avons pas de conditions. J'exige une reddition. Si le bloc d'immeubles n'est pas rendu dans une heure, j'exterminerai tout.
> – Vos conditions sont dures... »

C'est au tour de Massu d'entrer en scène. Qu'il aille voir ce que décident les Allemands. Massu a déjà eu l'occasion de démontrer qu'il était économe de la vie de ses hommes. Là, il va le plus loin possible dans le genre : il décide de faire une première tentative seul, accompagné d'un sous-officier ! Il passe par la rue La Pérouse et arrive avec le sergent-chef Dannic aux entrées arrière du Majestic. Dannic est tué par un tireur isolé. Massu continue, ce qui est un peu osé, il le reconnaîtra :

> « Je suis entré dans l'hôtel, j'étais surexcité et j'ai gueulé " Heraus ! ". (Dehors !) J'avais juste mon Colt à la ceinture, que je n'avais même pas dégainé. Ils ont eu l'air impressionné par mon allure. Ils sont sortis. C'était gonflé. J'aurais pu me faire tuer ! Il y avait encore des coups de feu qui partaient de tous les côtés... »

Il ressort, suivi de cinquante officiers et trois cents hommes qui se sont rendus. Il semble que l'on sache se résigner assez vite à la défaite au sein des états-majors allemands. Il n'en sera pas exactement de même de l'autre côté de la rue, au 24, avenue Kléber, sans aller pour autant jusqu'à l'acharnement... L'inconvénient de ces redditions massives tient à l'encombrement qu'elles provoquent. Voici le groupement Langlade avec pléthore de prisonniers ; qu'il faut garder mais aussi, ce qui tourne au paradoxe, qu'il faut désormais protéger contre la foule qui se laisse aller à un trop-plein de rancœur. Un rien peut engendrer le drame. L'explosion d'une grenade incendiaire brûlant grièvement un sous-officier et blessant le commandant Mirambeau le prouve amplement. Impossible d'ailleurs, dans une atmosphère aussi surchauffée, compliquée par un désordre absolu, de commander ne serait-ce qu'une section.

L'Histoire ne s'écrivant pas seulement à l'encre épique, l'arrivée à l'Arc de triomphe s'accompagne d'autres scènes, de celles donnant tout son sens à l'appellation de tragi-comédie.

La distribution du butin pris dans les caves du Majestic est de ces péripéties. Elle a fière allure, d'ailleurs. Après inventaire, les hommes de Langlade avaient annoncé à leurs chefs des caisses de champagne et de cognac, dix mille paquets de cigarettes, une tonne de viande et de saucisses, six ou sept cents kilos de beurre. La 2e DB ajoute à sa popularité toute neuve en distribuant aux Parisiens, devant le Lido, viande, saucisses et beurre. La chronique pèche cependant sur un point précis : elle reste muette sur le nombre de bouteilles et de paquets de cigarettes qui auraient été distribués...

L'intervention des Américains demeurera un des éléments mystérieux de cette fin de journée. Certes, eux aussi convergent sur l'Etoile. Mais quel besoin ont-ils de tirailler contre l'Arc de triomphe, nul ne le saura jamais, d'autant que des débris de sculpture, arrachés par les projectiles, tombent sur le PC improvisé de Langlade. Ce n'est certes pas pour cela que celui-ci s'éclipse quelques minutes : il tient à aller embrasser sa mère qui demeure à quelques centaines de mètres de là, rue de La Trémoille.

Autour de la place de l'Etoile afflue maintenant la grande foule des Parisiens. Ils veulent voir et complimenter l'armée française. Les femmes sautent au cou des soldats ; les homme débouchent des bouteilles d'alcool dont Massu se demande d'où elles peuvent sortir. Une atmosphère de liesse, de folie, s'installe peu à peu. Entouré de cette foule en goguette, un homme en costume gris, presque effacé, interroge les soldats :

« Vous ne connaîtriez pas un officier du nom de Massu ?
– Tu parles, c'est notre commandant »

L'homme ne cache plus sa joie :

« Aidez-moi à le retrouver. »

Il est là. Et le commandant Jacques Massu retrouve son frère Jean, sans nouvelles de son aîné depuis des années et qui le cherchait presque au hasard. Massu avouera que leurs retrouvailles, si elles ont manqué de manifestations extérieures d'affection, n'en ont pas moins été un intense moment d'émotion. Massu l'officier n'est pas homme à extérioriser, il préfère cacher ses sentiments; ce qui tient sans doute autant au caractère qu'à la déformation professionnelle. Quelle que soit son émotion, sachant ses deux autres frères prisonniers, il y parvient. On imagine même la voix un peu forte de Massu, se forçant pour jouer les sévères, lorsqu'il entraîne son cadet pour une aventure qu'il ne soupçonnait pas une heure plus tôt : « Un jour comme aujourd'hui, pas même un fusil dans la main ? Tu vois, là, cette Jeep, c'est la mienne. Il y a de la place, monte. On verra après... »

Après, ni Jacques ni Jean Massu ne peuvent encore le savoir, ce sera la campagne de France, l'Indochine... Jean s'engage et suit son frère !

La nuit est longue, tumultueuse, tourne à la gigantesque kermesse. Massu s'en éloigne un instant, il paraît qu'il est convoqué à l'Ecole militaire. Le plus simple, c'est que Jean guide Jacques. Et les voici, dans la Jeep, partis pour un périple insensé qui conduit le commandant Massu en tenue de combat à un dîner fort protocolaire, où de toute évidence il n'est ni convié ni attendu... Alors, ils remontent vers l'Etoile, essaient de trouver un peu de sommeil dans une ambiance qui ne s'y prête guère. Qui pourrait fermer l'œil en un tel bivouac, même épuisé ? Qui pourrait ne pas entrevoir des débordements tels que, de mémoire de Parisiens, il ne s'en était pas vu depuis l'enterrement de Victor Hugo...

Le lendemain 26 août, deux compagnies du bataillon Massu doivent rendre les honneurs au général de Gaulle lorsqu'il viendra ranimer la flamme. Bien avant son arrivée, les hommes sont en place, nettoyés tant bien que mal mais dans un alignement impeccable. Autour d'eux, c'est encore la liesse, avec ce que cela sous-entend de désordre, d'extravagance et de difficulté pour contenir une foule en folie. Dans ce rassemblement qui pourrait être bon enfant, Langlade s'étonne de voir parader des éléments patibulaires, drapés de tricolore, coiffés de bonnets phrygiens et dont les femmes lui font penser aux tricoteuses de la Révolution. Ils sont deux ou trois cents peut-être, qui ternissent la fête. Plus tard, il y aura même un moment de panique, lorsque le général de Gaulle quittera l'Etoile pour la Concorde. Quelques balles, paraissant tirées des toits, siffleront au-dessus de la foule... Mais l'instant est encore au recueillement. Vers 15 heures, se souvient Jacques Massu, le chef de la France libre arrive, salue les troupes, ranime la flamme :

> « Le général semble dans une forme ébouissante. Il a cinquante-quatre ans. Je repense à l'homme fatigué de Zouar, à sa lassitude et à sa conviction puissante en même temps. Il s'est imposé contre vents et marées et il a imposé l'image d'une France combattante et victorieuse ! Il nous a conduits à un début de réussite superbe, mais à ce moment-là tout n'est pas fini, loin de là. Une première étape est accomplie, mais je pense au serment que Leclerc avait prononcé à Koufra et qui devait nous porter jusqu'à Strasbourg... Je pense aussi que j'ai eu une drôle de chance d'avoir l'Arc de triomphe comme objectif ! »

La fête et les pincées de gloire, la parade et les zestes de popularité, puis il faut repartir ! Le 27 août, dès 2 heures du matin, le groupement Langlade reprend la route. Si les médecins de l'unité devaient livrer au colonel un état de ses troupes, ils diagnostiqueraient certainement beaucoup de têtes lourdes, de langues pâteuses, des esprits embrumés et des gestes approximatifs. De toute façon, personne ne leur demandera quelles peuvent être les causes de ces malaises frôlant l'endémie. Pour ce qui est des effectifs incomplets, les raisons sont plus claires : il y a eu beaucoup de permissions accordées ; tous les bénéficiaires n'ont pu rejoindre à temps ; ils ne sont pas perdus. Voici donc le sous-groupement Massu s'éloignant par l'avenue de Wagram, le boulevard Malesherbes puis les boulevards extérieurs. Les Allemands ne sont pas loin ; ils tiennent toujours à Saint-Denis, Stains, Pierrefitte, Sarcelles. Ce seront les prochains objectifs de Massu... Jusqu'à Pierrefitte les derniers bouchons sautaient sans trop d'effort. Ensuite la progression devient plus délicate. Ils avancent sur un terrain couvert de vergers touffus. Le soir, ils stoppent avant Sarcelles dont les Allemands décrocheront au cœur de la nuit. Les voisins du groupe tactique Dio ont de grosses difficultés au Bourget.

Le 30 août, la 2e DB est relevée par les Américains. La division est épuisée.

Le sous-groupement Massu sera cantonné à Pierrefitte. Il peut compter, comme tous les éléments de la division, sur deux semaines de repos, encore que le mot soit hardi. Ils ont deux semaines pour se refaire une santé, remettre le matériel en état, refaire les pleins de carburants et de munitions, incorporer et tenter de former les engagés. Leclerc ne tient pas trop à inclure de ces vocations tardives dans ses effectifs. Il se contenterait volontiers d'un remplacement homme pour homme, lorsqu'il y a des trous à boucher. Il doit pourtant se plier aux ordres, à une méthode nouvelle qui trouve son nom presque immédiatement : l'amalgame. Plus politique que militaire, l'idée consiste à intégrer dans un régiment ou dans un bataillon des unités FFI arrivant au complet. L'idée est politique dans la mesure où elle permet d'éloigner des territoires libérés des groupes armés qui avaient déjà montré une certaine tendance à sortir de leur rôle, à se substituer aux pouvoirs publics qui se remettent doucement en place et notamment à la Justice. L'idée redevient militaire puisqu'il s'agit d'utiliser des éléments armés pour la libération du pays. Il apparaîtra vite, pour quelques bonnes raisons, que ces « unités » ne sont pas faciles à manipuler. Les chefs dont elles se sont dotées n'ont pas toujours une compétence en rapport avec les galons qu'ils se sont octroyés. Elles n'ont aucune formation militaire sérieuse et un sens de la discipline des plus souples. Les réticences de Leclerc lui épargneront les difficultés que connaîtra de Lattre, pourtant grand apôtre de l'amalgame, parce qu'il espérait faire ainsi plaisir au chef de la France libre. De Lattre a même espéré être considéré comme le père de l'amalgame ! Une plaque commémorative, posée à Besançon, tente d'accréditer cette légende. La réalité est plus complexe. De Gaulle, dès la libération de la Corse, en septembre 1943, avait été avisé du jeu trouble des communistes pourtant bien minoritaires dans l'île. Le 28 août 1944, trois jours seulement après son entrée triomphale dans Paris, devant les vingt représentants les plus qualifiés de la Résistance parisienne, de Gaulle annonce donc son intention de verser les Forces de l'intérieur dans l'armée régulière :

> « Dans l'esprit des compagnons qui prennent place devant moi, il existe à la fois deux tendances que j'accueille d'une manière très différente. La fierté de ce qu'ils ont fait, je l'approuve sans réserve. Les arrières-pensées de certains quant à la direction de l'Etat, je ne saurai les admettre. »

Chez Leclerc, les débuts de l'amalgame ont un goût amer. Il a dû utiliser certaines de ces unités FFI, pour la libération du Bourget ; il en tire une première leçon :

> « FFI estimation d'ensemble : comme pour les partisans de la guerre du Maroc : 10 % de très bons, braves et réellement combattants, 20 % à 25 % acceptables et suivant l'exemple ; le reste racaille et fumisterie.

La scène suivante a été observée et controlée : FFI tirant des coups de fusil, hier, dans les vitrines et profitant de l'affolement pour piller. Rien d'étonnant à cela, il en est ainsi de toutes les troupes supplétives. »

Lorsque Massu touche ainsi « l'escadron Monségou » dont il doit faire sa 8e compagnie, il est affolé. Il sait, comme tout militaire habitué à la fréquentation des armes, que l'on peut s'attendre à n'importe quoi de la part de gens sans expérience se retrouvant, par hasard, avec un fusil entre les mains. Ils peuvent s'en servir de façon complètement anarchique et stupide; ils peuvent même s'entretuer, parce qu'ils n'ont pas étudié le fonctionnement de l'arme, parce qu'ils n'ont pas connu de séances de tir, parce qu'ils ne maîtrisent rien. Massu hésite d'ailleurs avant de les engager, mais les ordres sont les ordres... La suite prouvera que ses hésitations n'avaient rien du caprice : entre la Lorraine et la Bavière, la 8e compagnie aura autant de pertes que les autres compagnies normalement instruites en auront entre le débarquement et Berchtesgaden ! Et le 25 octobre – l'amalgame battant son plein chez de Lattre – l'officier d'ordonnance du général Leclerc, le lieutenant Christian Girard, note dans son journal de marche :

« Le discours du général de Gaulle que nous recevons dans le bulletin de ce matin ne nous enthousiasme pas. Il dit des FFI qu'en “ très peu de temps ils deviennent aussi bons que les combattants de la Métropole ”. Il n'est pas bon de le dire, surtout que ce n'est pas toujours vrai pour tous. »

Dans l'immédiat, puisqu'il ne découvrira les inconvénients de l'amalgame qu'en remontant au front, le commandant Massu profite de la proximité de Paris pour rendre quelques visites. Ces escapades sont le plus souvent agréables, parfois décevantes ou éprouvantes. Il file ainsi vers Neuilly, où habitait sa mère. Il veut revoir les lieux. Il a le cœur serré : sur la porte de l'appartement figure toujours – avec interdiction formelle de l'arracher – sa condamnation aux travaux forcés à perpétuité comme « traître à la Patrie ». Lorsque sa mère est décédée, l'avis était déjà en place; elle l'a vu quotidiennement avant de disparaître. Parmi les locataires de l'immeuble se trouvaient certainement des collaborateurs... du moins l'attitude de quelques voisins le laisse supposer qui demandent au commandant Massu s'il vient enfin les arrêter... Et pourquoi n'irait-il pas faire un tour chez les Rochambelles ? Les ambulancières sont cantonnées dans le parc de Bagatelle, oasis civilisée au cœur des taillis du bois de Boulogne. Les dernières aventures des jeunes femmes paraissent le réjouir.

Il est vrai que leur chef, Suzanne Torrès, n'a pas longtemps paradé au volant d'une jolie Citroën prise à l'ennemi. Par qui ? Elle ne l'avouera jamais. Il est pourtant fait allusion, quelque part, à un présent venant d'un bataillon de marche du Tchad... Qu'importe d'ailleurs ! A peine l'a-t-elle étrennée dans les rues de Paris, pour rejoindre des amis à déjeuner, qu'elle lui est volée devant le restaurant. Aucun commissariat de police ne pouvant enregistrer le vol d'une voiture récupérée sans papiers, l'affaire tourne au fou rire. Suzanne Torrès redevient sérieuse quand elle entrevoit un jour le général Lelerc, venu se perdre sous les frondaisons de Bagatelle. Elle est inquiète car elle sait, depuis leur recrutement au Maroc, que leur contrat moral s'achève avec la Libération de Paris. Leclerc, ce jour-là, n'a rien du promeneur en quête de calme. Il demande aux ambulancières de se rassembler. Il observe attentivement les Rochambelles. Le lieutenant Torrès croit entrevoir une certaine douceur dans son regard. Il a quelques mots à leur dire... Oui, il les garde ! Et voici le lieutenant Torrès redoutant une intempestive manifestation de joie. Sans perdre un instant, elle met ses filles au garde-à-vous, salue :

– Merci, mon général.

Et lui, sans doute aussi ému qu'elles, s'enfuit. Peut être a-t-il entendu, avant de remonter dans sa voiture, la clameur de joie de ses Rochambelles.

Le 8 septembre, le 2e bataillon de marche du Tchad reprend la route. Les hommes de Massu ont aimé ce temps de repos autant que leurs heures de folle gloire. Ils ont été heureux – pour certains – de revoir famille et amis. Ils sont satisfaits de repartir de l'avant, soldats parfois déçus par l'enthousiasme éphémère des populations délivrées qui déjà ne s'intéressent plus guère à « leurs » Français. Il est vrai – cela choque Massu – qu'ils ont moins de chewing-gum ou de cigarettes à distribuer que les Américains et que ceux-ci sont donc naturellement plus fêtés... Il est vrai aussi que les Parisiens, comme beaucoup d'autres Français d'autres régions, confondent leur libération avec la fin de la guerre, ou du moins de leur guerre. Alors ils se lassent de ces déploiements de force, de ces convois de camions, de ces processions de chars. Ils se lassent ou ils ont mauvaise conscience... A un moment ou à un autre de ses aventures, tout combattant a ressenti cette désaffection, ou la discordance entre ceux qui agissent et ceux qui regardent... Le bataillon Massu revient sur Paris sans y entrer, suit les boulevards extérieurs, rejoint la porte de Picpus puis Joinville, il s'éloigne dans l'indifférence de Paris libéré... Le groupement tactique Langlade marche en tête de la division qui doit s'infiltrer dans le dispositif de la XIXe armée allemande et le briser. Massu, chemin faisant, se prend à rêver d'une expérience qui lui manque encore, un joli combat chars contre chars...

Troyes, qui n'a plus de ponts, est contourné. Vers 18 heures le premier objectif est atteint. Ils cantonneront près de Clairvaux, à une quinzaine de kilomètres au sud d'un petit village au drôle de nom : Colombey-les-Deux-Eglises.

A partir du 11 septembre, les choses se compliquent singulièrement. Les Allemands tiennent quelques points forts et les reconnaissances ont repéré beaucoup de chars, de très gros chars... La journée s'achève avec la libération de Contrexéville. Demain, ce sera Vittel !

Pourquoi Langlade, qui laisse habituellement Massu libre de ses manœuvres, lui recommande-t-il ce jour-là de lancer une « patrouille blindée » et de traverser Vittel au plus vite sans s'y faire accrocher ? Massu ne le sait pas ; mais l'idée de la manœuvre ne le met pas de la meilleure humeur possible. Il aurait préféré sa tactique habituelle : un élément de reconnaissance léger, une avant-garde bien pourvue en canons, puis le « gros » [1]. D'ailleurs, aux premières heures de la matiné, la « patrouille blindée » est stoppée dès qu'elle approche des premières maisons de Vittel.

Tout va être à reprendre. En début d'après-midi, après une sérieuse préparation d'artillerie – quinze cents obus tirés – c'est le sous-groupement au complet qui reprend l'offensive, traverse Vittel sans s'y attarder et file vers Dompaire. Aux suivants de nettoyer la ville et ses environs, de prendre en charge trois mille prisonniers anglo-saxons qui attendaient leur liberté depuis quatre ans...

Ce que Massu ne pouvait prévoir, ce 12 septembre, c'est la présence autour du sous-groupement d'un aussi grand nombre de chars Panther Mark V... En fin de journée, aux abords de Dompaire, son blindé de tête est déchenillé par un tir d'artillerie. Son avant-garde situe parfaitement l'emplacement du canon et le détruit au moment où les servants s'apprêtaient à le déplacer. Le convoi bloqué, Massu considère qu'il serait risqué d'aller plus loin. Il vaut mieux prendre position pour la nuit et attaquer au jour. Encore faudrait-il savoir ce qu'est exactement ce buisson, à la forme trop incongrue. A l'instant où le buisson se déplace, le doute se dissipe ! Les Français pèchent par précipitation. Les tirs ne sont pas exactement ajustés. Le Panther, bien que sérieusement touché, parvient à fuir. Le deuxième

---

1. Paul de Langlade, dans son livre *En suivant Leclerc*, ne fait aucune allusion à sa décision.

char repéré est aussitôt incendié et détruit. Un troisième, également endommagé, parvient pourtant à s'échapper. La nuit tombant, Massu décide que son sous-groupement s'installera sur la crête au sud-ouest de Dompaire. De là ils pourront contrôler les sorties est et sud de la ville. Du moins le croit-il en lisant sa carte. Sur le terrain, ils ne trouvent pas les vues espérées. Les Allemands, en revanche, ont parfaitement repéré les Français qui sont pris à partie par trois Panther dissimulés à environ huit cents mètres; par d'autres qu'ils entrevoient à deux kilomètres de là. Enfin trois blindés sortent de Dompaire à leur rencontre. Il devient urgent de se replier sur la base de départ, sous la protection des fumigènes que tirent les mortiers d'Eggenspiller. Ils passeront une nuit calme, c'est-à-dire sans avoir à combattre; une nuit que troublent les grondements des chars dans le lointain, les déflagrations des obus que l'artillerie française tire sur Dompaire et l'agitation autour des combattants en quête de quelques instants de repos, malgré les pleins d'essence à refaire, les munitions à compléter, sans trop de bruit ni de lumière.

Massu, le jour levé, cherche un point haut et observe les environs. Il sait maintenant que la partie sera ardue. Il sait aussi que le temps, clair et dégagé, va lui permettre de bénéficier de l'appui de l'aviation américaine, l'« Air support ». Depuis la veille est arrivé, avec son char transformé en station radio, un certain Tower, colonel de son état, qui aura le contact direct avec les pilotes. Massu sait que le sous-groupement Minjonnet va intervenir sur sa droite et attaquer Damas. Il lui reste donc à réaliser une manœuvre d'enveloppement par l'ouest et descendre sur Viéville et le cimetière de Dompaire. A l'état-major de la division, tout le monde s'attend que Massu tombe sur du solide. Leclerc le premier, sachant parfaitement que les chars allemands sont plus forts, mieux cuirassés et dotés d'un meilleur canon que les Sherman américains. Massu dira souvent que pour mettre un Panther hors de combat avec des armes terrestres, il faut beaucoup de chance : mettre un projectile dans les fentes de visée ou bien réussir à l'incendier...

Dès 8 h 30, les avions apparaissent dans le ciel. Chez Massu, on s'empresse de placer les panneaux orange ou cerise qui éviteront les erreurs de tir. Tower jaillit de sa tourelle, casque aux oreilles, micro à la main avec, sous les yeux, la carte que Massu lui tend après y avoir porté les derniers renseignements parvenus. Ce que les Français ignorent, à cet instant, c'est que Tower vient de leur rendre un fier service. Il a appris que les Thunderbolt prévus pour cette première intervention étaient finalement occupés ailleurs, du côté de Brest semble-t-il; il est prié de bien vouloir attendre son tour, vers la fin de la matinée... Tower a compris que c'était impossible. Massu, informé et toujours soucieux de ménager ses hommes, s'interroge sur l'opportunité de lancer une offensive qui pourrait être meurtrière sans l'appui aérien. Tower, conscient des risques, a déjà lancé un message d'urgence, relayé par une escadrille anglaise en vol vers l'Allemagne. Un état-major gérant les opérations aériennes réagit. Tower reçoit le secours espéré ; des appareils britanniques armés de mitrailleuses, de bombes et de rockets. Les avions piquent, le sol tremble, les Panther flambent. Les hommes crient, hurlent à chaque nouvel impact alors que le fracas des déflagrations les assourdit. Puis l'escadrille survole une fois encore la plaine, signale l'importance du rassemblement de chars ennemis, bat des ailes en guise d'adieu avant de disparaître à l'horizon. Le petit piper du groupement Langlade prend la relève, dirige l'artillerie qui ajoute ses cadavres de blindés au tableau de chasse des aviateurs.

Les Thunderbolt américains arrivent enfin pour deux passages, vers 11 heures du matin puis au début de l'après-midi vers 15 heures [1]. Les hommes de Massu voient l'un des appareils perdre de l'altitude, disparaître au ras des arbres, puis plus rien... Ils savent aussi, par les avions de reconnaissance, que les Allemands ont déroulé les mêmes panneaux de signalisation qu'eux pour tromper leurs adversaires, ce qui veut dire que les aviateurs américains peuvent accidentellement viser les Français et les Allemands très posément tirer leurs avions.. les Français estiment qu'il devient urgent de retirer les panneaux de toile et d'en prévenir les aviateurs.

Les combats se poursuivent tout au long de l'après-midi. Désormais, le ciel est vide ; la 2e DB ne peut plus compter que sur elle-même. Des hommes de Massu, au plus fort de l'action, ont un instant de surprise et de joie : surgit devant eux, presque nonchalant, un immense rouquin en combinaison de vol. Le pilote américain leur explique sa mésaventure : après son piqué, en pleine ressource pour reprendre de la hauteur, il a touché la cime d'un arbre, il a réussi à se poser sur le ventre. Tout à l'heure il repartira vers l'arrière, puis pour Rennes où son escadrille a encore besoin de lui.

Sans doute soulagés par la disparition des avions, des Panther tentent de fuir et de gagner les bois voisins. Ils se présentent de flanc au sous-groupement Massu ravi : neuf sont immédiatement détruits. Dans Dompaire même, au cours de la nuit, ils découvriront encore

1. Jean-Claude Koffez, de l'association des Amis de l'histoire de Dabo, précise qu'une troisième intervention de l'aviation américaine, au coucher du soleil, permettra de dégager le PC du colonel de Langlade, installé à Ville-sur-Illon, sérieusement menacé par un bataillon de chars Panther Mark IV.

deux chars cachés en pleine ville, où ils sont détruits à la roquette. Les Allemands n'ont pas lésiné sur le camouflage : leurs blindés ont éventré des maisons, y sont entrés en reculant pour échapper à la vue et garder leur puissance de feu. Le village atteint, des ruines toujours brûlantes surgissent des hommes et des femmes qui ont cherché leur salut au plus profond de leurs caves. Ils saluent ces soldats qui leur apportent la liberté, sûrement plus importante que ces dévastations, si ce n'est cette vieille femme grognant à l'approche des libérateurs : « Si ce n'est pas malheureux de faire des dégâts pareils... »

Il y a un instant de confusion parce qu'ils sont pris pour des Américains ; ils y sont habitués depuis la Normandie...

> « Non, pas des Américains.
> – C'est vrai, vous parlez comme nous. Alors, Canadiens ?
> – Non, Français... »

Massu, au cœur de la nuit, fait son bilan. Il commence par les hommes ; il aimerait ne jamais en perdre un seul et il n'oublie plus ceux qu'il a laissés en chemin. Au soir de la victoire, il a sans doute la satisfaction de les avoir ménagés autant que possible. Il compte neuf morts et dix-huit blessés, ce qui lui paraît beaucoup trop. Ce qui est peu pour une bataille de cette ampleur, se soldant aussi par la destruction de trente-trois chars Panther. Le groupement Massu en revendique treize. Ce qui revient à dire que les vingt autres ont été détruits par les avions venus soutenir les Français. Il y a également quatre blindés capturés intacts ; deux prendront le chemin des Invalides à Paris, où ils veilleront durant des décennies de part et d'autre de la grille d'honneur, deux seront offert aux aviateurs américains de l'« Airsupport » [1].

Massu décide de passer la nuit du 13 au 14 septembre au cimetière de Dompaire, abrité sous le hangar où, habituellement les cercueils attendent l'heure de la cérémonie : « Nous sommes tellement accoutumés à côtoyer la mort, écrira-t-il, que ce voisinage macabre ne m'empêche pas de dormir. »

Suzanne Torrès garde un souvenir sensiblement différent, en tout cas complémentaire et nullement contradictoire. Elle apprend le succès de Massu à Dompaire, consulte sa carte et trouve que le détour doit valoir la peine...

---

1. Les deux chars exposés aux Invalides prendront une retraite définitive au musée de l'arme blindée à Saumur.

« Je trouve le vainqueur installé dans le cimetière, satisfait et fourbu, reprenant des forces grâce à l'énorme bifteck que son fidèle chauffeur Hipp lui fait cuire entre deux tombes. Il fait très " homme de Cro-Magnon " notre ami Massu... »

Le lendemain matin, pour la libération, les libérés et leurs libérateurs, une messe est dite à la mémoire des victimes en l'église de Dompaire.

Massu retrouve de Gaulle à Nancy, le 26 septembre, à l'occasion d'une prise d'armes. Il porte de jolis galons tout neufs : le voici lieutenant-colonel ! Et la Légion d'honneur l'attend. A dire vrai, les usages sont quelque peu malmenés : Leclerc veut que Massu recoive la rosette d'officier de la Légion d'honneur, sachant parfaitement qu'il n'a jamais été fait chevalier. Leclerc entend ainsi marquer à sa façon le succès de Massu à Dompaire. C'est le général de Gaulle qui remet à Massu cette rosette aussi incongrue que méritée. Il n'est pas certain que l'un et l'autre attachent une grande importance à ce cérémonial, pourtant émouvant pour qui est ainsi décoré sur le front des troupes, à quelques kilomètres du champ de bataille. Pour de Gaulle – comme pour Massu – une décoration prime toutes les autres : la croix de compagnon de la Libération :

« A cette époque-là, c'était la seule décoration qui nous faisait plaisir, écrira Jacques Massu ; pour dire les choses franchement, la Légion d'honneur on s'en foutait un peu. Dans les débuts, contrairement au règlement, nous portions la croix de la Libération avant la Légion d'honneur. On s'est fait rappeler à l'ordre un certain nombre de fois avant de nous soumettre aux usages protocolaires... »

Le Général passe devant les hommes, accroche les décorations sans dire un mot aux récipiendaires. Après la cérémonie, il n'y a ni conversation avec le chef de la France libre, ni vin d'honneur mais une dispersion immédiate. Chacun doit rejoindre son unité au plus vite ; la 2e DB n'est pas au bout de ses peines. Les Allemands n'ont sûrement plus le cœur aux contre-offensives d'envergure mais ils sont sérieusement accrochés au terrain sans intention de reculer davantage. Ils tiennent avec l'énergie du désespoir, virtuellement adossés à la frontière, derniers gardiens du sanctuaire.

Le goupement tactique Langlade est désormais proche de la crête des Vosges. Massu et son 2e bataillon de marche du Tchad sont aux environs de Magnières, à la limite des départements de la Meurthe-et-Moselle et des Vosges. Tous découvrent, jour après jour, ce que la mauvaise saison leur réserve. Avec l'automne surviennent les pluies incessantes. Le froid et l'humidité imprègnent les vêtements, glacent les corps, laissent les doigts gourds sur l'acier des armes. Aux haltes, il faut chercher une maison abandonnée, souvent dévastée, où un reste de toit offrira un semblant d'abri ; avec un feu vite allumé à l'abri de la vue pour se réchauffer, sécher un treillis, une capote ou réchauffer une boite de haricots. Ils doivent aussi s'habituer à une guerre plus statique, où l'artillerie tient les premiers rôles, où il faut multiplier les patrouilles de jour comme de nuit, sans trop espérer une offensive qui débloquerait la situation. Les patrouilles apprennent vite que l'ennemi n'est pas seulement à craindre lorsque sa présence se devine ; les Allemands ont la mauvaise habitude de laisser, là où ils passent, les mines sur lesquelles viendront sauter les Français. La 2e DB reste bloquée près de trois semaines. Les Allemands paraissent s'accrocher à la défense de Baccarat.

Ce sera la prochaine proie de la 2e DB.

Certes, les Américains attendent autre chose de Leclerc, en plus modeste... Qu'il attaque localement pour réduire des positions allemandes et faciliter l'attaque américaine prévue contre les défenses de la « Vor-Vogesenstellung », en réalité une ligne de tranchées continue courant entre Hertzing et Montigny, ligne renforcée de fossés antichars et protégée par des champs de mines. Fort bien, leur explique Leclerc, mais il serait préférable de prendre Baccarat qui est un centre de communication essentiel pour les Allemands. Etant valable, l'objection est retenue. Leclerc n'aura pas à désobéir pour s'emparer de la ville en usant de sa tactique la plus habituelle : surgir là où l'adversaire ne l'attend pas. Les Allemands guettent la 2e DB qu'ils pensent voir foncer par les axes routiers : la 2e DB déboule de la forêt où le génie n'a aménagé les derniers passages qu'à l'instant de l'attaque, le 31 octobre au matin... Et Baccarat est libéré !

Le 12 novembre, le lieutenant-colonel Massu est convoqué au quartier général de la 2e DB. Il y retrouve Leclerc et son état-major au grand complet, ceux qu'il appelle les « têtes » de la division. Le lieu pourrait étonner, ou détonner : la réunion a lieu à la cristallerie de Baccarat ! Le hall d'exposition – où Leclerc va informer ses officiers – est intact et les collections toujours en place. La boutique est ouverte, des soldats font expédier quelques cadeaux à leurs familles. Qui jette un coup d'œil vers les ateliers peut découvrir les ouvriers sortant des boules de feu des fours. Leclerc les a visité peu après la libération de la ville. Le directeur de la cristallerie, les autorités de la cité l'ont officiellement reçu, lui et sa suite, avec discours et petits fours. Il a même été honoré d'un présent sortant du commun : quelques pièces achevées d'un service commandé par Goering et gravé à ses initiales... Ce 12 novembre, l'ambiance est tout autre. C'est un moment à la fois parfaitement studieux et d'énorme tension. Le patron explique aussi clairement qu'à son habitude la mission qui les attend et le rôle que tiendra chaque unité. La mission, c'est la libération de Strasbourg... C'est le serment de Koufra qui va devenir réalité... Même si Strasbourg n'est pas exactement désigné comme l'objectif final de la division Leclerc ; pas plus que ne l'était Paris...

Massu découvre l'itinéraire qui lui est réservé : il passe par la montagne, par Dabo si c'est possible ; un parcours audacieux pour la recherche de la surprise, ce que Leclerc aime par-dessus tout... Massu ne se sent plus de joie : « Je sens au plus intime de moi-même que je vais réussir et que ce succès va compter pour moi... »

Tous sortent de la réunion dans un état second, voisin de l'excitation. Massu délaisse sa Jeep et embarque dans une ambulance ; il a convié à déjeuner deux Rochambelles, dont Suzanne Torrès. Surprise de voir tous ces officiers, qu'elle connaît bien, aussi agités, parfois écarlates d'émotion, elle s'étonne du mutisme de Massu, qu'il conjugue avec une exaltation inhabituelle et un rire étrange, presque silencieux. Il est ailleurs, il l'avouera plus tard : « Je rumine intensément les modalités d'exécution de la plus belle mission de ma carrière de soldat. »

Massu prépare son opération selon ses règles habituelles, il veut réussir avec le moins de casse possible... ce qui nécessite une sérieuse étude du terrain. Qu'on lui trouve un « indigène » bien informé et futé ! L'exemplaire existe au bataillon, c'est le lieutenant Riff. Dans le civil, il est avocat à Strasbourg et il combat avec eux depuis Sabratha. Il connaît parfaitement sa région pour l'avoir parcourue en tous sens, à pied ou à bicyclette, durant toute sa jeunesse. Massu est éberlué. Voici un garçon qui peut lui décrire le terrain avec toutes les précisions possibles, les routes, les chemins, la végétation, les pentes, les vues, les sols... Il est ainsi des décisions qui paraissent prises sur un coup de dés et qui sont en réalité nourries aux meilleures sources. Toujours avec Riff à ses côtés, toujours en le harcelant de questions, Massu arrête les deux options possibles pour son sous-groupement. De Rehthal, minuscule carrefour des départementales 45 et 97, à une dizaine de kilomètres au sud-est de Sarrebourg, ils peuvent rejoindre la départementale 98, difficile mais praticable pour les blindés, et filer sur Saverne. Ils courraient alors un risque : que les Allemands – qui repéreront leurs mouvements –

les bloquent à l'entrée de Saverne. Ou bien, toujours après Rehthal, il faudra poursuivre par la départementale 45 et pousser sur Dabo, par un chemin insensé pour une unité blindée mais qui doit permettre de débouler sur Marmoutier ou Wasselonne, pratiquement en vue de Strasbourg dont ils ne seront plus qu'à trente kilomètres. Audace et surprise ? C'est donc par Dabo qu'il faut passer, comme l'avait envisagé Leclerc. Jamais les Allemands n'imagineront des blindés sur cette route qui n'est plus qu'un chemin de montagne aux limites du praticable...

Le 13 novembre, le général Patton déclenche l'opération. Il fait – 6 ° C et le sol est gelé. Le lendemain, le thermomètre remonte aux environs de 0° C et la neige devient de la boue où s'enlisent les véhicules. L'opération en est freinée. Les points forts de la « Vor-Vogesenstellung » tiennent, aussi bien à Blamont, Ancerviller, Sainte-Pôle ou Neufmaisons, qui se trouvent au nord-est de Baccarat, immédiatement au pied du massif des Vosges. Les combats sont acharnés. L'artillerie allemande est précise, redoutable. Massu, détaché comme observateur auprès d'un colonel américain, regarde manœuvrer les fantassins. Il lui vient un sentiment que tous les combattants connaissent, la seule bravoure étant de savoir le cacher : il a peur ! Peur pour ces jeunes gens venus de si loin libérer la France, avançant stoïques sous les tirs des artilleurs allemands :

> « Je n'ai jamais eu si longtemps le sentiment d'une extrême vulnérabilité. Pour une fois, j'ai eu le loisir de m'apercevoir que j'avais peur... et j'en ai conservé un vif sentiment d'amiration et de reconnaissance pour le courage et l'abnégation dont ont fait preuve les fantassins américains. Les Français, dont un trop grand nombre s'est réinstallé dans la “ bonne vie ” dès la libération de Paris, ne s'en souviendront jamais assez. »

Le 19 novembre, la « Vor-Vogesenstellung » lâche... Le temps presse désormais. Leclerc, à son PC de Cirey-sur-Vezouze, confirme ses ordres. Massu sait ce qui l'attend : rouler vers le nord-ouest par Saint-Quirin et Abreschviller jusqu'à Rehthal... Après, ce sera bien évidemment la route par Dabo, le plus invraisemblable des itinéraires. Encore faut-il pouvoir atteindre Rehthal... Dix kilomètres après Cirey, un premier obstacle les bloque : un mur de quatre mètres de haut, énorme entassement de sapins, protégeant la ligne fortifiée qu'ils croyaient abandonnée. En fait, des hauteurs voisines une unité d'élite les prend pour cibles. Ils passent l'obstacle le lendemain matin et reprennent leur marche en avant qui prend des allures de cavalcade, régulièrement freinée par un barrage d'arbres coupés qu'il faut détruire ou écarter. Les Allemands fuient ou se rendent ; ils sont rares à défendre les obstacles qu'ils avaient dressés. Sur des kilomètres, l'itinéraire des Français est jalonné de véhicules renversés ou incendiés, de canons retournés, de cadavres d'hommes ou de chevaux. et des centaines de soldats qui ont abandonné le combat et marchent vers un improbable point de recueil où ils deviendront des prisonniers. Autour d'eux, c'est la ruée, la fureur de vaincre. Les Français foncent comme des brutes puisque Leclerc leur en a donné l'ordre. Massu redoute le char qui viendrait à décheniller et bloquerait la route particulièrement étroite. Tous pensent à l'embuscade qui pourrait les prendre par surprise. Mais rien ne freine plus leur élan. Le 20 au soir, Massu peut s'installer, sous une pluie battante, au carrefour de Rehthal !

Le lendemain matin 21 novembre, la suite prend des allures de miracle. Les Allemands, de toute évidence, ne défendent pas la citadelle d'Hazelbourg dominant le carrefour des départementales 45 et 98, point délicat s'il en est. Les barrages antichars qu'ils découvrent ont été préparés mais pas mis en place ; il y a bien des ponts minés, mais ils n'ont pas sauté... A midi, ils sont à Dabo. Massu fait une très courte halte devant l'église ; le curé Grasser sort de la sacristie une bouteille de schnaps à la main et court vers le command-car : « Von un sere litt wu uns befreit hän » (de la part de ceux que vous libérez).

Tandis que chantent les cloches, Massu, qui n'a sans doute rien entendu, repart [1].

Face à un barrage de sapins coupés, Guillebon, commandant son groupement, et Massu qui lui est aujourd'hui rattaché s'accordent un instant de concertation. Guillebon croit qu'il faut contourner. Massu pense qu'il faut dégager pour que la colonne perde moins de temps. Les hommes scient, les chars arrachent, le sous-groupement Massu repart. Suivant le détachement Massu au volant de son ambulance, Edith Schaller ne quitte pas des yeux le véhicule qui la précède... surtout ne pas le toucher... ne pas se mettre en travers du chemin... ne rien faire qui puisse bloquer tout le convoi... Elle entrevoit, au-dessous d'elle, dans les lacets, les chars manœuvrant à chacun des virages en épingle à cheveux. Edith Schaller se demande si les Allemands ne vont pas en profiter pour leur tendre des embuscades. Tout au long de la descente, elle découvre les obstacles qu'il faut sans cesse éviter : des roues, des chassis, des chariots, puis les cadavres de chevaux massacrés par les tirs, éventrés, sanguinolents, qu'il faut écraser pour passer. Les hommes seuls sont épargnés ; il y a toujours

1. D'après le témoignage de Jean-Claude Koffez, de l'association des Amis de l'histoire de Dabo.

des soldats pour sauter au bas des véhicules et tirer les corps des combattants allemands dans les fossés pour que les chars ne les broient pas au passage. La route est sûrement magnifique à la belle saison, elle est effroyable en ce mois de novembre. Chars et camions dévalent entre une paroi rocheuse et un ravin; exactement le terrain propice pour bloquer et désorganiser une division blindée en quête de surprise et de rapidité... Vers 15 heures, au travers des arbres, Massu aperçoit la plaine d'Alsace!

Obersteigen atteint, la partie est gagnée. Ils sont encore à l'abri de la forêt, mais sur un terrain infiniment plus favorable. Des éléments d'avant-garde sont à environ cinq kilomètres vers le nord en direction de Saverne; l'essentiel du sous-groupement – le « gros », dirait Massu – se rassemble à Hengwiller. Pendant ce temps, malgré la nuit tombée, Guillebon et son groupement, Minjonnet et son sous-groupement, Langlade et son état-major dévalent tous phares éteints depuis Dabo, par la route infernale qui est celle du bonheur. Avec Guillebon, roule une Rochambelle toujours étonnée de voir celui-ci aussi froid et distant : Suzanne Torrès. Elle se réjouit des nouvelles très indirectes qu'elle a, à chaque instant, de Jacques Massu :

> « Sur les arbres, sur les murs, les cinq grandes lettres de Massu ont été tracées par les éléments de reconnaissance du bataillon, pour indiquer le chemin. On se croirait en période électorale et j'éprouve un secret plaisir à voir ainsi jalonnée ma route... »

Sa camarade Edith a naturellement une autre vision de la situation; cette journée de folie est l'une des plus atroces qu'elle ait connue, entre la peur de l'embuscade, les traîtrises possibles de l'itinéraire. Une descente hallucinante à travers les horreurs de la guerre.

A Hengwiller, Langlade stoppe Massu alors que celui-ci est persuadé qu'ils peuvent foncer encore. Massu a certainement une idée derrière la tête : n'est-ce pas le 22 novembre 1918 que les troupes françaises ont retrouvé Strasbourg? Il faut, en réalité, attendre Rouvillois qui, avec la même réussite, est à Petite-Pierre mais n'abordera la plaine que le lendemain matin. Il faut aussi prendre solidement le contrôle du col de Saverne et libérer Phalsbourg laissé un temps à l'écart de l'offensive. Qu'importe, ce soir, ce sont des moments intenses de joie et de fête. Les Alsaciens retrouvent la France et ce sont bien des soldats français qui dévalaient comme des fous de Dabo, alors que la rumeur leur annonçait des troupes allemandes en débâcle, les plus dangereuses pour des civils dans l'espérance du bonheur.

Le lendemain, Saverne libéré, huit cents prisonniers ajoutés au bilan de la 2e DB, Leclerc donne ses ordres pour le 23 novembre. Ils pensaient tous à Strasbourg, lui voit déjà plus loin : les ponts sur le Rhin et la ville de Kehl. Aucune désobéissance envers l'état-major américain, cette fois, puisque les ordres écrits précisent clairement que, s'il est en avance sur le 6e corps américain, Leclerc doit attaquer Strasbourg. Et il est en avance ! En revanche, il n'existe pas à la 2e DB la moindre carte de la ville de Strasbourg. Leclerc savait ce qu'il voulait, mais commander des cartes aux services géographiques parisiens, c'était lever le secret indispensable. C'est encore le lieutenant Riff qui jouera les bons samaritains. Il ira frapper aux portes, expliquera ce qu'il cherche et récupérera, chez des particuliers, tous les guides touristiques locaux, pourvu qu'ils comportent le précieux plan.

Le 23 novembre, à 7 h 15, la 2e DB est en ligne, prête à foncer, prête à réaliser le serment de Koufra. Quatre itinéraires – ou cinq – ont été définis, qu'encadrent les groupements Dio et Rémy ; sur ces itinéraires, les deux sous-groupements Langlade, ceux de Rouvillois et de Massu, puis trois sous-groupements de Guillebon avec Cantarel, Putz et Debray [1]. Ils ne peuvent voir dans cette organisation qu'une sorte de compétition. Que le meilleur l'emporte....

A travers la plaine, Massu fonce sous la pluie. Il sait qu'en franchissant la ligne de crête se trouvant juste devant eux, ses premiers éléments vont découvrir la ligne des forts et Strasbourg. C'est en réalité l'enfer qui les attend. Les tireurs d'élite allemands sont en embuscade, font mouche et décrochent pour aller se poster ailleurs. Dans la boue, les chars manœuvrent mal et les forts résistent. Massu ne veut pas de massacre. Il a déjà trop de morts, trop de blessés dont Eggenspiller qui était du tout premier raid sur le Fezzan. Vers 9 h 30, Massu décide, d'accord avec Langlade, un repli. Quarante minutes plus tard, il capte un message triomphant : Rouvillois est entré dans la ville. Ce qui, en code, donne un des messages les plus célèbres de la 2e DB : « Tissus est dans iode » !

Toutes les batailles ont connu leur Candide. Le plus célèbre restera Fabrice del Dongo égaré à Waterloo. Strasbourg a eu le sien. Rouvillois a sans doute appris, des années plus tard, qu'un jeune agent de liaison du 1er régiment de marche des spahis marocains,

---

1. Cinq itinéraires comme l'écrit Massu, ou quatre comme le note Langlade ? Il est possible de trancher. Massu donne les noms des cinq patrons des sous-groupements ; Langlade reprend les ordres pour ce jour-là, citant ses deux subordonnés, Rouvillois et Massu, et précisant que les hommes de Guillebon – Cantarel et Putz – suivront deux itinéraires, par Willgottheim et Oberhausbergen puis par Wasselonne et Ittenheim. Ils ont l'un et l'autre raison : il y avait bien quatre itinéraires de départ... et cinq à l'arrivée, Debray devant faire itinéraire commun avec Putz dont il se sépare aux environs de Hurtigheim.

l'avait précédé d'une grande demi-journée. L'estafette est à la disposition du colonel Rémy, l'homme qui veillera le lendemain sur le flanc droit des cinq colonnes. Il lui demande de porter un pli à l'un de ses détachements. Où est ce détachement ? Personne ne le sait... qu'il se débrouille... Le spahi enfourche sa moto, file, s'égare, se perd, roule dans des rues désertes, tombe sur des Allemands qu'il évite et découvre un panneau : il est au pont de Kehl et les Allemands s'enfuient ! Il décide de retourner là d'où il vient, prévenir son colonel. La suite est absurde : il va devoir raconter son équipée à tout l'état-major, un lieutenant, un capitaine, un commandant, jusqu'à Rémy incrédule :

> « Vous savez que les Allemands passent le pont de Kehl ? Ils évacuent Strasbourg.
> – Comment le savez-vous ?
> – J'en viens.
> – D'où ?
> – De Strasbourg
> – Vous vous moquez de moi ?
> – Pas du tout, mon lieutenant.
> – Venez dire ça au capitaine... »

L'histoire a toujours amusé le jeune spahi qui recevra la croix de guerre pour son aventure. Il connaîtra ses grands triomphes ailleurs que sur les champs de bataille, sur scène ou dans les studios. Il n'avait que dix-huit ans à l'époque et ne s'appelait pas encore Jean-Claude Pascal [1]. Il n'a pas su, à ce moment, que Jean Marais, engagé lui aussi à Paris, n'était pas très loin, et que Jean Nohain, dont le char a été touché, venait d'être très grièvement blessé au visage. Suzanne Torrès le recueille défiguré et ne sait pas, à cet instant, s'il survivra.

Le général allemand Vaterrodt, commandant la ville de Strasbourg, négocie sa reddition avec le colonel de Langlade. Il est résigné, encore veut-il sauver les apparences. Qu'on lui offre une manière de baroud d'honneur... Aux ordres du capitaine d'Alençon, une compagnie de chez Massu et une de chez Minjonnet iront faire un brin de figuration pour que l'honneur de Vaterrodt, enfermé dans le fort Ney, ne soit pas trop égratigné. Il se rend avec sept cent cinquante hommes et leur armement. Le fort Ney... ce clin d'œil de l'Histoire a dû faire sourire Massu. Après quoi l'artillerie allemande, renseignée par des hommes en civil mêlés à la population, prendra

1. Jean-Claude Pascal, *Beau masque*, Robert Laffont, 1986.

encore les Français pour cible pendant trois jours, touchant même le PC de Leclerc installé à la place de la Kommandantur !

Suivent des heures qui se savourent intérieurement, avec les poussées d'exubérance qu'apporte la liesse populaire, si différente à Strasbourg de ce qu'elle était à Paris. Ce sont des retrouvailles plus ardentes, plus profondes, au terme d'épreuves plus rudes. Le 25 novembre, Leclerc passe au PC de Massu, il a pour son vieux compagnon de route des mots qui le touchent, lui qui avait mis du temps avant de se sentir accepté : « Ce que nous avons accompli égale les plus beaux faits d'armes de l'Empire. Dans l'Histoire, on a parfois fait aussi bien, mais jamais mieux. »

Le 26 novembre, une prise d'armes est organisée sur la place Kléber, qui vient de retrouver son nom. Le drapeau tricolore à croix de Lorraine flotte sur la cathédrale. Massu n'oubliera plus :

> « Leclerc, des jours comme celui-ci, aimait à dire : " Maintenant, on peut tous crever ! " C'est le sentiment que nous avions. Après cette date, j'avais l'impression de faire du rab, j'avais besoin de souffler un peu. »

Strasbourg libéré, Leclerc n'a plus qu'une idée en tête, plonger plein sud en longeant le Rhin, vers Sélestat et Colmar, tendre la main à de Lattre dont il n'est séparé que par une soixantaine de kilomètres et ainsi isoler totalement les Allemands tenant encore l'Alsace. Avec un cordon de forces françaises le long du fleuve, il n'y a plus pour l'occupant de renfort ni de ravitaillement possible.

Leclerc a le sens de l'espace, du mouvement ; il sait aussi que dans cette aventure, il a besoin d'une couverture d'infanterie. Le 2 décembre, il demande de l'aide à son presque voisin, le général de Monsabert. Que la 1re armée lui prête une division d'infanterie et la jonction sera faite, les Allemands isolés. Monsabert refuse. Alors trois régiments seulement.. c'est encore non ! Quelques bataillons peut-être... c'est toujours non ! Il devient alors évident, pour Leclerc, que ce refus est essentiellement tactique. Face à la poche de Colmar, de Lattre a son idée très personnelle : il plongera des hauteurs des Vosges sur Colmar, il délivrera la ville, il aura sa victoire. Après tout, Leclerc a déjà Paris et Strasbourg...

Il reste à comprendre dans quelles conditions Monsabert a refusé l'aide demandée par Leclerc, et même s'il a rendu compte de cet appel à de Lattre.

Si le refus vient de Jean de Lattre, la réponse est simple ; nous plongeons dans les errements habituels aux guerres des chefs.

De Lattre, dans ses écrits, ne fait aucune allusion à cette affaire. Sur cette période, il ne laisse que de modestes confidences. Il considère que le temps est bien peu propice à des opération de blindés; il insiste sur la richesse des Allemands, bien mieux pourvus en chars que la 1re armée française, même renforcée. Mais rien, strictement rien, sur la proposition Leclerc. Si Monsabert a pris sur lui de répondre non à Leclerc, c'est par référence à des incidents passés. Il connaît bien de Lattre maintenant et sait que pour celui-ci un chef n'est que provisoirement en fonction, de Lattre s'accordant le droit de relever ou de muter tous ceux qui paraissent las, ou débordés, ou hésitants, ou un peu trop indépendants. Or Monsabert, qui tient à son corps d'armée, sait que de Lattre n'a pas apprécié l'une des ses incartades récentes. En septembre 1944, pour une simple opération d'appui sur le flanc sud du général Truscott, orienté vers Gérardmer, Monsabert et Touzet du Vigier – relevé depuis – avaient engagé la totalité des moyens de la 1re DB contre les ordres de De Lattre...

Le pire étant toujours à craindre, Leclerc apprend que sa 2e DB va être incorporée à la 1re armée et donc passer sous les ordres de Jean de Lattre de Tassigny. Pour Leclerc, c'est insupportable. Il le dit au ministre de la Guerre, André Diethelm. Il le faire dire à de Gaulle par Langlade qui arrivera à peine au bout de sa phrase avant d'être prié d'aller voir ailleurs... Leclerc l'écrit à de Gaulle le 25 décembre :

> « ... Les trois mois qui viennent de s'écouler près de Delattre [1] ont permis de constater son art consommé de bluff et de séduction, ses dispositions pour le mensonge – il ment à tous propos –, le mépris qu'il inspire à ses subordonnés (l'opinion est unanime à ce propos, mais nul n'ose vous en informer).
> « Lorsque l'on vient pendant quatre ans de se battre dans un milieu essentiellement propre, vous comprendrez, mon Général, qu'on ne peut s'amuser à devenir le pantin d'un chef de cette trempe... »

La 2e DB marquant le pas, bien malgré elle, le lieutenant-colonel Massu part en permission à Paris. Son séjour coïncide avec la contre-offensive de von Rundstedt. L'affolement des Parisiens

---

1. Sur tous les doubles de cette note conservés par la Fondation Maréchal Leclerc de Hautecloque, de Lattre est écrit Delattre, comme l'a toujours fait le lieutenant Girard, aide de camp de Leclerc.

l'amuse : il ne croit pas un seul instant que les Allemands puissent reconquérir la France et se réinstaller à Paris. La disproportion entre les forces alliées et l'état des armées allemandes l'interdit à coup sûr. Il se laisse aller à ces moments de détente, pousse la porte d'un bar des Champs-Elysées, découvre Jean Gabin accoudé au comptoir. Ils parlent, vident des verres et passent par l'appartement de Gabin, avenue Victor-Hugo. L'acteur lui montre les cartons à chapeaux de sa compagne, Marlène Dietrich, qu'il appelle « la grande »... Les cartons ne sont que des caches pour bouteilles de whisky. L'acteur sort aussi des placards ses uniformes de marin :

> – Vous savez, nous avons un régiment de marins à la 2e DB vous pourriez y venir. Ce serait bien qu'un artiste comme vous se batte pour la libération de son pays...

Gabin n'a rien répondu. Il s'est engagé quelques jours plus tard à la 2e DB, où, curieusement, jamais Massu ne l'a croisé.

Lorsque Massu rejoint Langlade qu'il retrouve général, l'atmosphère est étrange, les incertitudes réelles. Pour des raisons stratégiques, Eisenhower a bien l'intention d'évacuer l'Alsace et d'abandonner Strasbourg. La division fait mouvement pour appuyer la VIIe armée. Le 1er janvier 1945, de Gaulle sait qu'il va devoir affronter Roosevelt, Eisenhower et Churchill pour sauver Strasbourg. Le sachant rebelle à cette tactique, les Américains envisagent de priver les Français d'essence et de munitions ; le général Juin leur fait savoir que les Français pourraient bien, en rétorsion, fermer tous leurs ports et leurs gares aux Américains... Une rencontre à Versailles entre Eisenhower et Churchill d'un côté, de Gaulle et Juin de l'autre, tourne à l'orage : de Gaulle annonce que la France défendra seule l'Alsace. L'ordre de replis est finalement reporté et Juin reprochera à de Gaulle de ne pas avoir suffisamment remercié Churchill. Déjà, de Lattre a envoyé des troupes en renfort ; un régiment de tirailleurs algériens est arrivé à Strasbourg, l'ensemble de la 3e division d'infanterie algérienne du général Guillaume va suivre.

Les Allemands résistent avec l'énergie du désespoir, le dos au Rhin, dernier rempart avant l'invasion du Reich. Les uns tiennent leur poche de Colmar. D'autres tentent de percer les lignes alliées, y réussissant à l'occasion. Ils n'hésitent d'ailleurs pas, pour tromper l'adversaire, à enfiler des tenues de l'armée américaine et à utiliser le matériel qu'ils lui ont pris. Les Allemands sont revenus à une dizaine de kilomètres de Strasbourg ; ils ont récupéré Kilstett qu'il va falloir reprendre et qui coûtera humainement très cher. Ce sont six semaines de combats meurtriers, sous un froid intense, sans percées possibles, avec simplement des villages pris ou repris. Grussenheim... Widensolen... Appenwihr... Logelheim... Blodelsheim... Chalampé... Massu inscrit tous ces noms sur ses carnets ; les pires souvenirs de cette campagne d'Alsace, où trop d'hommes trouvent la mort. Il retient aussi leur surprise le 8 février, presque au terme de leur campagne de France : passent deux avions allemands comme ils n'en ont jamais vu, avec un sifflement comme ils n'en ont jamais entendu. Les premiers avions à réaction allemands ne sont pas là pour s'exhiber ; ils bombardent la 2e DB au passage et avec elle le village d'Heiteren. La bataille pour l'Alsace s'est cruellement éternisée.

De la mi-février au 1er mars, Massu se sent désœuvré, ce qu'il n'a jamais apprécié. Ils sont en Moselle, à Delme, loin des fracas des armes, guettant les prémices du printemps et trouvant le fond de l'air agréable. C'est là que les hommes de Leclerc apprennent que leur division va décrocher. Son infanterie est épuisée, elle doit se reposer, reprendre l'entraînement, assimiler les nouveaux venus. Les régiments prennent le chemin du centre de la France. Massu séjourne ainsi deux mois dans l'Indre, près de Châtillon-sur-Indre. Ils sont jolis, les débuts du printemps en Touraine, pourtant ils préféreraient les neiges bavaroises. Avec le temps viendra une nouvelle angoisse : et si les Alliés les oubliaient là, au cœur de la France, à l'heure de l'assaut final... Prélevée sur les deux régiments de chars, l'artillerie qui avait le même besoin de repos repart la première. Mais dans une direction insolite : plein ouest ! Il s'agit d'aller aider Larminat, encalminé face aux poches de l'Atlantique, avec des FFI comme seules forces d'assaut. Qu'ils soient au repos ou qu'ils encerclent les poches de l'Atlantique n'inspire pas davantage les hommes de la 2e DB. Ils n'ont qu'une espérance : franchir le Rhin et s'enfoncer au cœur de l'Allemagne. Le général Leclerc s'en agace plus encore et relance quotidiennement ou presque de Gaulle et son état-major. Il veut aller en Allemagne, qu'on le laisse bondir sur l'Allemagne ! Aux derniers jours d'avril, une partie de la division peut faire mouvement. Démarre alors une course infernale pour rejoindre le front, quelque part sur le Danube. Comme les autres éléments du groupement de Langlade, Massu voit son matériel chenillé embarquer sur des wagons les 22 et 23 avril ; le reste de ses éléments, « le personnel sur le matériel à roue », comme il dit volontiers, démarre le 26 avril. Ils atteindront le Danube le 1er mai. Pendant quelques jours, au terme de ce mois d'avril 1944, la 2e DB prend les apparences d'une immense chenille en procession sur douze cents kilomètres.

Le premier ordre que leur transmet l'état-major les laisse pantois : marcher avec le 21e corps d'armée américain sur Berchtesgaden ! Privé de ses éléments blindés, le général Millburn, commandant le 21e corps, avait besoin du renfort d'une autre unité blindée pour foncer vers le nid d'aigle de Hitler. Leclerc peut lui offrir le groupement Guillebon. Français et Américains, roulant parallèlement sur les deux voies d'une des autoroutes qui étaient la fierté de Hitler, filent vers Bertchesgaden.

Les Français arrivent les premiers. Il se trouve, chez les Américains, de bons esprits pour se plaindre de cette présence insolite, soulignée par un déploiement de drapeaux tricolores. Ce ne sont pas exactement les images que l'état-major américain souhaitait envoyer outre-Atlantique pour faire valoir l'exploit de ses « boys ». Alors les Français vont être priés de s'effacer. Qu'importe, ils sont bien arrivés les premiers, Suzanne Torrès pourrait en témoigner qui a longtemps rédigé son courrier sur du papier à lettres au chiffre du Führer, récupéré sur son bureau...

Le 7 mai, les Allemands sont venus à Reims signer leur capitulation. La guerre est achevée. Le lendemain 8 mai, c'est à Berlin que l'acte solennel de la capitulation inconditionnelle des forces allemandes doit être signé par les représentants des Alliés et ceux des vaincus. C'est une confirmation, avec une mise en scène très savamment organisée, avec des participations très protocolairement orchestrées. De Lattre y représente la France, et découvre qu'elle est quelque peu négligée dans le scénario qui se complique au fil des heures... C'est ainsi que la signature du 8 mai a eu lieu en réalité au petit matin du 9 mai !

Le lieutenant-colonel Massu, cantonné près de Dachau, a appris ce qu'était un camp de la mort. Il veut que ses officiers sachent. L'entrée du camp est interdite pour éviter les épidémies possibles. Ils pénètrent donc clandestinement. Massu a tenu à ce qu'une jeune femme allemande, fille et femme d'officiers de la Wehrmacht, les accompagne. Contrainte de les loger, la veille au soir, elle avait nié tout ce qui se racontait déjà. Massu n'a jamais oublié les cadavres par centaines, les corps abandonnés dans les chambres à gaz que personne n'avait pris le temps de vider, les ossements entassés. L'un des détenus, du nom d'Edmond Michelet – le futur ministre de la

Ve République – les guide, leur explique l'horreur, leur raconte l'incroyable [1]. La jeune Allemande est livide, silencieuse. Ils ressortent très dignement par la porte, subissent le saupoudrage de DDT des Américains pas trop étonnés par ces visiteurs qui, à leur connaissance, ne sont jamais entrés. Les Français s'éloignent. Pourquoi, chemin faisant, lorsqu'ils croisent un cortège de prisonniers allemands, faut-il que la jeune femme dise à Massu :

– Et eux, vous ne croyez pas qu'ils souffrent ?

Massu avouera que, dans une crise de rage froide, il a porté la main à son pistolet...

Le 19 mai, sur le terrain d'aviation de Lichten, près d'Augsbourg, la 2e DB célèbre la victoire. A quarante-deux ans, le général Leclerc de Hautecloque reçoit sa quatrième étoile et il est fait grand-croix de la Légion d'honneur.

Aux derniers jours de mai, la 2e DB reprend la route vers la France. Elle jette l'ancre dans la région de Fontainebleau. Le lieutenant-colonel Massu et son bataillon s'installent près de Malesherbes. Il va être temps, pour lui, de se demander combien de mois il a passés en France depuis sa sortie de Saint-Cyr... Et combien de temps il va y rester !

---

1. Le général de Langlade a dû faire évacuer Edmond Michelet le plus vite possible... pour lui éviter d'être la victime de haines politiques franco-françaises transposées au sein même du camp...

Chapitre 5

Des volontaires pour l'Indochine Le Viêt-minh s'installe Les premières opérations Saigon dégagé

Pour des hommes partis de Koufra pour Strasbourg et déboulant finalement sur Berchtesgaden, être au repos, vivre en paix, est une situation nouvelle, étrange, presque paradoxale. Ces combattants savent qu'ils ne retourneront plus au front, puisque les Allemands ne sont plus que des vaincus, pouvant ruminer leurs rêves de grandeur sur les ruines encore fumantes du Reich. Officiers et sous-officiers de carrière en sont à se demander ce qu'il adviendra de leur armée, la paix réinstallée, et si les gouvernements, toujours économes lorsqu'il s'agit de la défense, ne vont pas procéder à des réductions d'effectifs qui en feraient de nouveaux demi-soldes. Les engagés pour la durée des hostilités attendent leur libération. Les uns éprouvent la satisfaction du devoir accompli et l'envie de renouer avec leur vie passée. Les autres ressentent une certaine appréhension ; la guerre les a pris par la main très jeunes encore et il leur arrive d'avoir conscience du décalage entre leurs aventures et une vie qui demain pourrait se révéler bien fade...

Depuis l'entrée de la 2e DB en Allemagne, quelques informations, jamais confirmées, jamais infirmées, laissaient entendre que la mission du général Leclerc ne serait pas achevée. De Gaulle songerait à lui pour d'autres tâches en Extrême-Orient, où les Japonais se battent encore contre les Américains, les Britanniques et les Chinois. Or, de Gaulle considère que la France doit aussi être représentée sur ce champ de bataille. Une telle présence est indispensable à ses yeux pour pouvoir réaffirmer haut et clair les droits français sur la péninsule indochinoise et récupérer, le moment venu, les territoires que contrôlait la France, Cochinchine, Annam, Tonkin en premier lieu, Laos et Cambodge ensuite. Un détail, qui est de poids, risque pourtant de freiner l'ambition de reconquête du général de Gaulle : les Japonais ne sont toujours pas résignés à leur défaite annoncée et s'accrochent partout où ils le peuvent. En Indochine notamment ! Les circonstances ayant engendré un certain affaiblissement de la France, les occupants japonais sont devenus les alliés objectifs des communistes vietnamiens. Ceux-ci n'avouent pas encore leur couleur politique ; ils envisagent simplement de reprendre à leur compte le combat contre le colonisateur d'hier.

Le 8 juin 1945, à Marlotte, à quelques kilomètres au sud de Fontainebleau, Leclerc réunit tous les officiers supérieurs de la 2e DB. Charles de Gaulle, qu'il a rencontré la veille, estime que le moment est venu pour Leclerc d'annoncer que le gouvernement provisoire le charge d'organiser et d'instruire un corps expéditionnaire pour l'Extrême-Orient, ce qui n'est pas exactement l'Indochine... Dire que le succès de son appel aux braves soit un triomphe serait exagéré. Certes, Massu le fidèle se porte immédiatement volontaire. C'est presque viscéral chez lui, là où va Leclerc il se doit d'aller, comme s'il s'agissait de le remercier d'avoir été associé à la marche désormais légendaire à travers l'Afrique, la France et l'Allemagne. La plupart des Rochambelles s'engagent aussi. Suzanne Torrès note, avec une pointe d'ironie acide, que parmi les chefs de corps de la division, il n'y aura eu que le plus ancien – Jacques Massu donc – pour accepter cette nouvelle aventure. C'est un jugement que Massu nuance à sa façon, parce qu'il ne saura jamais se débarrasser d'un fond de gentillesse qu'il cache comme il peut : s'il est le seul, ose-t-il, c'est parce que les autres sont soit morts soit fatigués ! Ce n'est d'ailleurs pas exact, il y a aussi des colonels et des commandants de l'état-major pour suivre, puis des capitaines qui ont fait leurs preuves, tel Dronne, premier arrivé au cœur de Paris, devant l'Hôtel de Ville, la veille de la Libération.

Jacques Massu donc, Suzanne Torrès aussi... Il y a, derrière leurs dos, des sourires amusés ou complices... Qu'importe, pour l'immédiat, il convient surtout d'être efficace.

Le lieutenant-colonel Massu prend le commandement de la nouvelle unité qui sera officiellement le « groupement de marche de la 2e DB » et deviendra, très vite, par pratique, le groupement Massu [1]. Il ne paraît pas avoir beaucoup de difficulté à recruter. Les hommes de son bataillon veulent autant rester avec le « roi des

1. La constitution du groupement de marche de la 2e DB est officiellement arrêtée le 15 août 1945. Il sera – théoriquement – composé ainsi :
1 état-major de groupement tactique allégé
1 bataillon d'infanterie blindée à trois compagnies de fusiliers-voltigeurs

nases », que le « roi des nases » veut rester avec Leclerc. Comment Massu est-il devenu le « roi des nases » ? Qu'il y ait eu, en arrière-plan, une discrète raillerie envers un appendice nasal évident, sans mériter pour autant une tirade à la façon d'Edmond Rostand, c'est possible. Mais pour ses hommes, le « roi des nases », c'est essentiellement l'homme devinant les bons coups, flairant une affaire bien engagée ou reniflant, contre toute logique, les risques de dérapage ou les pièges les mieux montés. Le jargon militaire a d'autres expressions, parfaitement prosaïques, pour qualifier un officier que la chance ne lâche pas – et elle n'a pas négligé Massu depuis le Maroc – ses hommes ont préféré confectionner la leur, de préférence au prêt-à-porter.

Se préparant à embarquer, le lieutenant-colonel Massu apprend une nouvelle dont il ne sait trop s'il doit se réjouir ou s'irriter. Le voici très officiellement amnistié de la condamnation lancée contre lui par Vichy, les travaux forcés à perpétuité pour crime de trahison, cela pour avoir rallié de Gaulle dès 1940. Il n'est pas nécessaire d'avoir suivi de longues études de droit pour savoir que l'amnistie se limite à effacer la condamnation pour une faute commise ! Il aurait préféré, et l'idée ne l'a plus jamais quitté, que la condamnation soit purement et simplement annulée.

Toute la division n'étant pas de l'expédition en Extrême-Orient, les reliquats de la 2e DB passeront aux ordres du colonel Dio, patron de l'ensemble des forces restant en France quand Leclerc partira pour l'Extrême-Orient.

Leclerc, avant de s'envoler, s'offre une discrète tournée des adieux. Il est ainsi le 15 juin, pour une première cérémonie, devant le groupement tactique de Langlade. Il récidive une semaine plus tard, sur l'hippodrome de Solle, près de Fontainebleau, devant l'ensemble de la division cette fois. Il participe enfin au défilé parisien célébrant le 18 juin. Et il s'envole le 18 août pour Ceylan, où une unité française attend des jours plus combatifs sur les hauteurs de Kandy....

Entre la première de ces manifestations et l'envol de Leclerc pour les Indes ont été publiées les nominations officielles complétant le dispositif décidé par le gouvernement provisoire du général

---

1 compagnie d'accompagnement
1 escadron d'automitrailleuses
1 compagnie du génie de combat
1 compagnie médicale réduite
1 peloton léger de réparation
1 escadron de chars légers.

de Gaulle. C'est le 14 juillet que Leclerc découvre que de Gaulle, pour la seconde fois, adopte un système instaurant une séparation des pouvoirs civils et militaires. L'amiral Georges Thierry d'Argenlieu [1] se retrouve ainsi haut-commissaire et le général Leclerc commandant supérieur des forces françaises en Extrême-Orient, avec pour mission « sous l'autorité du haut-commissaire de prendre toutes mesures militaires tendant au rétablissement de la souveraineté française ».

Lorsqu'il s'envole pour Kandy, Leclerc part se mettre aux ordres de Lord Mountbatten, commandant suprême des forces alliées dans le Sud-Est asiatique. En réalité, la résistance japonaise s'est effondrée une semaine plus tôt, après que l'Amérique a largué, les 6 et 9 août 1945, deux bombes atomiques, l'une sur Hiroshima, l'autre sur Nagasaki. La première mission de Leclerc appartient donc aux honneurs. Il prend rang, le 2 septembre, parmi les chefs alliés réunis sur le cuirassé *Missouri*, ancré au large de Tokyo ; il y reçoit la capitulation japonaise au nom de la France. Il a aussi un entretien avec le général américain MacArthur qui connaît parfaitement la situation de cet Orient extrême. Il conseille à Leclerc, s'apprêtant à rejoindre l'Indochine, d'emmener avec lui un maximum de troupes. Il y a déjà le 5e RIC qui attend aux Indes, une brigade qui patiente à Madagascar depuis 1943, le groupement de marche de la 2e DB, en instance d'embarquement, la 9e DIC qui va également arriver de métropole avec son patron, le général Valluy. Il y a aussi parmi les nouveaux venus un ancien de l'armée de Lattre, le général Raoul Salan, choisi pour son expérience de la Chine et de l'Indochine, et des services de renseignement, remontant à l'avant-guerre.

Leclerc n'en a donc pas fini avec les Japonais, installés depuis quatre ans en Indochine et qui ont une tendance certaine à s'y considérer comme chez eux...

C'est déjà une vieille et longue histoire que vivent ensemble l'Indochine et la France. A l'époque cela s'apprenait encore au lycée, comme dans toutes les Corniches de France où des jeunes gens préparaient le concours d'entrée à Saint-Cyr. Leurs professeurs

---

1. Georges Thierry d'Argenlieu, né à Brest en 1889, est un ancien élève de l'Ecole navale. Entré dans les ordres en 1920, il est de 1932 à 1939 supérieur des Carmes déchaux. Mobilisé en 1939, il est de 1941 à 1943 haut-commissaire dans le Pacifique, puis commandant des Forces navales françaises libres. Après son séjour en Indochine, il rejoint en 1947 le carmel de Relecq-Kerhnon, où il meurt en 1969.

revenaient sur ces pages de conquête et de gloire puisque personne ne songeait encore à accabler la France colonialiste. Devenus officiers, ces jeunes hommes gardaient quelques repères à l'esprit... Ceux-là s'égrènent comme les siècles : les premiers établissements des jésuites dès 1627, les premiers comptoirs de la Compagnie des Indes un demi-siècle plus tard... la première aventure militaire sous le règne de Louis XVI, puisque la dynastie des Nguyen menacée appelle la France au secours ; les soldats du Roi débarqueront en juillet 1789, alors que la France a la tête ailleurs... Suivent les troupes de Napoléon III qui prennent Tourane le 1er juillet 1858 et Saigon le 1er février 1859. Avant de partir mourir en exil, Napoléon III aura le temps d'apprendre que le colonel du génie Coffyn a achevé les plans qui vont faire d'une bourgade de paillotes la ville de Saigon. Déjà le quai de la Marine est achevé et une rue de belle allure attire tous ceux qui se sont installés au nom de la France, la rue Catinat. La France travaille à son œuvre colonisatrice : des routes, des voies ferrées, des ports, des canaux, le développement des rizières et l'implantation de l'hévéa, les dispensaires et les hôpitaux, les écoles, les lycées...

Ces jeunes officiers savent ce que l'Indochine a coûté à leurs aînés. Francis Garnier, un marin, parti à la recherche d'une liaison fluviale avec la Chine, est assassiné en 1873 par les Pavillons noirs, près de Hanoi. Henri Rivière, un marin lui aussi, est tué en 1883 lors de la prise d'Hanoi. Garnier avait été un mort discret, la disparition de Rivière engendre une crise politique, la première qu'entraîne une affaire coloniale, si l'on veut bien classer l'épisode du Mexique à une autre rubrique. Qu'importe à Jules Ferry, il décide que l'Indochine sera française et dix mille hommes sont embarqués, légionnaires, coloniaux et tirailleurs algériens, déjà... La France va contrôler la Cochinchine, l'Annam, le Tonkin – que l'Histoire rassemble sous une appellation commune, les « trois Kys » – ainsi que le Laos et le Cambodge !

Plus près dans le temps, l'Indochine connaît d'autres aspirations, d'autres tensions. Un congrès socialiste en témoigne, celui de Tours en 1920 ou divorcent les deux courants principaux, les communistes allant de leur côté et la SFIO partant du sien. Qui a remarqué à Tours, avec la délégation vietnamienne, cet homme au physique d'ascète et au regard de braise ? Il se fait appeler Nguyen Ai Quoc. Il est venu faire le procès de la colonisation française et accessoirement chercher des alliés pour le jour où il lancera la lutte pour l'indépendance de son pays. Et ce jour viendra, il en est certain. Une vingtaine d'années plus tard, il découvrira que le jeune empereur d'Annam, Bao Daï, tient des propos semblables aux siens. Avec les années Nguyen Ai Quoc n'a guère changé, il a simplement un visage un peu plus émacié, le cheveu plus rare, et il est devenu Hô Chi Minh. Alors que la Seconde Guerre mondiale touche à sa fin, il a réussi à persuader les Américains qu'il n'était qu'un bon nationaliste espérant l'indépendance, ce qui plaît toujours à Washington où l'on désapprouve les vieilles nations qui, comme la France et la Grande-Bretagne, ont le grand tort de ne pas renier leur passé colonial, ou pas assez vite... Hô Chi Minh, bien sûr, se garde d'avouer à ses nouveaux amis américains qu'il est communiste; ils s'en apercevront toujours assez tôt...

Puis d'autres présences sont venues menacer et compromettre le retour à une situation plus normale, celle des Japonais et bientôt celle des Chinois. Et cela va peser très lourd sur l'avenir de l'Indochine.

Le Japon, écrasé, humilié, va perpétuer son pouvoir de nuisance là où il le peut. L'Indochine est un terrain rêvé pour ses dernières exactions. Le 9 mars 1945, vers 20 heures, les troupes japonaises attaquent les garnisons françaises avec lesquelles elles cohabitaient sans trop de hargne. La surprise est absolue; les forces sont fâcheusement inégales. L'opération japonaise est aussi violente qu'aveugle : militaires et civils, hommes, femmes et enfants sont capturés, internés, torturés, assassinés. Les Japonais savent décoller une tête d'un coup de sabre porté à la nuque; ils en tirent une certaine fierté et la manière de terroriser leurs prisonniers. L'horreur de l'affaire ne choque absolument pas leur allié d'occasion, l'empereur Bao Daï, qui, le 11 mars, avec une belle opportunité, abolit le traité de protectorat signé avec la France. Il déclare l'indépendance du Vietnam et son ralliement à la « grande Asie orientale » sous influence japonaise... Quatre mois plus tard, les alliés de la France jouent, une fois de plus, un mauvais tour à celle-ci, sans même l'avertir. Réunis à Potsdam du 17 juillet au 8 août, Américains, Britanniques et Soviétiques se partagent tranquillement le reste du monde et adoptent, pour l'Indochine, la plus étrange des solutions : le pays sera coupé en deux à la hauteur du 16e parallèle. Au nord, il sera libéré de l'emprise japonaise par les Chinois; au sud, ce sera la tâche des Britanniques. De Gaulle ne se sent pas particulièrement rassuré par deux promesses qui suivent les accords de Potsdam. Succédant à Roosevelt qui vient de mourir, Truman s'engage, à la mi-aout, à ne pas contrarier le retour de la France au Vietnam; le 19 septembre, Tchang Kaï-chek affirme que la Chine ne conteste en aucune manière les droits de la France sur l'Indochine...

Commence une longue série de malentendus... L'un des premiers d'entre eux démontre, s'il le fallait, que les vieux partis politiques de métropole ont une vue déformée des réalités de l'outre-mer. A la nouvelle de la capitulation de l'Empire nippon, les dirigeants du parti socialiste ne se sentent plus de joie. Ils lancent à travers le monde un télégramme qui n'est pas en parfaite adéquation avec les événements :

> « Le 37e congrès national du parti socialiste, réuni à Paris, le jour même de la capitulation des armées japonaises, salue avec joie la fin de la guerre en Extrême-Orient et le retour au sein de la Communauté française de l'Indochine si douloureusement meurtrie pendant quatre ans... »

A ce moment-là, les Japonais sont encore arrogants et occupent toujours l'Indochine ; Hô Chi Minh ne parle que de l'indépendance future ; les Français du Tonkin survivent comme ils le peuvent, dans la peur et l'angoisse du lendemain. Bao Daï vient de dire à la France, le 20 août 1945, avec une nuance plus aimable, ce que clame déjà Hô Chi Minh :

> « Vous avez trop souffert pendant quatre mortelles années pour ne pas comprendre que le peuple annamite qui a vingt siècles d'histoire, et un passé souvent glorieux, ne veut plus, ne peut plus supporter aucune domination ni aucune administration étrangère. Vous comprendriez encore mieux si vous pouviez voir ce qui se passe ici, si vous pouviez sentir cette volonté d'indépendance qui couvait au fond de tous les cœurs et qu'aucune force humaine ne peut plus comprimer. Même si vous arriviez à rétablir ici une administration française, elle ne serait plus obéie ; chaque village serait un nid de résistance ; chaque ancien collaborateur un ennemi ; et vos fonctionnaires et vos colons eux-mêmes demanderaient à sortir de cette atmosphère irrespirable [1]... »

Avec le soutien des Japonais, les nationalistes vietnamiens proclament à leur tour – et à leur profit – l'indépendance. Apportant une preuve tangible de leurs ambitions, ils s'emparent, les 19 et 20 août 1945, des bâtiments publics d'Hanoi et de Saigon. Le 29 août, à Hanoi, Hô Chi Minh devient le président du gouvernement du Vietnam, Bao Daï débarrassé de ses fonctions impériales

1. Cette déclaration, sous forme de lettre, a été adressée au général de Gaulle, mais aussi au président Truman, à Tchang Kaï-chek... et au roi d'Angleterre.

étant désormais son conseiller. Hô Chi Minh fait de Hanoi sa capitale, curieuse ville où chaque maison est décorée du drapeau jaune à étoile blanche; où flottent des banderoles à la gloire du gouvernement provisoire et proclamant des slogans qui feront leur chemin : « L'indépendance ou la mort », « A bas l'impérialisme français ». Une nouvelle autorité, bicéphale, s'installe et l'on voit se mettre en place des postes de garde que tiennent ensemble Vietnamiens et Japonais, ceux-ci oubliant qu'ils ont capitulé il y a déjà deux semaines. Pour les Français c'est, plus que jamais, l'angoisse quotidienne. Ils se rassurent comme ils le peuvent, souvent en se regroupant, les civils à l'hôtel « Métropole », les militaires à la Citadelle.

Le 13 septembre 1945, en application des accords de Potsdam, les Anglais débarquent à Saigon. Le général Gracey, qui est à la tête de la 20ᵉ division gurkha, a de la compréhension pour les Français. Il accepte d'ailleurs d'équiper et de réarmer un millier d'entre eux, anciens du 11ᵉ RIC. Ceux-ci entrent aussitôt en scène : ils récupérent sans difficulté les batiments publics de Saigon, y compris l'hôtel de ville où siégeait le comité exécutif provisoire imposé par les Vietnamiens. Le lendemain 23 septembre, la réplique est rude; c'est un déchaînement de violence des Vietnamiens, le massacre de la cité Héraud, des assassinats sur le port et en ville. Le nombre des victimes restera à jamais imprécis; certainement cent cinquante Français assassinés, hommes femmes et enfants... Londres, sentant le piège, veut retirer ses hommes pour ne pas être entraîné dans l'engrenage. Leclerc demande qu'ils puissent rester jusqu'à l'arrivée de la 9ᵉ DIC.

Au même moment, les éléments issus de la 2ᵉ DB sont rassemblés les uns à Toulon, les autres à Marseille, où ils doivent embarquer pour Saigon. Les bâtiments militaires – *Béarn*, *Suffren*, *Gloire*, *Quercy* – sont en rade, prêts à appareiller. Le paquebot *Ville de Strasbourg* se charge plus lentement, jusqu'au moment où la municipalité de Marseille décide de l'affecter à une navette sur l'Afrique du Nord : les soldats maghrébins démobilisés ont hâte de rentrer chez eux ! Ils le font savoir en se couchant sur les rails de tramway de la Canebière... La décision met Massu hors de lui. Il refuse le moindre changement aux plans. Il ne sera pas débarqué une seule Jeep, pas un seul camion; le matériel et les troupes doivent partir vers l'Indochine ! Les hommes du détachement Massu n'ont pas davantage envie de traîner à Marseille. Ils s'y ennuient, ils s'énervent. Leurs occupations favorites ne sont pas forcément appréciées des autochtones. Ils saccagent une permanence du parti communiste, déjà opposé au départ du corps expéditionnaire. Sans doute parce qu'elles sont au-dessus de leurs moyens, ils s'en prennent aux boîtes de nuit d'où ils se retirent lorsqu'il n'y a plus une bouteille à casser, un tabouret ou une table à briser. Ils n'épargnent pas d'autres maisons qui ne sont pas encore closes et ne renoncent à leurs chahuts qu'à l'approche de la maréchaussée. Massu devient irritable, franchement invivable. Les patrons du milieu sont furieux. Ils n'aiment guère que l'on touche à leurs intérêts, or leurs recettes s'amenuisent alors qu'explosent les frais annexes de remise en état des établissement qu'ils gèrent. Un caïd local, Jo Renucci, claironne même que si cela peut calmer ses troupes, il va faire abattre cet encombrant colonel Massu. Mme Suzanne Torrès s'interpose. Elle a bien connu, professionnellement, l'homme qui était un client de son mari alors avocat. Il a d'ailleurs envers celui-ci quelques dettes morales. Ils dîneront tous les trois, Massu, le gangster et elle. Et ils trouveront un accord puisque leurs espérances sont exactement les mêmes : que les militaires quittent Marseille le plus vite possible ! Les liens entre la mairie de Marseille et le banditisme local étant anciens et pas à la veille d'être rompus, la municipalité abandonne ses vues sur le *Ville de Marseille*. Maintenant qu'il a la certitude que le paquebot sera aussi du convoi, avec tout le matériel à bord, le lieutenant-colonel Massu peut embarquer le 10 septembre 1945 sur le porte-avions *Béarn* commandé par le capitaine de vaisseau Lancelot, qui va se lier d'amitié avec lui. Suzanne Torrès et ses Rochambelles sont également du voyage.

Les officiers qui ont choisi d'accompagner Leclerc en Extrême-Orient ignorent encore les réalités locales complexes et les données politiques confuses. Mais ils voudraient bien savoir pourquoi le patron n'a pas les mains libres ! Ce qui, en tout premier lieu, choque les intéressés – notamment le lieutenant-colonel Massu, qui n'aura jamais l'habitude de cacher ses pensées –, c'est que de Gaulle ait osé inventer un équipage aussi insensé que celui plaçant Leclerc aux affaires militaires et Thierry d'Argenlieu aux affaires civiles. Chacun sait pourtant que l'ancien carme, sorti de son couvent pour cause de guerre mondiale, a toujours eu une aussi haute idée de ses missions que de lui-même. Il y avait lourd à parier, d'entrée, que cet attelage manquerait d'harmonie, chacun risquant de tirer dans un sens opposé. D'autant que, le politique primant sur le militaire, d'Argenlieu a une marge de manœuvre supérieure à celle de Leclerc, dont il avait pourtant été le subordonné précédemment...

Le général Salan, appelé à jouer les avant-gardes diplomatiques au Tonkin, est un de ceux qui ont osé interroger Leclerc :

> « Pourquoi le général de Gaulle vous a-t-il nommé seulement commandant supérieur militaire et a-t-il donné le pouvoir civil, c'est-à-dire le pouvoir tout court, à un amiral qui n'est pas plus élevé en grade que vous ?
> – Mon cher Salan, il m'a déjà mis dans la même situation au Tchad, que j'avais réorganisé après avoir rallié le Cameroun et calmé le Gabon. Au départ d'Eboué, il a parachuté un certain Lapie, comme gouverneur. Pour lui, le civil doit toujours avoir le pas sur le militaire.
> – Dommage d'avoir deux bouches pour discuter avec les généraux chinois [1]. »

Il n'est pas évident que Leclerc et d'Argenlieu soient en contradiction formelle sur une des données de base de leur action : les peuples coloniaux ont encore besoin d'être accompagnés s'ils veulent atteindre la maturité politique nécessaire à l'indépendance... Au-delà de ce constat, les deux hommes divergent singulièrement et profondément. L'amiral d'Argenlieu rêve d'une restauration pure et simple du protectorat – il va l'écrire – alors que Leclerc est persuadé que le retour au temps passé est désormais impossible. Massu, dès son arrivée à Saigon, assume la situation à sa façon. Il est certes en parfaite harmonie avec son patron, mais il réagit en praticien plus qu'en théoricien :

> « Pour bien travailler ici, dit-il à ses officiers, il faut, pour le moment, couper les ponts avec la métropole... penser au présent et à l'avenir, davantage qu'au passé... se détacher sans hésiter des milieux pessimistes et critiqueurs... éviter le Blanc saigonnais usé ou aigri... »

Le 7 septembre, digérant poliment la couleuvre mais avec des aigreurs d'estomac, Leclerc prévient l'amiral que rien ne sera facile : « Pendant de nombreuses semaines, c'est moi-même qui vais supporter le poids principal des responsabilités, il est donc indispensable que je dispose de pouvoirs adaptés... »

Et d'expliquer à Thierry d'Argenlieu qu'il lui paraîtrait préférable, pour une période initiale, de concentrer sur un même homme tous les pouvoir civils et militaires : « Le général de Gaulle, pour des motifs de politique intérieure, n'a pas voulu le faire malgré les services que je lui ai rendus depuis cinq ans aussi bien dans le domaine de l'administration que dans celui de l'armée... »

1. Cité par Alain Gandy, *Salan*, Perrin, 1990.

Une semaine plus tard, le 15 septembre, l'amiral d'Argenlieu rédige le texte résumant ses idées, qui ne serait sûrement pas de nature à calmer Hô Chi Minh ou Bao Daï s'ils pouvaient lire par-dessus son épaule :

> « Il s'agit de reconstituer une véritable protection de la France à l'égard des populations indochinoises, c'est-à-dire de permettre à celles-ci de mûrir politiquement, et de se développer économiquement en s'appuyant sur la France, dans le respect de leurs traditions et de leurs aspirations propres. Ce régime est exactement celui du protectorat. Malheureusement le mot " protectorat " doit être écarté, car, officiellement employé pour la plupart des pays d'Indochine, il a été en partie vidé de sa substance et s'est trouvé associé à une politique de colonialisme ou d'assimilation qui en a déconsidéré la signification.
> « Nous ne pouvons pas davantage parler d'indépendance. Nous n'y sommes pas d'ailleurs autorisés par le gouvernement. L'indépendance au reste supposerait que la maturité politique et les moyens d'action qu'il s'agit précisément d'acquérir sont déjà réalisés.
> « Nous devons pratiquer une politique " d'émancipation " administrative et politique, le premier terme préparant la réalisation du second... »

Lorsqu'il se pose le 5 octobre à Tan Son Nhut, sous une pluie torrentielle, Leclerc ne peut ni contredire d'Argenlieu ni saborder ses propres espérances. Il entre dans l'Indochine troublée sur la pointe des pieds :

> « Les Indochinois, égarés par une propagande pernicieuse, ne sont pas des ennemis. Ils ont leur rôle à jouer dans la communauté française... »

Leclerc pense qu'il faut pour commencer, grâce à la compréhension des Anglais, réinstaller la France en Cochinchine. Pour la zone chinoise, au Tonkin, ce sera plus difficile, on verra plus tard...

Le 19 octobre 1945, le lieutenant-colonel Massu arrive à Saigon. Il précède ses troupes de quelques heures puisqu'il a préféré, vers la fin de son voyage, quitter le *Béarn* pour faire de l'avion-stop. Il espérait gagner du temps, mais le gain est en réalité plus que mesuré puisque, parti de Colombo, il a dû faire escale à Kandy puis à Calcutta et enfin à Rangoon avant de se poser à Saigon. Il court se présenter à Leclerc qui n'a pas encore installé son quartier général au169 de la rue Mac-Mahon, dans les locaux de la Banque franco-chinoise. Massu retrouve d'autres compagnons de route de la 2e DB, Fonde, Peschaud, Repiton-Preneuf. Il découvre immédiatement le programme qui l'attend : il va devoir desserrer l'étreinte des éléments rebelles autour de Saigon, en commençant par des poussées vers Mytho et Cantho. L'idée de manœuvre de Leclerc est simple. Ils laisseront mijoter les éléments rebelles contrôlant certains quartiers de Saigon; ils iront bousculer le Viêt-minh installé hors de la ville Il faudra agir vite pour ne pas laisser aux bandes le temps de s'organiser et pour frapper l'imagination des Annamites en exhibant la puissance et la rapidité du corps expéditionnaire. Leclerc donne ses consignes : « N'oubliez jamais que les villages où vous pénétrez sont des villages français que vous libérez... »

Massu s'organise pour la première opération qui sera déclenchée aussitôt que possible; il a parfaitement compris l'urgence de leur entrée en scène. Il distribue les premiers rôles : le bataillon d'infanterie portée est confié au capitaine Dronne, déjà rondelet et arborant toujours son mince collier de barbe; l'escadron de reconnaissance sur automitrailleuses sera aux ordres du lieutenant Duplay et la compagnie blindée issue du 501ᵉ de chars sera commandée par le capitaine Compagnon. Fonde devient le chef d'état-major du groupement. Il n'y a plus qu'à attendre la suite du débarquement des troupes.

Il y aura, bien évidemment, des Rochambelles engagées dans ces opérations. Mais Suzanne Torrès est déçue : elle croyait diriger ses ambulancières, elle est désormais la patronne d'une nouvelle unité, la 47ᵉ UA-UA. Cette « Unité Administrative » rassemble la totalité des effectifs féminins de l'armée de terre présents en Indochine... Elle doit donc quitter ses filles. Elle s'occupe pourtant de leur logement qu'elle compte bien partager avec elles. Ses ambulancières, lui est-il dit, devront s'installer dans le quartier Dakao, ce qui est déjà une idée pittoresque puisque cette zone se trouve hors du périmètre de sécurité. La suite est à la hauteur de ces prémices : pour le logement des ambulancières, il leur est affecté de drôles de petites maisons qui leur paraissent pittoresques et mal pratiques. Personne, à l'état-major, n'a osé leur expliquer que c'étaient, précédemment, les compartiments réservés aux dames accueillantes chinoises...

Jean-Julien Fonde, en bon chef d'état-major, rédige l'ordre opérationnel nᵒ 1, qui est daté du 23 octobre. Le document est doublement intéressant, puisqu'il situe parfaitement l'ennemi et donne des directives précises sur le comportement qui devra être adopté face aux populations. Ainsi, pour l'ennemi, cet ordre opérationnel nᵒ 1 évoque-t-il la nature des bandes que le groupement Massu pourra rencontrer. Elles seront plus ou moins organisées, sûrement truffées de déserteurs japonais ; il conviendra de se méfier des tireurs isolés cachés dans les rizières, où ils peuvent patienter des heures, parfois immergés et respirant à l'aide d'un bambou. Pour les diverses populations que rencontreront les troupes, chaque cas est prévu :

> « Annamites non armés, femmes et enfants : les obliger sans brutalité à rester dans leur maison. Inutile de fouiller toutes les maisons. Interdire le moindre pillage sous peine de conseil de guerre. Se considérer comme en village français récemment libéré.
> « Annamites armés : les capturer.
> « Japonais déserteurs faits prisonniers : ordre absolu de les garder. Seront expédiés P.I. [1] des officiers de liaison britanniques pour être jugés et exécutés par leurs compatriotes de Saigon. »

Le premier objectif du groupement Massu est donc bien de desserrer l'étau que le Viêt-minh pressait pour étrangler Saigon. Le premier objectif retenu est la ville de Mytho, à une soixantaine de kilomètres au sud de Saigon, sur le bord du Mékong. Il s'agit aussi d'ouvrir le passage vers le delta cochinchinois. L'opération est lancée le 25 octobre au matin. Massu sait qu'il doit montrer sa force. Il n'a pourtant devant lui, à ce moment-là, que des paysages déserts, d'innombrables coupures de route, quelques embuscades légères et les ombres insaisissables d'hommes pratiquant la guérilla, disparaissant aussitôt leurs cartouches tirées.

Le groupement de marche de la 2e DB progresse lentement, beaucoup trop au goût de Massu comme de Leclerc. Mais comment faire autrement sur une route qu'obstruent sans cesse des arbres coupés ou des tranchées en travers de la chaussée ? Il leur faut une quinzaine d'heures pour avancer de trente kilomètres, sans même avoir à repousser une attaque, sans supporter ou tirer un seul coup de feu, sans entrevoir le moindre habitant, ce qui témoigne – ils l'apprendront par la suite – de la présence très attentive des forces rebelles. Les chars, qui devaient impressionner les Annamites, sont moins utiles que les bulldozers ouvrant la route tant bien que mal. L'un des aides de camp de Leclerc note que Massu est de très mauvaise humeur : les coupures de route mettent le colonel hors de lui. A la nuit tombée, il n'est sûrement pas calmé : le groupement est proche de Mytho, mais il est évident qu'ils ne pourront y parvenir dès ce premier jour. Le dernier pont, un ouvrage bétonné, a sauté à leur approche. Ils sauront plus tard que l'expert en explosifs du Viêtminh, qui les a ainsi bloqués, est un ancien élève de l'École poly-

1. Sans doute « par l'intermédiaire ».

technique... Lorsque le groupement pénètre dans Mytho, tard dans la soirée du 26 octobre, c'est pour découvrir que la ville est déjà libérée : le commandant Ponchardier et son commando de marine, arrivés par le fleuve, sont dans les lieux. Ils ont manqué de peu la capture de l'état-major Viêt-minh pour le sud de l'Indochine. Il conférait là par hasard et sans méfiance. Massu, poursuivant sur sa lancée, va ensuite, en trois jours, dégager Go Cong, Vinh Long et Can Tho.

En novembre sont confiées au groupement de marche de la 2e DB de nouvelles séries d'interventions, toujours pour dégager Saigon. Il s'agit, cette fois, de pousser vers Tay Ninh, de revenir plein est sur Chon Tanh, de remonter vers le nord pour Loc Ninh et Bien Hoa. L'offensive sur Tay Ninh est l'occasion pour le lieutenant-colonel Massu de rappeler l'attitude à respecter envers les populations, comme à l'égard des rebelles. Ce sont les directives du 25 octobre qui ont été reprises et complétées par leur courte expérience :

> « Agglomérations : se conduire comme dans un village français récemment libéré. S'emparer des bâtiments publics : écoles, mairies, poste, infirmerie, poste de commandement Viêt-minh, transmettre à Saigon (2e bureau) tous documents, plans, papiers d'identité, trouvés sur place.
> Placer en tous lieux tracts et affiches
> Agir politiquement pour inciter les fuyards à rejoindre leurs maisons et reprendre leur travail.
> En principe, les immeubles administratifs (bureaux et logements) doivent être laissés à la disposition des représentants de l'autorité civile qui suivent les troupes. Des éléments de la Sûreté (interprètes et enquêteurs) seront adjoints à chaque groupement.
> Japonais réguliers : des officiers britanniques suivront l'opération, chargés des relations avec eux. Aucun contact ne sera pris avec les Japonais sans leur intermédiaire. Observer la plus stricte correction indifférente vis-à-vis d'eux. »

La prise de Tay Ninh, le 8 novembre, est une rude affaire. Il y a, le long de la route, des tireurs embusqués tirant sur le convoi. Pour passer, l'unique solution est de foncer en accélérant autant que possible. Un GMC, dont le chauffeur vient d'être tué, bloque la route; l'affaire tourne immédiatement à l'embuscade. Le médecin est tué à son tour. Les Rochambelles se surpassent. L'une d'elles pousse le corps du chauffeur et se met au volant du camion pour dégager la route. Embusqués, les rebelles maintiennent leur pression. Les Français, bloqués, résistent et repoussent les Viets. Lorsque Massu tente un premier bilan, il apprend que le groupement a eu treize morts et dix-sept blessés. Il est surtout surpris de découvrir que les blessés l'ont été par des flèches, enduites d'un poison brunâtre à l'odeur atroce. Il lui reste à remplir la phase essentielle de sa mission à Tay-Ninh. La petite ville est le « saint siège » caodaïste, une secte notable dont les fidèles ont décidé de mourir pour l'indépendance. Massu, sachant ce qui l'attendait, avait décidé d'entraîner à sa suite l'homme le plus averti et le plus compétent en la matière : Paul Mus. Celui-ci est titulaire de la chaire de civilisation d'Extrême-Orient au Collège de France ; il connaît admirablement le pays et il est désormais un des conseillers politiques de Leclerc. Paul Mus reçoit de Massu tous pouvoirs pour persuader les caodaïstes qu'un suicide n'aurait rien de raisonnable et que leur sacrifice ne servirait pas leur cause. Paul Mus réussit. Massu l'en remercie. Des liens se nouent entre les deux hommes. Jamais Mus n'oubliera ce que Massu avait souhaité et lui avait demandé.

La suite de la chevauchée, à laquelle participent vingt-sept blindés, offre quelques surprises à Massu. Il rencontre à Chon Tanh un personnage inattendu, un certain Lalanne. Celui-ci, colonial d'expérience, dirige à Loc Nimh une plantation de la Société des caoutchoucs d'Indochine. Il y entraîne Massu. C'est une zone habitée par les tribus Moï, une peuplade qui n'aime guère le Viêt-minh et mène sa propre guerre contre les intrus. Massu est étonné, intéressé. Il promet de revenir. Puis il rentre à Saigon le 15 novembre, étonné de l'ambiance telle qu'en connaissent parfois les arrières, avec une véritable frénésie de plaisir. Le lendemain,16 novembre, arrivent les derniers éléments du groupement qui ont fait la traversée à bord du *Pasteur* et du *Quercy*. Quant à Massu, il est évident qu'il apprend vite, très vite, l'Indochine. Il tire les premières conclusions des opérations qu'il vient de mener et qu'il résume dans une note sur la pacification de la zone sud de Saigon, rédigée sans doute dès son retour puisqu'elle est datée du 17 novembre 1945. Elle pose déjà de sérieux jalons pour les futures orientations :

> « L'emploi des blindés dans la région sud de Saigon s'avère d'une utilité faible au point de vue combat proprement dit. Par contre leur impression sur la population est considérable et donne le sentiment de la supériorité des Français [1]. »

1. Un mois plus tard, le lieutenant-colonel Massu nuancera son propos : les chars légers lui paraissent jeter une réelle panique chez l'adversaire qui s'enfuit en désordre avant même les premiers tirs ; il suggère que soient blindés les véhicules qui, par contre coup, sont les premiers visés par les éléments Viêt-minh, Jeep ou camions.

Il traite aussi du bon usage des partisans, qui peuvent jouer un rôle intéressant dans les zones nettoyées, pour empêcher le retour des Viets :

> « Le recrutement de ces partisans sera sans doute une chose difficile car la plupart des indigènes sont désireux de ne se mêler de rien.
> « Il y a néanmoins beaucoup à faire du côté des catholiques
> 1°/ sont toujours et partout les premiers à revenir
> 2°/ sont très nombreux en Cochinchine du sud
> 3°/ offrent souvent leur appui et sont les principaux éléments sur lesquels nous pouvons nous appuyer.
> « De plus une contre-guérilla menée par des partisans ne pourrait être employée comme moyen de propagande par les Américains ou par certains journaux français, comme le sont certains " raids de terreur " exécutés par les troupes françaises, et montreraient la volonté du peuple indochinois de se débarrasser du Viêt-minh. »

Aux derniers jours de l'année 1945, le front est stabilisé à l'est et au nord de Saigon, à une vingtaine de kilomètres de la ville. Petit à petit la zone de sécurité recouvre le triangle que forment Saigon, Cantho et les bouches du Mékong. Leclerc commence à envisager une intervention, surement plus délicate, sur le Tonkin. Il s'agit de venir en aide aux Français civils ou militaires, toujours pratiquement prisonniers du Viêt-minh. Il faudra aussi contraindre les Chinois à évacuer le pays, ce qui pourrait ne pas être une mince affaire.

Tout au long de cette période, durant laquelle la Cochinchine est leur seule préoccupation, les hommes de Massu ont rudement combattu, appris à connaître un adversaire qui se veut insaisissable, découvert une population redoutant la guerre, compris que ceux qui veulent et mènent la guerre le font en tenant le pays d'une main d'acier.

Ils ont traversé leurs premières épreuves, connu des succès, supporté des revers. Ils se sont délassés avec d'autres mésaventures qu'ils ont traitées comme d'aimables plaisanteries. Ainsi l'hydravion de Leclerc qui s'est posé sur le Mékong et ne peut redécoller parce que l'eau vient de baisser ; un effet de la marée qui se fait sentir très loin de l'embouchure. Et voilà pataugeant dans les eaux boueuses, poussant l'engin échoué, Leclerc, Massu, Ponchardier et Peschaud, l'aide de camp de Leclerc. Nul n'a su s'ils avaient été sauvés par leur volonté ou par la grâce de la marée montante. Massu s'en souviendra comme d'une période heureuse, celle où il a eu le plus de contacts avec Leclerc, où leurs relations ont été les plus proches. Suzanne Torrès ne parlerait sûrement pas de période heureuse. Elle voit parfois Massu, à l'occasion d'opérations, ou dans l'entourage de Leclerc. Elle le trouve froid, lointain, presque indifférent dans son accueil : « Je repars sans enthousiasme, le cœur un peu serré, regrettant cet accueil impersonnel... »

Pourtant, dans l'ombre, elle veille sur les intérêts du lieutenant-colonel Jacques Massu. Lorsque est lancée l'idée d'un bulletin de liaison à l'usage du groupement de marche de la 2e DB – qui est déjà pour beaucoup le groupement Massu – elle sait intervenir au bon moment. Les premiers à se préoccuper de ladite publication suggèrent de l'appeler « Caravelle », ce qui leur vaut quelques moqueries de Leclerc. Le général leur rappelle qu'il y a déjà, en Indochine, un journal de ce titre, infiniment plus important que leur projet. Alors ce pourrait être « Caravane »... Encore faudrait-il que le sable, les oasis et les chameaux trouvent place dans le paysage indochinois. On cherche autre chose, péniblement semble-t-il. Suzanne Torrès alors claironne que « Coups de Massu », ce serait formidable... C'est adopté. Quelqu'un se demande pourtant si l'accord du patron ne serait pas nécessaire. Il lui est délégué une estafette, qui revient penaude avec la réponse explicite du chef : « Qu'est-ce que vous voulez que ça me foute ? »

Les numéros de *Coups de Massu* – ne portant pas de date de parution – seront au nombre de huit, parfois imprimés à Hanoi, parfois à Saigon. Les repères les plus solides tiennent aux événements évoqués. Ainsi, le no 1 est consacré à la reprise de Mytho.

Il reste à savoir de quel registre relève l'explosion du 22 novembre : de la tragédie, ou de la comédie ? Tout se déroule autour d'une série d'explosions secouant un quartier de Saigon et qui pourrait bien être l'effet d'un attentat ou d'une attaque Viêt-minh. Quelques coups de téléphone et la vérité apparaît. Pour s'éclairer, un imprudent a joué avec les allumettes et mis le feu au dépôt de munitions du groupement Massu. Au bord d'une énorme colère, Leclerc se calme ; après tout, Massu a peut-être perdu ses munitions, mais il n'y a ni mort ni blessé, seulement un crétin à mettre aux arrêts. Il est vrai que Leclerc, ce soir-là, a d'autres choses en tête : sa soirée du lendemain, anniversaire de la libération de Strasbourg, à laquelle sont conviés tous les anciens de la 2e DB qui ont participé à l'événement et qui sont présents à Saigon. Un dîner plus intime suivra, avec Repiton-Preneuf, Massu, quatre autres invités et Mme Suzanne Torrès. Massu croyait se tailler un joli succès en évoquant le feu d'artifice qu'il a fait tirer la veille pour fêter l'événement... Au regard de Leclerc, il comprend qu'il vaut mieux ne pas insister.

Les éléments de la 9e DIC du général Valluy sont maintenant assez importants pour être opérationnels. Massu sait que son groupement aura souvent l'occasion de passer sous les ordres de Valluy, qui en opération sera naturellement le patron. La perspective ne paraît pas l'enchanter. Massu, de toute évidence, éprouve quelques réserves envers Valluy : « Il est incontestablement très intelligent, d'une intelligence qui entrave peut-être son pouvoir de décision... »

En tout cas, entre le 15 et le 18 décembre, c'est Massu qui commande l'opération à laquelle participent des éléments de la 9e DIC dans la plaine des Joncs, là où grouille le Viet.

Aux tout derniers jours de 1945, Suzanne Torrès veut aller réveillonner avec ses Rochambelles qui ont suivi le groupement Massu, reparti en pays Moï après de très dures opérations à Lok-Nimh. Massu est logé dans une splendide villa au milieu d'une forêt d'hévéas, chez Lalanne, l'un des rares planteurs restés sur place, connu on l'a vu quelques semaines plus tôt. Le groupement Massu s'initie à la guérilla contre les Viets, aux côtés des partisans Moï, leur apprenant ce qu'ils savent sur leur ennemi commun. A l'occasion, les hommes de la 2e DB tracent une piste pour avion que Leclerc inaugure le 31 décembre avec son piper-cub. Il tenait à visiter son groupement de marche pour ces fêtes qui ne pouvaient être habituelles. Suzanne Torrès dîne avec ses filles, toutes rejoignent pour les douze coups de minuit le PC de Massu. Il est gai, charmant, affectueux. Ils iront tous deux faire une longue promenade à cheval le 1er janvier au matin.

Avec les premiers jours de l'année 1946, il faut revenir aux choses sérieuses. Saigon partiellement désenclavé à l'est comme au sud, il va falloir porter les efforts vers le nord, vers l'Annam. Une opération d'envergure est mise à l'étude, elle s'appellera « Gaur ». Le but final est le contrôle de la zone Hué-Tourane.

Le premier objectif est la prise de Nha Trang, où doivent converger deux colonnes, celle du colonel Gufflet et celle du lieutenant-colonel Massu. Gufflet et ses hommes mettront quatre jours pour atteindre l'objectif, ce qui est peu pour un parcours total de quatre cents kilomètres en zone incertaine. Massu et son groupement auront moins de chance. Certes, ils arrivent à Nha Trang le 28 janvier en même temps que Gufflet, mais ils n'avaient que deux cents kilomètres à parcourir. La marche n'a pas été facile, avec notamment une quarantaine de ponts détruits. Les combats ont été sévères. Pour la première fois, Massu est tombé sur du solide; des unités bien organisées, embusquées derrière les fameuses coupures de route et même retranchées à l'intérieur d'un blockhaus que les fantassins de Massu ont tourné. Enfin, il y avait un solide bouchon viet bloquant le col de M'Drak sans intention de le lâcher. A la 2e DB, on comprend que l'Indochine pourrait leur réserver d'autres réjouissances que des opérations de guérilla. Les Viets paraissent, à l'occasion, capables de manœuvres plus classiques.

De cette opération « Gaur », le lieutenant-colonel Massu tire immédiatement des enseignements. Il faudra prendre en compte l'utilité des Jeep, qui sont capables d'appuyer efficacement les combats d'infanterie et peuvent transporter du matériel. Il faudra se préoccuper de l'avion d'observation, seul capable de suppléer aux défaillances radios, nombreuses en zone de montagne ou de forêt, l'observateur pouvant aussi éclairer et guider les chasseurs. « On n'a jamais assez de sapeurs, de poutres, de madriers, de clous », conclut-il.

Lorsqu'il s'est lancé à la reconquête de Nha Trang, Massu n'est pas parti le cœur léger. A l'instant de donner les ordres de départ lui est parvenue une de ces informations qui peuvent laisser pantois l'homme le mieux aguerri : le général de Gaulle vient de démissionner ! C'est le 20 janvier 1946 que celui-ci a renoncé à diriger le gouvernement provisoire et a quitté la vie politique en claquant la porte :

> « Ma mission est terminée, a-t-il annoncé à ses ministres. Le régime exclusif des partis est de retour, je le réprouve, mais à moins d'établir par la force une dictature dont je ne veux pas et qui sans doute tournerait mal, je n'ai pas les moyens d'empêcher cette expérience. (...) J'ai donc décidé de me retirer. Ma décision est irrévocable. »

Massu est atterré. Guillebon, qui est à ses côtés, tout autant. Avant que Massu ne grimpe dans sa Jeep et ne donne l'ordre de départ, ils rédigent un télégramme qu'ils expédient au général de Gaulle. Quelques jours plus tard, Massu pourra lire, sur les murs de Nin Hoa, des affiches du Viêt-minh saluant l'arrivée au pouvoir à Paris d'un gouvernement socialiste qui comprendra leur lutte... L'homme qui succède à Charles de Gaulle, qui sera à la fois le président du gouvernement et le ministre de la Défense nationale, s'appelle Félix Gouin ; c'est un dignitaire du parti socialiste.

« Gaur » se déroulant normalement, Leclerc pense que le moment approche pour l'intervention au Tonkin où trente mille Français trouvent le temps long et le climat malsain. Il y a là des

Japonais qui oublient volontiers qu'ils ont perdu la guerre et même solennellement capitulé. Il y a les Chinois de Tchang Kaï-chek venus désarmer les Japonais mais surtout occupés à piller le pays. Il y a des Tonkinois qui ne savent plus très bien où ils en sont mais qui écoutent le Viêt-minh qui leur parle si joliment de l'indépendance. Il y a le Viêt-minh qui s'appuie un jour sur les Chinois pour contrer les Japonais et un jour sur les Japonais s'il faut ennuyer les Français... Il y a, enfin, un accord de relève – signé le 28 février – puisqu'à tout prendre les Viets préfèrent encore les Français aux Chinois qui mettent le pays à sac. Un bulletin de renseignement parvenu à Saigon – portant le n° 2603, daté du 21 octobre 1945 – résume assez bien les rapports qu'entretient Hanoi avec les Chinois :

> « Les Chinois ne s'occupent en aucune façon à la reddition et au désarmement des troupes japonaises. Un commerçant de la rue des Voiles (Hanoi) a dit à un Français : " C'est la paix maintenant. En temps de paix, il faut procéder pacifiquement en toutes choses. Les Japonais ont perdu la guerre, il est inutile de leur faire perdre la face. " »

Le 22 février, Jean Sainteny rejoint Hanoi. Il propose à Hô Chi Minh un projet d'accord approuvé par Leclerc puis par Paris : le Vietnam aura un gouvernement propre dans le cadre d'une fédération indochinoise et de l'Union française. Il n'est fait aucune allusion à l'indépendance. La réunion des trois Kys est subordonnée au résultat d'un référendum. Enfin le gouvernement vietnamien devra être représentatif de toutes les familles politiques vietnamiennes. Hô accepte, et il lui est prêté cette réplique : « Mieux vaut renifler un peu la crotte des Français que de bouffer toute notre vie celle des Chinois... »

Les négociations vont reprendre et se prolongeront jusqu'aux premiers jours de mars.

Le départ du groupement Massu vers le Tonkin se prépare de longue date. Mais il faudrait avant d'embarquer à Saigon pour Haiphong revoir sérieusement le matériel : les moteurs s'usent, les chenilles des blindés sont à bout de résistance, les pièces de rechange deviennent rares. Leclerc et Massu confient à Fonde le soin d'aller défendre leurs intérêts en France. Il part les poches lestées de lettres pour tous ceux qui seraient en mesure de les aider, à commencer par le général Dio, désormais patron de la 2e DB. Celui-ci pourrait bien céder aux combattants une partie de son matériel, qu'il n'use certainement pas en métropole. Fonde s'envole le 15 janvier pour Paris.

Il trouve le matériel souhaité qu'il embarque à Toulon sur le *Gloire* puis sur le *Suffren*. Le *Gloire* arrive à Saigon le 23 février. C'est une sorte de petit miracle : le lendemain commence l'embarquement du matériel pour le Tonkin, sur cinq cargos. Les hommes prendront place sur deux Landing Ship Transport, les LST.

Fonde rédige, pour la quatrième parution de *Coups de Massu*, un petit résumé de son voyage :

> « En France j'ai trouvé l'opinion en général fort peu éclairée. J'ai été assailli de questions sur l'Indochine, les opérations, la situation générale, le groupement de la 2e DB... et fort de mes trois mois de séjour il m'a été facile d'y répondre. Au retour, en sens inverse, la même curiosité m'assaille mais combien plus difficile à satisfaire.
> « Le départ du général de Gaulle n'a soulevé aucun remous apparent, non plus qu'une grève des typographes qui a privé la capitale de journaux pendant plusieurs jours. Le chef du gouvernement n'a donné aucune explication dans sa lettre de remise de ses pouvoirs au président de l'Assemblée nationale. »

Après quoi, Fonde raconte ce qu'il a entrevu en France : un ravitaillement toujours difficile mais qui paraît s'améliorer quoique des cartes de pain aient été de nouveau distribuées ; un marché noir persistant ; plus de restriction de gaz et d'électricité et des métros roulant jusqu'à minuit ; la réapparition de quelques taxis stationnant près des commisssariats de police qui en assurent la répartition...

Le 28 février est signé le traité de Chung King : Tchang Kaï-chek accepte la relève des troupes chinoises stationnées au nord du 16e parallèle par les Français. La relève interviendra entre le 1er et le 15 mars, au plus tard le 31 mars. En échange, la France reconnaît abandonner des comptoirs en Chine dont Canton. Le chemin de fer du Yunnan est également cédé à la Chine et Haiphong devient un port franc, vers lequel pourront transiter, à travers le Tonkin, des marchandises allant et venant de Chine. Il va manquer, le moment venu, une annexe au traité, plus précise pour ce qui concerne la relève franco-chinoise...

Chapitre 6

Le retour des Français à Hanoi
Les Chinois envahissants
D'étranges fréquentations...
La guerre d'Indochine commence

Le retour au Tonkin d'éléments importants de l'armée française ne pouvait se concevoir que par la voie maritime. C'est donc un débarquement à Haiphong qui est envisagé, étant entendu qu'il faudra tenir compte des marées, même si le port se trouve à dix-neuf miles à l'intérieur du delta. Une brève étude montre que pour des bâtiments d'un tirant d'eau nécessaire, la marée ne sera bonne que les 4, 5 ou 6 mars puis les 16, 17 et 18 mars. Ce sera le 6, décide Leclerc.

Pour que le débarquement – opération militaire – soit possible, il convient aussi que soient réglés les problèmes diplomatiques, c'est-à-dire les contentieux entre la France et la Chine d'une part, entre la France et le Vietnam d'autre part. Or ces négociations, engagées depuis des mois, traînent en longueur. Les premiers contacts ont eu lieu en Chine ; ils n'ont pas été faciles. Il s'agit d'obtenir le retrait chinois du Tonkin et la liberté de manœuvre des troupes françaises du Vietnam qui s'étaient réfugiées en Chine sous la pression japonaise. Les Chinois jouent sur différents tableaux. Tchang Kaï-chek, pour des raisons idéologiques, n'a guère envie d'aider à la mise en place d'un gouvernement vietnamien d'obédience communiste ; le même Tchang Kaï-chek a un grand besoin de rapatrier ses troupes pour faire face à la menace intérieure que représentent les communistes de Mao Tsé-toung ; peut-être prévoit-il aussi une implantation qui ferait du Tonkin une proie facile. Les Seigneurs de la guerre aux ordres de Tchang Kaï-chek savent parfaitement cela mais, indisciplinés par nature, ils pensent davantage aux profits qu'ils tirent de l'occupation du Tonkin, d'autant qu'ils se préocupent bien peu de désarmer les Japonais toujours présents. De là à faire plaisir aux Français, la marge est immense... Le général Salan, fort bon connaisseur de l'esprit retors des Chinois, et son adjoint le colonel Crépin comprennent rapidement que leurs négociations vont traîner en longueur. L'ambassadeur Meyrier et Jean Sainteny, engagés dans la même affaire, ne sont pas davantage dupes. Parallèlement, Sainteny, dès l'instant où il s'invite au Tonkin au nom de la France, et Salan, lorsqu'il est de passage à Hanoi, négocient avec Hô Chi Minh et lui expliquent pourquoi ils doivent s'entendre pour que partent les Chinois. Ceux-ci dévalisent le pays, ne font rien contre les Japonais et lâcheront les Vietnamiens quand bon leur semblera. Il vaudrait bien mieux, pour éviter de plus grands désordres, laisser revenir les Français. Pour ce faire, connaissant les revendications de Hô Chi Minh, Sainteny est prêt à signer un accord où apparaîtra, sinon le terme indépendance, du moins la philosophie puisqu'il sera question de la « République du Vietnam Etat libre »... Face à des interlocuteurs fuyants, Sainteny, qu'assiste Salan, arrive le 5 mars à un accord : les Vietnamiens acceptent la présence militaire française, les Chinois donnent leur accord au débarquement. Il ne reste qu'à parapher les accords franco-vietnamiens [1].

Tout paraît donc réglé à l'approche de l'escadre française des côtes tonkinoises. Sur les différents bâtiments ont embarqué des éléments de la 9e DIC avec son patron le général Valluy, puis le groupement Massu et le général Leclerc. Tous arrivent le 5 mars dans le golfe du Tonkin. Il y a là toute une flottille glissant lentement dans un ordre parfait : des croiseurs, des contre-torpilleurs, des bateaux de commerce devenus provisoirement transports de troupe. Le 6 mars au petit matin, les hommes sont transférés sur les péniches de débarquement à fond plat, LCI ou LCA [2]. Leclerc, piaffant sur l'*Emile Bertin*, entend que le débarquement commence comme prévu aux toutes premières heures de la matinée. L'escadre remonte lentement la rivière d'Haiphong, le Sông Cua Cam. Accoudés au bastingage, les hommes regardent défiler les paysages. Ils savent qu'ils ne craignent rien, puisque des accords ont été trouvés entre les représentants français et le gouvernement vietnamien comme avec les délégués chinois... Et pourtant, vers 8 h 30, claque un premier coup de feu, puis deux, puis trois... Et ce sont des tirs par rafales... La fusillade commence. Les fusils sont relayés par des armes automatiques puis par des canons de 37... A bord, les consignes sont

1. Le texte de l'accord du 6 mars est donné en annexe.
2. LCI pour Landing Craft Infantery et LCA, Landing Craft Assaut.

aussi formelles que désespérantes : interdiction de riposter ! Depuis les ponts de leurs embarcations, les Français voient les Chinois courir sur la rive, s'arrêter pour les viser calmement, comme à un tir forain. Et eux, à bord, ne doivent rien faire, seulement tirer les blessés à l'abri et leur donner les premiers soins, éteindre les incendies qu'allument les tirs chinois, craindre le pire puisque les véhicules sur les LST ont le plein d'essence et sont chargés de munitions. Le *Triomphe* est touché à 10 h 08, Leclerc donne immédiatement l'ordre de répliquer. Les tirs français sur les quais et les docks sont parfaitement ajustés : une demi-heure plus tard, les Chinois ne sont plus en état de poursuivre leur attaque. Ils ont même tout perdu, leurs dépôts d'armes et de munitions, la totalité des équipements volés aux troupes japonaises, l'énorme butin entassé sur le dos des Tonkinois. Il y a, côté français, trente-sept morts et une centaine de blessés.

Le commentaire de Massu est bref : « J'ai craint le pire ! »

Hô Chi Minh signe le soir même l'accord avec la France. Il est simplement ajouté à la première version du texte que le Vietnam consent à accueillir à titre amical les quinze mille militaires venus relever les Chinois. Il est précisé que les Français seront relevés par cinquième par les Vietnamiens tous les ans, ce qui veut dire qu'en cinq ans les troupes françaises seront en totalité reparties du Tonkin ! Cet accord du 6 mars est aussi important qu'ambigu. Pressé par Salan, Hô Chi Minh ne l'a sans doute signé que parce qu'il voyait s'effilocher le soutien de Washington et celui de Pékin, parce que le plan « Gaur » avait réussi en Cochinchine.

Le 8 mars, le débarquement est enfin possible, après des négociations avec le chef de guerre chinois qui a laissé dans l'affaire de l'avant-veille l'essentiel du produit de ses rapines. Mais débarquer et rejoindre Hanoi, ce n'est pas exactement la même chose. Il faudra encore dix jours d'attente pour que s'ouvre la route vers Hanoi ; dix jours d'incertitude, à redouter un nouveau coup de main chinois ou des tentatives contre l'armement débarqué ; en se gardant aussi des voleurs prêts à chaparder ce qui traîne à portée de main ; le tout sous une pluie démoralisante. Parfaitement urbain, affectant d'ignorer les événements du moment, Giap vient saluer Leclerc à bord de l'*Emile Bertin* : il lui annonce qu'il collaborera avec les Français sans arrière-pensées. Leclerc lui répond : « Dites aux Vietnamiens qu'ils peuvent compter sur moi, mais je suis français et dans le respect de vos aspirations, il va de soi que j'agirai en Français. »

Si les Vietnamiens choisissent une courtoisie très diplomatique, les Chinois ne s'embarrassent pas de telles contingences. Ils se laissent même aller à une grosse fureur le 11 mars. Ils adressent des protestations au général Salan sous le prétexte qu'une « colonne Massu » serait déjà en marche de Haiphong vers Hanoi. Et Salan se voit obligé d'ouvrir une enquête pour découvrir que trois Jeep, parfaitement autorisées à quitter Haiphong, ont été obligées de faire demi-tour en chemin...

Les événements ayant toujours tendance à se chevaucher, il se tient, le 17 mars, une conférence entre l'amiral Mountbatten, commandant suprême allié pour l'Asie du Sud-Est, et l'amiral Thierry d'Argenlieu, haut-commissaire de la France pour l'Indochine. Les propos échangés sont certes d'un parfait optimisme, mais paraissent quelque peu décalés avec la réalité. L'amiral Mountbatten doit aimer les questions simples ; celle qu'il pose aux Français est presque élémentaire : « Quel temps sera nécessaire pour terminer la “ guerre ” en Indochine ? »

Pour la réponse, d'Argenlieu préfère s'effacer derrière le colonel de Guillebon : « Si la situation dans les six mois évolue aussi favorablement que dans les six mois derniers, la période troublée devrait se clore vers la fin de l'année 1946... »

C'est le lendemain 18 mars, vers 6 heures du matin, que Massu et son groupement de marche de la 2e DB ouvrent la route pour Hanoi : cent soixante-trois véhicules, huit cent soixante-dix hommes, puis Leclerc, Valluy et le détachement de la 9e DIC. Il faudra cinq heures aux éléments de tête pour parcourir une centaine de kilomètres sur une très mauvaise route, labourée d'ornières, poussiéreuse, malaisée. En chemin, à Hai Duong, les Chinois se manifestent encore : ils ouvrent le feu sur la Jeep du commandant Fonde, puis ils contrôlent l'ensemble du convoi ! Vers 11 h 30, la tête du détachement Massu aborde le pont Doumer. Le lieutenant-colonel sait qu'il lui reste dix-huit cents mètres à parcourir au-dessus du Fleuve rouge, sur ce passage réputé acrobatique. La traversée s'achève à 17 h 30. Les premiers éléments de la 2e DB parviennent au centre d'Hanoi. Ils ne pouvaient s'attendre à un tel délire ; ils ne pourront plus jamais oublier l'accueil enthousiaste des Français abandonnés. Les plus anciens du groupement, qui ont de l'expérience et des souvenirs, songent à leur entrée dans Paris, un jour d'août 1944 !

Satisfait d'avoir encore libéré une ville, Jacques Massu estime que jamais une mission ne fut plus délicate que celle qui les attend au Tonkin :

> « Des innombrables combats livrés sous tous les cieux aux ordres du général Leclerc depuis cinq ans, celui qu'il va nous demander au

Tonkin sera certainement le moins classique et le plus ingrat, parce qu'il faudra surtout le mener contre nous-mêmes et nos réactions habituelles et normales. Ne pas riposter aux insultes et aux coups est en effet une attitude en contradiction avec l'esprit inculqué aux soldats auxquels il est généralement confié des armes pour qu'ils acceptent l'idée de s'en servir en cas d'agression et les utilisent efficacement. »

Après l'expérience de la Cochinchine et de l'Annam, Leclerc a compris que le retour au Tonkin ne peut être que pacifique... d'ailleurs il n'aurait pas eu les moyens d'agir autrement.

Leclerc n'a guère le loisir de savourer ces instants de triomphe. A la demande de Sainteny, il lui faut se préparer à rencontrer Hô Chi Minh sans plus attendre. Une rencontre dont les trois hommes espèrent beaucoup, pour des raisons différentes certes mais avec le désir commun de ne pas envenimer une situation confuse. Seuls quelques observateurs avisés ou naturellement sceptiques ont remarqué l'absence quasi totale des Vietnamiens le long des avenues que suivent les troupes françaises de retour...

Le lieutenant-colonel Massu installe ses hommes au cœur de Hanoi. Dans un premier temps, une partie sera cantonnée au lycée du Protectorat et l'autre fraction s'installera à la Citadelle. Quatre jours plus tard, les esprits chagrins pourront affirmer, sans crainte d'être contredits, que l'absence des Vietnamiens lors de l'arrivée de Leclerc n'était pas le fait du hasard. Le 22 mars, une prise d'armes est organisée que président ensemble Leclerc et Giap. Devant eux défilent des unités françaises et vietnamiennes qui sont applaudies alternativement par leurs compatriotes, jamais par les autres. La communauté française, qui avait tout pour être heureuse en ce printemps 1946, a certainement gardé une bonne partie d'un lointain atavisme gaulois et le goût des divisions qui lui a coûté si cher ces dernières années. Pour une fraction d'entre elle, Leclerc devient presque immédiatement un suspect. Tout se murmure, tout s'insinue... Qu'il surestimerait la valeur des Viets alors que chacun sait, c'est même une évidence, que les autochtones n'ont jamais été des soldats dignes de ce nom... Qu'il a grand tort de se compromettre en fréquentant Hô Chi Minh et ses acolytes...

Massu sait qu'il va devoir aider Valluy. Ensemble, ils travailleront à rétablir l'autorité française « avec souplesse et fermeté », sans faiblesse ni obstination. Et eux aussi vont découvrir Hô Chi Minh. Le journal du corps expéditionnaire d'Indochine les y aide. *Caravelle*, le grand frère de *Coups de Massu*, est un hebdomadaire dont la rédaction est installée à Saigon, au 23-25 rue Catinat. Pour le numéro 16, portant la date du 24 mars, ledit Hô Chi Minh a été choisi comme homme de la semaine. C'est un certain Jean Lacouture qui signe ce petit portrait s'achevant ainsi :

> « Hô Chi Minh est aujourd'hui un homme frêle, de petite taille, légèrement voûté, vêtu immuablement d'une vareuse jaune et râpée. Son visage maigre, raviné, est éclairé d'un regard extrêmement brillant, comme étonné. Le front, très haut, est surmonté de cheveux gris, un peu hirsutes. Il a les pommettes saillantes, les lèvres épaisses, une longue barbiche de mandarin. La voix, un peu grêle, très douce dans la conversation, prend une ampleur bizarre au micro et porte sur la foule, auprès de laquelle il jouit d'un extrordinaire prestige.
> « Il est d'une intelligence très subtile et très vive. C'est un diplomate redoutable. Et c'est une grande chance pour ses compatriotes d'avoir trouvé un homme de cette trempe pour dénouer la crise qu'ils viennent de traverser. »

A partir du 3 avril, en application de l'accord passé entre Sainteny et Giap, les soldats français et vietnamiens vont « collaborer » au maintien de l'ordre... Il y aura une garde mixte franco-vietnamienne à l'usine des eaux, à l'usine électrique, à la gare.

Il a suffi de quelques jours pour que le corps expéditionnaire prenne ses habitudes à Hanoi. Les officiers ont leur cercle « Chez Marianne », les hommes de troupe se retrouvent « Chez Clavier », les Rochambelles ont investi le lycée du Protectorat et Jacques Massu installe ses pénates au 4 de la rue Morel. C'est aussi au début avril que le lieutenant-colonel Massu abandonne ses galons panachés et fête, à grand renfort de bière fraîche, sa promotion au grade de colonel. Il a choisi, pour ce dégagement, une brasserie de la ville, dont le patron – un Tchèque – a retrouvé un compatriote officier du groupement Massu. Les invités arborent le plus souvent leur joli chapeau de brousse tout neuf, taillé dans une toile vert tendre, aux larges bords, un chapeau qui va utilement remplacer le casque colonial aussi pittoresque qu'encombrant. Le colonel Massu se retrouve aussi commandant d'armes d'Hanoi, une nomination inévitable sans être réjouissante : « Un poste désagréable s'il en fut, étant donné le peu de moyens qui me sont donnés pour assurer un ordre compromis à chaque instant par des attentats, des coups de main auxquels il est interdit de riposter. »

Effectivement, chaque soir avec la tombée du jour, renaît l'inquiétude. Pas une nuit sans l'éclat de coups de feu, sans des agressions, des vols, des attentats, des tués et des blessés. Un individu pénètre jusque dans la chambre de Massu, lui dérobe son portefeuille et une gourmette d'argent...

Le 15 avril, Leclerc rédige pour le haut-commissaire une note de synthèse sur la situation militaire en Indochine ainsi conclue :

> « En résumé notre situation, aussi offensive que possible en Cochinchine et au Laos, défensive au Tonkin, expectative en Annam, correspond à la situation politique générale mais aussi aux possibilités de nos moyens.
> « Nous tenons tous les points capitaux et nous nettoyons la Cochinchine. Il semble que ce soit la situation optimum pour la conduite des négociations. »

Le 17 avril, désormais privé du soutien inconditionnel du général de Gaulle reparti vers Colombey-les-Deux-Eglises, le haut-commissaire engage avec Hô Chi Minh, à Dalat, une conférence préparatoire aux négociations « amicales et franches » prévues à l'accord du 6 mars. La conversation est effectivement des plus franches ! D'entrée, les Vietnamiens refusent toute idée de référendum à propos de la réunification des trois Kys. Que les Français comprennent bien que la Cochinchine est à eux, qu'il ne saurait être question de la séparer du Tonkin et de l'Annam ! Faisant un pas de plus dans la voie de la franchise, ils réclament l'indépendance totale et entière. Il ne saurait plus être question d'une quelconque institution qui pourrait servir de lien entre la France et le Vietnam, au risque d'empiéter sur l'indépendance que réclame celui-ci. Le 11 mai, au terme des entretiens de Dalat, il faut bien reconnaître que ce qui avait été accepté en février n'a plus, désormais, aucune réalité... D'Argenlieu et Hô Chi Minh se séparent sur un échec complet. Le haut-commissaire garde ses idées que ne frôle jamais le moindre doute : s'il tolère une coopération au Nord avec le Viêt-minh, il ne veut pas en entendre parler au Sud qui, pour lui, reste colonie française, tout au moins jusqu'au référendum... A Hanoi le ton se durcit, la sécurité en souffre.

Le premier incident sérieux est intervenu durant la conférence, le 21 avril, dimanche de Pâques. La raison en est atrocement banale : un simple accrochage à un carrefour, quelques tôles froissées sur des véhicules et les Chinois fous de rage ouvrent le feu, tuent tout ce qui passe dans leurs ligne de mire. L'alerte est donné par Henri Leclerc, le fils du général, lui-même officier du groupement Massu. Le colonel, espérant un dimanche pascal sans trop de contrariétés, barre à cet instant un dériveur à voile bleue sur le Petit Lac ! La tuerie s'achève avec l'apparition des blindés. Le nombre des morts est resté incertain, six au minimum, vingt et un selon d'autres calculs. Il reste à négocier un départ plus rapide et définitif des Chinois. Ils disparaîtront en juillet. Ce qui a été le plus remarqué, à Hanoi, dans cette affaire, c'est l'extrême discrétion des dirigeants vietnamiens. Ils se sont tenus à l'écart, comme s'ils naviguaient entre deux récifs aussi redoutables l'un que l'autre : ne pas contrarier les Chinois, dont la présence paraît limiter les ambitions françaises ; ne pas provoquer les Français, ce qui équivaudrait à un suicide. Les Chinois, pourtant, n'avaient plus le droit d'intervenir dans le maintien de l'ordre depuis le 31 mars...

Le 30 mai 1946 restera, pour le colonel Massu, une étrange journée, au cœur d'une étrange période. A cette date les Chinois amorcent la dernière phase de leur repli. Ils ont déjà restitué à la France, le 24 mai, Diên Biên Phu et l'arsenal de la Citadelle à Hanoi ; le 28 mai ils ont totalement libéré le terrain d'aviation de Gia Lam. Cette fois, ils commencent à prendre le chemin du retour vers la Chine. Ils étaient venus à cent mille pour désarmer trente mille Japonais, ce qui n'a jamais été leur tâche prioritaire. Les Vietnamiens le savent mieux que personne, à qui ils ont volé tout ce qu'ils pouvaient. Ce sera, pour l'armée française, un souci de moins et pour Massu, officier de garnison, un sérieux soulagement même si le flot s'écoule bien lentement. C'est aussi ce jour-là que Massu doit rendre à Hô Chi Minh des honneurs inattendus. Nul ne saura pourquoi, avant de s'envoler pour la France où il doit reprendre des négociations, Hô Chi Minh a voulu aller saluer quelques unités françaises et pour commencer le détachement de la 2ᵉ DB installé au lycée Albert-Sarraut. Ni pourquoi il a tenu à prendre la parole devant la troupe. Le général Salan, qui va l'accompagner en métropole, est convié à cette tournée qui les conduira vers d'autres cantonnements puis à la Cité universitaire. Mais c'est au lycée Albert-Sarraut, devant Massu et ses hommes, que Hô Chi Minh prononce sa première allocution de la matinée, les suivantes n'étant que des variations sur le même thème :

> « Je vais en France, dans ce beau pays qui est le vôtre ; et je dirai à vos mères, à vos sœurs, à vos fiancées, que vous êtes de bons petits soldats, que vous vous comportez bien et que vous êtes l'honneur de votre pays. »

Il ne reste au colonel Massu qu'à remercier le Président vietnamien. Il fait face à ses troupes et crie :

– Pour le président Hô Chi Minh : un triple hourra.

– Hip, hip, hip, hourra ! hurle par trois fois le détachement de la 2ᵉ DB.

Il est vrai que Hô Chi Minh, à l'époque et en dépit de l'échec de Dalat, espère encore obtenir beaucoup de la France par les négociations. Il vaut mieux, dans une telle perspective, faire l'aimable plutôt que sortir les griffes. Massu, lui, joue le jeu en gardant une certaine distance avec les apparences. Il l'avouera plus tard :

> « La capitale du Tonkin, dont je deviendrai le commandant d'armes, me vaudra une mission pour le moins délicate. En effet, j'ai bu des verres avec Giap, remis à Hô Chi Minh, avant son départ pour Fontainebleau, les insignes de la 2e DB et de la 9e DIC au cours d'une cérémonie organisée dans la citadelle d'Hanoi. J'ai maintenu l'ordre dans la ville avec des soldats Viêt-minh aux côtés des miens dans mes blindés. J'ai supporté les insupportables soldats chinois de Lo-Han... »

Le 31 mai 1946, Hô Chi Minh s'envole pour Paris, accompagné du général Salan. Au bas de la passerelle, un bataillon français et un bataillon vietnamien rendent les honneurs. C'est un instant d'espérance, comme un rêve qui passe. Leclerc a réussi à séduire Hô Chi Minh; Leclerc qui ne croyait pas que la France pourrait, après une éclipse de cinq ans, revenir au statut antérieur. Il était au contraire persuadé qu'il convenait de faire évoluer la situation aussi vite que possible, très vite même. Il espérait un accord avec Hô Chi Minh avant que celui-ci ne soit débordé par ses durs, par Giap et son équipe, tous convaincus que l'indépendance ne viendrait qu'après une guerre victorieuse, quel qu'en fût le prix.

Pour l'immédiat, qu'ils aient des espérances, des doutes ou des craintes, Valluy, Massu, leurs entourages et les grands patrons du Viêt-minh entretiennent des relations courtoises, celles-là mêmes qui irritent l'amiral d'Argenlieu. Les réceptions se multiplient, presque quotidiennes. Elles paraissent futiles, inutiles même, encore que l'on puisse cueillir quelques mots ici et là, deviner une poignée d'arrière-pensées. Les contacts sont aisés, presque amicaux avec Hô Chi Minh et Giap; les relations sont infiniment plus tendues presque explosives avec leurs partisans aux actions ambiguës alors qu'il est parfois difficile de croire à leur désobéissance aux ordres reçus. Les Français ne sont pas dupes. Ce n'est pas par hasard que les militants du Viêt-minh passent de l'hostilité latente aux explosions. Subordonné fidèle et dévoué, Massu fait le gros dos, s'efforce de ronronner quand il a envie de grogner, exécute les ordres de Leclerc quoi qu'il lui en coûte : « Vous savez bien que si j'ai pu remplir les missions confiées par de Gaulle, c'est grâce à l'équipe d'amis dont j'ai été entouré et dont vous êtes un des prototypes. Je vous embrasse », lui avait écrit Leclerc, le 20 avril.

Les attentats continuent pourtant, souvent commis par de très jeunes gens. La radio est tendancieuse, les tracts courent, comme les slogans antifrançais. Leclerc s'inquiète parfois des relations que ses officiers entretiennent avec les Vietnamiens mais comprend que ces arrangements arrondissent les angles et aident à la paix.

Nul ne saura jamais si les espérances de Leclerc coïncidaient avec les vues de Hô Chi Minh. Dès le lendemain du départ vers la France du chef vietnamien flanqué de Salan, la création d'un gouvernement de la République cochinchinoise est annoncée, à Saigon, avec à sa tête Nguyen Van Thuih. Ce sont les espérances de paix massacrées, avec la complicité de l'amiral Thierry d'Argenlieu, toujours décidé à dissocier le sort des trois Kys pour que la Cochinchine reste colonie française. Que Hô Chi Minh survole à cet instant les Indes ne change rien à l'affaire : à Hanoi, les durs du Viêt-minh sont parfaitement capables de réagir sans ordres... En représailles, les attentats se multiplient. La gamme est complète. Massu et ses hommes sont confrontés à des agressions, meurtres, vols. Ils ne comptent plus les entraves à la circulation comme au ravitaillement. Les convois deviennent les cibles de tireurs isolés. Il faut aussi briser des grèves qui risquent de paralyser l'agglomération. Les hommes du groupement de marche perdent patience. Tout en mesurant l'ampleur des risques, Massu doit à la fois contrer cette rébellion larvée et tenir ses unités qui voudraient en découdre... Leclerc doit revenir de Saigon à Hanoi, le 10 juin, pour prêcher la patience à ses troupes. Et puisqu'il est au Tonkin, il pousse jusqu'à Diên Biên Phu, où il rend visite au groupement Quilichini, implanté là. C'est à la même époque que le général Valluy affecte de trouver Massu trop débonnaire après l'avoir jugé, à leur arrivée, « gonflé de suc guerrier ». Massu aurait « pris trop à la lettre les instructions de mars-avril » qui allaient dans le sens de la collaboration et de la compréhension. La section socialiste locale reputée influente, que dirige Louis Caput très écouté à la direction nationale de la SFIO, a attiré l'attention de Valluy sur l'insécurité dans les rues d'Hanoi, relevant effectivement des attributions de Massu. Or, celui-ci a mis en place dans la ville des patrouilles mixtes sur half-track. Peut-être convient-il de relire ce que Massu écrivait à propos de leur action au Tonkin, un texte qu'a publié le numéro 4 de *Coups de Massu* :

> « Je ne pense pas que la théorie suivant laquelle nous devons inspirer une terreur plus forte que celle du Viêt-minh soit défendable. Pillage, viols, exécutions sommaires, tirs à priori, incendie sans discernement sont à proscrire.

« Par contre une action sanitaire immédiate, menée par les médecins des corps de troupe avec, et suivant leurs moyens, une action sociale à laquelle contribuent efficacement les ambulancières, et, encore une fois, une action de propagande active en vue d'informer les populations, la mise en confiance des coolies tonkinois que nous avons nourris et renvoyés dans leurs plantations, tels sont, me semble-t-il, les procédés nécessaires. L'étalage de notre matériel dit assez aux Annamites abusés que la France est toujours puissante. »

A l'époque, rien n'est simple, tout se complique. Il y a d'étonnantes rivalités entre Français et Vietnamiens pour occuper les bâtiments d'Hanoi enfin libérés par les Chinois. Il y a ainsi une sérieuse poussée de fièvre, le 25 juin, lorsque la 9e DIC occupe les locaux du gouvernement général – dit le Gougal – où s'étaient attardés quelques éléments chinois reconduits à l'aéroport par les Français. Cette occupation relève d'une simple mesure de sécurité ; elle est destinée à éviter que le pillage soit total. Valluy n'a jamais songé à s'y installer. Giap ne veut pas le comprendre et décide immédiatement une grève générale de protestation pour le surlendemain. La rivalité franco-vietnamienne ne tient pas seulement aux bâtiments d'Hanoi, elle s'étend jusqu'aux régions ; à l'image de la concurrence pour Lang Son, avec aux alentours les Méos et les Thos qui ne supportent pas le Viêt-minh.

En juillet 1946 s'achève le séjour du général Leclerc en Indochine. De nouvelles fonctions l'attendent : il vient d'être nommé inspecteur général des forces françaises d'Afrique du Nord. En réalité, Leclerc a demandé à rentrer. Quelles sont les raisons qui l'ont poussé à demander une mutation ? Massu, qui n'a jamais été aussi proche de son chef, avoue l'ignorer. Il ne connaît que la lettre de son patron rédigée le 17 juillet, à l'intention de l'amiral Thierry d'Argenlieu :

« Au moment de quitter l'Indochine, je crois nécessaire de vous redire les raisons qui m'ont poussé à ce départ.
« J'ai demandé ma relève dès que j'ai senti que la confiance entre nous n'était pas entière, et, à ce titre, la mission que vous avez confiée à l'amiral Auboyneau m'a, en son époque, douloureusement surpris [1].

---

1. L'amiral Thierry d'Argenlieu, s'il approuve du bout des lèvres les accords du 6 mars, n'accepte pas la politique suivie par Leclerc et par Salan. Il redoute que Leclerc ne se laisse entraîner sur le chemin des concessions. Il envoie donc en France l'amiral Auboyneau, afin d'obtenir du gouvernement le rappel de Leclerc et Salan, qui refuseraient de se soumettre à son autorité..

« D'autre part, nos idées sur les méthodes et procédés de commandement n'étant pas exactement identiques, il était préférable que je m'efface.
« Vous avez pu constater que la bonne marche du service n'a jamais souffert de ces divergences de vues.
« Je tiens en outre à vous exprimer combien j'ai admiré la hauteur de vue avec laquelle vous appréciez les intérêts français. Dans ce domaine l'accord fut toujours complet. Vous êtes décidé à sauver l'Indochine, je souhaite ardemment que vous y réussissiez, et ferai tout ce qui sera en mon pouvoir pour vous y aider... »

Sachant que Leclerc achève prématurément son séjour, Massu tient à rencontrer son chef. Certes, ces dernières semaines, il a eu quelques entretiens avec lui, moins qu'il ne l'espérait. Il en est souvent ainsi entre un chef et ses adjoints que sépare un millier de kilomètres, ce qui ne veut pas dire que Massu s'y soit habitué. L'une de leurs dernières conversations porte sur le projet de colonisation inspiré de l'implantation des vétérans des antiques légions romaines, faisant souche en pays acquis. Dans le cas présent, ce sont des anciens du groupement de marche de la 2e DB qui ont décidé de rester chez les Moïs. L'idée a séduit Massu, bien décidé à les aider. L'initiative a aussi intéressé son frère Jean, qui le suit depuis la libération de Paris. Il a décidé de poser son sac et restera là quelques années avant de rejoindre la métropole. Massu a déjà obtenu qu'ils bénéficient d'une assistance technique pour les questions agricoles, d'un minimum d'armement pour la sécurité. Leclerc trouve l'idée intéressante. Fort de cet encouragement, avant de préparer le retour du détachement de la 2e DB vers la métropole, Massu diffusera une note d'information qui est reprise dans *Coups de Massu* :

« La relève du groupement le libère de sa mission militaire au Tonkin. Il ne doit pas cesser pour autant sa coopération à l'œuvre française en Indochine, où l'apport d'un sang nouveau est indispensable. Nous avons trop peiné, laissé trop de camarades dans cette partie de l'Union française pour ne pas sentir le besoin d'y laisser un prolongement. Celui-ci sera constitué par ceux de nos réservistes qui, munis d'un contrat de travail, seront démobilisés sur place, et par ceux que séduira le projet de colonisation militaire, sur les plateaux de Tran-Ninh, au Laos.
« Il est extrêmement souhaitable pour l'avenir de l'influence française en Indochine que le maximum de nos garçons optent pour l'une de ces solutions... »

Outre Jean Massu, ils sont cent vingt militaires, quinze sous-officiers et cinq officiers en cours d'installation au Darlac, au sud de

Ban Be Thuot. Ils vont planter des orangers, cultiver le thé, le café et une plante oléagineuse, l'abrasin. Ils ont choisi de vivre en coopérative et mettront dans le pot commun les dix-huit mois de solde que leur versera encore l'armée [1].

Leclerc n'aime guère quitter ses hommes sans leur prodiguer d'ultimes attentions. Sa tournée des adieux l'occupe donc plusieurs jours. Ainsi, le 13 juillet, il vient rendre visite aux troupes d'Hanoi et le lendemain, jour de la Fête nationale, il préside une revue au stade Mangin avec des remises de décorations. Il s'entretient aussi avec ses officiers réunis au cinéma de la Citadelle. Il revient sur les thèmes qui lui sont chers et insiste encore sur ce qu'il attend d'eux :

> « Il ne peut être question de reconquérir le Nord par les armes. Nous n'en avons pas les moyens. Pas de clash donc... Vous continuerez à défendre ici les intérêts français, tant que vous pourrez. Pour cela, tendez la corde, tirez fort s'il le faut, tirez pour la France. Mais surtout, qu'elle ne casse jamais... »

Le 15 juillet, c'est l'embarquement à l'aéroport de Gia Lam et Leclerc reçoit sur le terrain même la médaille militaire et sa cinquième étoile.

A Hanoi, le 29 juillet, se donne une nouvelle représentation de la symphonie des adieux. Cette fois, c'est le général Valluy qui souffle les bougies avant de s'éloigner. Puisqu'il succède à Leclerc comme commandant supérieur des forces armées en Indochine, il doit résider à Saigon. Sous une pluie battante, les honneurs lui sont rendus par des détachements de la 9e DIC et du groupement Massu, ainsi que par des éléments du Viêt-minh. Une revue ne suffisant pas, s'y ajoutent quelques-uns de ces banquets aussi nécessaires qu'ennuyeux, où chacun s'observe si l'on ne s'épie pas. Giap est de la partie, comme à l'habitude très attentif à ce qui se dit. Il est assis à côté de ceux qu'il considère comme ses ennemis de demain, songeant à cette armée qu'il prépare et qu'il renforce utilement avec tous les extrémistes, les excités expulsés de France. Et, à Fontainebleau, rien n'avance... Le climat s'en ressent.

A Fontainebleau, les négociations sont à la veille de s'enliser. Paris souhaitait que l'on discute sur des thèmes précis : l'intégration

---

1. La colonie agricole des anciens de la 2e DB restera en place bien après le retrait français d'Indochine. Les Américains ont assisté à sa survie puis à sa disparition, vers le milieu des années soixante.

du Vietnam dans l'Union française et ses relations diplomatiques avec l'étranger ; l'élaboration de la fédération indochinoise ; l'unité des trois Kys et le nécessaire référendum en Cochinchine ; la nouvelle économie puis, en phase finale, la rédaction d'un projet de traité. Face aux propositions françaises, la délégation vietnamienne défend les positions les plus dures – celles avancées par Hô Chi Minh face à d'Argenlieu à la préconférence de Dalat. Dès lors le blocage est inévitable, et il va survenir à cause de la Cochinchine. Bien que l'échec s'annonce évident, les deux parties tenteront de sauver les apparences...

Le 2 août au soir, une grande fête est organisée pour célébrer l'anniversaire du débarquement de la 2e DB en Normandie [1]. Les festivités ont lieu au foyer du groupement de marche – exactement au-dessus du réfectoire des bonnes sœurs. Massu a tenu au respect des plus vieilles traditions de la 2e DB : pas de hiérarchie hors du travail et des combats. Pour que chacun s'en souvienne ou s'en imprègne, il est décidé que ce sera une soirée déguisée. C'est ainsi que Massu se retrouve habillé en corsaire, avec un très joli foulard rouge à pois blancs noué sur sa tignasse rebelle et – à la surprise générale – une quille peinte dans le dos... L'insolite ne se limite pas à cette originalité : il y a aussi, parmi les déguisés, deux splendides Massu, plus vrais que nature, aux traits peut-être moins anguleux et qui n'auront pas exactement son profil d'oiseau de proie ! Voyant arriver le premier, le colonel se lève et se met au garde-à-vous devant son clone. Pour le deuxième on ne sait pas, il les a peut-être confondus toute la soirée... La fête aurait étonné, choqué paraît-il, la colonie française d'Hanoi. Il fallait, pour cela, ne guère connaître ces soldats. Eux savent qu'il faut se hâter de profiter des moments de détente, ils sont rares. Ils repartiront barouder au premier appel. Ce qu'ils ignorent à l'heure où s'éteignent les lampions de la fête, le lendemain matin 3 août, c'est qu'il leur faut immédiatement embarquer dans les chars et les camions : un convoi est tombé dans une embuscade, sur la route de Lang Son.

Les heures qui suivent retracent, en résumé, l'histoire de la future guerre d'Indochine. Il y a, parfois loin des villes, des implan-

---

1. Fragilité des témoignages... Suzanne Massu est certaine que le bal masqué marque le départ de Jacques Massu d'Indochine... Lui pense que cette fête est donnée pour l'anniversaire du débarquement de la 2e DB en Normandie. C'est également la version de *Coups de Massu*. La date, elle, efface tout doute...

tations de postes isolés, qu'il faut ravitailler. Il y a, pour ces convois indispensables, des kilomètres à parcourir à travers des régions hostiles, où l'ennemi est prompt à saboter la route ou à lâcher des abatis. Il y a, à chaque virage, le risque d'embuscades souvent meurtrières. Ce 3 août, elle a été tendue à l'entrée de Bac-Nimh. La suite est tout aussi classique : il faut envoyer des renforts, pour débloquer le convoi, ce que fait immédiatement Massu en sachant que la route sera encore coupée ou piégée pour retarder les renforts. La colonne de secours est ainsi bloquée au cœur d'une petite ville, à Tu Son ; ce qui permet aux Viets de jeter des grenades sur les blindés depuis les fenêtres des étages. Une journée presque banale avec d'autres embuscades encore sur le reste du parcours... Le soir, à l'heure du bilan, les lieutenants et les capitaines additionneront leurs pertes et Massu, attaché à ses hommes, apprendra qu'ils ont eu six tués, dix-neuf blessés dont deux dans un état grave et deux véhicules détruits. Rien que de très ordinaire, même pour un lendemain de fête. Le convoi, dégagé par les renforts, poursuivra sa route vers Lang Son où il arrivera le 6 août, après de nouvelles embuscades qui lui coûteront dix-huit autres morts et trente-six blessés.

Quelques jours plus tôt, le 29 juillet, avait éclaté un nouvel incident révélateur des tensions entre les autorités françaises et vietnamiennes : le Viêt-minh a créé une piastre Hô Chi Minh – gagée sur la valeur morale du peuple... – et mis en place clandestinement ses douaniers... qui arrêtent un commerçant chinois et saisissent ses marchandises. Celui-ci se réclame des accords faisant de Haiphong un port franc et au droit de transit à travers le Tonkin... les Viets ne veulent rien entendre. Les Français interviennent, libèrent le Chinois et entendent Giap hurler contre cette nouvelle atteinte à la souveraineté de l'Etat.

C'est à cette époque – le 17 août – qu'arrive à Hanoi le général Morlière. Il est destiné à remplacer le général Valluy. Il sera donc le nouveau patron des troupes françaises d'Indochine du Nord. Or, il semble que Morlière n'ait pas exactement la manière qui convient pour se faire accepter par ses subordonnés. A dire vrai, il commence mal... Massu s'étonne de son manque de contact avec le groupement de marche de la 2e DB. A la 9e DIC, on ne réagit guère mieux. Quant aux civils français du Tonkin, ils n'accrochent pas davantage avec le nouveau venu. Résolu à ne jamais cacher ce qu'il pense, le colonel Massu apporte un début d'explication à ce rejet généralisé du nouveau patron militaire : les civils le traitent de modérantiste politique et doutent de sa volonté de tenir tête au Viêt-minh ; la 2e DB s'agace de son souci des détails, alors que Massu a toujours habitué ses cadres à de larges délégations. Il aime leur faire confiance.

Valluy, assumant désormais la succession de Leclerc, rédige, le 10 septembre 1946, un rapport mensuel qui est un bel hommage à son prédécesseur. Certes, il affirme que le corps expéditionnaire est arrivé à la limite du possible en matière de fractionnement et qu'une dispersion plus poussée se traduirait par un éparpillement très dangereux à l'égard d'une guérilla généralisée. Certes, il regrette que les moyens fluviaux soient toujours insuffisants et que l'action militaire ne soit pas prolongée par une propagande habile, « une méthode est à découvrir à ce sujet... » Mais il conclut ce premier rapport mensuel sur un autre ton :

> « C'est bien gênant, pour quelqu'un qui vient de prendre un commandement, de déclarer “ Le plus dur reste à faire ”. C'est la vérité. Et cela n'empêche pas de rendre pleinement justice aux efforts accomplis et d'en admirer les résultats. »

A l'approche de l'automne, quelques signes laissent entrevoir un semblant de détente ; certainement parce que la conférence de Fontainebleau n'est pas encore totalement enlisée. Ainsi, le 2 septembre, alors que Hanoi s'apprête à célébrer l'anniversaire de l'indépendance du Vietnam, Hô Chi Minh, depuis la métropole, donne des ordres précis. Il entend que les manifestations organisées à cette occasion ne prennent aucune forme hostile aux Français. Il y a donc un défilé puis une réception, où Giap et Morlière voisinent. Trois jours plus tard, Morlière emprunte la route Hanoi-Lang Son et paraît satisfait de voir les Viets lui rendre les honneurs... Le 10 septembre a donc toutes les apparences d'une douche glacée : Français et Vietnamiens apprennent, au Tonkin, l'échec de la conférence de Fontainebleau. Outre le rendez-vous fixé pour janvier 1947 afin de sauver les apparences, une autre petite porte reste entrouverte sur l'avenir. Elle aura un nom : c'est le « modus vivendi ».

C'est dans la nuit du 13 au 14 septembre, alors que la situation semble bloquée, qu'intervient la signature de ce « modus vivendi » par Marius Moutet et Hô Chi Minh. Le texte, à dire vrai, ne règle aucun des problèmes essentiels – indépendance du Vietnam ou plébiscite en Cochinchine. Ce n'est en réalité qu'une caricature de traité de paix, tout juste quelques règles de savoir-vivre pour cohabiter tant bien que mal. Les signataires affectent d'y voir un traité d'amitié préparant un climat favorable pour des négociations ultérieures et qui met un semblant d'huile dans les rouages trop grippés. Ainsi est-il décidé que les biens français réquisitionnés par le Vietnam seront rendus à leurs propriétaires, l'Institut Pasteur retrouvera ses installations, l'Ecole française d'Extrême-Orient et tous les établissements français d'enseignement reprendront leurs activités. Il est entendu que le Vietnam fera appel en priorité aux techniciens français. La piastre indochinoise deviendra la monnaie unique et l'unité douanière sera rétablie. Les ressortissants vietnamiens en France et les Français au Vietnam jouiront de toutes les libertés démocratiques et économiques. Hô Chi Minh apparaît encore, à cet instant, comme un dirigeant réaliste, modéré même, avec pour l'encadrer deux ailes de tendances contradictoires : les uns voulant une normalisation des rapports avec la France, les autres, plus radicaux, résolus à la guerre et prêts à évincer Hô Chi Minh qui aurait fait trop de concessions.

Il est vrai qu'il maintient l'ordre de cessez-le-feu, qu'il demande à ses journalistes de modérer leurs attaques contre la France... Dans un mois, le 18 octobre, à bord du *Suffren*, ancré au large de Cam Ran, il rencontrera l'amiral Thierry d'Argenlieu pour mettre en musique le « modus vivendi » :

> – Je suis convaincu, dit Hô Chi Minh, qu'en appliquant loyalement le « modus vivendi » nous améliorerons considérablement nos relations. Il y aura beaucoup de difficultés, mais nous les vaincrons en commun.

A la fin septembre 1946, s'achève le séjour indochinois du groupement de marche de la 2e DB ou groupement Massu. Une cérémonie est prévue, Suzanne Torrès décide d'en être. Elle vient de Saigon, retrouve le colonel Massu et, avec lui, se lance dans la course aux souvenirs. Massu lui offre un petit chien de quartz rose ; lui s'achète un buffle chevauché d'un bambin, en jade brut.

Une prise d'armes est organisée le 30, avant le départ. Les hommes de Massu, au garde-à-vous, la gorge serrée, écoutent l'appel des soixante-quatorze morts du groupement.

Avant de prendre l'avion pour Paris, le 27 octobre, le colonel Massu commande du matériel pour les colons qu'il est allé visiter avant de rentrer, avec un brin de nostalgie, ils sont si rares ceux qui ont pu séjourner – même pour y combattre – en Indochine sans s'attacher à ce pays : « N'ai-je pas un peu le regret de ne pouvoir vivre parmi eux cette expérience passionnante, dans un pays dont j'ai subi, moi aussi, l'envoûtement ? »

Envoûté certes, mais pas au point de délaisser le patron. Or Leclerc, depuis son retour en France, s'occupe activement des forces françaises d'Afrique du Nord. Et il a besoin de Massu à ses côtés. Il entend lui confier son 3e bureau [1]. L'idée étonne Massu ; il ne s'imagine pas dans la peau d'un officier d'état-major. La réponse de Leclerc l'étonne encore plus :

– Ce n'est pas de cette compétence-là dont nous avons surtout besoin...

Ce que cherche Leclerc, ce ne sont pas des penseurs s'égarant dans l'abstrait, ce sont des hommes connaissant les hommes, le combat, le terrain.

Après le départ du groupement Massu, à partir du 20 novembre, un regain de tension devient particulièrement évident. A l'origine de ce durcissement, un incident qui aurait dû être banal : un simple accrochage, dans le port d'Haiphong, entre la marine française et une jonque de contrebandiers chinois chargée d'essence. Mais il dégénère immédiatement. Les éléments Viêt-minh d'Haiphong assassinent officiers et sous-officiers de la mission française d'Haiphong. Des barricades sont dressées. Les blindés français sortent, les Vietnamiens ripostent au mortier. A Hanoi les représentants du Viêt-minh préfèrent traiter – ou tout au moins le prétendent. Une commission mixte part aussitôt pour Haiphong, mais, chemin faisant, les Vietnamiens disparaissent. Le général Morlière à Hanoi et le colonel Debès à Haiphong ne sont pas d'accord sur l'attitude à adopter, ce n'est d'ailleurs pas une nouveauté... Valluy, depuis Saigon, ordonne à Debès de se rendre maître d'Haiphong, avant que les troupes françaises, toujours dans une attitude défensive, ne soient submergées. Il y a déjà, au terme de cette première journée d'affrontements, vingt-quatre morts et soixante-huit blessés du côté français :

> « Par tous les moyens à votre disposition, ordonne Valluy, vous devez vous rendre maître complètement de Haiphong et amener gouvernement et armée vietnamienne à résipiscence. Vous mettrez le président Hô en face de ses accablantes responsabilités et lourdes conséquences que peut avoir son attitude à l'égard du gouvernement français. »

---

1. Précisons pour les lecteurs qui ne seraient pas familiarisés avec l'organisation de l'armée française le rôle de chacun des « bureaux ». Le 1er bureau gère l'organisation et la mobilisation ; le 2e a en charge le renseignement, le 3e l'instruction et les opérations, le 4e s'occupe des moyens (matériels et transports). Un 5e bureau sera créé pendant la guerre d'Algérie pour l'action psychologique. Il convient de ne pas confondre le 2e bureau avec les services secrets ou spéciaux, le renseignement ne concernant ni l'espionnage ni le contre-espionnage.

Morlière refuse à Debès le recours à l'artillerie. Les deux armées entremêlées dans Haiphong interdisent le cessez-le-feu décidé à Hanoi. Les Français ne veulent pas abandonner les positions prises, les Viets prétendent que leurs liaisons sont coupées. Debès est persuadé de leur mauvaise foi... Une nuit calme n'est qu'une trompeuse apparence. Au petit matin, les combats reprennent. Ils dureront jusqu'au 28 novembre, âpres accrochages de rues, tirs de l'artillerie et des canons de la marine. Depuis Saigon arrivent en renfort des unités parachutistes [1]. Les premiers combats de la guerre d'Indochine qui n'est pourtant pas encore commencée...

Politiquement le climat devient naturellement malsain. Les Vietnamiens sont persuadés que les Français dissimulent leurs préparatifs pour la reconquête du Tonkin et considèrent les moindres décisions sous ce seul aspect. Les Français, eux, estiment que le Viêt-minh joue double jeu et donne des assurances qu'il n'entend pas respecter. C'est la méfiance réciproque et le malentendu permanent. Hô Chi Minh, dont l'évolution est perceptible, cesse de calmer le jeu pour, à son tour, mettre de l'huile sur le feu. Le 7 décembre, il donne une interview au journal *Paris-Saigon* :

> « Le peuple vietnamien ne veut pas la guerre, mais si on la lui impose il la fera. Elle sera atroce mais plutôt que de renoncer à sa liberté, il est prêt à tout supporter. »

Le hasard et la malchance veulent qu'à cet instant la France n'ait plus de gouvernement. Georges Bidault est tombé le 28 novembre; Léon Blum désigné le 12 décembre n'obtient l'investiture que le 18... Morlière, dépassé, paraît prendre conscience de sa propre faiblesse – qui lui est reprochée de tous côtés – si l'on se réfère à une note qu'il signe le 12 décembre :

> « Arrivé ici dans les dispositions d'esprit les plus favorables qui se puissent concevoir à l'égard du gouvernement Hô Chi Minh, ami sincère et désintéressé de ce peuple annamite et plus spécialement tonkinois que je connaissais bien, j'ai, au cours de trois mois et demi de commissariat par intérim, multiplié les avances, les contacts les plus aimables. Souvent critiqué de ce fait, parfois même taxé de faiblesse

1. Le nombre de morts vietnamiens dans les combats de novembre 1946, à Haiphong, n'a jamais été exactement connu. Les civils ont pris la fuite dès le début des événements, nombre d'entre eux ont cependant dû disparaître dans les bombardements des quartiers que contrôlait le Viêt-minh. Quand aux combattants de l'armée vietnamienne, il faudrait choisir entre deux cents, un des premiers chiffres cités, et six mille, comme on le trouve dans des récits beaucoup plus tardifs.

excessive par une troupe qui ne peut comprendre les subtilités du jeu politique et aussi par quelques Français civils attardés qui ne comprendront jamais que certaines époques sont révolues, j'ai loyalement essayé et jusqu'au bout de voir ce que pouvait donner, en dehors même d'accords qui n'étaient pas encore conclus, une coopération franche, limitée aux domaines où elle paraissait le plus facile : domaine militaire, économique et scientifique. Je n'ai eu que des déceptions. »

Il ne lui reste qu'à constater que des barricades sont érigées un jour ici, un jour là ; que le téléphone est systématiquement coupé la nuit ; que les noms français des rues sont changés ; que les égouts sont minés. Le 17 décembre, la rue des Cercueils est débarrassée de toutes les bières qui se fabriquent là. Elles sont utilisées pour dresser des barricades. La peur s'installe et, avec cette panique naissante, des décisions insensées : les portes des prisons sont largement ouvertes et les condamnés de droit commun vont pouvoir se joindre aux voleurs, aux pilleurs, aux assassins. Le 18, se déroule une entrevue entre le commandant Fonde et Giap, dans le cadre de la commission mixte de liaison pour le Tonkin. Fonde proteste contre les entraves à la circulation, au ravitaillement des troupes françaises :

« Monsieur le président, il faut que les troupes mangent, boivent se déplacent. Sinon, où allons-nous ?
– Où vous voudrez...
– Il est des besoins vitaux, permanents qui ne peuvent être comprimés longtemps. Sinon, c'est l'explosion...
– Comme vous voudrez... Cela dépend de vous. Notre décision est prise. Nous ne céderons plus. Les destructions... qu'importe. Le politique prime l'économique. Les pertes... un million de morts vietnamiens... des Français tomberont aussi. Nous sommes prêts. Cela durera deux ans, cinq ans, s'il le faut. Nous sommes prêts [1]. »

Le 19 décembre, la garnison est consignée puis libérée, encore consignée. A 20 heures, toutes les lumières s'éteignent, la centrale électrique vient d'exploser. Des trains obstruent les passages à niveau, des arbres sont abattus en travers des rues. Les souterrains creusés depuis des mois permettent le passage des terroristes d'une maison à l'autre, de quartier en quartier. Les fusillades se multiplient à travers la ville. Les boutiques sont pillées, les maisons incendiées. Jean Sainteny, le commisssaire de la République, est grièvement blessé en rejoignant Morlière. La Citadelle, devenue le dernier

1. Cité dans *L'Aventure Viêt-minh* par Jacques Massu et Jean-Julien Fonde.

refuge, est assiégée. Au cœur de la nuit, malgré les tirs, les incendies, les forces françaises tentent de reprendre la ville. Lorsqu'elles en ont enfin le contrôle, elles constatent que quelque quatre cents hommes, femmes ou enfants ont disparu. Le lendemain Hô Chi Minh fait une déclaration qui ressemble étonnamment à une déclaration de guerre :

> « Luttez par tous les moyens dont vous disposez. Luttez avec vos armes, vos pioches, vos pelles, vos bâtons. Sauvez l'indépendance et l'intégrité territoriale de la patrie. Vive le Vietnam indépendant et indivisible. Vive la démocratie. »

Chapitre 7

Un bref retour en Indochine
La découverte des parachutistes
Séjours africain et tunisien
L'Algérie s'enflamme

Le 22 décembre 1946, aussitôt informé des événements d'Haiphong puis d'Hanoi, le tout nouveau président du Conseil, Léon Blum, demande au général Leclerc d'aller enquêter sur place et de lui rendre compte aussi vite que possible. Leclerc décide de partir au plus tôt, ce sera le 25 décembre. Il veut avec lui une poignée de fidèles : Repiton-Préneuf qui était son officier de renseignement lors du précédent séjour, Crépin qui avait assisté Salan pour les négociations avec les Chinois, Peschaud et Massu, le fidèle parmi les fidèles. Si le général dispose d'un « Mitchell » personnel – petit bombardier du type B 25 –, l'appareil est trop étriqué pour eux cinq. Le colonel Massu doit prendre un avion de ligne. Ils se retrouveront à Hanoi.

Avant de s'envoler, Leclerc sait que le nouveau gouvernement a choisi une politique sans la moindre ambiguïté. Certes, il est contraint de faire face, de protéger les Français d'Indochine et les populations amies ; mais qu'il soit bien entendu que ces nécessités n'influeront en rien sur les choix politiques fondamentaux. D'ailleurs, Léon Blum tient à rappeler ceux-ci devant l'Assemblée nationale, deux jours avant le départ de la mission d'information :

> « Le vieux système colonial qui fondait la possession sur la conquête et son maintien sur la contrainte, qui tendait à l'exploitation des terres et des peuples conquis, est aujourd'hui chose révolue. Il ne peut exister là-dessus la moindre divergence de vues entre l'Assemblée et nous. Dans notre doctrine républicaine, la colonisation n'atteint son but final et ne trouve sa véritable justification que le jour où elle cesse, c'est-à-dire le jour où le peuple colonial a été rendu pleinement capable de vivre émancipé, de se gouverner lui-même. La récompense du peuple colonisateur est alors d'avoir suscité dans le peuple colonisé des senti-

ments de gratitude et d'affection, d'avoir créé la pénétration et la solidarité de pensée, de culture, d'intérêts, qui permettent à l'un et à l'autre de s'unir librement. Une fois cette crise surmontée, notre but restera donc toujours le même. Il ne s'agit pas de satisfaire des intérêts privés ; il s'agit encore moins de revenir sur nos principes et sur nos engagements ; il s'agit de reprendre avec loyauté l'œuvre interrompue ; c'est-à-dire l'organisation d'un Vietnam libre dans une Union indochinoise librement associée à l'Union française.
« Mais avant tout doit être rétabli l'ordre pacifique, qui sert nécessairement de base à l'exécution des contrats [1]. »

Sur place, chacun des collaborateurs de Leclerc reçoit une mission propre. Ainsi, Massu doit enquêter à Hanoi auprès des hommes de son ancien groupement restés sur place. Certains d'entre eux ont combattu jusqu'au 25 décembre, au sud de la ville ; ils ont eu cinq morts et vingt-cinq blessés. D'autres se sont chargés de débloquer les quartiers européens et le bilan prouve que l'affaire a été plus rude encore : dix tués et trente-deux blessés. Pour Massu, il est évident que le général Morlière s'est trompé dans tous les domaines. Ainsi les hommes de troupe ont été regroupés dans la Citadelle d'où toute sortie était problématique ; les officiers, logés au « Métropole », étaient isolés de leurs troupes qu'ils ne pouvaient plus rejoindre. Pour les civils français, il n'avait été prévu aucun lieu de regroupement et leur sécurité devenait du même coup aléatoire. Enfin, Morlière n'avait que peu de contacts avec la ville et par voie de conséquence aucun renseignement. A ces données concrètes s'ajoutent très vite d'autres constatations : Morlière, dans sa volonté affirmée d'éviter tout incident, en est arrivé à donner systématiquement tort aux militaires français et à refuser de poursuivre les auteurs – connus – de l'assassinat de soldats du corps expéditionnaire... Morlière a donc tout faux ! Certes, au terme des dix jours de combats qui ont été nécessaires pour reprendre le contrôle de la ville, il est évident que l'offensive viet a échoué. Mais le plus grave est ailleurs : désormais, entre les deux parties, la rupture politique est totale.

Retrouvant Massu, Jean-Julien Fonde peut lui raconter tout ce qu'il avait noté dans une lettre rédigée à son intention et qu'il a déjà postée pour Paris, où Massu la trouvera à son retour. Il était aisé, pour qui sait voir, de repérer les premières ébauches de barricades, explique Fonde. Il a découvert, ensuite, les cheminements secrets,

1. La mission de Léon Blum est délicate : son gouvernement aura une durée de vie limitée à cinq semaines, puisqu'il est entendu qu'il remettra sa démission au premier président de la IVe République, celui-ci devant être élu le 16 janvier. Blum a déjà fait savoir qu'il ne serait pas candidat à sa propre succession.

passant à travers les maisons aux murs intérieurs percés ; puis par des souterrains pour une progression encore plus discrète. Les établissements publics comme les égouts avaient été minés. Il parle aussi à Massu des meurtrières aménagées dans les murs de la gare, préalablement percées mais cachées sous des affiches à la gloire de l'indépendance... Les préparatifs ne concernaient pas que la ville d'Hanoi ; les mêmes travaux avaient été secrètement réalisés à Bac-Ninh et Lang Son. Sur la route allant d'Haiphong à Hanoi, il n'y avait pas moins de cinquante et une coupures de route, huit gros barrages et la destruction des ponts d'Haiduong.

Leclerc décide de relever le général Morlière et d'investir le colonel Dèbes qui achèvera la reprise d'Hanoi.

A Paris, le comité directeur du parti socialiste se préoccupe aussi des événements : il ajoute la question indochinoise à son ordre du jour dès le 23 décembre. Il est toutefois décidé que cette discussion ne pourra être sanctionnée par le vote d'une motion ou d'un ordre du jour... La tendance générale est parfaitement ambiguë : c'est à la fois un soutien à l'action engagée par Léon Blum et un acte de méfiance envers l'armée. Guy Mollet le dit très clairement :

> « Il ne faut pas méconnaître l'attitude réelle de Léon Blum qui, dès la première heure, s'est montré très ferme sur une position correspondant à celle, unanime, du parti. L'objectif de Léon Blum était d'éviter la guerre. (...) Nous devons souligner les fautes graves de l'armée et signaler les coïncidences des dates, auxquelles se sont déclenchés les événements, avec la naissance du gouvernement Blum. »

Yves Dechezelles, à la même réunion, confirme cette impression :

> « Le commandement français en Indochine agit comme une force autonome ayant un plan concerté des militaires pour réduire à néant la politique des accords. Les événements ont pris cette proportion à partir de la formation du gouvernement socialiste. Les militaires tendent à créer une situation irréversible. La première difficulté sera de prendre contact avec Hô Chi Minh. La position de Hô Chi Minh au Vietnam se trouve actuellement discutée. Il est considéré par les extrémistes comme un collaborateur... »

Il faudra attendre la réunion suivante – le comité directeur du 12 janvier 1947 – pour que Léon Boutbien nuance les propos de ses amis. Il est vrai que Boutbien, lui, était à Hanoi au moment des événements :

> « Je crois la responsabilité partagée. Il est urgent de prendre une décision. Le conflit ne peut être réglé par une politique de force contre tout un peuple, ce qui nous ferait courir le risque de perdre l'Indochine. La politique d'abandon n'est pas non plus souhaitable... »

Mais que faisait donc Boutbien à Hanoi, où il est arrivé dès le 23 décembre, en compagnie de Marius Moutet ? Il le révélera – ou le confirmera – à ses amis à la réunion suivante du comité directeur, celle du 27 janvier. Ce qui revient à s'interroger sur le sens de la mission réellement confiée au général Leclerc ; ce qui peut être aussi une façon de s'interroger sur les arrière-pensées de Léon Blum qui aura donc, à un moment délicat, deux équipes d'envoyés spéciaux sur place, Leclerc ignorant le rôle de Boutbien. Celui-ci en savait peut-être davantage, puisqu'il explique ainsi à ses amis le sens de sa mission :

> « D'Argenlieu a tout raté. Il n'a fait aucune politique, ni celle de la souveraineté, ni celle des accords, ni celle du gouvernement de Cochinchine. Pour déplacer d'Argenlieu, il faut d'abord convaincre ceux de qui dépend la décision, trouver un remplacant. L'objet de ma mission et celle du général Leclerc était de trouver les raisons d'un renvoi. »

A propos des responsabilités des événements d'Haiphong, Marius Moutet n'est pas exactement de l'avis de Boutbien ; il est encore moins d'accord avec Guy Mollet et Yves Dechezelles ; mais il attendra le conseil national de Puteaux, au mois de mars, pour livrer sa pensée :

> « L'épreuve de force, j'affirme qu'elle a été voulue par le Vietnam. Quelque erreur, quelque faute qui puissent être reprochées à notre politique, je suis convaincu qu'elles ne sont pas liées à cette épreuve de force... »

C'est sensiblement l'avis de Leclerc...

Apparaissent ainsi des tiraillements entre le parti socialiste et ses ministres, entre le comité directeur et le gouvernement, parce que les hommes n'ont pas exactement la même vision des événements, ni les mêmes aspirations pour l'avenir. Il ne faut pas oublier, en effet, que le comité directeur du parti socialiste n'est pas un simple organe de réflexion ou de discussion. Ses membres ont bien davantage d'ambition et même de pouvoirs. Daniel Mayer le rappelle à ses amis le 27 janvier ; en estimant qu'il y a trop d'absents à la réunion pour qu'ils puissent prendre des décisions et « donner des instructions aux ministres ». Jean Rous estime au contraire que le quorum étant atteint, « il faut donner des directives au gouvernement ». Ce gouvernement-là n'est déjà plus celui de Léon Blum, c'est celui de Paul Ramadier, à la tête d'une équipe tripartite depuis moins d'une semaine. Si elle ne donne pas d'instructions aux ministres socialistes, cette réunion témoigne de l'embarras du comité directeur. Personne ne veut d'un affrontement militaire, mais personne n'entend que la France abandonne l'Indochine. Il y a des semaines déjà que le parti socialiste s'est enfermé entre les deux termes de cette alternative, sans pouvoir choisir une issue plus que l'autre. Il y a des semaines que le doute s'insinue en eux, un doute que Salomon Grumbach résume à sa façon :

> « Pour l'avenir de la République et le rôle du socialisme français, il est délicat de choisir entre les solutions possibles. Je me sens personnellement troublé en ce qui concerne la personnalité de Hô Chi Minh. J'ai l'impression que nous avons eu trop confiance en lui et dans ses méthodes. Pratiquement nous devrions proclamer notre désir de rechercher des négociations, mais pouvons-nous renoncer à envoyer des troupes ? Nous ne pouvons pas abandonner l'Indochine... »

Désormais, les socialistes vont longuement, très longuement, s'interroger sur l'avenir des anciennes colonies qui ne veulent plus de leur état antérieur. Sans doute ont-ils encore en tête ce que disait devant l'Assemblée nationale, le 15 décembre 1936, Marius Moutet. à ce moment ministre de la France d'outre-mer : « Le colonialisme pour nous, c'est le développement même des masses qui habitent les colonies, par l'élévation de leur niveau de vie matériel, social, économique, intellectuel et culturel. »

Mais comment ne pas entendre, au conseil national de Puteaux les 19 et 20 mars, les certitudes de Guy Mollet citant « quelqu'un qui n'est pas des nôtres » – à savoir l'Algérien Ferhat Abbas : « ni tutelle, ni nouveaux maîtres, ni séparatisme » ? Le même jour, Léon Boutbien ne cache pas ses inquiétudes pour l'avenir :

> « C'est la tâche de notre parti de faire comprendre aux peuples d'outre-mer qu'un mouvement de sécession n'aboutirait pas, pour eux, à une véritable libération, mais tout au plus, dans le cas le plus favorable, à déplacer l'injustice en faveur des catégories privilégiées des territoires colonisés et même en faveur des nationalistes étrangers. Ils n'arriveraient, dans le monde moderne, qu'à changer de maître, à une exploitation dont le caractère fondamental ne serait pas modifié... »

Leclerc et son équipe ayant enquêté, interrogé les uns et les autres, il est décidé qu'ils rédigeront le rapport destiné à Léon Blum avant même de reprendre l'air pour Paris.

Le document se composera de huit parties et de douze annexes, qui seront complétées – discrétion oblige – par un exposé verbal du général Leclerc réservé au président du Conseil. La partie écrite ira à Léon Blum mais également au ministre de la Défense nationale André Le Troquer et au général Juin... Depuis janvier 1947, un certain mystère entoure ce document, dont les douze annexes paraissent disparues à jamais et dont il semble, de plus, exister deux versions.

Le rapport remis à Léon Blum – ou l'un d'entre eux – se compose effectivement de huit parties existantes et de douze annexes introuvables [1]. Dans la première partie, dite « préliminaire », Leclerc explique que la mission s'est voulue une mission d'inspection de caractère uniquement militaire, sans rechercher les fautes ou les erreurs possibles – ce qui, de toute évidence, contredit la définition de leurs missions par Léon Boutbien. Mais Leclerc écrit aussi :

> « Dans la conjoncture actuelle, les opérations militaires ne constituent pas une fin, on ne peut en envisager le développement et le terme qu'en fonction de l'évolution et de la solution politique qui serait donnée à l'ensemble de la question indochinoise. »

La deuxième partie traite de la situation politico-militaire :

> « Les positions acquises militairement et politiquement sont menacées. Si pour les rétablir ou les maintenir, les problèmes qui se posent sont, au point de vue militaire, moins graves qu'on pouvait le supposer, au point de vue politique par contre, ils restent entiers : on peut même dire qu'ils se sont aggravés par le changement d'attitude du gouvernement du Vietnam et par l'autorité réelle qu'il acquiert chaque jour dans le pays. La rupture de ses relations avec nous l'isole et le raidit dans ses aspirations comme dans les moyens qu'il emploie pour les réaliser (...). Il est redevenu un gouvernement de parti totalitaire représentant le Viêt-minh avant tout; il en emploie les méthodes dictatoriales et en tire une force accrue (...) Partout le “ modus vivendi ” nous a fait reculer. Il a permis à l'adversaire de préparer son agression, de se

1. L'auteur a pu consulter à la Fondation Maréchal Leclerc de Hauteclocque les huit parties du rapport rédigé à Saigon mais dont il manque effectivement les douze annexes. Le général Compagnon, biographe de Leclerc, fait pour sa part référence à deux rapports, l'un daté du 8 janvier, l'autre remis le 13 à Léon Blum. Ce sont des extraits de ce dernier texte que nous donnons.

refaire moralement et matériellement, alors que nous restions sur nos positions, avec des effectifs qui, du fait de l'usure et de la relève, diminuent de potentiel. »

Dans la septième partie, consacrée à l'action du Viêt-minh, Leclerc note aussi qu'à ses yeux, « les Viêt-minh ont agi comme des fanatiques ou encore comme des enfants nerveux et instables », sans appliquer un plan mûrement réfléchi, en cédant plutôt à l'action d'un gouvernement progressivement débordé par ses troupes.

Enfin, en huitième et dernière partie, Leclerc conclut :

« Si on ne veut pas se laisser entraîner à une nouvelle guerre d'Espagne au temps de Napoléon ou à une expédition du Mexique, il est absolument nécessaire de gagner la partie politique dans les meilleurs délais. (...) Le gouvernement français doit définir d'urgence sa politique en Indochine et le personnel chargé de l'appliquer sur place doit s'y conformer. Il faut souligner, pour terminer, que les événements d'Indochine ont d'importantes répercussions sur le reste de l'Union française. De la manière dont nous résoudrons le problème dépend l'avenir de la France. »

Lorsque Leclerc rentre d'Indochine, Massu et Repiton-Préneuf s'attardent quelques jours encore pour glaner des informations supplémentaires. A l'heure du retour, avant l'envol vers Paris, ils dînent tous deux à la popote de Suzanne Torrès, rue Chasseloup-Laubat. Elle vient d'arracher au général Valluy huit jours de permission et elle peut embarquer avec eux... Huit jours en métropole, puisque le temps de voyage est réglementairement décompté !

En Indochine, une autre guerre est maintenant commencée. La guerre du Vietnam qui s'achèvera, pour la France, au lendemain de la chute de Diên Biên Phu et des accords de Genève... L'ironie du sort veut qu'il ait appartenu à un gouvernement socialiste, attaché à la décolonisation du Vietnam, de lancer les premières opérations de cette guerre.

Lorsque Léon Blum prend connaissance du rapport que Leclerc a rédigé à Saigon, il paraît hautement intéressé puisqu'il demande au général de repartir avec de nouvelles et plus importantes responsabilités. Le général Leclerc, dont personne n'a jamais songé à discuter l'attachement au service de la Nation, refuse ! Pourquoi dit-il non ? Massu ne le sait pas. Leclerc ne lui en a jamais parlé et il est mort trop tôt pour laisser des traces écrites de sa décision. Il ne subsiste que deux ou trois jalons pour explorer cette piste. Il est certain, en premier lieu, que Léon Blum avait l'intention de laisser voisiner une nouvelle fois d'Argenlieu et Leclerc, alors que ce dernier n'avait aucune envie de récidiver dans la cohabitation. Il est tout aussi évident, puisqu'il l'a écrit, que le général de Gaulle a vivement déconseillé au général Leclerc d'accepter cette nouvelle mission. De Gaulle considérait comme une « sottise » le rappel de D'Argenlieu – qu'il avait nommé – et il estimait que le moment n'était pas venu de laisser repartir Leclerc, sans les moyens qui lui auraient été nécessaires. Cela suffirait pour expliquer le refus de Leclerc. Puisque de Gaulle ne voulait pas... Il est possible, pourtant, que le général Leclerc ait eu envie de se laisser persuader du contraire... C'est même un fait que l'on peut tenir pour certain. Sinon, pourquoi n'aurait-il pas immédiatement refusé la proposition que Ramadier lui fait à son tour le 27 janvier, cinq jours après la fin du gouvernement Blum : allez en Indochine, vous y remplacerez d'Argenlieu ! Or, Leclerc, cette fois, tend une oreille très attentive, négligeant toutes les réserves du général de Gaulle et oubliant que celui-ci tient particulièrement à la présence de l'amiral en Indochine. Vincent Auriol, désormais installé à l'Elysée, souhaite aussi que Leclerc accepte l'offre de Ramadier. Il demande à un jeune fonctionnaire connaissant parfaitement l'affaire indochinoise – pas seulement pour y avoir été un temps prisonnier du Viêt-minh – de persuader Leclerc. Pierre Messmer, que la démarche d'Auriol a étonné, se souvient des hésitations de Leclerc :

> « Il a dit non à Blum, mais il s'est effectivement interrogé avec Ramadier. Il n'en avait aucune envie personnelle mais il se demandait si son devoir ne l'y obligeait pas. J'ai été convoqué par Auriol – j'étais secrétaire général du comité interministériel pour l'Indochine – qui m'a demandé de convaincre Leclerc. Ce n'était pas mon rôle, son intervention aurait eu plus de poids. Je n'ai pas transmis le message à Leclerc, ce n'était pas à moi de le faire et personnellement je pensais que c'était mauvais pour lui. Le gouvernement ne lui aurait pas donné les moyens promis ; Leclerc penchait pour l'indépendance, et le gouvernement ne l'aurait jamais avoué. Il suffit de regarder les documents franco-vietnamiens : en français on parle d'autonomie interne mais en indochinois de l'indépendance. »

Les aventures indochinoises de Leclerc s'achèvent là. Celles du colonel Massu ne seront plus qu'épisodiques, et décevantes pour lui.

En 1947, Leclerc étant en charge de l'inspection des forces d'Afrique du Nord, Massu est le patron du 3e bureau de son état-major.

C'est une nomination qui l'a déconcerté, la fonction ne lui a pas paru exactement de ses compétences. Mais puisque Leclerc y tient, Massu se résigne. En fait Leclerc a pour lui d'autres idées en tête, qui lui viennent certainement, en partie, de leur voyage éclair au Vietnam. A la veille de rejoindre Saigon à bord du « Mitchell », Leclerc, accompagné de Massu, a survolé Nam Dinh où un bataillon français était bloqué par les Viets. Leclerc s'inquiète de leur sort et apprendra que le lendemain de leur survol le bataillon a été délivré par le parachutage de deux cents hommes de renfort :

> « Massu, l'avenir est aux troupes aéroportées, dit-il dès ce mois de janvier 1947. Faites-vous breveter de toute urgence. Ensuite regroupez vos camarades, ceux de la division et aussi tous les volontaires survivants des dernières campagnes. Le parachute les unira. »

Le sauvetage du bataillon de Nam Dinh était exactement le genre d'action capable de séduire Leclerc, parce qu'il résume l'essentiel de ce qu'il a voulu, de tous temps, insuffler à ses officiers : l'effet de surprise, l'audace et la générosité puis le risque qui est un facteur déterminant de la réussite. Les unités parachutistes tombent du ciel et, au sol, c'est le combat par petites équipes.

Alors, à trente-neuf ans, le colonel Massu commence son apprentissage au sein d'une équipe de jeunes appelés de la classe 46 dont il partage l'entraînement physique, enchaînant les séances d'assouplissement, les parcours de cross, la douloureuse répétition des roulés-boulés, les sauts depuis la tour. Il se trouve qu'à Pau, en mars et avril, le temps n'est pas forcément au beau fixe. Les stagiaires doivent patienter six semaines avant leur premier saut. Pour obtenir son brevet et tenir les délais qui lui sont impartis, Massu doit enchaîner ses trois derniers parachutages le même jour. Le premier, dans la matinée, n'a rien d'un succès mais il parvient à cacher son entorse au genou. Il lui reste deux sauts et une articulation de plus en plus douloureuse... Qu'importe, il décroche son brevet. L'expérience l'a convaincu, le parachutisme lui plaît, il continuera à sauter. Trop rarement à son goût puisque, de son propre aveu, il ne doit totaliser qu'une soixantaine de sauts. Et le dernier d'entre eux est bien antérieur à son adieu aux armes, vers la fin avril 1961...

La suite des aventures du colonel Massu est exactement celle qu'espérait pour lui le général Leclerc. Il va être, à partir de l'été 1947 et jusqu'en 1949, le patron de la 1re demi-brigade des commandos coloniaux parachutistes. Une période qu'il classe parmi les temps heureux de sa carrière. Il a une base arrière et son poste de commandement à Vannes; l'entraînement se déroule à Meucon, à une dizaine de kilomètres plein nord, sur la route de Locmaria. Sa tâche est clairement définie : préparer les hommes des bataillons susceptibles d'être envoyés dans toute l'Union française, chacun sachant que l'Indochine, gourmande en hommes, sera prioritaire. Ses stagiaires sont généralement des jeunes gens engagés pour trois ou quatre ans, volontaires pour les unités parachutistes.

A Meucon, Massu rencontre aussi des officiers qu'il n'a encore jamais côtoyés mais qu'il retrouvera plus d'une fois au cours de leur carrière : n'ont-ils pas en commun, désormais, d'appartenir aux parachutistes coloniaux ? Il en est ainsi, par exemple, pour un certain capitaine Marcel Bigeard. Celui-ci rentre d'un premier séjour en Indochine. Il se retrouve au 3e bataillon de parachutistes en formation; avec un léger doute lui traversant l'esprit par instants : ne va-t-il pas repartir à peine rentré... Et pourtant, Bigeard quitte bientôt Saint-Brieuc avec sa compagnie pour le camp de Meucon, un joli ruban de bitume parcouru à pied pour rejoindre des casernements hors d'âge, où a lieu le stage de saut. Si Massu ne connaît pas Bigeard, Bigeard sait qui est Massu, l'un des libérateurs de Paris :

> « J'aime sa silhouette, écrira-t-il, ses éclats de rire, sa façon inimitable de passer une troupe en revue. Il ne s'embarrasse pas de détails. Seul le résultat compte; sous les ordres d'un tel seigneur, on aime crever son plafond... »

Il est vrai que Massu mène de rude façon ces jeunes gens venus décrocher là leur brevet de parachutiste. Ils sautent quand il le faut, sans qu'il soit trop tenu compte de la vitesse du vent; avec quelques mésaventures à l'arrivée au sol, qui est parfois le toit d'un hangar, parfois le ciment de la piste d'aviation. Qu'importe. D'ailleurs Massu saute aussi, ce qui paraît amuser Bigeard : « Massu trop grand, n'a pas le gabarit para et se " sonne " aux arrivées, ce qui ne l'empêche pas de donner le ton. »

Massu n'aime guère laisser les choses au hasard : il doit une formation à ces jeunes soldats, il convient qu'elle soit autant que possible adaptée à leur future mission. C'est à la fois un gage d'efficacité et une des conditions de leur survie. Il voudrait aussi savoir exactement comment ses élèves sont utilisés sur le terrain. Il entreprend donc un troisième voyage vers l'Indochine; un vol au long cours à bord d'un « Nord 2000 » puis une vingtaine de jours sur place, après quoi il peut réorienter sa formation en adaptant leur programme d'entraînement. Ce bref séjour indochinois est aussi l'occasion d'aller saluer les anciens de la 2e DB devenus planteurs et parmi ceux-ci son frère Jean qui, à cet instant, n'envisage pas encore de réintégrer la métropole [1]. Ses camarades sont également attachés à cette région, à ses indigènes, aux cultures qu'ils développent. Certains d'entre eux resteront là bien après la fin de la présence française en Indochine; les derniers n'ont quitté la plantation qu'en 1965, lors de la guerre américaine.

Le 23 novembre 1947, le colonel Massu délaisse pour quelques heures sa base d'entraînement de Meucon. Après l'avoir entraîné, dans son sillage, à Alençon, à Meulan et autres lieux pour de semblables festivités, le général Leclerc tient à ce que Massu soit à ses côtés pour le troisième anniversaire de la libération de Strasbourg. Ils voyageront ensemble, à bord du fameux « Mitchell ». Sur place, ils sont entourés, fêtés, débordés, et Leclerc paraît serein. Au retour, l'avion se pose à Villacoublay. Leclerc entraîne Massu. Ils font quelques pas sur la piste. Au cours de cette conversation se mêlent questions et conseils. Comment fonctionnent Vannes et Meuclon... Qu'il n'oublie pas d'attirer le plus possible des anciens de la 2e DB... Massu trouve son ancien chef, qui dans son esprit restera toujours le patron, tendu, inquiet. Il pense que la situation sociale compliquée par des grèves à répétition le préoccupe, comme la ligne politique du moment qui est difficilement lisible. Leclerc doit partir pour Oran, Massu doit rejoindre Vannes. Comment pourraient-ils deviner qu'ils ne se reverront jamais?

Le 28 novembre, en fin de matinée, Leclerc décolle d'Oran pour une tournée de quatre jours dans le grand Sud algérien. Il est attendu vers midi à Colomb-Béchar. Il n'y parviendra jamais. Pris dans une tempête de sable, l'avion s'est écrasé. Ils étaient douze à bord; il n'y a aucun survivant [2].

Le 7 décembre Paris honore son libérateur. Le cercueil du général Leclerc est placé sur le char « Tailly » qui fut le sien pendant la campagne de la Libération et qui est venu se ranger sous l'Arc de triomphe. Les anciens de la 2e DB viennent saluer leur chef. Après eux, les Parisiens défilent par milliers. Certains reconnaissent

1. Jean Massu rentrera plus tard. Réinstallé en France, il se reconvertira dans les assurances. Il est décédé à Metz, le 23 janvier 1963, où le général Massu était gouverneur militaire.

2. Il a beaucoup été question du corps – non identifié – d'une treizième victime et d'un sabotage possible. Il convient de préciser que le pilote n'était pas celui qui était habituellement aux ordres du général Leclerc. Confronté aux prévisions météorologiques, celui-ci aurait sûrement refusé de décoller, ce que n'a certainement pas osé son remplaçant. Quant au passager supplémentaire – s'il a existé – il pouvait être un de ces avion-stoppeurs bien connus, à l'époque, sur les bases aériennes militaires.

peut-être, parmi les quatre soldats figés au garde-à-vous de chaque côté du blindé, le colonel Massu engoncé dans sa capote de drap et portant le képi de la Coloniale. Massu qui avouera qu'à l'instant où il a appris la mort de Leclerc son chagrin personnel a tout balayé et qu'il n'a mesuré qu'ensuite ce que pouvait représenter pour la France cette disparition.

Quelques semaines plus tard, pourraient lui revenir en mémoire ses dernières impressions au contact de Leclerc sur le terrain de Villacoublay, Leclerc que préoccupait la détérioration des rapports sociaux. Ce qui aurait pu être un simple échange de vues autour des difficultés sociales devient, pour le colonel Massu, une de ces péripéties que n'apprécient jamais les officiers : il doit, avec ses parachutistes, aller maintenir l'ordre face aux mineurs du Pas-de-Calais qui durcissent leur mouvement de grève.

Nul n'a su pourquoi Paul Ramadier, à l'époque ministre de la Défense, s'est opposé au retour de Jacques Massu en Indochine, en juillet 1949. Lui-même a toujours avoué en ignorer la raison profonde, ou simplement le prétexte. Sans doute faut-il – et sans certitude – se référer à la brève mission de l'hiver 1946-1947. Ramadier n'a certainement pas apprécié que Leclerc lui ait refusé de prendre un commandement qui aurait théoriquement comporté les attributions dévolues à d'Argenlieu. Il a pu considérer que Massu était de mèche avec son chef, alors que celui-ci n'a fait aucune confidence sur les raisons de son refus. Ramadier a également pu prendre en compte leur action précédente, à l'époque du groupement de marche de la 2e DB. Leclerc comme Massu étaient décidés à montrer la force et la résolution de la France pour permettre une solution politique qui ne pouvait être, pour eux deux, un simple retour au statut antérieur. Ils se battaient pour éviter une guerre qui leur paraissait sans issue; ils luttaient pour la paix. Or, au moment où Ramadier refuse le retour de Massu, il ne s'agit plus de discuter ou de négocier; c'est une guerre qui, désormais, déchire le Vietnam, un conflit où s'essouffle la France. Au sein même du cabinet de Ramadier, l'un de ses conseillers politiques, Paul Mus, plaide la cause de Massu. En vain! Ancien collaborateur de Leclerc, Paul Mus est aussi une vieille connaissance de Massu qui, en Indochine, l'a entraîné dans des histoires folles, notamment les négociations avec les caodaïstes en novembre 1945, après le raid sur Taï Ninh... Depuis, Mus est un inconditionnel de Massu, mais un inconditionnel que Ramadier n'a pas envie d'écouter. Jacques Massu est d'autant plus amer que rien ne laissait présager cette décision gouvernementale. Il savait qu'il allait retrouver ses parachutistes. Il avait même en poche son billet d'avion pour Saigon. Ramadier devait aussi connaître ce détail, qui dira à ses collaborateurs : « Il ne doit pas aller en Indochine. S'il est déjà parti, il faut le faire rentrer... »

Lorsque l'on demande à Jacques Massu s'il peut s'agir d'un problème de rivalité, d'une variante de la guerre des chefs, il hésite puis lâche deux noms : « Peut-être Gilles et Bollardière ont-ils cherché à m'écarter : je prenais trop de place chez les paras qu'ils croyaient être leur domaine réservé. »

Gilles, d'ailleurs, prend la suite de Massu à Meucon.

Suzanne Torrès aurait-elle aisément accepté ce départ du colonel Massu pour un nouveau séjour en Indochine, sans doute deux années complètes comme le voulait la règle depuis que les hostilités avaient pris un tour plus âpre ? Il y a deux bonnes raisons – pour le moins – d'imaginer le contraire.

D'une part, Suzanne Torrès a quitté, elle aussi, l'Indochine au cours de l'année 1947 ; bien après le détachement Massu donc. A Paris, d'autres tâches l'attendaient. Le général Leclerc compte beaucoup sur elle pour prendre en charge les œuvres sociales de son ancienne division. Elle se retrouve ainsi responsable de la Maison des anciens de la 2e DB et, comme celle-ci a besoin de ressources, elle devient maître d'œuvre de la Kermesse aux Etoiles, une fête de charité qui attirera, pendant des années, la grande foule à Paris, aux jardins des Tuileries. D'autre part, il s'est produit quelques modifications dans son état civil. C'est après son retour d'Indochine qu'elle a décidé de régulariser sa situation, puisqu'elle était toujours, légalement, l'épouse de Me Henri Torrès. Leur divorce est prononcé le 8 juillet 1948 ; il y a presque dix ans qu'ils étaient séparés [1]. Et si elle tient à ce divorce, c'est qu'elle a depuis longtemps la tête, ou le cœur, ailleurs. Quelques esprits malins prétendront que le dernier informé des vues matrimoniales du capitaine Suzanne Torrès aurait été le colonel Jacques Massu ! Il y a, sans doute dans cette interprétation un brin de moquerie... En tout cas, Jacques Massu et Suzanne Rosambert convolent le 8 décembre 1948, à la mairie du XVIe arrondissement de Paris. Et s'il était reparti pour l'Indochine, la petite Véronique, leur fille, n'aurait pu faire son entrée dans la vie sous le regard admiratif de son père...

---

1. La première femme de Me Henri Torrès, député des Alpes-Maritimes puis sénateur de la Seine, était Jeanne-Thérèse Levylier, qui sera la troisième épouse de Léon Blum.

Dans la corbeille de mariage, Suzanne Massu apporte à son époux une famille aux branches épanouies. L'aînée de ses sœurs, Jeannine, par des rameaux généalogiques tortueux et son mariage avec Serge Heftler-Louiche, se trouve cousiner avec Joseph Fouché, duc d'Otrante, ce qui peut faire sourire le descendant du maréchal Ney. Sa sœur cadette, Colette, est l'épouse du journaliste Philippe Boegner; elle est donc la bru du président de la Fédération protestante de France et futur membre de l'Académie française. Philippe et Colette Boegner ont une fille, Michèle, qui sera, plus tard, une pianiste virtuose à la carrière internationale.

Face au refus de Ramadier laissant Massu perplexe, un ancien de la 2e DB qui l'aime bien, le général Noiret, décide de lui trouver un radeau de sauvetage. Qu'il ne perde pas son temps et qu'il garde confiance en l'avenir... Qu'il prenne la place qui lui est offerte... Cette place va faire de lui un auditeur à la 2e session de l'Institut des Hautes Etudes de la Défense Nationale – l'IHEDN. Cette session 1949-1950 lui donne l'occasion de retrouver une ambiance depuis longtemps oubliée : « C'est la première fois depuis Saint-Cyr, en 1930, que je m'asseyais sur les bancs d'une école, les obligations du commandement m'ayant maintenu sur les terrains de la guerre. »

Que sa nomination ait réjoui tous ses camarades n'a rien d'une évidence. Il y a même eu, en coulisse, quelques crises de dépit ou de jalousie. Si les guerriers cèdent ainsi à l'attrait des études c'est qu'ils ont des ambitions cachées, c'est qu'ils rêvent aux étoiles. Alors, ils peuvent devenir des rivaux pour ceux qui ont préféré soigner leur avancement dans les couloirs des états-majors ou les cabinets ministériels. Massu laisse dire et fait l'inventaire de ses condisciples. Vingt-sept militaires, vingt-huit fonctionnaires civils et treize hommes venus des entreprises, que l'on appellera plus tard des représentants de la société civile. Parmi les militaires, il retrouve avec plaisir le général Garbay, qui avait pris le commandement de la 1re DFL après la mort de Diégo Brosset, le général Lecomte qui était à l'état-major de Leclerc à Kandy en 1945, l'amiral Lancelot, le « pacha » du *Béarn* lors de son départ vers l'Indochine. Chez les civils, il y a un des grands patrons du lendemain, Ambroise Roux, et parmi les fonctionnaires dont se souvient Jacques Massu, le conseiller d'Etat Pierre Laurent, le préfet Jacques Juillet, François Walckenaer, ou encore Jean-François Beguin que la carrière préfectorale conduira plus tard vers l'industrie du parfum. Il y a aussi, comme auditeur libre, le député-maire de Mantes-la-Jolie, Jean-Paul David. L'essentiel est d'apprendre à ces hommes – il n'y avait à l'époque aucune femme auditeur – venus d'horizons différents à réfléchir ensemble, à se livrer sans réserve. Ce n'est pas évident pour qui imagine que civils et militaires ne puissent avoir entre eux que les relations que l'on prête habituellement aux chats et aux chiens ; pour qui connaît l'ancienne rivalité entre les différentes armes, plus connue sous le nom de « guerre des boutons ». Et pourtant, depuis un demi-siècle, l'amalgame réussit chaque année à l'IHEDN...

Le cadre n'a rien d'enchanteur. L'Ecole militaire a ses pièces d'apparat ou de réception riches de boiseries travaillées, de tapisseries anciennes, aux plafonds décorés, ses escaliers aux rambardes ouvragées. Pour les auditeurs de l'IHEDN le décor est plus spartiate, note Jean-Francois Beguin : « Cela ressemblait vraiment aux bureaux d'une caserne de province. » Qu'importe, ils sont là pour étudier, échanger des idées. Massu est certain d'avoir appris beaucoup de choses tournant autour de la Défense, ses rapports avec la politique, avec l'économie, les contacts avec les alliés dans le passé, le présent et le futur. Parmi ces dossiers, l'un paraît avoir été plus sensible que d'autres, se souviendra Jean-François Beguin :

> « Le principal sujet de discussion ouvert pendant cette année fut indiscutablement le problème de l'armée européenne, question propre à de nombreux débats animés où les diverses thèses s'entrechoquaient. Nous étions encore proches des combats de la Libération dans lesquels beaucoup de nos camarades de session s'étaient illustrés. L'unanimité fut loin de se faire au sein de nos comités d'étude mais toujours la liberté de pensée et d'expression fut respectée. Nous contribuâmes ainsi à créer la tradition de l'Institut que les session suivantes ont consacrée et conservée [1]. »

Chaque session s'achève traditionnellement par un voyage plus ou moins lointain, les auditeurs « 1949-1950 » espéraient peut-être plus exotique que les projets modestes d'un Institut qui n'a que des crédits mesurés. Ils voyageront donc dans deux DC3 militaires pour un périple qui les conduira à Milan, Venise, Innsbruck, Francfort, Bonn, Hambourg, Copenhague et La Haye. L'autre voyage, deux jours à Brest, sera plus rutilant : la SNCF vient de mettre en service des wagons-couchettes, tout neufs, tout pimpants.

Ayant achevé son année de décompression, comme il l'appelle lui-même, le colonel Massu pense, à sa sortie de l'école, repartir pour l'Indochine, hors des paras s'il le faut. Un colonel lui laisse

1. Revue *Défense*, n°s 84-85 de l'année 1999.

espérer une ouverture sur le Laos : « Il n'est pas impossible que vous puissiez venir ici. Préparez-vous. »

Il apprend aussitôt le laotien au centre d'études asiatiques et africaines de la caserne Lourcine. L'espoir n'est qu'éphémère : ce sera encore non. La porte de l'Indochine est, pour lui, bien verrouillée ! Le général Valluy, devenu inspecteur des troupes coloniales, à Paris, lui propose un détachement motorisé autonome en Oubangui. Massu refuse tout net : c'est un commandement d'une importance inférieure au précédent; ce qui n'est jamais de règle dans les usages militaires :

« Ecoutez mon général, vous me faites reculer ! Normalement on donne aux officiers un poste supérieur au précédent. Si c'est comme ça... si vous ne voulez plus de moi, je vais quitter l'armée. »

Valluy change d'avis : il confie à Massu la 4e brigade d'Afrique-Occidentale française, dont les territoires d'activité recouvrent le Niger, le Togo, le Dahomey et le cercle de Gao, sans laisser à Massu le temps d'apprendre les langues locales, djerma et haoussa...

Le colonel Massu va donc passer trois années en Afrique-Occidentale française, de 1951 à 1954. Il est installé à Niamey, avec un rôle strictement militaire. Les premiers mois de sa nouvelle affectation réveillent quelques souvenirs de ses premiers séjours africains, au Togo puis au Tchad. Il est accueilli par un homme aimable, ayant une parfaite connaissance du pays, le gouverneur Toby. Massu constate cependant qu'en vingt ans s'est dessinée une certaine évolution des mœurs : Blancs et Noirs prennent désormais leurs distances. Il reste à savoir quelles peuvent être les raisons de cette évolution, qui tient surtout de la distorsion. Massu accepte l'explication qui lui paraît la plus valable : les musulmans du Niger sont réputés être moins perméables à l'influence européenne que ne l'étaient les animistes, catholiques ou protestants du Togo, que lui-même considère comme des gens fort évolués. Tout au long de ce séjour, le colonel Massu cède encore à la magie africaine approchée quelque part dans le nord du Tchad et qui, depuis, tourne à la passion. Massu est devenu et restera un amoureux de l'Afrique, un passionné de cette terre dont il suivra les évolutions, parfois avec inquiétude. Ainsi confiera-t-il plus tard à l'un de ses confidents, Alain-Gilles Minella :

> « Je n'ai jamais été favorable aux indépendances. J'ai trouvé que c'était trop rapidement fait. Inéluctable ?... le général de Gaulle l'a

trouvé. A partir du discours de Brazzaville, en 1940, il avait déjà lancé l'affaire. Personnellement ça me semblait plutôt un danger qu'un bienfait... encore une fois parce que trop rapide. Je le lui ai dit, d'ailleurs. Le Général a probablement été obligé parce que c'était un courant mondial. Les Anglais s'étaient aussi lancés dans l'indépendance [1]. »

Ce séjour à Niamey réserve une joie au colonel Massu : des retrouvailles avec le général de Gaulle, précisément. Il ne l'avait plus revu depuis la capitulation de l'Allemagne.

Eloigné du pouvoir, sans grande espérance d'y revenir un jour, de Gaulle court le monde. C'est sa façon très personnelle de traverser le désert que lui ont imposé les hommes politiques et leurs partis autant que les événements et ses propres attitudes. Il fait ainsi escale au Niger les 12 et 13 mars 1953. Sa venue enchante Niamey qui prend ses grands airs de fête. Le gouverneur Toby organise une réception avec ce qu'il convient de tradition rehaussée de touches d'exotisme pour que les fastes de la République s'épanouissent sous les tropiques. Recevant à l'entrée de la résidence, le Général serre des mains par centaines, sans paraître lassé un seul instant. Massu l'observe et découvre un homme qu'il ne connaissait pas. En uniforme certes puisqu'il porte sa discrète tenue de général de brigade, mais différent du militaire qu'il a reçu à Zouar et entrevu depuis : l'homme est devenu affable, il s'intéresse aux conversations, accepte les questions, engage la conversation. Physiquement aussi, Massu le trouve changé. De Gaulle supporte quelques kilos de plus, une rondeur qui l'a peut-être rendu bonhomme ; avec cependant un air grave qui, pour Massu, paraît cacher un fond de tristesse. Les femmes, noires ou blanches, ont choisi les plus belles tenues de leurs garde-robes ; les hommes souffrent, engoncés dans leurs habits et leurs chemises amidonnées. Deux orchestres font valser les invités délaissant un instant les longs buffets dressés. Charles de Gaulle s'éloigne de la fête, entraîne Massu à l'écart. Leur première conversation en tête à tête depuis Zouar, le 1er mai 1941...

Ils parlent de l'Indochine, du présent, de l'avenir :

« Je vous ai adressé un télégramme quand vous avez quitté le pouvoir au début de 46. J'étais en Indochine à ce moment-là. Votre départ ne nous aidait pas, au contraire ! Nous avons été très affectés. Nous avions besoin de vous en France, pour qu'on ne nous oublie pas ; nous étions un peu des enfants perdus. La métropole n'était pas du tout favorable à cette guerre ! Nous étions très attristés de votre départ... le général Leclerc le premier !
– Oui... Oui... je vous ai répondu. »

---

1. Alain-Gilles Minella, *Entretiens avec le général Massu*, Mame, 1993.

Suit une discrète question du général de Gaulle, paraissant se demander ce que cet infatigable guerrier fait au Niger alors que l'armée française se bat en Indochine. La réponse de Massu est aussi discrète. Il n'aime pas geindre, un grand coup de gueule s'il le faut mais pas de jérémiades larmoyantes. Pourtant Massu aussi connaît sa traversée du désert, sans vraiment savoir pourquoi d'ailleurs. Il sait simplement qu'il a déplu à Ramadier. « Et le présent ? » interroge de Gaulle.

Massu explique que, privé d'Indochine, il n'a pas détesté retrouver ce pays qui, en 1940, avait joué la carte vichyste et qui le paie encore en cette année 1953, n'ayant jamais bénéficié durant la guerre des aides alliées et en conséquence subissant depuis un retard économique certain. Il dit aussi rester attentif aux événements d'Indochine et préparer le mieux qu'il peut les troupes séjournant au Niger et appelées à rejoindre Saigon ou Hanoi. Des manœuvres de bataillon, de l'entraînement physique individuel, l'art de se débrouiller en pleine nature, en sachant s'orienter, en devinant les embuscades...

« Et l'avenir ? ajoute de Gaulle.
– Pour moi, je ne sais pas ce qui va m'arriver... Et pour vous, mon général ?... Est-ce que vous comptez revenir un jour au pouvoir ?
– Est-ce qu'on peut savoir ?
– Mon général, pour moi vous êtes toujours le général de Gaulle de 1940. Si je peux un jour vous aider, je le ferai ! »

Les activités militaires du colonel Massu ne sont pas de nature à lui faire oublier l'Indochine. Il entraîne des hommes qui, de toute évidence, seront appelés à rejoindre Saigon ou Hanoi où la guerre s'est installée, avant de s'éterniser, puis de s'enliser, absorbant sans cesse de nouvelles unités pour compléter ou remplacer celles que la fournaise a déjà hapées. Il essaie de les placer dans une atmosphère voisine de celle qu'ils connaîtront dans quelques semaines ou quelques mois. Un fortin qu'il fait construire pour leur entraînement ressemble curieusement aux postes dont le corps expéditionnaire parsème le Tonkin... Il arrive que le repas de midi ne soit pas servi au camp de base mais de l'autre côté de la rivière qu'ils doivent traverser sur des embarcations de fortune, à la force de leurs pagaies... C'est au Niger que Massu apprend, en mai 1954, la chute du camp retranché de Diên Biên Phu. Il sait que sont enfermés là depuis des semaines les survivants des bataillons parachutistes qu'il a souvent formés à Meucon puis maintenant au Niger. Ces bataillons comptent parmi les meilleures troupes du corps expéditionnaire. Mais ils n'ont jamais été entraînés pour s'engluer dans un camp retranché puisqu'ils sont aussi, d'une certaine façon, les héritiers de la tradition Leclerc : toujours jouer sur l'effet de surprise, l'audace, la générosité, le risque... Ce n'est pas ce que Diên Biên Phu leur a offert. Qu'ils aient été parachutistes, mais aussi cavaliers, fantassins ou artilleurs, ils ont combattu dans les pires conditions, au bord de l'horreur. Ils ont survécu jusqu'au cessez-le-feu, terrés dans les tranchées encombrées de blessés et de morts. Ils ont guetté jusqu'au dernier instant les Viets chaque jour plus proches des dernières lignes de défense, que les petits hommes jaunes faisaient sauter au bangalore avant de se ruer à l'assaut. Ils ont attendu, jusqu'à en perdre espoir, le parachutage de vivres et de munitions tombant plus souvent au-delà des lignes que de leur côté. Ils savaient depuis des jours qu'aucun blessé ne pouvait plus être évacué, qu'aucune sortie ne pourrait réussir, et pourtant, jusqu'à la dernière nuit, ils ont vu tomber du ciel d'autres hommes, des amis ou des inconnus, venus partager leur calvaire parce qu'ils ne voulaient plus languir dans Hanoi l'indifférente.

Lorsque le colonel Massu, en novembre 1954, quitte l'Afrique pour la Tunisie, l'Histoire prend un de ses virages imperceptibles et pourtant lourds de conséquences.

Il y a encore des troupes françaises au Vietnam d'où elles se retirent progressivement en application des accords de Genève où le cessez-le-feu a été décidé à compter du 20 juillet 1954. Ces accords tiennent en quelques phrases : le Nord aux communistes, le Sud à un régime que soutiendra la France et sur lequel les Américains lorgnent déjà avec insistance; l'échange des prisonniers [1]; le libre transfert d'une zone à l'autre pour ceux qui le souhaiteront. Le seul inconvénient, en matière de transfert des populations, tient à un détail : il n'y a guère de volontaires pour aller du Sud vers le Nord, mais c'est un véritable exode qui s'organise du Nord vers le Sud.

1. L'échange des prisonniers sera à sens unique : les Vietnamiens détenus par les Français n'avaient pas nécessairement envie de retrouver le Viêt-minh. Quant aux prisonniers du corps expéditionnaire, ils ont connu une mortalité supérieure à celle de Buchenwald : 69,04 % contre 37 %, soit 39 888 prisonniers pour 9 934 libérés. Le taux de mortalité en détention a été de 59,89 % chez les Francais de souche, de 54 % chez les légionnaires comme chez les Africains, de 49 % chez les Maghrébins. Des 14 061 Vietnamiens servant dans les rangs français, et faits prisonniers, 860 seulement ont été libérés; et 157 pour les 9 404 hommes des forces vietnamiennes engagées aux côtés de la France. (Source : Robert Bonnafous, « Les prisonniers de guerre du corps expéditionnaire français en Extrême-Orient dans les camps viêt-minhs, 1945-1954 », université Paul-Valéry, Montpellier III, 1985.)

Alors, parce que le Viêt-minh grogne, parce que la France est submergée, parce qu'il faut éviter tout incident pouvant remettre les accords en cause, ce sera l'abandon des populations les plus fidèles. Il est de mauvais goût, à l'époque, d'évoquer le sort de ces catholiques du Tonkin que l'armée a ordre d'abandonner. Qu'on ne les laisse surtout pas monter dans les camions s'éloignant dans un nuage de poussière dissimulant aussi bien le désespoir des abandonnés que la honte de ceux qui retraitent. Qu'ils n'embarquent pas à bord des bateaux larguant les amarres pour rejoindre le Sud, qui sera bientôt abandonné lui aussi. D'ailleurs qui, en métropole, s'intéresserait au sort de ces Tonkinois, de ces Annamites et plus tard de ces Cochinchinois ? Un lâche soulagement efface toutes les réticences puisque la France, enfin, a échappé à cette guerre coloniale qui n'intéressait du reste pas grand monde... Il demeure des témoignages, ils pèseront lourd plus tard et en d'autres lieux. Celui d'Hélie Denoix de Saint Marc restera l'un des plus marquants :

> « Les gens disaient : " c'est la décolonisation. Cela se fait partout. Tout a duré trop longtemps. " Comment leur expliquer ce qu'a pu être l'armement d'un village ? Une retraite honteuse sans avoir pu prévenir les gens ? Ce qu'avait pu être la fascination d'un pays dont nous connaissions les moindres pistes, avions habité les masures les plus misérables, dont nous avions côtoyé les fils ? Tout cela était un autre univers. Nous avions l'impression d'un pouvoir politique qui n'avait rien su assumer. Les différentes options qui avaient été prises s'étaient soldées par des égorgements, des assassinats. C'était un gâchis épouvantable [1]. »

En Algérie, le 1er novembre 1954 est plus remarqué que les lâchetés imposées au corps expéditionnaire d'Indochine. C'est normal, il n'y a que la Méditerranée pour séparer Alger de Marseille ; la communauté européenne est bien plus nombreuse en Algérie qu'en Indochine et ce sont là des départements français, exactement – ou presque – comme ceux de la métropole. Alors les bombes – une bonne trentaine, éparpillées entre l'Algérois, l'Oranais et l'est Constantinois – ont des échos plus profonds et plus douloureux que les malheurs des Indochinois. Le premier attentat connu choque la Nation : pourquoi, dans une embuscade montée dans les Aurès, entre Biskra et Arris, assassiner un vieux bachaga ami de la France et un jeune instituteur dont la femme ne survivra que pour un très long calvaire ? Les époux Monnerot étaient pourtant tout à leur joie

1. Laurent Beccaria, *Hélie de Saint Marc*, Perrin, 1988.

d'aller prendre leur premier poste d'enseignants dans ce pays qu'ils étaient déjà certains d'aimer.

C'est dans ce climat étrange, complexe, presque malsain que Jacques Massu quitte le Niger pour la Tunisie. En novembre 1954, alors que l'Algérie entre en rébellion, il est nommé adjoint au général commandant la 11e DI et détaché au Kef, un gouvernorat du nord du pays. Il n'est guère en harmonie avec ce chef qu'il décrit comme « un général très métropolitain », ce qui sous-entend que ledit général a dû faire l'essentiel de sa carrière dans les couloirs ministériels et les états-majors. Le jugement peut paraître sévère, pourtant, dans sa bonté foncière, Jacques Massu nous cache[1] le nom de cet homme qui ne l'enchante guère et lui paraît le contraire d'un homme de terrain : « J'ai souffert pendant huit mois dans un rôle mal défini, en face de missions rarement intéressantes et dans une atmosphère très différente de celle que j'avais connue pendant sept ans au service du général Leclerc. »

De novembre 1954 à juin 1955, le colonel Massu traverse donc une période qui, de son propre aveu, n'est pas la plus palpitante de sa carrière. Ces huit mois lui paraissent même fades, presque décevants. Le voici donc dans la région du Kef, où son épouse est venue le rejoindre avec la petite Véronique. Rien n'est prévu pour le logement d'un colonel et de sa famille. Le détail ne paraissant guère préoccuper le général, c'est le contrôleur civil du Kef qui se met en quête d'une solution et la trouve. Massu tente de s'accommoder de son étrange général, quitte à s'en amuser avec le temps : « Il devenait désagréable dès que je portais mes décorations... »

Pour l'instant, voici le colonel Massu lisant, relisant ou rédigeant ces notes de renseignements bimensuelles qui nous laissent deviner un pays d'apparence calme, mais où rôde l'inquiétude. L'indépendance est acquise, mais qu'adviendra-t-il au retour de Bourguiba ? Et comment vont se comporter ces voisins algériens qui, le 1er novembre 1954, se sont lancés, à leur tour, dans le combat pour l'indépendance ? Et que vont devenir les colons français cultivant encore leurs terres dans le bled et qui se sentent menacés ? Ces bulletins de renseignements, toujours bâtis sur le même modèle, font le point des activités et émettent quelques jugements ou quelques hypothèses sur l'évolution des populations, Tunisiens musulmans ou juifs. Européens, qu'ils soient de souche française ou italienne,

1. Le nom de ce général est pourtant aisé à découvrir. Il s'agit du général Fayard.

anciens combattants que les deux parties entendent s'attacher. On sait ainsi combien de poteaux télégraphiques ont été sciés dans la semaine ; que des chanteurs ambulants ont été arrêtés au marché du Kef où ils entonnaient des refrains séditieux, que les vitres d'un autocar ont été brisées, sans doute par des jets de pierres... Dans ce fatras de papiers jaunis apparaissent à l'occasion des notes plus denses, dont le rédacteur tente de se projeter au-delà d'un cadre trop étroit. Curieusement, celles-ci sont signées du colonel Massu. Dans le bulletin daté du 8 mai 1955, il se veut rassurant quant à la situation tunisienne :

> « Le proche avenir ne doit pas nous faire craindre d'événements sérieux dans la zone qui cependant serait sensible aux influences extérieures, en particulier en cas de troubles à Tunis, lors du retour de Bourguiba.
> « Les luttes d'influence que l'on décèle entre les différents partis politiques n'ont pas suffisamment élargi le fossé qui les sépare et qui serait immédiatement comblé en cas de crise grave. »

Il suit aussi avec intérêt l'évolution de l'opinion, et note en juin 1955 :

> « Si le calme demeure la note dominante de cette période, il faut cependant noter le changement d'attitude des Tunisiens depuis le retour de Bourguiba et plus particulièrement celui de la jeunesse chaque jour plus arrogante et plus audacieuse. »

La frontière avec l'Algérie est aussi un endroit sensible puisqu'il est évident que les rebelles du Front de Libération Nationale – le FLN – se sont préparés des bases arrière en Tunisie. Les bulletins de renseignements que signe le colonel Massu y font très précisément référence. Vers la fin mars 1955, il signale la présence d'éléments rebelles quittant la Tunisie pour aller rayonner en Algérie, à quelques kilomètres de la frontière. Dans l'un des tout derniers bulletins, celui du 11 juin 1955, il évoque précisément ces bandes passant la frontière et indique que les dispositions qu'il a prises n'ont pas permis de confirmer ces renseignements. Ce qui, en clair, permet de comprendre que le colonel Massu fait déjà placer des embuscades aux abords de la frontière pour tenter de limiter les replis du FLN sur ses bases arrière après un mauvais coup perpétré en Algérie.

Curieusement, la seule tâche à laquelle il ait trouvé de l'intérêt, durant ce séjour tunisien, était déjà une sorte de trait d'union entre l'affaire tunisienne en quête d'apaisement et les événements d'Algérie tout juste menaçants. Alors que la rébellion algérienne, latente depuis longtemps, explose en novembre 1954, c'est en décembre que le colonel Massu reçoit pour mission d'aller récupérer les armes que détenaient les fellaghas tunisiens. Il mène cette opération dans le nord de la Tunisie, alors que le colonel de Guillebon – autre ancien de la division Leclerc – accomplit une tâche identique dans le sud du pays. Ce que découvre Massu ne l'étonne qu'à demi : certes, les Français retrouvent des armes qu'il est inutile de laisser entre les mains d'anciens ou de futurs rebelles, mais de toute évidence une bonne quantité leur a échappé... Les fusils, les pistolets-mitrailleurs passent clandestinement de Tunisie en Algérie. Pour le colonel Massu, ce n'est qu'une demi-surprise : il a déjà recueilli, bien avant le 1er novembre 1954, des renseignements de cette nature. Au cours de l'année 1952, alors qu'il commandait la 4e brigade d'Afrique-Occidentale française, il avait appris que des caravanes d'armes remontaient par le Sahara en direction de l'Algérie. Rencontrant ses pairs à l'occasion des cérémonies marquant le 50e anniversaire de la création des compagnies sahariennes, qui auront lieu à Ouargla, il lui avait semblé pour le moins curieux que le patron de la Xe région militaire, celle d'Alger, le mette en garde contre certaines tribus de la Nigeria anglaise, prêtes à envahir ses terres à ce moment :

> « – Si vous avez des ennuis, j'ai des paras autour d'Alger, je vous les enverrai...
> « Voilà, note Massu, un monsieur qui n'est vraiment pas très au courant ! Je l'ai laissé parler pendant un bout de temps et puis je lui ai dit que l'avenir sombre était plutôt de son côté, et je lui ai raconté ce que je savais à propos des contrebandes d'armes. »

Dans le même temps, les officiers servant en Algérie refusaient d'envisager que l'Algérie, un jour, puisse s'agiter. Massu s'étonne aussi qu'ils puissent tout ignorer des compagnies sahariennes lancées par Leclerc onze ans plus tôt. Ils n'avaient aucun véhicule équipé pour le désert ; ils en étaient revenus aux chameaux, rien qu'aux chameaux...

Avant l'été 1955, son séjour tunisien, parfois ennuyeux, parfois plus intéressant, touche à sa fin. La première avertie en est Mme Suzanne Massu, qui est montée à Paris pour diriger la « Kermesse aux Etoiles ». Elle a toujours en charge ces festivités qu'elle abandonnera bientôt, après un différend avec la maréchale Leclerc. Celle-ci souhaitait que, par économie, soit développé le plus possible le recours au bénévolat. Mme Masu était, au contraire, persuadée que le bénévolat et l'amateurisme sous-jacent ne pouvaient qu'entraîner une chute des recettes. Le colonel Massu s'en moque certainement, qui gardera des Kermesses aux Etoiles un souvenir amusé :

> « Nous étions assis bien sagement derrière nos tables. Ceux qui avaient publié des livres les dédicaçaient. Ceux qui n'avaient rien publié répondaient aux questions des curieux. On m'a surtout demandé où étaient les toilettes et où l'on pouvait trouver des sandwichs. Mais c'était une très belle et très sympathique manifestation... »

Suzanne Massu se rend aussi à la réception suivant le mariage de Charles Leclerc de Hautecloque, le troisième fils du général. C'est là que le chef de cabinet du ministre des Armées, le général Lecomte – autre ancien de la 2ᵉ DB et de l'IHEDN – lui pose la question de confiance :

> « Votre mari aimerait-il retourner chez les paras ?
> – Demandez à un poisson s'il aimerait être remis dans l'eau ! »

Le colonel Massu est promu général de brigade au mois de juin 1955, ce qui rend d'ailleurs « son » général bien plus aimable ; il est vrai que Massu est sur le départ... Le 2 juillet, il part pour l'Algérie. Il y sera à la fois inspecteur des forces aéroportées d'Afrique du Nord – avec des troupes éparpillées entre Tunis et Marrakech – et patron du groupement parachutiste d'intervention. Il ne part pas vers un pays déchiré par la guerre puisqu'il n'y a pas de guerre d'Algérie. Il n'y en aura jamais, officiellement parlant. Il va rejoindre des forces participant au maintien de l'ordre ; une curieuse périphrase pour donner bonne conscience aux âmes sensibles, pour camoufler aussi la réalité...

Quitter le Kef pour Alger n'est pas aller à l'autre bout du monde. Quelques centaines de kilomètres par la route ; des populations cousines germaines, la même culture islamique, les mêmes sillons de la présence française... et le même flou artistique autour des missions confiées au général Jacques Massu. En Tunisie, il s'était agacé d'un rôle mal défini ; il peut s'étonner de la récidive lorsqu'il rejoint Alger. Certes, il est officiellement « commandant le Groupement parachutiste d'intervention et les Troupes aéroportées d'Afrique du Nord » ; mais personne ne paraît en mesure de lui préciser en quoi consiste sa mission : le poste vient d'être créé ; tout reste à inventer, à organiser. La seule précision obtenue tient à son implantation personnelle : à Alger!

Où installer son PC? Où il le pourra! Il se fait héberger à la caserne d'Orléans, que se partagent déjà le 13e régiment de tirailleurs sénégalais et le 9e zouaves. Il reçoit un premier adjoint, le colonel Roquigny, puis un second, le lieutenant-colonel Godard,

Où poser ses pénates? Tout au plus le général Massu sait-il avoir droit pour tout logement à une chambre conventionnée dans un hôtel... Ce qui sera indiscutablement plaisant puisqu'il est accompagné de Mme Massu, de leur fille Véronique qui est maintenant âgée de sept ans, de leurs deux lévriers et de deux dindes dont l'enfant n'entend pas se séparer... Suzanne Massu use de ses relations algéroises. Elle retrouve une vieille amie artiste-peintre, Louise Bosserdet, qui se sent un peu trop isolée dans une antique demeure perchée au-dessus d'Alger. Djenan-Ben Omar, la maison du peseur d'or du dey d'Alger, date indiscutablement du XVIIe siècle, ce qui en fait un lieu enchanteur et, en l'état, un séjour parfaitement inconfortable. C'est ainsi que les Massu s'implantent dans le quartier de la Bouzaréah, à quelque distance de la maison qu'avait aimée le peintre Albert Marquet et où vit toujours sa veuve. Chaque matin, Jacques Massu file vers la caserne d'Orléans ou s'envole vers le lieu d'implantation d'une de ses unités parachutistes, à un bout ou un autre du Maghreb. Chaque jour ou presque, Suzanne Massu descend au marché de Bab el-Oued, avec sa 2CV, par la route dessinant d'aimables lacets. Au retour, elle accepte des passagers chargés de leurs couffins de légumes ou de vêtements... Bien plus tard, le général Massu apprendra l'imprudence de sa femme : parmi les auto-stoppeurs, qu'elle n'aurait pour rien au monde laissés sur le bord de la route, il y avait des agents FLN ravis de transporter sans risque bombes et documents, armes démontées et munitions! Très peu de temps après leur installation, ils devront d'ailleurs se résoudre à accepter, chez le peseur d'or, la présence permanente d'une section de protection. Il se développe une étrange psychose là où Arabes et Européens cohabitent encore sans problème. Des rumeurs parfaitement invraisemblables partent en tous sens. Un repas avarié dans une cantine, et voici les Français accusés de vouloir assassiner les petits Arabes; un bonbon tendu à un enfant familier, et c'est de toute évidence une tentative d'empoisonnement. Jacques Massu ne peut oublier la confidence de Louise Bosserdet, l'amie qui les héberge. Une musulmane qu'elle connaît et aide de longue date lui a promis une mort heureuse :

« Il paraît qu'on va tuer tous les Européens. Nous aurons leurs maisons et leurs frigidaires. Mais j'ai demandé à te tuer moi-même, je ne veux pas que tu souffres. Je ferai cela vite et bien, je te le jure, car je t'aime. »

Il est vrai qu'en cet été 1955, la violence paraît s'emparer de l'Algérie ; que les rebelles, en quête d'une certaine reconnaissance, terrorisent ausi bien les Européens que leurs coreligionnaires. L'épisode de Philippeville, le 20 août 1955, en est une des plus tragiques illustrations. Le FLN avait préparé un assaut de la ville et massé des troupes à proximité. L'affaire est éventée par l'officier de renseignement de l'unité parachutiste implantée là. Lorsque le FLN passe à l'offensive, la riposte est prête. Des centaines de rebelles sont abattus. Les parachutistes amènent à l'hôpital d'innombrables blessés que les chirurgiens ne parviennent pas à endormir : ils ont tous été enivrés au kif ! Philippeville a été épargné, mais les tueries sont atroces dans les douars environnants. A El-Halia comme à Aïn-Abid, les tueurs du FLN ont massacré tous les Européens qu'ils ont pu surprendre, hommes, femmes, enfants et nourrissons ; cent vingt-trois victimes devant lesquelles viendra s'incliner le gouverneur Jacques Soustelle qui, de ce jour, renoncera à ses idées libérales et réorientera totalement sa politique. Jacques Massu, patron des parachutistes, s'est aussi rendu sur les lieux. Il a voulu savoir comment le colonel Mayer et son régiment ont pu préparer leur riposte :

« Vous étiez prévenus ?
– Oui.
– Par qui ?
– Par l'OR, Aussaresses.
– Qui est-ce ? »

Les parachutistes venaient aussi de découvrir l'autre visage du maintien de l'ordre, une guerre, affreuse, où rien ne serait plus respecté.

La caserne d'Orléans n'est qu'une éphémère première étape pour le groupement parachutiste d'intervention qui prend forme, se développe et deviendrait envahissant. Une autre implantation s'impose. Ce sera, à Hydra, une propriété mauresque à l'abandon, le Château Pelzer, dominant la ville. Le parc redevenu une friche sauvage permet d'implanter des baraquements pour les compagnies de commandement. Dans le même temps les inconvénients de la maison du peseur d'or apparaissent plus précisément. Elle est bien trop loin d'Hydra. Elle se révèle si peu sûre que les Massu renoncent à une réception lorsqu'ils apprennent que leurs invités vont affronter la route en cortège, escortés de blindés. La famille Massu émigre vers Hydra où une villa est à louer, confortable certes, mais sans le charme de Djenan-Ben Omar. Quelques jours avant le déménagement, le général Massu trouve certainement que leur repli est aussi une forme de sagesse : le 6 octobre 1956 à deux kilomètres de son domicile, un terroriste ouvre le feu sur sa 403. La première balle tirée, l'arme s'enraie. Il reste au chauffeur à rouler au plus vite jusqu'au commissariat de police de la Bouzaréah [1].

Au Château Pelzer, le général Massu consacre désormais l'essentiel de son temps à la création d'une nouvelle unité : la 10e division parachutiste. Dans le parc cantonnent un état-major de division, une compagnie de QG et les éléments de commandement appropriés ainsi que le service médical. Les régiments qui vont composer la 10e DP s'implantent dans la Mitidja. Ils apprendront bientôt quelle sera leur première mission : l'affaire de Suez.

---

1. L'arme retrouvée, une mitraillette Sten, provenait du chargement volé par l'aspirant déserteur Maillot. L'enquête démontrera que l'embuscade a été montée par deux militants du Parti communiste algérien, André Castel et Yahia Briki.

Chapitre 8

Suez : la victoire volée

L'affaire de Suez, appelée à laisser dans l'Histoire les traces d'une opération avortée, est une curieuse entreprise dans laquelle les politiques entraînent sournoisement les militaires avant de les lâcher, alors que leur victoire paraissait inéluctable.

L'origine de la crise tient à une décision des Etats-Unis, presque immédiatement imités par la Grande-Bretagne. Le 6 juillet 1956, Washington annonce au colonel Nasser, devenu le maître de l'Egypte à la mi-novembre 1955, qu'ils n'entendent plus financer la construction d'un gigantesque barrage en projet sur le Nil, à la hauteur d'Assouan. Le 20 juillet, Londres suit et la BIRD (Banque Internationale pour la Reconstruction et le Développement) se désengage également [1]. Nasser, fort imbu de sa personne, considère ce refus comme un outrage. Il riposte en nationalisant le canal de Suez, dont les Etats-Unis se moquent pas mal en fait et qui, selon les statuts, allait revenir à l'Egypte dès 1968... Nasser entend tout simplement financer son barrage avec les ressources escomptées du canal nationalisé. Les Anglais et les Français prennent la chose avec moins de philosophie. La Grande-Bretagne songe à ses intérêts financiers mais encore plus à sa politique arabe et à son rôle au Proche-Orient; d'autant que son prestige est déjà bien écorné et que son influence s'effrite dans cette partie du monde. La France réagit pour des raisons semblables ou presque : d'énormes intérêts financiers d'une part et une sérieuse blessure d'amour-propre d'autre

1. Le coût global du projet devait tourner autour de 1 200 millions de dollars, dont l'URSS apportait 200 millions à intérêt de 2 %, les Etats-Unis 50 millions à fonds perdus, la Grande-Bretagne 14 millions et la BIRD 200 millions.

part [1]. L'un et l'autre motifs sont plus ou moins habilement dissimulés : la France crie haut et fort que sans son personnel le canal deviendra immédiatement inexploitable ; ses pilotes sont seuls compétents et absolument irremplaçables. Une prétention qui se révélera parfaitement audacieuse... Mais la France estime aussi – et surtout – que les circonstances lui offrent une occasion rare d'éliminer Nasser. Au dictateur, Paris reproche d'héberger trop volontiers les rebelles algériens du FLN et au besoin de les armer. Les socialistes français, qui sont au pouvoir à l'époque, affectent même d'oublier que Le Caire est un de leurs lieux de rendez-vous préférés pour leurs contacts secrets avec les émissaires de la rébellion algérienne... Enfin, à Londres comme à Paris, personne n'a envie de laisser le colonel égyptien céder à ses visées expansionnistes. N'entend-il pas unifier – sous son égide bien évidemment – le monde arabe « du golfe Persique à l'océan Atlantique », tout en se posant en adversaire privilégié d'Israël, auquel il interdit aussitôt l'usage du canal de Suez.

Pour échapper à cette crise née des ambitions de Nasser la communauté internationale cherche, un moment, des issues diplomatiques. Une conférence internationale – dite conférence de Lancaster House – sur l'avenir du canal de Suez se tient ainsi à Londres, du 16 au 23 aout 1956. Elle tourne au dialogue de sourds, même s'il est décidé que la nationalisation est acceptée, le contrôle du canal devant toutefois être assuré par un organisme international. Une seconde conférence, toujours à Londres, du 19 au 23 septembre, réunit les usagers du canal ; elle est aussi stérile que la précédente. Quant aux débats organisés à l'ONU deux mois plus tard, ils débouchent également sur une impasse. Dès lors, la riposte à la provocation de Nasser ne peut plus être que militaire, ce qui n'a rien d'une surprise. L'escadre française de Méditerranée est rassemblée au complet en rade de Toulon depuis le 2 août, et le lendemain, l'Angleterre a rappelé vingt mille réservistes...

Il y a donc bien, pour expliquer cette déviation vers des horizons plus belliqueux, un curieux cocktail où se rencontrent, en parts inégales, les rodomontades de Nasser, quelques zestes d'intérêts financiers franco-britanniques, une bonne pincée d'amour-propre blessé, et une certaine dose de considérations inavouées mais effectivement réelles. Car si Nasser est, comme le craignent les dirigeants français, une résurgence hitlérienne, il ne faut surtout pas renouveler le faux pas de Munich...

---

1. La Grande-Bretagne détient 45 % du capital de la Compagnie universelle du canal de Suez et la France 50 %.

Il y a encore les liens avec l'affaire algérienne, que Robert Lacoste tient à rappeler à Guy Mollet par télégramme, le 14 août :

> « Vis-à-vis des populations algériennes, aussi bien françaises de souche que musulmanes, il est hors de doute qu'un succès de prestige égyptien entamera très gravement sinon irrémédiablement nos positions. Au contraire, toute défaite, ou recul, de Nasser est de nature à provoquer ici des résultats profonds, rapides et spectaculaires en faveur de notre pays... »

Enfin, si l'on veut déchiffrer le scénario de la tragi-comédie en gestation, il ne faudra pas négliger les accords secrets qui vont être passés entre la France, la Grande-Bretagne et Israël...

L'aventure militaire étant théoriquement décidée, Britanniques et Français en étudient les modalités dès la fin juillet. D'entrée, il est entendu que les premiers tiendront la barre et que leurs homologues français ne seront que leurs adjoints ! C'est le général Beaufre qui commandera les forces terrestres françaises. Le lieu de rencontre du petit état-major mis sur pied pour l'occasion tient du symbole : un souterrain creusé sous la Tamise, où avait été préparé le débarquement de juin 1944. C'est là que se mitonnent les projets guerriers. Succédant à un premier schéma vite abandonné répondant à l'appellation de « Hamilcar », le plan s'élaborant au fil des semaines reçoit un joli nom plein de panache et de couleurs : « Mousquetaire » ! Traduit en termes plus concrets et plus militaires, ce plan prévoit l'installation d'un point d'appui à Port-Fouad, suivi de la prise d'Alexandrie et d'une poussée immédiate vers Le Caire, au-delà vers Suez et l'ensemble du canal. Les Français apporteront deux divisions prélevées sur les effectifs engagés en Algérie, de l'aviation et des bateaux [1]. Les Anglais offrent aussi des troupes, notamment aéroportées, de l'aviation et les bases de départ : Malte et surtout Chypre qui va prendre les apparences d'un porte-avions ancré face à l'Egypte.

---

1. Les premières prévisions françaises, en date du 3 août 1956, concernent :

– pour les forces terrestres : la 10e division parachutiste (8 000 hommes), la 7e division mécanique rapide (7 000 hommes), les effectifs de soutien et de base (1 400 hommes)

– pour les forces navales les porte-avions *Arromanches* et *La Fayette*, un croiseur, 9 escorteurs et le cuirassé *Jean-Bart*

– pour les forces aériennes, 35 avions de transport Nord 2501 ainsi que 6 appareils de reconnaissance RF-84 F et 36 chasseurs bombardiers F-84 F posant problème puisque prêtés à la France par les Etats-Unis dans le cadre de l'Otan.

En théorie, tout semble prêt pour une action d'envergure à lancer le 15 septembre 1956. Tout, sauf le Premier ministre britannique, Anthony Eden, qui apparaît de plus en plus hésitant. Alors les militaires, prenant en compte les états d'âme des politiques, revoient leur calendrier. Il est ainsi question du 26 septembre puis du 5 octobre, du 6 novembre, enfin du 9 novembre, peut-être pour laisser passer les élections présidentielles américaines fixées au 7 novembre. Puis l'on revient aux 29 et 31 octobre... Pendant tout ce temps, les plans et les effectifs évoluent aussi. « Mousquetaire » émasculé perd de son panache et devient « Mousquetaire révisé ». Il n'est plus question de prendre Alexandrie ni même Le Caire ; tous les efforts porteront sur Port-Saïd pour les Anglais, sur Port-Fouad pour les Français ; seront ensuite visés El-Kantara, puis Ismaïlia et Suez. Les semaines passant, l'émotion provoquée par le coup de force de Nasser s'estompant, les raisons de l'expédition perdent de leur actualité. Mais, dans le même temps, les troupes égyptiennes, aidées des Soviétiques, se renforcent. Dans le souterrain londonien, les plans continuent d'évoluer et les dates de changer. Octobre est oublié, novembre resurgit, décembre est envisagé... Tout cela est étudié très sérieusement ; c'est par référence aux données météorologiques que « Mousquetaire révisé » ne paraît plus adapté au-delà du 1er novembre. C'est donc le plan « Hiver » qui déboule à son tour sur les tables d'état-major... « Hiver » a un avantage : il annonce plus clairement que l'objectif est El-Kantara. Certains des officiers, planchant sous la Tamise, considèrent que les évolutions climatiques doivent permettre jusqu'à la date limite du 15 novembre de réaliser, avec de légères adaptations, « Mousquetaire révisé »... qui devient ainsi « Mousquetaire rénové », en attendant une version dite « Télescope » !

Parallèlement, dans le plus grand secret, d'autres conciliabules se sont engagés. Depuis le mois d'août, des envoyés spéciaux du gouvernement israélien, qui n'ont rien de seconds couteaux, prennent l'habitude de venir travailler à Paris avec quelques Français. Côté israélien apparaissent ainsi Shimon Pérès, Moshe Dayan, Golda Meir ; côté francais, il y a Guy Mollet, Christian Pineau, Abel Thomas, Maurice Bourgès-Maunoury et son conseiller pour les dossiers très spéciaux Louis Mangin. Celui-ci prête à l'occasion son appartement parisien pour ces échanges de vues auxquels participent également les généraux Ely et Challe. La volonté d'être discrets conduit les négociateurs à ne jamais informer le Quai d'Orsay ni même l'ambassade de France lorsqu'ils se rendent à Londres. Les

Français paraissent prêts à entraîner Israël dans les opérations militaires, ce qui enchante Ben Gourion se découvrant enfin un allié parmi les puissances occidentales. Il se prépare même des « prétextes » pour justifier des opérations militaires singulièrement décalées dans le temps par rapport au défi de Nasser. Si l'on simulait une attaque aérienne contre Israël pour attaquer l'Egypte... Si l'on prétextait l'abordage de l'*Athos*, ce bateau qui avait chargé le 4 octobre à Alexandrie des armes pour le FLN et que la France vient d'intercepter en Méditerranée [1]... Si Israël attaquait en premier pour justifier une intervention-tampon franco-britannique... Parfois les plans incluent une participation britannique. Parfois Français et Israéliens ne comptent plus sur leur allié ; ils sont tellement changeants, ces Anglais, ils ont tellement peur de compromettre ce qui subsiste de leur politique arabe par des liens trop évidents avec Israël... Ce sont ces projets qui se concrétisent par l'accord secret de Sèvres, engageant Israël, la France, et beaucoup plus Anthony Eden que la Grande-Bretagne.

Cet accord donne sa forme et ses objectifs à la coalition menée par le conservateur Anthony Eden, suivi du socialiste Guy Mollet, accompagnés d'un autre socialiste, Ben Gourion. Les trois hommes se sont enchaînés par un pacte secret, signé le 24 octobre 1956 à Sèvres, dont ils sont bien décidés à ne jamais révéler l'existence [2]. Si Guy Mollet et Ben Gourion savent qu'ils ont le soutien de leur opinion comme des milieux politiques, Anthony Eden est plus embarrassé : il avance parce qu'il le croit nécessaire, tout en sachant que ses amis conservateurs renâclent, que les travaillistes le contreront et que l'Angleterre ne le suit pas.

Il est donc décidé à Sèvres – mais que les détails de l'accord ne soient surtout pas connus ! – que les Israéliens lanceront une offensive d'envergure dans la soirée du 29 octobre pour atteindre le lendemain la zone du canal. Le 30 octobre, Français et Anglais s'adresseront solennellement aux belligérants. Il sera demandé aux Egyptiens d'arrêter toute action de guerre, de se retirer à dix miles du canal ; qu'ils laissent enfin aux Franco-Britanniques le soin de garantir la liberté de circulation sur le canal jusqu'au règlement défi-

1. Il y avait à bord de l'*Athos* 2 700 fusils, 270 pistolets-mitrailleurs, 56 fusils-mitrailleurs et mitrailleuses.

2. L'existence de ce pacte est restée secrète jusqu'aux premières révélations que fera Christian Pineau en 1976. Denis Lefebvre – de l'Office universitaire de recherches socialistes – est formel : il ne reste aucune trace des trois versions originales, même si le journaliste Vincent Jauvert a publié une photocopie de source israélienne dans *Le Nouvel Observateur* des 17-23 octobre 1996. La rencontre a lieu à Sèvres, au domicile de Bonnier de la Chapelle, père de l'assassin de l'amiral Darlan.

nitif de l'affaire. Au même instant, il sera tout aussi solennellement demandé aux Israéliens d'arrêter toute action de guerre et de rester à dix miles à l'est du canal... Si l'Egypte ou Israël n'obtempèrent pas dans les douze heures, les forces franco-britanniques interviendront ! Israël s'engage pour sa part – toujours secrètement – à ne pas profiter des circonstances pour attaquer la Jordanie, et la Grande-Bretagne promet de ne pas aider la Jordanie si elle se retournait contre Israël... Il n'est pas certain que tous les ministres français aient été informés, le Parlement en tout cas n'en a rien su. Le général de Gaulle paraît avoir été une des très rares personnalités informées et sa réponse à Christian Pineau tient en une phrase : « J'approuve l'opération sauf sur un point : celui d'en confier la direction à un général anglais [1]. »

Les opérations les plus secrètes transparaissent parfois bien clairement. Du côté français, la toute jeune 10e division parachutiste et la 7e division mécanique rapide, qui seront de l'action contre Nasser, reçoivent l'ordre de repeindre leurs véhicules. Jeep, camions et blindés vont prendre une délicate couleur sable qui devrait leur permettre d'évoluer discrètement dans le désert égyptien. La « 403 » du général Massu n'échappe pas à la règle. Mais, faute de place, elle ne sera jamais embarquée. Elle n'en sera que plus facilement repérable, plus tard, dans les rues d'Alger.

Le général Massu n'est pas mécontent de cette aventure :

> « Nasser soutenait le FLN algérien. Il était l'idole des rebelles, le grand frère. Il finançait le FLN, hébergeait ses chefs, et Radio Le Caire diffusait tous les jours des appels au meurtre d'une violence inouïe. Pour nous, il était responsable, en grande partie, des attentats en Algérie. Nous n'étions pas fâchés d'aller lui montrer chez lui de quel bois on se chauffait... Et aussi de montrer aux Algériens que l'on était les plus forts... [2] »

L'entraînement pour une éventuelle intervention armée en Egypte a également commencé dès le mois de juillet. Qu'il s'agisse

1. En 1958, le général de Gaulle, revenu aux affaires, préside un Conseil des ministres auquel participe Guy Mollet alors ministre d'Etat, réunion évoquée par Michel Debré dans ses Mémoires. Guy Mollet revient sur Suez et remercie le Général d'avoir approuvé sa politique. « Vous avez eu raison, certes, monsieur le ministre d'Etat, répond de Gaulle sauf sur un point. Vous avez placé notre corps expéditionnaire sous le commandement britannique. Sachez que les Anglo-Saxons n'ont jamais les mêmes motifs et rarement les mêmes objectifs que nous. Et ils sacrifient toujours leurs alliés. »

2. Alain-Gilles Minella, *Entretiens avec le général Massu*, Mame, 1993.

de l'opération intialement baptisée « Hamilcar » ou d'une des variantes de « Mousquetaire », cela ne change rien aux préparatifs : il s'agira d'une opération essentiellement aéroportée, avec un armement qui n'est plus celui utilisé pour la contre-guérilla, mais plus puissant, plus important, infiniment plus lourd. Il faut aussi préparer un de ces régiments parachutistes à un type d'opération qui ne leur est pas habituel : une approche amphibie à bord d'engins de débarquement, avant de « beacher » comme ils apprennent à le dire. Ces entraînements laisseront des souvenirs mitigés au général Massu qui le notera dans un rapport daté du 13 décembre, au SP 91117 :

> « La 10e DP a été dotée d'armes nouvelles encore au stade d'expérimentation tactique, telles que SS 10 et canons de 106 SR. Pour ces derniers matériels, la bonne volonté de tous a permis de mener à bien une instruction rendue difficile par le fait que personne, y compris les instructeurs, n'avait une connaissance pratique du matériel. »

Les quatre régiments de la division savent qu'ils seront de l'aventure ; des officiers qui ne sont pas incorporés dans ces unités piaffent. Parmi eux, le lieutenant-colonel Trinquier qui aurait voulu prendre du service en Algérie. Après avoir formé, avec Lenoir, un bataillon parachutiste qui sera confié à Bigeard et deviendra le 3e RCP, Trinquier n'avait plus de commandement. Massu lui a proposé, durant le mois d'août, la responsabilité de la base aéroportée d'AFN à Philippeville, en lui avouant que ce n'était certes pas un commandement intéressant mais qu'il avait intérêt à le prendre en attendant mieux. Trinquier pense que Suez peut être l'occasion de revenir en première ligne. La réponse de Massu le déçoit :

> « Je ne peux pas t'emmener en Egypte avec le premier échelon, toutes les places intéressantes sont prises. Si nous devons y rester tu viendras ; il y aura sûrement du travail intéressant. Si nous ne devons faire qu'un coup de va-et-vient ou si l'affaire tourne court, garde ma place ici. Fais tourner la maison en attendant mon retour. »

Si Massu, le « Roi des nases », avait deviné que l'affaire était mal engagée, il n'aurait pas tenu d'autres propos.

Prétendre que ces préparatifs approchent la perfection serait pour le moins audacieux. Il y a même des inconvénients en tout genre, presque en rafales. Il est permis de se demander pourquoi Beaufre réclame à Massu des informations pour la définition d'une zone de saut... Certes, il est le patron de la 10e division parachutiste mais la question de Beaufre est d'autant plus audacieuse que Massu ne sait rien de ce qui se prépare, rien sur la situation géographique de la zone en question, rien de la nature de l'opération envisagée, rien sur les moyens prévus autres que ceux de sa 10e DP. Certes, il est habituel que les états-majors des troupes aéroportées demandent, pour un saut opérationnel, une zone de larguage ayant des caractéristiques bien définies, mais cela sous-entend toujours des reconnaissances aériennes sur la zone envisagée. Là, on s'écarte des usages. D'ailleurs Massu perplexe voudrait bien savoir pourquoi Beaufre ne s'est pas adressé au général Gilles. Celui-ci avait à la fois le temps et la compétence pour lui répondre. Massu est même persuadé que Gilles aurait été capable de s'inquiéter des préparatifs en cours, mijotés par des patrons ne connaissant pas l'utilisation des parachutistes mais qui voulaient concocter un coup d'importance. Gilles était pourtant le seul à avoir, en Indochine, monté et réussi une opération d'une semblable envergure. Or il s'occupe comme il le peut : il part pour Chypre visiter les infrastructures, une tâche qu'il aurait dû laisser à Gracieux... Sur cette première bizarrerie, Massu a son idée : Gilles aurait répugné à intervenir dans la conception des opérations au plus haut échelon parce qu'il n'y avait pas été convié...

Massu est également certain que si les Anglais n'ont pas été à la hauteur, c'est que l'affaire ne les enchantait pas : « Ils nous ont donné l'impression d'y aller comme un âne qui recule. »

Ils n'avaient donc pas franchement envie de partir en guerre, ni d'accueillir ces Français encombrants qui risquaient d'être un peu trop belliqueux à leur goût.

La deuxième curiosité de ce plan « Mousquetaire », toutes versions confondues, tient au schéma retenu pour le commandement. Tout au sommet de la pyramide flotte « l'Union Jack », même si en théorie la conduite de la guerre relève conjointement des gouvernements de Londres et de Paris, avec pour les Anglais Eden et le général Templer et pour les Français Guy Mollet et le général Ely. Pour les quatre niveaux inférieurs, puisque quatre échelons de commandement se superposent, les Français seront systématiquement les adjoints des Anglais. Le commandement en chef interallié revient au général Keightley avec pour adjoint l'amiral Barjot. Le commandement des Task Forces suit exactement les mêmes règles, avec pour l'armée de terre le lieutenant général Stockwell assisté du général Beaufre; pour l'aviation, l'air marshall Barnett flanqué du général Brohon; pour la marine, le vice-amiral D.F. Durnford-Slater auquel est adjoint l'amiral Lancelot. Quant aux forces combattantes terrestres, elles sont aux ordres du général Butler qui aura autorité sur le général Massu.

Le général Massu, fidèle à son franc-parler, n'a jamais caché sa première impression : « On se rend compte tout de suite que ça ne pouvait pas marcher. »

A cet organigramme tortueux s'ajoute, du côté français, le cas Beaufre. Celui-ci n'a pas forcément la cote auprès de ses généraux, même les plus proches de lui. Il en est ainsi parce que ses subordonnés ont l'impression que Beaufre s'estime plus intelligent qu'eux. Il est vrai, expliquera Massu, qu'il sait construire dans l'abstrait des théories extrêmement logiques et bien conçues ; que les idées et les raisonnements s'empilent dans son cerveau comme un château de cartes qui ne s'écroulerait jamais. Massu, sourire en coin, avance un exemple qui lui tient à cœur : « Il est l'inventeur de la Brigade Javelot, unité spécialement adaptée au combat en ambiance atomique, une ambiance que personne n'a jamais vécue mais dans laquelle il se meut avec une aisance de funambule. »

Il n'est pas certain que les Britanniques aient été plus indulgents envers Beaufre qui ne leur paraissait pas vraiment un homme de terrain, même si son passé militaire contredit cette impression. Ce sont eux, en tout cas, qui l'ont affublé d'un surnom imagé : le général-canapé !

Les préparatifs s'éternisent.

Le 4 septembre, le général Massu, accompagné du colonel Godard et de trois officiers de son état-major, fait un saut à Malte. L'accueil n'a rien de chaleureux et laisse deviner des lendemains difficiles. Les Français se demandent même s'ils ne dérangent pas... Certes le général Massu parvient à obtenir une chambre pour la nuit, mais rien pour sa suite. Les quatre officiers français doivent coucher dans un hangar, à même le sol, avec pour tout confort les bottes de paille qu'ils réclameront puis exigeront. Là, penchés sur les cartes opérationnelles, ils découvrent que l'objectif principal – à ce moment – est Alexandrie, un objectif qui disparaîtra bientôt des ambitions britanniques.

Le 29 septembre, de retour en Algérie, Massu passe en revue la 10e DP au grand complet, rassemblée près de Blida, sur le terrain d'Oued el-Alleug. Pour ce genre d'exercice, pour la plus banale des revues comme dans de telles circonstances, le général Massu ne donne jamais dans le ton badin. Si d'autres généraux paraissent s'ennuyer ou batifoler, lui s'applique. Il faut que chaque garçon appelé à lui rendre les honneurs en soit remercié. Il plonge son regard dans celui des soldats figés au garde-à-vous et présentant les armes. Parfois il pose une ou deux questions, et il vaut mieux ne pas bafouiller pour annoncer nom, grade et unité alors que le trac serre les tripes. Mais ceux qui ont eu le général face à eux, les dévisageant et parfois les interrogeant, ceux-là ont du même coup découvert ce qu'est un patron attentif à la troupe.

Il n'y a, certes, aucun lien direct entre l'inspection de la 10e division parachutiste que passe le général Massu en cette journée du 29 septembre et les événements qui vont suivre. Ces événements, pourtant, rattraperont la division, lorsqu'elle en aura fini avec les Egyptiens. Pour les chefs du FLN, Alger est une cible de choix, parce que la ville devient, au fil des semaines, une extraordinaire caisse de résonance. Elle est, faut-il le rappeler, avec ses 884 000 habitants, la deuxième ville de France, loin devant Marseille, très loin devant Lyon. C'est aussi une ville où les rebelles ont quelques difficultés à exister. Ils ne peuvent évidemment y implanter leurs bandes armées, ils ne parviennent pas à entraîner la population arabe réticente. Il ne leur reste, pour imposer leur présence, que les collecteurs de fonds rançonnant les musulmans et les attentats destinés à terroriser la ville. Les Algérois vont apprendre à redouter les grenades et les bombes des tueurs ; à se méfier du moindre paquet abandonné qui peut être un piège ; à suspecter tous les inconnus dont la silhouette leur paraît inquiétante. Et cela sous les yeux de la presse internationale que commence à attirer une tension poussée à l'extrême.

C'est donc le 30 septembre qu'Alger plonge dans la terreur. Le FLN a fait placer trois bombes au cœur de la ville, là où elles pouvaient tuer le plus sûrement. La première, déposée – ou abandonnée – dans le couloir d'un immeuble, 2, boulevard Amiral-Pierre, a fait des dégâts mais aucune victime. Les deux autres engins ont été placés dans deux des cafés les plus fréquentés de la ville : la « Cafétéria » de la rue Michelet et le « Milk bar » de la rue d'Isly, réputé pour servir les meilleures glaces d'Alger. Dans la poussière, les gravats, l'affolement, les cris de peur et de douleur, les sauveteurs s'affairent auprès d'une soixantaine de blessés ; douze doivent être immédiatement amputés.

En cet automne 1956, le terrorisme connaît une sorte d'escalade dont le point d'orgue sera une nouvelle série d'attentats ensanglantant Alger dès la mi-novembre. Les raisons de ces actes terroristes n'ont point changé depuis septembre, il s'en est simplement ajouté de nouvelles : deux épisodes qui ont passablement irrité le FLN. C'est le 17 octobre qu'est arraisonné le cargo *Athos II* : il est chargé d'une cargaison d'armes de guerre en provenance d'Egypte et destinées à l'ALN [1]. C'est le 22 octobre que l'avion transportant Ahmed Ben Bella, Ait Ahmed, Mohamed Khider et Mohamed Boudiaf, de Rabat vers Tunis, est intercepté en vol et contraint de se poser à Alger... Si l'affaire fait tant de bruit, c'est par une addition de circonstances : un avion prêté par le sultan du Maroc; un détournement sur Alger; une sorte de coup de force des militaires français qui ont espéré cette capture; de sérieuses dissensions au sein du gouvernement, Max Lejeune approuvant l'opération, Robert Lacoste la couvrant, la majorité des ministres renâclant mais un seul, Alain Savary, le secrétaire d'Etat aux Affaires tunisiennes et marocaines, allant jusqu'à démissionner... Le seul homme lucide était peut-être le jeune lieutenant de cavalerie ayant eu pour mission de procéder à l'arrestation des chefs rebelles. Pierre Heux, mission accomplie, offre un verre aux officiers de sa compagnie et leur dit en substance : ne croyez pas célébrer une grande victoire, ce n'est qu'une péripétie, la guerre continuera, ces hommes de l'extérieur étaient en réalité sans importance...

Ailleurs, ce n'est pas plus simple : Budapest se soulève le 23 octobre. L'événement peut paraître étranger aux affaires algériennes. Ce n'est qu'une apparence trompeuse. Pour imposer l'ordre communiste contesté à Budapest, les dirigeants de Moscou ne souhaitent pas que le monde entier les surveille. Il leur faut la discrétion nécessaire pour étouffer les timides aspirations à la liberté et à la démocratie de leur « alliée ». Il leur faut peser de toute leur brutalité pour que la Hongrie ne glisse sur une pente fatale, entraînant à sa suite d'autres satellites hors de l'orbite soviétique... Alors Moscou détourne l'attention à sa façon : en obligeant le monde entier à observer – au besoin à condamner – l'action de l'Angleterre et de la France osant s'en prendre au pauvre Nasser, le Raïs que l'URSS affecte de protéger et d'aider.

Alger n'en a pas fini avec les bombes. La seconde vague d'attentats ensanglante la ville le 13 novembre, alors que les regards se portent plus volontiers vers le canal de Suez. Un premier engin, placé dans un autobus, éclate à 16 heures, près du palais d'Eté, faisant dix-sept blessés dont deux grièvement atteints. La deuxième explose à 17 h 30 au Monoprix de Maison-Carrée; il y a neuf blessés, tous gravement touchés. Dans la salle d'attente de la gare

1. L'ALN – pour Armée de Libération Nationale – est la branche militaire du FLN, le Front de Libération Nationale, le mouvement politique.

d'Hussein-Dey, à 18 heures, le troisième engin laisse à terre dix blessés dont quatre sérieusement atteints. Au terme de l'enquête il sera évident que toutes ces bombes sont de la même fabrication, comme celles du 30 septembre, comme celle retrouvée, le 13 novembre encore, dans le hall de l'immeuble Mauretania, qui aurait dû être la plus meurtrière : c'est le terminal d'Air France où se regroupent tous les passagers des compagnies aériennes qui ne rejoignent pas individuellement l'aéroport. Les terroristes récidiveront le 29 novembre : une douzaine de blessés boulevard de Provence, six au café « La Pergola », à Hussein-Dey ; deux derrière la Maison des Combattants. Trois autres engins seront désamorcés à temps. Là encore les enquêteurs seront rapides : les six bombes, cachées dans des paquets de journaux soigneusement évidés, sont de la même fabrication, avec le même explosif et le même système de mise à feu avec retardement que celles du 30 septembre et 13 novembre...

Le 27 octobre, trois mois après la nationalisation du canal de Suez, vient enfin, pour la 10e DP, l'ordre de départ. Un convoi maritime quitte le port de Bône et un pont aérien permet d'acheminer jusqu'à Chypre le 1er régiment de chasseurs parachutistes, les 2e et 3e régiments de parachutistes coloniaux ainsi que l'état-major de la 10e DP. Le 1er novembre, c'est au tour du 1er régiment étranger de parachutistes, embarqué sur le *Jean-Bart*. C'est le dernier délai possible pour que les opérations terrestres alliées puissent être lancées huit jours plus tard. Massu apprend à cette occasion qui commandera les forces terrestres sur le terrain : ce sera lui, encore que la décision garde une part d'ambiguïté... Les Anglais acceptent Massu, à la condition que l'avant-garde soit commandée par Butler ! Le général Massu apprend également de quelles troupes il disposera : outre le 1er REP qui va débarquer, un seul régiment français doit être aéroporté ; les deux autres seront réservés pour des missions à définir, sur des objectifs à préciser, au moment qui paraîtra convenable... Pour le ou les objectifs – El-Kantara, Ismaïlia ou Suez – la décision reste à prendre. Le régiment français qui sautera visera Port-Fouad, les Anglais ayant pour objectif Port-Saïd. Mais quand ? Le temps passe...

La première attaque, le 29 octobre 1956, dite opération « Kadesh », est bien conduite par les Israéliens, avec l'appui secret de la France qui a prêté des pilotes enfilant un nouvel uniforme et des avions sur lesquels la cocarde tricolore est effacée au profit de l'étoile de David. Les Français viendront aussi en renfort des Israéliens dans le Sinaï, sans en avertir les Anglais. Respectant, pour une fois, le scénario préparé dans le plus grand secret, les alliés lancent leur ultimatum à Israël et à l'Egypte le 30 octobre à 16 heures. Les ambassadeurs des deux pays sont convoqués au Quai d'Orsay et au Foreign Office. Personne ne remarque que les textes sont parfaitement identiques et que nul n'a pensé à les adapter aux situations des belligérants. Les premiers acceptent, et pour cause ; les seconds refusent, comme tout le monde s'y attendait et l'espérait.

Après de premiers raids menés dès le 30 octobre vers 17 heures, l'aviation franco-britannique enchaîne le lendemain. Les projectiles sont à l'image de la situation toujours parfaitement ambiguë : les Egyptiens reçoivent ou bien des bombes ou bien des tracts. Le bombardement de Radio Le Caire est annulé pour ne pas éclabousser des appareils américains stationnés sur le terrain voisin de la capitale. Dans la journée du 2 novembre, trois cent trente sorties aériennes se succèdent.

A l'état-major, les plans évoluent encore, peut-être sous la pression des événements compliqués par un manque de renseignements. Ainsi est signalé la présence de renforts égyptiens à Port-Saïd sans que soient prises en compte les raisons de cet afflux, à savoir l'arrivée de troupes s'enfuyant devant la poussée israélienne... A cet instant, on en reste à l'idée d'un parachutage anglais à Gamil, à côté de Port-Saïd, et d'un régiment français sautant à Port-Fouad. Le 2 novembre, la débâcle égyptienne se poursuit et les Israéliens, après avoir investi le Sinaï, se demandent ce qu'ils vont faire de leurs quinze mille prisonniers. Ils sont moins inquiets pour les chars abandonnés et les armes jetées sur le sable, tout ce matériel est parfaitement récupérable.

Du côté des alliés, il est de plus en plus urgent d'attendre ; un retard qu'expliquent de nouveaux états d'âme des Anglais, toujours chagrinés d'être engagés aux côtés d'Israël. Chez les Français, ces atermoiements agacent tout le monde, y compris le général Beaufre. Ils engendrent encore des épisodes tortueux. Ainsi, Beaufre suggère de ne pas attendre les éléments amphibies et de tout miser sur les opérations aéroportées : il imaginerait bien un régiment français sautant sur Port-Fouad le matin, puis un autre sur El-Kantara dans l'après-midi, un troisième sur Ismaïlia le soir même ou le lendemain, et, véritable bouquet pour ce feu d'artifice, le quatrième et dernier régiment serait largué le lendemain après-midi sur Suez. Beaufre, qui a oublié « Mousquetaire », révisé ou rénové, appelle cela l'opération « Omelette ». Alors, il réunit son état-major et convoque le général Massu. Les Français pensent jouer seuls : isoler Port-Saïd, sauter sur Port-Fouad et se tenir prêts à foncer sur El-Kantara dès qu'arriveront les Anglais. Quand il s'agit de foncer, Massu est d'accord. Il se présente dans son habituel treillis de combat qu'il porte manches retroussées, ce qui paraît surprendre Beaufre sanglé dans un uniforme impeccable coupé chez le meilleur tailleur. L'étonnement de Beaufre l'étonne :

– Il s'attendait peut-être à me voir en complet-veston...

Après quoi, Beaufre abandonne à son adjoint le soin d'aller persuader les Anglais. Il vient de se découvrir une tâche urgente : aller visiter les installations de Nicosie, ce que Gilles fait naturellement et quotidiennement...

Pendant ce temps, l'amiral Barjot piaffe aussi d'impatience : un télégramme d'Ely – le chef d'état-major général des armées – daté du 1er novembre prescrit une intervention sous vingt-quatre heures. Il y aurait également des hommes qui s'impatienteraient à Paris... Or, tous comptes faits, au-dessus d'Ely il n'y a que le ministre de la Défense et le président du Conseil. Beaufre retrouvé, Barjot lui demande d'obtenir des Task Forces l'application immédiate de « Omelette » : ses subordonnés, eux, se demanderont longtemps pourquoi Barjot n'a pas agi personnellement; comme il est permis de se demander pourquoi les politiques ont compté sur leurs militaires, alors que l'affaire pouvait être réglée au plus haut niveau, entre Guy Mollet et Anthony Eden.

Le 3 novembre surgit des tiroirs de l'état-major un nouveau plan, celui-ci s'appelant « Télescope », avec parachutage et débarquement en deux temps. Et la date retenue est le 6 novembre, ce qui ne convient toujours pas aux Anglais, qui demandent un report de deux jours... Pour l'essentiel, ce plan modifie le débarquement des troupes amphibies, en l'occurrence le 1er REP qui devait débarquer trente minutes avant les premiers parachutages mais qui, désormais, n'agira que vingt-quatre heures après les troupes aéroportées ! Ces palinodies s'ajoutant aux tensions précédentes, les responsables français se laissent aller à une grosse colère pour que l'on revienne au 5 novembre pour les parachutages, au 6 pour le débarquement, avec l'espoir secret d'approcher d'Ismaïlia dès le 7...

Ailleurs, les combats se poursuivent. Face aux Israéliens, les Egyptiens démontrent surtout l'insuffisance de leur préparation, la médiocrité de leurs cadres et leur inaptitude à utiliser un matériel sophistiqué qui leur parvient d'URSS. Il se trouvera des observateurs pour ne pas accabler Nasser, et parmi ceux-ci le patron de la

10e DP. Lorsque viendra le temps des bilans, le général Massu saura faire la part entre les erreurs du Raïs et les tromperies de ses subordonnés. Certes, Nasser a lancé un défi inopportun aux alliés ; certes, il a surestimé l'état de ses forces, mais au-dessous de lui, personne n'osait lui dire la vérité. Il n'a pas été informé des réalités avant et pendant les combats face aux Israéliens. Tous ses subordonnés lui ont menti : menti sur la résistance de ses troupes, menti pour cacher la déroute face aux Israéliens, menti pour transformer des échecs en succès... S'il avait su, il aurait pu se demander qui avait eu la malencontreuse idée de répartir l'aviation égyptienne sur une dizaine de bases, dont quatre tiennent dans un quadrilatère de cent kilomètres de côté, une sorte de grand jardin... Pis encore, les avions stationnant sur les terrains sont trop près les uns des autres. Active les 30 et 31 octobre, l'aviation égyptienne n'existe plus le 1er novembre ! Les derniers appareils en état de prendre l'air ont cherché refuge en Arabie Saoudite et en Syrie. Les pays arabes oublient d'aider Nasser ; la collaboration la plus efficace lui vient de Syrie où des officiers pro-nassériens font sauter le pipe-line de l'International Petroleum Company... et comme Nasser a de son côté fait couler des barges remplies de ciment dans le canal, l'approvisionnement en pétrole de l'Occident paraît un moment menacé.

Le jour « J » étant finalement fixé au 5 novembre, les parachutistes anglais sautent les premiers, à 7 h 15 ; ils ont choisi comme zone d'atterrissage l'aérodrome de Gamil, mieux défendu qu'ils ne le croyaient. Les Français du 2e RPC du colonel Château-Jobert, accompagnés d'éléments du 11e choc, sautent quinze minutes plus tard. Les Nord 2501 les larguent à la plus basse altitude possible. Ils sont lourdement chargés, trop peu entraînés aussi, la casse est pourtant limitée. Un homme, le sergent Bellon, est tué avant de toucher terre. Les mitrailleuses égyptiennes tirent, leurs mortiers aussi. Les Français se regroupent. Une heure et quinze minutes plus tard, ils ont atteints tous leurs objectifs et pris contact avec leurs voisins britanniques. Ils pensent exploiter leur avantage, pousser vers l'avant. Les ordres le leur interdisent. Château-Jobert réclame des renforts et ne les voit pas venir. Le général Massu, embarqué avec le 1er REP, s'agace des silences du général Gilles. Il ne sait pas encore que les défaillances des transmissions seront une des plaies de cette expédition vers Suez. Aux environs de 15 h 15, la deuxième vague du 2e RPC est larguée au sud de Port-Fouad ; une arrivée encore saluée par les tirs des mortiers, des mitrailleuses et des chars égyptiens. A 17 h 15, une voiture noire se présente au pont d'El-Raswa, tout à côté de l'usine de traitement des eaux que contrôle Château-Jobert. Les négociateurs égyptiens viennent concrétiser le cessez-le-feu provisoire négocié par téléphone et déjà respecté... Ce sera une tentative avortée : les propositions que transmet le général égyptien El-Moguy sont refusées par ses supérieurs.

Le lendemain 6 novembre, les légionnaires du 1er REP débarquent – ou « beachent » – depuis leurs embarcations hors d'âge. Ils touchent terre sans le moindre accrochage sérieux, sans autre incident que la faillite complète des camions amphibies, dont les moteurs lâchent en mer; trois d'entre eux coulent, deux autres doivent être pris en remorque. A partir de 7 heures, les légionnaires, les commandos de marine Hubert et de Penfetenneyo sont opérationnels. Les blindés suivent. Massu et son PC arrivent à 8 h 40. Massu, manches retroussées, cartes sous le bras, interpelle Brothier, le patron des légionnaires :

– Alors ?

Alors, rien ! Mis à part l'état lamentable des embarcations, tout s'est admirablement passé. A Bel-Abbès, maison-mère de la Légion, il avait pourtant été envisagé, pour un tel débarquement, une perte de dix pour cent des effectifs, qui avaient été aussitôt gonflés par prudence [1]... Les Anglais s'en sortent moins bien côté Port-Saïd où des voitures égyptiennes, équipées de haut-parleurs, ont circulé toute la nuit, appelant à la résistance. Les services de Nasser ne lésinent pas sur les moyens : ils font annonçer l'arrivée de renforts soviétiques et le bombardement de Londres et Paris ! A ce moment, les Anglais et les Français sentent la victoire à portée de fusil. Massu, tonitruant, dialogue avec Château-Jobert qui tient l'usine des eaux sur l'autre rive du canal et dont les hommes ont commencé à cuisiner les dindes découvertes dans une armoire frigorifique et à déboucher les bouteilles de whisky entassées dans la réserve, ce qui agacera les Anglais renâclant devant leurs boîtes de ration.

La découverte qui suit n'est pas réjouissante pour Massu et ses colonels : ce qui reste de l'ancienne route, longeant le canal sur la rive orientale, ne mérite même plus le nom de piste, c'est boueux, marécageux, baigné par les eaux de la lagune, impraticable pour tous véhicules qu'ils soient à roues ou à chenilles... Massu en conclut qu'une poursuite terrestre ne peut avoir lieu que sur la rive africaine et qu'il lui faut donc s'y transporter. Pour commencer, que

---

1. Les pertes françaises lors des opérations aéroportées des 5 et 6 novembre sont évaluées à 10 tués, 41 blessés pour le 2e RPC; 203 tués et 158 prisonniers du côté égyptien. Lors du débarquement le 1er REP a perdu un légionnaire mort noyé et 2 blessés; les Egyptiens ont eu 15 tués et 57 prisonniers.

les éléments de Port-Fouad – parachutistes, 11e choc et commandos de marine – se préparent à passer sur la rive africaine, ce qui impose le franchissement du canal sur des embarcations. Ensuite, que le REP débarque ses blindés et ses véhicules, encore en mer, côté Port-Saïd... un changement de programme qui paraît compliquer la vie des Anglais, en tout cas ils traînent les pieds. Il y a pourtant un débarquement depuis le *Laïta* vers 13 h 30, un deuxième vers 15 heures depuis le *Rance*. Et on en serait resté là jusqu'au lendemain matin sans une énorme colère de Massu : il voudrait bien savoir depuis quand il n'est plus possible de débarquer de nuit ! L'*Odet* libère donc ses troupes sans incident vers 21 heures et le *Chéliff* en fait de même vers minuit.

Pour la suite, les ordres sont clairs. L'ordre particulier n° 8, daté du 3 novembre, a prévu l'établissement d'une tête de pont englobant initialement El-Kantara-Ouest. Marcheront en avant-garde, aux ordres du brigadier Butler, la 16e brigade parachutiste moins un bataillon et le 6e Royal Tank régiment moins un escadron. Suivra « le gros », un terme qu'affectionne Massu quand il s'agit de prévoir des mouvements de troupe. Le gros, ce seront les éléments de la 10e DP débarqués en assaut amphibie, c'est-à-dire le 1er REP, l'escadron AMX du 21e RIC, l'escadron AMX du 1er REC, l'escadron Patton du 8e dragons, la batterie automoteurs et les fameux missiles SS 10 dont les servants n'ont pas encore percé tous les mystères. Le calendrier est aussi précis : dans l'après-midi du 6 novembre, reconnaissance légère britannique jusqu'au kilomètre 15 ; puis, dans la nuit du 6 au 7, démarrage de l'avant-garde Butler ; enfin, au plus tôt, démarrage du « gros ».

Les Occidentaux regroupés n'ont donc plus qu'à filer vers Ismaïlia, ce qui ne devrait poser aucun problème, et la quasi-totalité du canal sera sous leur contrôle. Militairement parlant, c'est parfaitement exact. A deux détails près... d'abord, Londres n'est toujours pas pressé ; ensuite, ni Moscou ni Washington ne veulent d'un tel succès ! Mais cela, sur le terrain, personne ne le sait encore.

Massu peste : avec « Omelette » et sans ces histoires de marins qui leur font perdre du temps, il pourrait déjà être à El-Kantara où l'attendrait le 3e RPC si le commandement s'était décidé à le parachuter, exactement comme le 1er RCP pourrait sauter à Ismaïlia et les attendre. Beaufre quitte Massu vers 18 heures : « A demain à El-Kantara... »

Après, rien ne sera jamais plus clair... Stockwell dérobe à Massu l'escadron AMX-13 du 1er REC, sous le prétexte d'assurer la protection rapprochée de la 3rd Commando Brigade à Port-Saïd ;

Stockwell ne se préoccupe manifestement que de cette ville, comme s'il voulait en faire une sorte de gage. Il y a comme du lâchage dans l'air, côté anglais. Barjot pense qu'il faut gagner du temps et du terrain : que les paras sautent sur Ismaïlia et Suez. Keightley fait la sourde oreille. Butler avancera pourtant, jusqu'au moment où un char Centurion dechenillé, en travers de la route, bloquera l'avance vers le kilomètre 25.

A Chypre, ce même 6 novembre, à 16 heures locales, parvient un télégramme pour Barjot et Keightley :

> « Pour des raisons politiques impérieuses on doit envisager un cessez-le-feu à 19 heures locales. Il est recommandé de prendre toutes dispositions pour renforcer les éléments déjà à terre. »

Ce texte comporte – lui aussi – une part d'ambiguïté. Il peut être interprété de diverses façons, par exemple en poussant au plus loin comme aimerait le faire l'amiral Barjot. Le général Massu est chez les Anglais avec le capitaine Lemaire et le colonel Château-Jobert. Lemaire a trouvé le moyen de calmer les nerfs du patron : il l'entraîne dans de longues courses à pied où il laisse son trop-plein d'énergie. Massu arrive donc décontracté chez les Anglais. Il leur suggère de foncer au plus vite avant et pourquoi pas après le cessez-le-feu. Massu a l'impression que les Anglais sont ouverts à cette sorte de désobéissance. Les Anglais opinent effectivement, prennent l'air complice, sachant pourtant qu'ils n'en feront rien. Il conviendrait de prévenir Beaufre. C'est impossible, personne à ce moment ne parvient à le joindre. Gilles a mis le 3e RPC en état de marche. Bigeard ayant été blessé par un terroriste est resté à Alger, c'est Lenoir qui assure l'intérim à la tête du régiment. Ses hommes se préparent à sauter sur l'Egypte. Ils gagnent le terrain où les avions les attendent et ils patientent... Sous les ailes des appareils, disent certains, dans les carlingues surchauffées, se souviendra le capitaine Allaire. L'ordre de décoller ne sera jamais donné ! Un deuxième télégramme précise que le cessez-le-feu sera effectif à 2 heures du matin, heure locale. A Chypre, on sait ainsi que la guerre sera finie dans quelques heures. En Egypte, la situation est plus confuse. La colonne terrestre a été formée par les Anglais : ils sont devant, les Français en deuxième ligne ; la route, entre le canal et les marais, est étroite ; il est impossible de doubler. Et les Anglais ne démarrent pas ! D'ailleurs, Beaufre et Stockwell n'ont jamais compris le sens profond d'un message reçu à Port-Saïd : « Le général Keightley dit qu'il est urgent de faire ce que vous êtes en train de faire. »

Un télégramme de Barjot pour Beaufre émis à 14 h 37 arrive à 18 h 10 sur le *Gustave Zédé* où Beaufre ne rembarque d'ailleurs qu'à 19 heures, sa vedette ayant erré à la recherche du bâtiment... Le 7 au matin, la colonne au complet démarre vers une heure du matin... Il ne reste qu'une heure avant le cessez-le-feu, pas assez pour atteindre El-Kantara...

A Moscou, Khrouchtchev a envie de prendre pied dans ce coin du monde. Il décide que Nasser est son protégé et qu'il ne faut plus le contrarier. Il le fournit d'ailleurs abondamment en armes à des prix sans concurrence. Dans la nuit du 5 au 6 novembre, le maréchal Boulganine ne lésine pas sur les menaces envers les Occidentaux. Il usera, s'il le faut, de ses fusées pour faire reculer les envahisseurs... Washington lance le même avertissement, dans une version moins belliqueuse certes et pour d'autres raisons. Il serait bon que les petits alliés cessent de jouer aux puissances coloniales ; il serait utile de ménager ce colonel qu'ils s'imaginent manipuler et que les étudiants égyptiens ont surnommé par dérision « colonel Jimmy » ; il serait mieux de laisser le président Eisenhower mener tranquillement sa campagne pour une réélection à la présidence, sans qu'elle soit troublée par le cliquetis des armes. D'autant que le thème qu'Eisenhower s'est choisi en souffrirait : « Paix et prospérité » ! Et si les Britanniques ne comprennent pas, qu'ils regardent ce que le Département d'Etat est en train d'infliger à la livre sterling ! La chute des cours est parfaitement orchestrée : 300 millions de dollars perdus dans la seule journée du 6 novembre et un concours indispensable du Fonds monétaire international pour stopper l'hémorragie. D'accord pour le prêt, répond Washington, si le cessez-le-feu est annoncé avant minuit...

Le choix des politiques – Eden en Grande-Bretagne, Guy Mollet en France – est simple : ou bien ils lâchent leurs militaires et leur demandent de se retirer, ou bien ils prennent le risque de contrarier Moscou et Washington, avec la possibilité de représailles mal appréciées... Le 6 novembre, devant l'insistance d'Eisenhower, Eden cède.

Aussitôt après, il appelle Guy Mollet au téléphone :

> « Nous devons nous arrêter. La livre a encore baissé et nous risquons la panique. Je viens de recevoir un coup de téléphone personnel d'Eisenhower. Il me donne douze heures pour ordonner le cessez-le-feu.
> – Demandez un délai. Nous pouvons encore gagner du terrain, améliorer nos positions.

– Nous ne tiendrons pas deux jours !
– Essayez. Nous sommes avec vous !
– J'ai déjà accepté... »

Le gouvernement français a songé, un moment, à continuer seul. Dès le 3 novembre des plans ont été dressés, avec cette fois l'appui des Israéliens. Cette idée a été très vite écartée ; il aurait du reste été impossible de la concrétiser sur le terrain, sauf à bousculer les troupes anglaises... Le 7, Israël renonce et accepte d'évacuer le Sinaï dès l'instant ou les forces de l'ONU auront pris pied dans la zone du canal. Pendant que diplomates et politiques font et refont le point de la situation, pendant que les stratèges de Chypre concoctent des plans, les hommes de la 10e DP paraissent oubliés sur le terrain. Qu'ils aient été parachutés ou débarqués, ils constatent que l'arrière les oublie totalement. Pas le moindre matériel de campement ; pas le moindre paquetage individuel à l'horizon, et donc impossibilité de se changer ; pas le moindre service de l'intendance, pas l'ombre d'une roulante mais des boîtes et des boîtes de ration ; pas d'atelier de réparation pour le matériel ; même pas d'argent... une troupe en campagne sans ses soutiens habituels et indispensables ! Massu n'est pas homme à le supporter, mais que peut-il ? Les transmissions ont été une des plaies de l'opération de Suez. Les messages traînent, s'égarent ou se perdent. L'un d'entre eux, peut-être le plus célèbre, a mis vingt-neuf heures pour aller de Chypre au bateau du commandement... Et voici les Français qui, en Egypte, ne veulent plus manger de singe... Qu'ils aillent donc se faire cuire du pain ! Ce qu'ils feront, avec le concours de boulangers égyptiens priés de se mettre au travail...

Ne sachant plus trop sur quel pied danser, l'état-major envisage trois hypothèses : tenir et défendre ce qui est conquis, rembarquer hativement ou reprendre l'offensive après une rupture unilatérale du cessez-le-feu de la part des Egyptiens. Il est donc mitonné, à partir du 9 novembre, un ultime plan opérationnel dit « Verdict », prévoyant une occupation totale et rapide du canal jusqu'à Suez à laquelle participeraient le 1er REP sur la rive Est et le 2e RPC renforcé par les blindés du 21e RIC sur la rive Ouest. Condamnés à patienter l'arme au pied, quelques ingénieux farceurs se disent que « Verdict » pourrait peut-être passer du virtuel au réel, que la marche en avant reprendrait si les Egyptiens se laissaient aller à ouvrir le feu... Ils imaginent un plan machiavélique : accrocher des drapeaux français aux lampadaires et aux poteaux télégraphiques puis miner le sol autour desdits poteaux... Au premier blessé, il y aura sûrement l'occasion d'une riposte en légitime défense. Les

Egyptiens n'ont pas osé aller décrocher les drapeaux. Massu, apprenant l'histoire après coup, aurait sérieusement grogné pour la forme puis éclaté de son grand rire sonore.

Tout se règle à l'ONU où Hammarskjöld n'entend pas perdre totalement la face. Puisqu'il ne peut rien faire pour que l'URSS renonce à dévorer la Hongrie, il va empêcher la France et la Grande-Bretagne de contrarier plus longtemps Nasser. L'inconvénient, c'est que les alliés se trouvent bien à Port-Saïd, qu'Israël entend conserver le Sinaï et que lui, l'illustre « Monsieur H », n'a guère les moyens d'imposer sa volonté. Alors, les Etats-Unis, une fois encore, vont persuader Eden qu'il fait fausse route ; que la Grande-Bretagne a besoin d'eux et qu'il lui faut céder comme il en a pris l'habitude. Il est donc décidé, pour éloigner Français et Britanniques, d'en appeler aux forces des Nations unies, les « casques bleus ». Le premier contingent se présente le 15 novembre. Eden s'étant définitivement incliné, la France ne peut plus rien.

« Verdict » est abandonné le 23 novembre, le rapatriement étant décidé. Massu et son état-major se sont pourtant résolument impliqués dans cet ultime plan. Ils ont prévu le plus petit détail ; envoyant les hommes grenouilles du commando Hubert repérer l'état du canal pour savoir quelles embarcations pourraient accompagner la progression des troupes à terre ; arrêtant des zones de débarquement pour les renforts. Beaucoup de travail, autant d'espérance et l'obligation de tout démonter, la rage au cœur, pour l'arrivée des forces de l'ONU, des Norvégiens, des Danois, Suédois, Colombiens et Indiens. Le rembarquement commence. Pour les Français, il est achevé le 22 décembre.

En Egypte, il y a de l'amertume dans l'air. A Chypre, c'est peut-être pire encore, au 3e RPC par exemple, privé de combat au dernier instant. D'autres unités, embarquées sur leurs navires, n'ont même pas eu le temps d'arriver en Egypte. Le lieutenant Cassagnes, du 72e groupe d'artillerie, ayant la chance d'avoir une cabine avec hublot, se souviendra toujours s'être endormi la terre défilant à tribord ; au réveil, plus de rivage... la terre est passée à bâbord. Le bâtiment a fait demi-tour pendant la nuit !

Il est permis de s'interroger sur les raisons profondes de ce gâchis. Elles ne manquent pas : les données internationales et l'attitude de l'URSS comme des Etats-Unis ; l'extrême lenteur de Londres et de Paris, passant à l'action le 5 novembre alors que la nationalisation – le seul prétexte avoué pour justifier l'intervention militaire – remonte déjà à plus de trois mois. Puis il y a l'extraordinaire complexité du commandement que vont encore aggraver des divergences d'intérêts. Ainsi, les Britanniques rêvaient surtout d'en finir au plus vite et une petite phrase avait pris, chez eux, des allures de slogan : « Christmas at home ! » La France, elle, visait autre chose qui ne sera pas accompli : la chute de Nasser. Dans une note préalable à un entretien avec Lacoste qui suivra son retour à Alger, Massu peut donc écrire :

> « Les résultats militaires de l'expédition d'Egypte nous ont profondément déçus : le planning et l'organisation du commandement ne se prêtaient pas à la poursuite des objectifs français : l'élimination de Nasser animateur et soutien de la résistance algérienne. »

Le fiasco enregistré, il convient d'en tirer les leçons. Dans les états-majors, des hommes se penchent sur les raisons de l'échec de l'entreprise franco-britannique, qui n'est pourtant pas de leur fait. Ils n'ont aucune responsabilité dans l'attitude des Etats-Unis ni dans les palinodies de leurs gouvernements. Ils sont étrangers à l'affaire de Budapest que Moscou a dissimulée tant bien que mal derrière un rideau de fumigènes en obligeant le monde à porter ses regards ailleurs, vers l'Egypte précisément. Militairement parlant, pourtant, le bilan de l'expédition de Suez est catastrophique et il faut prendre en compte certaines réalités.

La première interrogation porte sur la façon dont les opérations ont été menées contre un adversaire de qualité bien inférieure, ses revers face aux Israéliens l'ont amplement montré. Outre la décision initiale de subordonner le commandement des troupes françaises au commandement britannique qui a tout compliqué et tout freiné, chacun des responsables français prépare son rapport concernant son domaine.

Le général Massu travaille au sien, avec le colonel Godard qui apporte sa touche à la rédaction finale, car Massu, trouvant la première version trop timorée, a demandé à son adjoint moins de retenue pour la réécriture. Ce rapport passe pour avoir été sévère envers le commandement. A défaut du texte d'origine, il est aisé d'en repérer des éléments importants dans le livre que Jacques Massu consacrera à cet épisode de sa carrière, et dans divers entretiens. L'un de ses premiers reproches tient au mauvais usage qui a été fait des troupes aéroportées :

> « Leclerc avait compris que les paras étaient quelque chose de très important pour l'avenir des troupes terrestres. Malheureusement ses

> successeurs ne l'ont pas tous compris. Par exemple à Suez, en 1956, si ça avait été un homme comme lui qui avait commandé l'affaire aux côtés des Anglais, on n'aurait pas perdu trois jours, une fois que l'aviation française avait neutralisé l'aviation égyptienne, pour coiffer tout le canal avec ma division. L'opération a été manquée uniquement parce que le chef n'était pas un Leclerc, uniquement à cause de ça. Même si Eisenhower et Khrouchtchev s'en sont mêlés, même si Eden le Britannique s'est dégonflé, même si Guy Mollet président du Conseil a été obligé, lui aussi, de stopper les frais alors que courageusement, il s'était lancé dedans [1]. »

Une autre remarque tient aux erreurs dans le domaine des matériels engagés. Pourquoi, s'interroge le général Massu, aucun hélicoptère n'était-il disponible ? « Ils étaient les seuls engins permettant à l'offensive de continuer, en se développant sur un rythme soutenu pendant le débarquement des indispensables moyens de transport. »

Accessoirement, d'autres traces des réflexions conduites à l'état-major de la 10e DP réapparaissent dans un autre livre, celui que rédigera à son tour le colonel Godard. Pour lui, il est surtout regrettable que les troupes aéroportées n'aient pas sauté sur Ismaïlia le 5 novembre en fin de matinée, puis sur Suez dès l'après-midi.

Un très officiel « Rapport sur l'opération d'Egypte, études particulières », conservé au Service historique de l'armée de terre, passe en revue tous les aspects de la campagne, depuis les préparatifs jusqu'au retour, sans négliger des éléments essentiels comme la conservation du secret, le lancement des opérations, l'apport de l'aviation et de la marine et des unités débarquées ou parachutées à Port-Fouad et Port-Saïd. Le document paraît être une synthèse des différents rapports. Dans la quatrième partie de cette étude intitulée « L'opération aéroportée », il est notamment écrit :

> « L'opération d'Egypte a confirmé l'efficacité du système aéroporté français.
> « Cette constatation a été d'autant plus nette que l'emploi simultané de parachutistes français et britanniques, chacun appliquant sa doctrine propre, a fait ressortir dans tous les domaines la supériorité de nos procédés sur les leurs. »

Au-delà de cette appréciation de caractère général, apparaissent des réflexions plus précises :

---

1. Alain-Gilles Minella, *op. cit.*

« A/ les moyens des forces aériennes de transport ne correspondaient pas à l'abondance de nos ressources en unités aéroportées. Il ne semble pas que l'équilibre puisse être établi dans un proche avenir entre ces deux éléments. Les opérations aéroportées massives nous sont donc interdites.
« B/ l'opération d'Egypte a également montré que dans certains cas, les parachutistes voyaient s'ouvrir devant eux des possibilités d'exploitation immédiates très larges dont ils ne pouvaient profiter faute de moyens lourds et de mobilité au sol. »

Une proposition est avancée : il faudra songer à renforcer les moyens d'action contre les chars et trouver une solution pour les engins non parachutables comme l'étaient à l'époque les missiles « SS 10 », solution qui peut être selon les circonstances un transport par hélicoptères ou, si le terrain est favorable, par planeur, un moyen de transport négligé depuis la Seconde Guerre mondiale... Et pourquoi ne pas avoir eu recours aux sauts de nuit qui, lorsque le terrain et la météo s'y prêtent, ont un excellent rendement ?

La partie de cette étude consacrée à l'intervention navale concerne aussi le général Massu : le 1er régiment étranger de parachutistes n'a pas sauté, il a débarqué. Il ne faut donc pas s'étonner si le rédacteur anonyme de la version finale du rapport insiste sur l'invraisemblable état du matériel dont disposait l'armée française, hors d'âge, aux limites de l'épuisement. Mis à part les LSD et LST, bâtiments pouvant transporter des engins de débarquement eux-mêmes chargés d'engins plus petits, à la manière des poupées gigognes, toutes les autres embarcations étaient pratiquement hors d'usage à leur mise à l'eau [1] !

Est-ce une constatation ? Est-ce un reproche ? Toujours est-il que parmi les analyses rédigées au lendemain de l'échec, une part notable est faite à la maigre réussite des services de renseignement, qui n'étaient pas préparés à cette opération. Il n'y avait, par exemple, aucune information fiable sur le matériel de guerre égyptien, sur l'armement et les munitions, et aucun officier compétent en la matière à l'état-major. Il n'y avait pas de coordination efficace entre les 2e bureaux anglais et français. Parmi ces réflexions, l'une concerne tout spécialement la 10e DP. La division du général Massu, qui devait être au contact direct de l'adversaire, n'avait aucune équipe susceptible de traiter les prisonniers, autrement dit de les

---

1. Le système des poupées gigognes est relativement simple à expliquer : un LSD peut transporter deux LCT eux-mêmes chargés de cinq LVT transportant 25 hommes et des engins chenillés.

interroger, ni même d'interprètes ou d'officiers parlant arabe capables de recueillir les renseignements. Les rares informations engrangées sont parvenues à l'état-major dans les vingt-quatre heures, ce qui a été considéré comme acceptable... mais ne l'aurait pas été si le renseignement avait été d'importance. Cette insuffisance a été sans conséquence; encore faudrait-il songer à y remédier. La 10e DP doit être capable de soutirer immédiatement et efficacement des informations à l'adversaire.

Diplomatiquement, en dépit de son offensive psychologique des lendemains de la défaite, l'échec de Nasser est évident : aucun pays arabe ne l'a aidé ou franchement soutenu. La Jordanie, l'Irak n'ont pas esquissé un geste; la Syrie s'est livrée, sur son territoire, à un modeste sabotage des pipe-lines occidentaux; l'Arabie Saoudite a temporairement fermé le robinet du pétrole, et seulement à partir du 9 novembre ; il n'a plus reçu de l'URSS aucune des aides espérées. Diplomatiquement, Français et Anglais ont subi un sérieux revers, parce que Moscou et Washington l'ont décidé; Guy Mollet se consolera avec la certitude que l'action franco-britannique a permis la survie d'Israël, ce qui appartient au vraisemblable. De manière plus pratique, il restera à mesurer l'effet de cette guerre manquée sur les relations entre l'Egypte et le FLN algérien, une donnée qui a toujours existé, en filigrane, dans les pensées de Guy Mollet, Maurice Bourgès-Maunoury ou Robert Lacoste. Et là, le bilan est plus intéressant, encore que fort discret pour les opinions publiques. Désormais, Le Caire ne sera plus un fournisseur d'armes très efficace ni une base arrière aussi active pour les rebelles algériens. Pourtant, il arrivera toujours en Algérie des armes par tonnes venant de Yougoslavie et d'ailleurs, il y aura toujours des camps d'entraînement en Tunisie et des bases arrière au Maroc... Et les chants de victoire du Raïs seront repris en chœur à travers tout le Maghreb.

Il y a aussi un article du *New York Times* que Jacques Massu ressortira une vingtaine d'années plus tard, lorsque, sa carrière achevée, il rédigera ses livres à partir de ses expériences passées. Dans cet article rédigé aussitôt après l'affaire de Suez, le journaliste américain Sulzberger évoquait le mauvais coup porté à la crédibilité de l'OTAN. Il annonçait que, tôt ou tard, la France tirerait les leçons de l'attitude américaine et chercherait son indépendance politique et nucléaire. Il ne pouvait pourtant pas prévoir dès cette date, note Massu, l'arrivée au pouvoir du général de Gaulle [1].

---

1. *La Vérité sur Suez, 1956*, en collaboration avec H. Le Mire, Plon 1978.

Lorsque les troupes françaises rembarquent pour rejoindre Alger, l'amertume est sans nom : l'impression dominante est que les politiques les ont trahis ; ils ont même été, par instants, ridiculisés, ce qui n'est jamais agréable et s'oublie rarement. Il apparaît comme une cassure entre le gouvernement et ses centurions, une déchirure s'ajoutant aux plaies indochinoises jamais refermées.

C'est le 22 décembre 1956 que le *Pasteur* a quitté Port-Saïd sous les insultes d'une population cherchant à oublier ses peurs et de militaires qui ne se sont généralement pas couverts de gloire. A bord ont pris place le 1er REP, le 2e RCP, l'état-major de la 10e DP et des Français de Port-Saïd évacués par mesure de sécurité. Il y a aussi, dans les cales, quelques centaines de prisonniers. Mais, une fois encore, l'entente cordiale franco-britannique a eu des ratés : ces prisonniers auraient dû être rendus à l'Egypte. C'est une clause de l'accord passé avec les Egyptiens et l'ONU, Stockwell a simplement oublié d'en parler aux Français. Le *Pasteur* doit revenir à quai et les débarquer !

L'arrivée à Alger est plus amère encore. Le Raïs, toujours en place, toujours arrogant, n'est pas un novice en matière de propagande. Il sait manipuler son opinion publique ; il est capable de faire passer n'importe quelle défaite pour une victoire. Pourquoi se gênerait-il puisque, dans leur crédulité, les Egyptiens gobent ses paroles, digèrent les pires contre-vérités qui deviennent révélations... La propagande égyptienne ne joue pas la finesse. Voici Radio Le Caire se moquant des parachutistes, devenus « les petits soldats parfumés de l'armée française »... Voici Nasser lui-même annonçant qu'il a coulé le *Jean-Bart*, un des fleurons de la Royale... Et il fait composer un hymne à ce propos... et il fait éditer un timbre commémoratif ! Le monde arabe, admiratif, applaudit à tout rompre. Qu'importe, au Proche-Orient, que le *Jean-Bart* se porte comme un charme, sans une égratignure, qu'il soit ancré au vu de tous dans la baie d'Alger. Personne ne peut croire pareille baliverne, surtout pas les Egyptiens qui jureraient l'avoir vu couler, surtout pas les Algériens puisque les Egyptiens l'ont vu couler. D'ailleurs les Français ne sont que de pauvres menteurs, ce bateau-là que l'on prétend être le *Jean-Bart*, il avait sûrement un autre nom la semaine passée...

C'est ainsi que les parachutistes de la 10e DP, revenant à Alger, découvrent que les attentistes d'hier les regardent aujourd'hui de bien haut. Avec un mépris affiché.

Chapitre 9

La bataille pour Alger
Terroristes et attentats
Les complices européens du FLN
Autour de la torture

Le fracas des bombes, les hurlements des blessés, les sirènes des ambulances, puis une chape de silence lorsqu'il ne reste plus, à la terrasse d'un café ou à l'arrêt d'un autobus, que des corps sans vie allongés dans des flaques de sang. A Alger, les premiers jours de l'année 1957 ressemblent étonnamment aux derniers mois de 1956. Les Algérois n'ont pas oublié les attentats du 30 septembre, à La Cafétéria et au Milk-Bar, ni ceux du 13 novembre, près du palais d'Eté, à la gare d'Hussein-Dey et au Monoprix de Maison-Carrée, avec la quatrième bombe qui n'a pas explosé et qui aurait dû faire un carnage au Terminal d'Air France. D'autres attentats ont été plus vite oubliés, ceux du 29 novembre à la Maison des combattants, à La Pergola et boulevard de Provence ; il est vrai que les trois engins furent désamorcés à temps. Le jour où la 10e division parachutiste rentre d'Egypte, le 24 décembre, le FLN franchit un pas de plus dans l'horreur. Le capitaine Lemaire, chargé entre autres tâches des relations avec la presse auprès du général Massu, est le témoin d'un acte impossible à oublier. Il voit exploser la bombe placée dans un car. Il n'y a que des enfants à bord, des enfants mutilés pour toujours, aux plaies atroces, aux membres arrachés...

Pour clore cette année sanglante, survient l'assassinat d'Amédée Froger. Cet homme est en Algérie une figure emblématique. Maire de Boufarik, il est aussi le président des maires d'Algérie. Issu d'une famille implantée sur cette terre depuis quatre générations, il a été un glorieux combattant de la Grande Guerre, fantassin jusqu'à une grave blessure puis aviateur. Homme honoré, respecté, influent, il a tout pour déplaire aux terroristes. Ils l'abattent le 28 décembre au matin, devant son domicile de la rue Michelet, à l'instant où il monte dans sa voiture. Pour lui rendre un dernier hommage, ses concitoyens se pressent par centaines à l'église du Sacré-Cœur ; par milliers, ils suivent ensuite le cercueil vers le cimetière de Saint-Eugène. Cette foule immense interdit la marche du cortège automobile initialement prévu. Les Algérois accompagneront Amédée Froger à pied jusqu'à sa dernière demeure. En queue de cortège, plus furieux que consternés, quelques centaines de jeunes gens brisent des vitrines, incendient des voitures, se ruent sur les silhouettes un peu trop basanées. C'est une crise de nerfs qu'Alger ne maîtrise plus ; cela s'appelle aussi une ratonnade. Il y aura officiellement quatre Arabes tués, une cinquantaine de blessés dont trois jeunes Européens. Officieusement, il se dira, dès le lendemain, que les morts se comptaient par dizaines. Et nul ne peut savoir ce qui serait arrivé si la bombe placée dans le caveau le plus proche de la fosse attendant le cercueil avait explosé pendant l'inhumation. Le cortège a beaucoup tardé ; il n'était qu'à mi-chemin de son parcours lorsque la charge a éclaté. Il est vrai que la nouvelle a été immédiatement annoncée aux manifestants accompagnant la dépouille et que les violences ont aussitôt redoublé. L'identité des poseurs de la bombe est restée un mystère : le FLN, bien sûr, ou un groupe contre-terroriste qui aurait voulu déclencher les représailles de l'armée...

Le général Massu est presque seul, ce jour-là. A Hydra, au PC de la 10ᵉ division parachutiste, il n'y a guère à ses côtés que le capitaine Lemaire. Le général a décidé que ses régiments, retour de l'affaire de Suez, avaient besoin d'oublier l'aventure écourtée et le succès avorté. Les feuilles de permission se signent à la chaîne au 1er RCP de Mayer, au 2e RPC de Château-Jobert comme au 3e RPC de Bigeard. A Zeralda, base arrière du 1er étranger parachutiste, on n'a sans doute jamais été aussi généreux : le colonel Brothier accepte que 75 % des effectifs partent en permission ! Qu'ils s'offrent des loisirs, qu'ils reprennent des forces, ils vont devoir courir les djebels.

Le 1er janvier 1957, les Algérois trouvent presque malhabiles les terroristes qui ont déposé les deux bombes à l'hôtel Saint-Georges. La cible était de choix. C'est l'un des plus célèbres hôtels de la ville, avec l'Aletti. Là descendent les correspondants de la presse française et étrangère, les diplomates, les hommes d'affaires et quelques poignées de généraux. Pourtant les explosions, l'une dans le jardin, l'autre à l'étage du personnel, ne font pas la moindre victime ! Ce jour de l'an, le FLN le célèbre aussi hors d'Alger. D'autres bombes éclatent bien plus loin vers l'ouest, à Mascara, Perregaux, Mostaganem, Oran, Lamoricière, Beni-Saf. Le 3 janvier, l'horreur rattrape les Algérois : une bombe a été placée à bord du trolleybus descendant d'Hydra vers le centre-ville. Elle explose à 18 h 15, presque en face du Saint-Georges. Il y a deux morts et trente blessés.

Au gouvernement général ou à l'état-major, personne n'imagine, à cet instant, que le terrorisme frappe par hasard. Un débat sur l'Algérie à l'ONU est annoncé pour les prochains jours, mais la date en est sans cesse reculée. Le FLN, de toute évidence, trouve l'occasion excellente pour faire parler de lui. Il exploite déjà au mieux, contre la France, la défaite inachevée de Nasser, que l'Egyptien, maître de la désinformation, a transformée en victoire. Le fracas des bombes prend des allures de redondance.

En réalité, le FLN veut faire plus et mieux, pour donner de la voix lorsque l'ONU s'intéressera à l'Algérie. Les services de renseignements français, dressant l'oreille, apprennent ainsi que le FLN projette de lancer, le moment venu, une grève générale. Celle-ci est qualifiée d'insurrectionnelle par ses promotteurs ; ce qui revient à dire qu'il existe une possibilité de télescopage entre une paralysie de la vie urbaine et une révolte armée inscrite en filigrane dans les instructions des rebelles. Ce sera, de toute façon, pour le FLN, une manière radicale de démontrer à l'opinion internationale qu'il contrôle le pays. D'autant que personne ne viendra de New York pour suivre cette grève de près, pour distinguer la part de spontanéité et la part imposée par la menace, la violence ou le crime. Il est d'ailleurs question, dans les premiers temps, d'une grève qui durerait une semaine ou bien un mois ; les chefs du FLN ne paraissent pas encore avoir tranché. Or, de toute évidence, aucune famille musulmane ne peut tenir un mois sans salaire, aucune n'a les moyens d'engranger des provisions pour une telle durée... D'autres informations confirment les risques d'insurrection. Il se dit que les combattants des djebels – où ils accumulent les revers – auraient reçu l'ordre de descendre en ville, le moment venu, avec leur armement. Il se murmure que les rebelles envisageraient aussi de créer, en un point quelconque du territoire, une République algérienne pour tenter de gommer d'autres insuccès, notamment les vendanges de septembre qu'ils ont voulu interdire et qui se sont déroulées sans la moindre anicroche. Il faut ajouter à ces renseignements les récentes condamnations à mort par le FLN de personnalités musulmanes attachées à la présence française – notamment Ali Chekkal, qui doit être l'un des membres de la délégation française à l'ONU [1].

---

1. Ali Chekkal sera assassiné le dimanche 26 mai 1997, au stade de Colombes, où il était venu assister à la finale de la Coupe de France de football, en compagnie du président René Coty.

Dès lors, on ne peut tenir pour vaines les inquiétudes de Robert Lacoste, le ministre de l'Algérie, du général Salan, le commandant en chef, et du préfet Baret, qui n'est arrivé à Alger qu'en décembre.

A Paris, le gouvernement s'inquiète aussi de la concordance entre les diverses informations. C'est pourquoi, le 4 janvier, le président du Conseil réunit autour de lui, à l'hôtel Matignon, Robert Lacoste, Christian Pineau, ministre des Affaires étrangères, Paul Ramadier, ministre des Finances, Maurice Bourgès-Maunoury, ministre de la Défense nationale, qui vient accompagné de ses deux secrétaires d'Etat, Max Lejeune et Louis Laforêt. Ensemble ils préparent le débat de l'ONU. Ils ne se contentent pourtant pas de cet aspect diplomatique du dossier. Si l'on en croit le communiqué du jour, ils décident également « de renforcer la sécurité de la population d'Alger devant la recrudescence des attentats ».

Trois jours plus tard, le 7 janvier, Le ministre Lacoste convoque le général Massu au gouvernement général. Entraînant le capitaine Lemaire dans sa 403 jaune sable, Massu file vers le GG où il va découvrir, par l'un des raccourcis dont Lacoste a le secret, ce que cachait le communiqué parisien en clair-obscur :

> « Massu, je vais vous confier l'ordre dans ce département. Vous aurez tous les pouvoirs. Avec votre division, vous allez reprendre tout en main. »

Au sortir de l'audience, Massu retrouve le capitaine Lemaire patientant dans l'antichambre. Il lui annonce que Lacoste vient de lui confier les pouvoirs civils et militaires. Lemaire le trouve pensif, presque contrarié. Massu ne paraît guère plus enthousiaste lorsqu'il s'entretient avec son adjoint, le colonel Godard, qu'il joint aussitôt au téléphone :

> « Je vous raconterai le " beans [1] ". Je vous dis tout de suite que nous allons avoir des tas d'emmerdements.
> – Bien, mon général, et tant pis ! »

Jacques Massu, décidément perplexe, note sur son agenda, en ce jour de la Sainte-Mélanie, disciple du berbère saint Augustin :

1. « Beans », qui se traduit par haricots, a pris un autre sens à la 2e DB où l'on s'était vite lassé, durant la campagne de France, de ces conserves américaines monotones. Il faut donc entendre par « beans » : ennui, inconvénient, puis, par extension, désordre, bazar ou tous autres termes déclinant une expression chère au général Cambronne.

« Priez pour le nouveau commandant militaire du département d'Alger »...

Un peu plus tard, Lacoste résume la situation à l'intention des journalistes, donc de l'opinion algéroise :

> « Demain, le général Massu aura en main toutes les forces de l'ordre d'Alger. Ce choix a été inspiré par la forte personnalité du général, unanimement estimé dans l'armée, ne portant aucune marque politique et susceptible d'inspirer la plus saine réflexion aux fauteurs de désordres. Son commandement s'exercera sur toutes les forces armées et de police, sous l'égide de l'inspecteur général de l'administration, préfet d'Alger. »

Massu s'interroge sur le choix de l'autorité politique et tente de démêler l'écheveau dans lequel il se sent enserré. Il lui paraît évident que Lacoste ne pouvait agir sans le feu vert du président du Conseil, Guy Mollet... C'est donc bien une décision gouvernementale. Il lui semble pourtant que ces socialistes, lorsqu'ils sont au pouvoir, ne lui donnent guère de signes d'affection, que ce soit les socialistes d'Hanoi qui le trouvaient trop débonnaire et s'en plaignaient ouvertement à Valluy, ou Paul Ramadier qui lui avait interdit tout retour en Indochine. Le général Massu peut aussi s'interroger sur le choix qui vient d'être fait de sa personne. Aurait-on délibérément choisi, à Paris, un homme de terrain, dont les étoiles de brigadier ont tout juste dix-huit mois, un général qui n'est jamais passé par le moindre cabinet ministériel, à qui on ne connaît aucune attache politique, qui n'a jamais approché les mystères de la franc-maçonnerie, qui n'a jamais été affecté dans les services spéciaux, ni travaillé dans le renseignement ? Il est tout cela, et d'ailleurs Lacoste vient d'y faire allusion devant la presse. Il ne pourra donc être soupçonné de travailler pour une chapelle ou pour une autre : c'est un soldat, habitué à obéir, à servir, qui vient d'être désigné. Massu comprend également qu'il n'est pas seul en cause et qu'un autre argument a joué dans le choix de la 10e division parachutiste : il n'y avait, à cet instant précis, qu'une seule division disponible, celle qui rentrait de Chypre... L'autre division parachutiste, la 25e DP, est engagée dans les djebels.

Il reste à savoir pourquoi Robert Lacoste ne s'est pas tourné vers la police algéroise... Il avait, en fait, de bonnes raisons pour lui mesurer chichement sa confiance. Elle ne réussit guère dans sa lutte antiterroriste, c'est une évidence, et il est difficile de lui demander plus et mieux. Il y a trop de contacts entre les policiers de souche européennes et les pieds-noirs, ce qui peut interférer sur les missions des premiers au profit des seconds... Il y a trop de pressions sur les policiers venus de Métropole navigant entre la crainte, qui est leur lot quotidien, et le manque de renseignements sur une ville qu'ils ne connaissent pas... Il y a trop de menaces pesant sur leurs collègues d'origine musulmane que le FLN cherche à manipuler et récupérer, ce qui représente autant de risques de fuites ou de trahisons. Puis il y a la personnalité du secrétaire général de la police, Paul Teitgen. Non seulement il est très réservé en matière de répression, mais il a mauvaise réputation auprès des militaires : ceux-ci lui reprochent d'avoir secrètement enregistré les propos du général Faure fulminant contre le gouvernement pour mieux l'accuser de complot contre la République. Enfin, il y a le préfet Serge Baret; il n'est en fonction que depuis le 11 décembre 1956 mais, accablé par l'insuffisance de ses moyens, il a déjà pensé remettre sa démission. Le sens du devoir et le service de l'Etat l'ont retenu. Il va être ravi de déléguer une large partie de ses attributions au général Massu, qui agira pourtant sous son contrôle [1].

La délégation de pouvoirs que le préfet Baret signe le 7 janvier tient en trois articles d'une subtilité toute administrative, dont le 10e DP ne retiendra que les huit points clés :

1/ contrôler la circulation et les biens;
2/ réglementer l'achat, la vente, la distribution, le transport ou la détention des produits, matières premières, animaux;
3/ instituer des zones où le séjour est réglementé ou interdit;
4/ assigner à résidence, surveillée ou non, toute personne dont l'activité se révèle dangereuse pour la sécurité ou l'ordre public;
5/ réglementer les réunions publiques, salles de spectacles, débits de boisson;
6/ prescrire la déclaration, ordonner la remise et procéder à la recherche et l'enlèvement des armes, munitions et explosifs;
7/ ordonner et autoriser des perquisitions à domicile de jour et de nuit;
8/ fixer les prestations à imposer à titre de réparation des dommages causés aux biens publics ou privés, à ceux qui auront apporté une aide quelconque à la rébellion.

A cette délégation, le général Salan ajoute sa directive n° 1 dont l'essentiel tient en quatre phrases :

– la chasse et l'anéantissement des groupements militaires rebelles,
– la destruction de la structure politique de l'adversaire,

1. Le général Massu a dédié son livre *La Vraie Bataille d'Alger* au préfet Baret « condamné depuis la Bataille d'Alger à une injuste retraite ».

– une action bénéfique sur les populations par des contacts humains,
– des ralliements à la sagesse, qui sont dans l'intérêt de tous ici.

Tout est dit, tout est écrit, Salan ajoute seulement : « Sortez beaucoup la nuit. »

Le seul problème vient à la réaction des officiers de la 10e DP présents à la réunion que provoque aussitôt Massu. Ils disent, haut et fort, n'avoir aucune attirance pour ce genre de combats de rue ; ce n'est ni leur vocation ni de leurs compétences. Le lieutenant-colonel Brothier, commandant le 1er régiment étranger de parachutistes, vide son cœur sur-le-champ :

> « Faut quand même pas pousser. Pendant des mois, on nous fait escalader les calcaires des Nementchas. Le jour, c'est du trente degrés à l'ombre. La nuit on pelait de froid. Ensuite, on nous fait " beacher [1] " sur la rive Asie du canal à bord de rafiots réformés qui risquaient d'aller au fond avant de toucher terre. Maintenant aux légionnaires le métier de flics. »

Ce même 7 janvier, Alger subit six attentats qui font deux morts et quatre blessés. En banlieue, un contrôle de routine tourne mal : un jeune soldat est tué par les terroristes dont il voulait vérifier l'identité, deux des rebelles sont abattus. La police judiciaire met la main sur six militants communistes, alliés objectifs du FLN compromis dans plusieurs attentats, dont – il l'apprend ce jour-là – l'embuscade contre le général Massu regagnant la maison du peseur d'or.

Quelles que soient les réticences des parachutistes, la bataille d'Alger peut commencer.

Il est imprudent, en réalité, de parler de *la* bataille d'Alger. Il y en aura deux, à deux périodes voisines il est vrai, mais de nature sensiblement différente.

Dans une première phase, couvrant le premier trimestre 1957, les quatre régiments parachutistes de la 10e DP, aidés d'éléments du 9e zouaves déjà implantés dans la Casbah, affronteront un adversaire qu'ils doivent apprendre à connaître, d'où l'importance primordiale du renseignement. Dans la seconde phase, de juin à octobre, les quatre régiments, qui ont quitté Alger avant l'été, y reviendront à tour de rôle pour traquer les fabricants et les poseurs de bombes puis

---

1. « Beacher », de l'anglais *beach*, « plage », pour « débarquer ». On sait qu'en Egypte, le 1er REP n'avait pas été parachuté ; il avait débarqué, à partir d'antiques embarcations exténuées.

les derniers chefs cachés en ville. Cela, le général Massu ne le sait pas encore. Il lui faut s'organiser avant de plonger dans cette fournaise. Il faut aussi que sa division parachutiste fasse mouvement vers Alger où les quatre régiments n'ont pas de cantonnements.

Hydra restera le PC de la division ; le colonel Godard gardera la maison, avec une poignée de fidèles et notamment une petite équipe de renseignement autour du commandant Le Mire et du capitaine Graziani. Le général y retournera aussi souvent que possible ; mais il lui faut être là où sont désormais ses contacts obligatoires : Lacoste, Salan, Baret, Teitgen... Il découvrira très vite que tous le soutiennent et que seul Teitgen regarde les parachutistes de travers !

Auprès de lui, Massu veut un état-major réduit mais efficace. Le renseignement est son premier souci. C'est aussi une des leçons de l'affaire de Suez, puisque le 10e DP n'aurait pas su extirper aux prisonniers les renseignements indispensables. Le renseignement est la seule et unique façon de savoir ce qui se trame à Alger, de prévenir les attentats, de retrouver les ateliers où se mitonnent les bombes et d'arrêter ceux qui les transportent, les posent, enfin de remonter jusqu'aux responsables du FLN terrés dans la ville. Or les officiers de renseignement des régiments – les OR – excercent habituellement un tout autre métier. Au sein de leur unité, au contact direct de l'adversaire, leur mission consiste à se renseigner sur les effectifs, l'armement, les mouvements, les intentions, les caches et les soutiens de ce dernier ; ce qui est déjà beaucoup. Ainsi, les OR ne sont ni des agents secrets ni des espions, simplement des officiers devant tout savoir sur l'ennemi avec qui leur unité est au contact. Or, à Alger, ces officiers de renseignement sont désarmés : ils n'ont pas d'adversaires face à eux ! Seulement des hommes ou des femmes déposant discrètement une bombe dans un café ; des inconnus travaillant sur les explosifs ; d'autres clandestins imposant par la persuasion ou par le meurtre la loi du FLN ; enfin une poignée de chefs, cachés nul ne sait où, distillant leurs ordres.

Qu'importe, on improvisera. Que chaque régiment accepte dans ses rangs des policiers connaissant la ville, ses quartiers, ses habitants, leurs habitudes. Que ceux-ci enfilent, par sécurité, un treillis de parachutiste. Pour les liaisons entre les unités, que chaque régiment détache deux officiers auprès du général ; il laisse le choix des hommes à leurs colonels. Jacques Massu ne désigne personnellement que deux officiers, Roger Trinquier et Paul Aussaresses.

Le lieutenant-colonel Trinquier a un curieux passé. Ancien instituteur, officier de réserve passé à l'active, il est devenu en

Indochine un expert dans l'art de contrôler et de manipuler les populations. Massu le décrira en deux phrases :

> « Ses yeux bridés, qu'un sourire mystérieux étire souvent encore plus près de ses tempes, un teint kaki ne sont pas les seuls phénomènes d'osmose qu'il doit aux pays jaunes. Il en a acquis un tour d'esprit compliqué, des réactions difficiles à comprendre, une astuce un peu tortueuse : toutes dispositions extrêment favorables au métier que je lui confie. »

Il est vrai que cet homme dégingandé, dodelinant de la tête, a fait ses preuves. Il a été, en Indochine, le père des Groupes de Commandos Mixtes Aéroportés – les GCMA – qui ont jeté le trouble dans les zones viets, là où l'armée française était supposée ne jamais pouvoir s'infiltrer. A Alger, sous le contrôle du général Massu, avec qui il entretient des liens amicaux, Trinquier va créer un « dispositif de protection urbaine » qui permettra de mieux connaître les populations et de les répertorier, rue par rue, maison par maison, quitte à numéroter chacune des façades et à dresser la liste complète des habitants. Ce qui fera dire aux détracteurs de Trinquier comme de Massu que le DPU du lieutenant-colonel rime avec le Guépéou soviétique ; alors qu'il a repris une vieille tactique des armées napoléoniennes. Ce contrôle des populations paraît en tout cas au général Massu comme une des clés du problème algérois. Il le confie d'ailleurs au *Journal d'Alger*, dans une interview publiée le 16 janvier :

> « L'action antiterroriste est une solution essentiellement défensive et négative, qui ne nous sortira pas d'affaire à elle seule. Le plus important, le plus immédiat est de reprendre en main cette population que nous finirons par perdre si nous laissons le FLN continuer sa propagande insidieuse. »

Le capitaine Aussaresses, qui recevra bientôt ses galons de commandant, est d'un autre modèle. Massu le connaît d'autant moins que leurs chemins ne se sont croisés qu'une seule fois, il y a dix-huit mois. Aussaresses, discret, timide, parlant doucement en laissant parfois ses phrases en suspens, est un homme des services spéciaux. Un passé compliqué l'a conduit à faire équipe avec son ami Trinquier en Indochine, au temps des GCMA, et à entretenir des rapports très conflictuels avec le colonel Godard en souvenir de leurs passages successifs au 11e choc. Venu en Algérie pour effectuer son temps de commandement, Aussaresses est affecté au 1er RCP. Ses deux patrons successifs, Cockborne puis Mayer, lui confient le renseignement dont il ne voulait pas. Pourtant le 20 août 1955, il démontre ce que peut signifier l'utilisation d'informations cueillies aux meilleures sources en sauvant la population européenne de Philipeville d'un massacre programmé ! C'est ce jour-là que Massu le découvre, lui pose quelques questions, écoute les réponses, grogne deux ou trois fois avant de s'éloigner. Il n'oubliera pas Aussaresses.

L'information est un autre souci pour le général Massu. Un civil, Michel Gorlin, et un militaire, le commandant Roux, excercent déjà semblable mission auprès de Lacoste et de Salan. Le duo devient triumvirat avec l'arrivée du capitaine Lemaire qui a réussi dans de semblables fonctions durant l'affaire de Suez. Il aura comme interlocuteurs des représentants de la presse nationale souvent exigeants, Serge Bromberger pour *Le Figaro*, Eugène Mannoni, *Le Monde*, Jacques Chapus, *France-Soir* et Jean Lartéguy, *Paris Presse*. Il y a aussi, pour la presse locale, des journalistes connaissant Alger comme leur poche et, à l'occasion, certains stratèges du FLN qu'ils ont côtoyés à l'école ou en faculté. Ce sont notamment, pour *L'Echo d'Alger*, Marie Elbe, René Saive et Robert Soulé, ou pour la station de radio France V André Lemas. La tâche la plus ingrate dévolue à Lemaire l'occupe une partie de la nuit. Il lui appartient de faire la tournée des quotidiens algérois. Il jette un coup d'œil aux morasses avant que tournent les rotatives, signe le bon à tirer ou, parfois, décide qu'il convient de censurer un article. Pour la presse nationale, pas de contrôle, pas de censure... mais éventuellement la saisie des journaux lorsqu'ils arrivent à Alger.

Le 8 janvier 1957, lorsque la 10ᵉ DP se met au travail, l'adversaire n'est certes pas un parfait inconnu ; c'est pourtant un adversaire sans visage dont les militaires ne connaissent guère qu'un détail : il est bicéphale ! Face aux parachutistes, il y a de toute évidence le FLN, mais aussi le Parti communiste algérien. Simple section du PCF, de 1924 à 1935, le PCA évolue ensuite de façon plus autonome, tout en restant sous la tutelle de la maison mère. Il est, théoriquement, dissous depuis le 12 septembre 1955. Devenu clandestin, il a déjà à son actif quelques actions d'éclat : la désertion de l'aspirant Maillot, en avril 1956, qui prend le maquis avec cent vingt mitraillettes et soixante fusils ; les bombes posées par Yveton, en novembre de la même année, à l'usine à gaz d'Alger, bombes qui n'exploseront d'ailleurs pas. Curieusement, il apparaît que le PCA et le FLN peuvent faire un bout de chemin ensemble sans pour autant être d'accord sur tout, pas même sur la paternité de certains attentats. Ce sont les nôtres et personne d'autre, qui ont fait sauter le Milk-Bar et La Cafétéria, affirme un tract du FLN en novembre... Le FLN se défend ainsi contre une certaine concurrence : les premières bombes ont bien été fabriquées et posées par des militants communistes. L'arrestation, durant l'été 1956, de Daniel-Moïse Timsit et de Georgio Arbib, puis d'une vingtaine de leurs complices, le prouve amplement.

Pour ce qui est de l'organisation du FLN, les parts d'ombre sont encore immenses. Des documents commencent cependant à apparaître, d'autant que l'état-major rebelle écrit beaucoup, essentiellement en français, et que des liasses de papiers tombent entre des mains qui n'auraient jamais dû les connaître. C'est ainsi que les services de renseignement ont appris qu'une manière d'assemblée générale de la rébellion s'est tenue, à l'été 1956, dans les Aurès. Elle entrera dans l'Histoire sous le nom du « congrès de la Soummam », bien que pour des raisons de sécurité la réunion ait été transférée au dernier moment à Igbal. Ont notamment participé à cette rencontre Abbane Ramdane représentant Alger, Krim Belkacem pour la Kabylie, Zighout Youssef pour le Nord-Constantinois, Ouamrane pour l'Algérois, Ben M'Hidi pour l'Oranais. Les hommes de l'étranger, Ben Bella [1] et Boudiaf, n'ont pu les rejoindre. Les travaux du « congrès » ont fait l'objet d'un document rassemblant les décisions prises, daté du 20 août 1956, qui marque d'ailleurs le début et non la fin de l'étrange colloque qui a duré deux bonnes semaines. Vers la fin de l'année 1956, circulent divers comptes rendus de cette rencontre. C'est ainsi que les services de renseignement apprennent la constitution d'un Conseil National de la Révolution Algérienne – ou CNRA – avec dix-sept titulaires et dix-sept suppléants, puis un Comité de Coordination et d'Exécution – ou CCE – de cinq membres choisis parmi les représentants du CNRA. Il est précisé que ce comité s'implantera « quelque part dans le maquis ». Mais, puisqu'il doit y avoir des maquis urbains, pourquoi ne pas se cacher dans Alger ? propose Ben M'Hidi. Lui-même va prendre en charge l'action armée dans la ville. Les autres membres du CCE présents – Krim Belkacem, Ben Khedda, Abbane Ramdane – l'accompagneront.

Les quatre hommes sont déjà installés à Alger lorsque le général Massu reçoit sa mission. Ben M'Hidi vient de se choisir un adjoint, Yacef Saadi, un garçon de la Casbah, qui a fait ses preuves

1. Ben Bella est en prison depuis le 22 octobre 1956. L'avion marocain qui le transportait de Rabat à Tunis a été intercepté au-dessus d'Alger.

après avoir failli être éliminé. En mai 1955, expulsé de Suisse après une mission auprès de Ben Bella, il a été arrêté à Orly. Pour être relâché, il a beaucoup promis à la DST sans jamais tenir... Pardonné et blanchi par ses amis, il se révèle meneur d'hommes et organisateur. Il a pour lieutenant un autre jeune homme décidé, Ali la Pointe, un ancien souteneur, féru de sport et surtout de boxe. Feront donc équipe un homme qui prendra une certaine dimension politique et un homme de main illettré.

Il ne manque plus, à Alger, que les quatre régiments de parachutistes de la 10e DP...

Ils arrivent progressivement et prennent en charge des quartiers qui leur sont attribués un peu au hasard. Le 1er régiment étranger parachutiste s'implante le 10 janvier. Il reçoit pour fief Le Ruisseau, La Redoute, le Clos-Salembier, Mustapha et l'hôtel Saint-Georges. Le PC du régiment s'installe dans un immense palais mauresque, la villa Sesini [1]. Ce même jour apparaissent les bérets bleus du 1er régiment de chasseurs parachutistes. Mayer lance aussitôt des patrouilles. Le 11 janvier, l'une de celles-ci rapporte le premier butin : six fusils de chasse. Le 1er RCP ne sera au complet que le 22 janvier, avec en charge le secteur de Maison-Carrée. Le 3e régiment de parachutistes coloniaux que commande Bigeard s'installe à partir du 20 janvier, éclatant ses compagnies entre Saint-Eugène, Climat de France, la Bouzaréa, Bab el-Oued, avec son PC dans le vieux fortin historique de Fort l'Empereur. Le 2e régiment de parachutistes coloniaux de Château-Jobert – qui va très bientôt être remplacé par Fossey-François – a déjà des commandos sur place depuis le 5 janvier, dans le but de contrer la grève qui menace.

Le général Massu, en cette deuxième quinzaine de janvier, peut donc compter sur les trois mille deux cents hommes de sa division, sur la compagnie du 9e zouaves implantée dans la Casbah, les trois cents cinquante cavaliers du 5e chasseurs d'Afrique, quatre cents hommes du 25e dragons, puis deux détachements d'intervention et de reconnaissance pour six cent cinquante hommes. S'y ajoutent onze cents policiers, cinquante-cinq gendarmes, neuf cent vingt CRS et, pour faire bonne mesure, les douze ou quinze cents hommes des unités territoriales qui ne sont jamais les mêmes, ces unités de réservistes manquant donc de cohésion et d'entraînement. Ces territo-

1. Le commandant en titre du 1er REP est encore le colonel Brothier. Souffrant de ses blessures d'Indochine, il passera en mars à l'état-major de la 10e DP. Lui succède le colonel Jeanpierre, son adjoint, déjà le patron de fait du régiment.

riaux, donnant souvent dans le pittoresque et l'exubérance, ne sont guère plus utiles que les quelque cinq mille militaires dévorés par des tâches administratives ou logistiques, des gardes statiques ou autres obligations bien éloignées de la chasse au terroriste. Massu peut faire et refaire ses comptes. Il n'est pas riche. Il doit pourtant rétablir l'ordre dans le Grand Alger, c'est-à-dire la ville et sa banlieue.

A l'intention de ses parachutistes, le général Massu signe le 18 janvier, une directive qui orientera leur action :

> « Le commandement a jugé bon de me confier la responsabilité du rétablissement de l'ordre dans le département d'Alger, c'est-à-dire la conduite d'opérations adaptées à la guerre subversive que nous font les séparatistes.
> « J'entends que les cadres de la 10e division parachutiste qui sont, m'a-t-on dit, parmi les meilleurs de l'armée, prennent en main cette affaire, avec énergie et sans retard, dans les secteurs qui leur sont attribués, c'est-à-dire dans l'agglomération d'Alger en premier lieu.
> « Il s'agit pour vous, dans une course de vitesse avec le FLN appuyé par le Parti communiste algérien, de le stopper dans son effort d'organisation de la population à ses fins, en repérant et détruisant ses chefs, ses cellules et ses hommes de main.
> « En même temps, il vous faut monter votre propre organisation de noyautage et de propagande, seule susceptible d'empêcher le FLN de reconstituer les réseaux que vous détruirez.
> « Ainsi pourrez-vous faire reculer l'ennemi, défendre et vous attacher la population, objectif commun des adversaires de cette guerre révolutionnaire !
> « Ce travail politico-militaire est l'essentiel de votre mission, qui est une mission offensive. Vous l'accomplirez avec toute votre intelligence et votre générosité habituelles. Et vous réussirez.
> « Parallèlement se poursuivra le travail antiterroriste de contrôles, patrouilles, embuscades, en cours dans le département d'Alger, et auquel vous apporterez le fruit de l'expérience que vous avez acquise au cours d'une année de combats dans tous les secteurs de l'Algérie, de façon à la faire concourir à l'objectif que je vous ai fixé, dans le cadre de votre action.
> « La coopération entre les unités parachutistes, les différents échelons d'autorité militaire et policière devra être complète ; tous doivent s'attacher à collaborer de toutes leurs forces et de tout leur cœur à la poursuite du but commun. »

La 10e DP s'enfonce dans les marécages de la guerre révolutionnaire et de la guérilla urbaine. Avec le renseignement en priorité puisqu'il faut démanteler les réseaux du FLN. Le renseignement et ses méthodes parfois troubles, parfois odieuses. Il est inutile de chercher un ordre écrit, il n'y en a jamais eu. Et pourtant il en restera des traces, comme en témoignera plus tard un officier du 1er REP, Joseph Estoup [1] :

> « Monsieur le Président, en langage militaire on dit “ faire du renseignement ”, en langage du monde on dit “ presser de questions ”, en français on dit “ torturer ”. Si on me dit que cela est faux, je demanderai comment il aurait pu se faire qu'à la fin d'une nuit de janvier 1957, à Alger, quatre régiments d'une même division se mettent simultanément à “ faire du renseignement ”. Et si aucun ordre n'avait été donné pour cette opération, comment aurait-elle pu porter un nom? Elle s'appelait “ Champagne ” ! »

A l'une des réunions que Massu tient quotidiennement dans son bureau de la préfecture, le lieutenant-colonel Trinquier pose une question délicate qui n'a rien d'un détail. Il faut mettre à la disposition de la division des locaux pour retenir quatre ou cinq mille suspects dans des conditions compatibles avec la Convention de Genève. Un lycée désaffecté paraît convenir. Ce serait même parfait sans deux inconvénients majeurs. D'une part, il est vite plein parce que les parachutistes ne lésinent pas sur les interpellations. D'autre part, le corps enseignant renâcle tellement qu'il faut déménager les suspects vers d'autres lieux. Une autre idée a cheminé entre-temps : improviser un camp d'internement en banlieue. Ce sera le centre de Beni Massous. D'autres centres ouvriront ultérieurement, camps de toile, usines désaffectées, où les détenus ne peuvent rester plus d'un mois. Ensuite, c'est obligatoirement la libération ou le transfert vers l'autorité judiciaire, ou l'assignation à résidence. Pourtant, les quatre régiments n'expédient pas immédiatement leurs suspects à Beni Massous ou ailleurs. Ceux-ci sont souvent détenus quelques jours ou quelques semaines dans les cantonnements, tant qu'ils ont des aveux à passer aux OR...

Dès cet instant, il peut sembler que la 10e DP doive être considérée comme agissant aux limites de la légalité. En réalité, elle ne déroge pas au droit commun. La DST, pour de semblables affaires, peut elle aussi, très légalement, garder ses prisonniers le temps nécessaire à l'enquête. Tout cela a été clairement expliqué d'entrée au général Massu, lors d'une réunion avec les OR des régiments et les représentants des divers services de police. Le préfet Baret ayant mis les polices aux ordres du général Massu, le procureur avait précisé les règles du jeu :

---

1. Joseph Estoup témoigne au procès de son ami le lieutenant Godot, poursuivi pour avoir rejoint l'OAS.

« La police judiciaire dépend du procureur. Dès que j'apprend une arrestation, je dois demander que l'homme arrêté me soit présenté. Si donc, pour des raisons opérationnelles, vous voulez conserver un individu arrêté par la PJ, ne me mettez pas dans une situation fausse, gardez l'arrestation secrète. »

Est-ce un feu vert, est-ce un conseil ? Qu'importe, l'intention est parfaitement formulée...

Le 16 janvier, la 10e DP n'est pas encore au complet, lorsqu'un nouvel attentat affole le centre-ville. Les terroristes frappent place d'Isly. De toute évidence, leur cible est le siège de la région militaire, là où Raoul Salan a son bureau, son état-major, son logement. Les premières constatations sont effrayantes : une première explosion a détruit le bureau du général, une seconde a dévasté la pièce voisine. Il apparaît très vite, au regard des dégâts, que c'est le général Salan qui était visé. Un de ses proches collaborateurs, le commandant Rodier, est tué ; il y a trois blessés. Salan a échappé au pire parce que Lacoste l'avait convoqué d'urgence au Gouvernement général. De retour place d'Isly, Salan prend le téléphone et appelle Massu. Menacé d'être relevé, celui-ci supporte l'orage. Après quoi, il prend lui aussi son téléphone. Commencent les engueulades en cascade. Aussaresses n'est pas épargné :

« Je passe pour un con, les fells relèvent la tête, dit Massu.
– Les fells ? C'est totalement impossible. Ils sont incapables de monter un coup comme celui-là.
– Et pourquoi ?
– Parce qu'ils ne savent pas travailler comme ça [1]. »

Aussaresses, comme les policiers, comme le capitaine Faulques qui est l'OR du 1er REP, comme quelques journalistes tels qu'Eugène Mannoni et René Janon – qui l'écrivent dans *Le Monde* et *Le Figaro* – entrevoient des compétences qu'ils n'accordent qu'à des Européens... Le responsable ne peut donc être que le PCA ! Si l'analyse de base est exacte, les conclusions sont erronées. Cet attentat – qui deviendra l' « affaire du bazooka » et qui empoisonnera l'atmosphère politique pendant des années – a bien été monté par des Européens, mais ils ne sont pas communistes. Les premières arrestations, neuf jours plus tard, démontrent qu'il s'agit d'activistes qui ont voulu éliminer un commandant en chef supposé être un des

1. Les fellaghas étaient le plus souvent appelés, par leurs adversaires, les fells, les fellouzes... ou les viets.

bradeurs de l'Empire. Derrière eux se profile l'ORAF, pour Organisation de Résistance en Afrique du Nord Française [1], une organisation clandestine qui aurait déjà placé une bombe au cœur de la Casbah en août 1956 et qui va être soupçonnée d'avoir posé la charge explosive près de la tombe d'Amédée Froger. Le ministre de la Justice, François Mitterrand, croit deviner dans cet attentat contre Salan l'amorce d'un complot gaulliste.

Le 26 janvier en fin d'après-midi, les supputations autour de l'affaire du bazooka passent à l'arrière-plan : les terroristes frappent au cœur d'Alger. Trois bombes ont été déposées dans trois cafés parmi les plus fréquentés d'Alger : L'Otomatic, La Cafétéria et Le Coq Hardi. C'est indiscutablement une action du FLN, même si deux des jeunes femmes suspectées étaient de type européen. Le même jour, une dizaine de grenades sont également lancées dans d'autres cafés, dans un stade, des magasins, sans trop de dégâts. Les deux bombes repérées le lendemain 27 janvier, à Bab el-Oued, sont neutralisées à temps.

Le 28 janvier, le FLN lance sa « grève insurrectionnelle ». Ses dirigeants ont finalement décidé de passer à l'action, une semaine avant que l'ONU aborde le dossier algérien. En réalité, le FLN ne peut espérer tenir plus longtemps sous la pression de ses militants et sympathisants qui ne comprennent guère que l'on tarde tant. D'autant qu'il y a maintenant en ville ces parachutistes qui deviennent inquiétants à force d'être curieux... Pour le général Massu, le plus dur sera de contrer l'aspect insurrectionnel de la grève, dont personne ne sait ce qu'il peut être, si ce n'est la répétition des attentats de la veille et de l'avant-veille. Pour ce qui est de remettre Alger au travail, tout est prévu, ou presque. Le FLN ignore, par exemple, que les parachutistes ont la liste, avec noms et adresses, des traminots qu'ils devront conduire au travail, de gré ou de force. Une autre liste a été dressée, celle des magasins qui devront obligatoirement ouvrir; des serruriers ont été réquisitionnés pour cela. Les rideaux de fer des récalcitrants seront arrachés par les treuils des camions militaires. Massu a été très net à ce propos : aucune boutique ouverte de force ne sera ni surveillée, ni protégée. Au soir du 28 janvier, il affine sa formule : l'armée arrêtera les pillards qui seront abattus à la moindre résistance. Dix-neuf voleurs,

1. Les organisateurs de l'attentat et les comparses – Kovacks, Castille, Tronci, Gaffori, Descamps, Falcone Juillé, Sans, Valverde et Joseph Ortiz – sont rapidement identifiés. Les promoteurs, eux, ne l'ont jamais été. Le général Cogny, Michel Debré et Jacques Soustelle n'ont pas été épargnés par les rumeurs...

appréhendés dès la première journée de la grève, viennent d'être condamnés en flagrant délit. Et l'on verra des choses étonnantes dans les rues d'Alger, en cette fin janvier. La foule découvre les légionnaires du 1er REP apportant aux Halles, par pleins camions, des légumes « récupérés » vers Maison-Carrée ou dans la Mitidja. Le FLN, effaré, constate, dès le deuxième jour, que les hommes viennent sagement attendre les camions de l'armée qui les conduiront au travail. Les curieux s'effarouchent lorsqu'ils constatent que les militaires, devenus conducteurs de bennes à ordure, recrutent de force les éboueurs parmi les passants, de préférence des hommes de bonne condition sociale...

Et dans le ciel, chaque jour, un petit hélicoptère jette ses tracts. Celui du 31 janvier est lancé alors que la grève se meurt doucement :

Après ses défaites dans le bled, le FLN
est aujourd'hui vaincu dans les villes.
Les tueurs et les menteurs ont cessé
de régner.
Il faut les pousser dehors.

Le 4 février, le journaliste Gérard Marin téléphone son article au *Figaro* : « Ce fut une grève sans histoire, sans punch, une grève qui n'osait pas dire son nom... »

Le FLN comprend qu'il a perdu la partie. Sa grève est un échec, mais il y a pire : les parachutistes ont pris pied dans la Casbah, hier citadelle réputée inviolable ! Le 4 février, ils sont entrés dans ce dédale de ruelles pour arrêter une vingtaine de suspects et récupérer quarante-trois pistolets. Ils s'approchent dangereusement des responsables de l'organisation.

Pour desserrer l'étreinte, reprendre en main les populations musulmanes et creuser le fossé entre les deux communautés, le FLN choisit la seule solution praticable à ce moment. Il décide de relancer le terrorisme urbain. Il n'y avait pas eu d'attentat entre le 27 janvier et le 7 février. Au lendemain de la grève, les engins explosent de nouveau. Le 8 février, une grenade est jetée dans un camion militaire, rue Rovigo ; le lendemain 9 février, une bombe fait deux morts et onze blessés au restaurant Le Joinville ; le surlendemain 10 février, c'est la tragédie des stades.

Le FLN a placé une bombe au stade municipal, à Belcourt. Il en a déposé deux au stade d'El-Biar, où l'équipe locale est au plus haut de sa gloire sportive : en battant la semaine précédente Reims – l'équipe de Jonquet, de Kopa, de Fontaine, le SCU, El-Biar est la première équipe d'Algérie à accéder aux huitèmes de finale de la Coupe de France. Il y a donc foule pour applaudir les héros. Cela, le FLN le sait aussi. Lorsque les deux bombes d'El-Biar explosent – à cinq minutes d'intervalle et à cinquante mètres l'une de l'autre –, c'est le carnage. Les sauveteurs comptent neuf morts et soignent quarante-cinq blessés !

Le hasard a conduit la veille à Alger le ministre de la Défense nationale Maurice Bourgès-Maunoury. Il est horrifié. Au général Massu, venu le retrouver au palais d'Eté, il dit très clairement ce qu'il attend, et qui laisse le général perplexe : « Il faut en finir avec ces gens-là. »

Un autre homme s'en étonne, mais lui aussi comprend que le ministre Bourgès-Maunoury veut que la 10e DP engage une lutte sans merci contre le FLN. Cet homme, c'est l'aumônier de la division, le père Delarue. Il a plus de liberté que le ministre, peut-être plus que le général Massu, son patron. Il soigne les âmes de la division depuis que la recherche forcenée du renseignement trouble ses ouailles. Il décide de leur apporter son secours moral. Il prend la plume et rédige un texte qui sera diffusé dans toutes les unités, jusqu'à l'échelon de la compagnie :

> « ... Dans l'intérêt commun, presque tous les peuples civilisés ont maintenu la peine de mort, bien qu'il y ait eu des erreurs de jugement et que parfois des innocents aient pu être exécutés. Et, d'autre part, nous nous trouvons présentement en face d'une chaîne de crimes.
>
> « En conséquence, puisqu'il est légalement permis – dans l'intérêt de tous – de supprimer un meurtrier, pourquoi vouloir qualifier de monstrueux le fait de soumettre un criminel – reconnu tel par ailleurs, et déjà passible de la mort – à un interrogatoire pénible, certes, mais dont le seul but est de parvenir, grâce aux révélations qu'il fera sur ses complices et ses chefs, à protéger efficacement des innocents ? Entre deux maux : faire souffrir passagèrement un bandit pris sur le fait – et qui d'ailleurs mérite la peine de mort – en venant à bout de son obstination criminelle par le moyen d'un interrogatoire obstiné, harassant, et, d'autre part, laisser massacrer des innocents que l'on sauverait si, de par les révélations de ce criminel, on parvenait à anéantir le gang, il faut sans hésiter choisir le moindre; un interrogatoire sans sadisme mais efficace. L'horreur de ces assassinats de femmes, d'enfants, d'hommes dont le seul crime fut d'avoir voulu, par un bel après-midi de février, voir un beau match de football, nous autorise à faire sans joie, mais aussi sans honte, par seul souci du devoir, cette rude besogne si contraire à nos habitudes de soldats, de civilisés.
>
> « Le but de la justice est double : punir le coupable, décourager tous ceux qui sont tentés de l'imiter.

« Il suit, de là, qu'on a le droit d'interroger efficacement – même si l'on sait que ce n'est pas un tueur – tout homme dont on sait qu'il connaît les coupables, qu'il a été le témoin d'un crime, qu'il a sciemment hébergé quelque bandit, s'il se refuse de révéler librement, spontanément, ce qu'il sait. En se taisant – pour quelque motif que ce soit – il est coupable, complice des tueurs, responsable de la mort d'innocents pour délit de non-assistance à des personnes injustement menacées de mort. De ce seul fait, il n'a qu'à s'en prendre à lui-même s'il ne parle qu'après avoir été efficacement convaincu qu'il devait le faire.

« En venant ici, vous aviez accepté le risque de vous faire tuer pour assurer la protection des honnêtes gens, qu'ils soient musulmans ou européens. Le terrorisme urbain vous impose en plus une besogne moins conforme à vos goûts de soldats... A circonstances exceptionnelles – et pour aussi longtemps qu'elles restent telles – tâches exceptionnelles. »

Le père Delarue, rédigeant ce texte au soir même des propos tenus par Bourgès-Maunoury, libère les derniers scrupules. Si l'aumônier nous y encourage... Avec sa bénédiction, la 10e DP descend quelques marches de plus vers l'enfer. Avec les téléphones de campagne qui fournissent le courant lors des interrogatoires, avec les bidons d'eau, les entonnoirs... Avec, aussi, un texte de référence, un rapport que Roger Wuillaume, alors inspecteur général de l'administration, avait rédigé en mars 1955 – il y a deux ans déjà – à l'intention du président du Conseil Edgar Faure :

« Selon l'opinion de certains médecins qui m'a été communiquée, la méthode du tuyau d'eau, si elle est utilisée comme indiquée ci-dessus, ne fait courir aucun risque à la santé de la victime. Ce n'est pas le cas de la méthode électrique qui peut être dangereuse, si on l'utilise sur une personne dont le cœur est affecté de quelque manière (...) J'incline à croire que ces méthodes sont acceptables et que, si elles sont utilisées de la manière contrôlée qui m'a été décrite, elles ne sont pas plus brutales que la privation d'aliments, de boisson ou de tabac, qui a toujours été admise [1]... »

Ce ne sont pourtant pas les parachutistes qui arrêtent les coupables des attentats des stades, ce sont les policiers au terme d'une enquête des plus classiques. Ils avaient retrouvé les débris d'une veste de tweed, l'étiquette d'une teinturerie... Quatre gamins sont arrêtés et avouent : les deux garçons qui ont posé les bombes, les

---

1. Jacques Duquesne, citant ce texte, ne désigne pas Edgar Faure comme destinataire, mais Jacques Soustelle qui en aurait refusé les conclusions. On sait que, bouleversé par l'affaire de Philippeville, cinq mois après le rapport Wuillaume, Soustelle était passé d'une sensibilité libérale aux thèses des « ultras ».

deux filles de seize et dix-sept ans qui les avaient transportées. Au cours de leurs interrogatoires, un seul et même homme est désigné comme le promoteur de l'affaire : Yacef Saadi !

A cette date, les hommes de Bigeard ont déjà des idées précises sur ce qui se trame dans la Casbah. Un homme a parlé, un certain Hamened, arrêté pour avoir eu l'imprudence de conserver chez lui des exemplaires du *Moudjahid*, le journal clandestin du FLN. Il a donné une adresse dans la Casbah : au 5 de l'impasse de la Grenade... Les parachutistes ont été fort mal reçus par les habitants, Mustapha Bouhired, employé municipal, sa femme, sa nièce Djamila Bouhired puis Hassiba bent Bouali et Zohra Drif; sans oublier un gamin, Yacef Omar. Il est vrai qu'il est 3 heures du matin. Les hommes de Bigeard reviennent quelques heures plus tard. La famille s'est éclipsée. La perquisition des lieux leur offre pourtant une riche moisson, notamment une série de photographies explicites. Les jeunes femmes rencontrées la nuit précédente ont posé mitraillette au poing, parfois seules, parfois avec des hommes que les officiers de police identifient immédiatement, Yacef Saadi et Ali la Pointe qui ne sont pas des inconnus pour eux... L'abonné du *Moudjahid* parle, et met le 3e RPC sur la piste du maçon qui construit les caches pour les bombes [1], une piste qui les conduit encore dans la Casbah, impasse Kléber, chez un certain Boutaleb, commandeur de la Légion d'honneur, ancien membre de l'Assemblée algérienne, très surpris que des bombes puissent être trouvées chez lui...

Vers le 20 février, Massu est aux anges : Bigeard présente un premier bilan exceptionnel, soixante-six bombes récupérées ! Dont vingt-six au 5, impasse de la Grenade, chez les Bouhired, neuf chez le bachaga Boutaleb, 4, impasse Kléber, et sept dans la maison voisine !

Les officiers de Bigeard ajoutent à ce bilan un autre coup d'éclat : l'arrestation de Larbi Ben M'Hidi ! Ils ont appréhendé un suspect, agent immobilier de profession, qu'ils ont interrogé sur l'aide qu'il pouvait apporter aux clandestins. Il a vite avoué avoir acheté ou loué des appartements, dans les quartiers européens pour les cinq représentants du CCE. Ils étaient encore tous à Alger le jour de son arrestation. C'est ainsi que les parachutistes se mettent en quête de Ben Khedda, logé boulevard Saint-Saëns ; le concierge ne connaît que Joseph Debris. Il vient de s'envoler. Ben M'Hidi habite-

1. Le nom du maçon, « Popeye » pour les uns, « Mathurin » pour les autres, parfaitement connu, n'a jamais été révélé. Dans les comptes rendus du 3e RPC, il est seulement HE, un anonymat gagné par ses aveux qui ont épargné nombre de vies humaines.

rait rue Debussy ; le gardien, sur une photo, ne reconnaît qu'Antoine Pérez, si poli, si discret, qui ne reçoit jamais personne. Il ouvre d'ailleurs la porte sans méfiance...

Autour de Ben M'Hidi vont, au fil des mois, naître quelques récits parfois étranges, parfois épiques, mais qui auront en commun d'entretenir une légende. Quand est-il arrêté, très exactement ? Le général Massu s'en tient au 16 février. Le commandant Aussaresses parle de la nuit du 15 au 16 février et précise que l'arrestation a été tenue secrète une semaine. Le général Bigeard retient la date du 23 février. Comme il était d'usage, pour la suite des enquêtes, de cacher plusieurs heures – ou plusieurs jours – certaines arrestations, ces variations ne doivent pas étonner. Il paraît certain que Jacques Massu et Paul Aussaresses donnent la date réelle et Marcel Bigeard la date officielle, celle à laquelle l'arrestation de Ben M'Hidi est rendue publique.

Que s'est-il passé durant la détention de Ben M'Hidi ? De curieux contacts, d'étranges dialogues se sont engagés avec Jacques Allaire, l'officier de renseignement du 3e RPC, puis avec Bigeard lui-même. Ils ont discuté de longues nuits, échangé des idées, parlé de leurs actions, de l'avenir. Il est certain que Ben M'Hidi s'est déclaré convaincu des nécessités du terrorisme urbain. Il est avéré que Bigeard lui a répondu que son régiment ne pouvait agir autrement contre le FLN et que Ben M'Hidi en est convenu. De ces rencontres nocturnes naît une autre légende : la France aurait tenu là un interlocuteur de qualité. Avec lui, il aurait été possible de négocier, sans doute de s'entendre. Ben M'Hidi, lui, n'y a jamais cru, il l'a expliqué à Bigeard et Allaire : « Nous ne traiterons pas ensemble. L'affaire vous échappera comme elle nous échappera. »

Exactement comme si Ben M'Hidi, qui se voulait un combattant, savait que les guerriers, d'un camp comme de l'autre, seraient un jour supplantés par les politiques. D'autres ont douté que Ben M'Hidi ait eu la dimension d'un interlocuteur possible, ne voyant en lui qu'un assassin en chef, parmi les plus déterminés. Le général Massu l'a rencontré ; il va souvent visiter les détenus les plus importants, non pour assister aux interrogatoires mais pour se faire sa propre idée sur leurs personnalités. Or, il est évident que Ben M'Hidi ne l'a pas séduit :

> « Franchement, je dois avouer que Ben M'Hidi ne m'impressionna pas. Peut-être étais-je partial, ayant présent à l'esprit un massacre de femmes et de gosses en Oranie, directement imputable à Ben M'Hidi. De taille moyenne, râblé, de figure intelligente aux traits durs, il avait toutefois une allure certaine... »

Qu'est-il arrivé, lorsqu'il a fallu transférer le chef rebelle vers d'autres lieux supposés plus faciles à garder ? Une équipe, envoyée par le commandant Aussaresses, vient le chercher, le 4 mars au soir. Les hommes chargés de cette mission s'étonnent qu'une section du 3e RPC présente les armes au prisonnier. Comme un dernier hommage à l'adversaire, avant un avenir incertain. Ben M'Hidi meurt le soir même. Sur le moment, tout a été dit et le contraire de tout... Il aurait été abattu dans une tentative de fuite, mais le corps ne porte aucune trace de balle... Il se serait suicidé, se pendant avec les débris de sa chemise déchirée en lanières, ce qui aurait été bien long et trop visible... C'est à un fil électrique qu'il se serait pendu, ce qui est une approche infiniment plus réaliste de la vérité. Mais pendu par qui... Par l'équipe venue le chercher, encore que le secret ait été longtemps gardé, jusqu'au jour du printemps 2001 où celui qui était devenu le général Aussaresses a soulagé sa conscience :

> « ... Nous avons isolé le prisonnier dans une pièce déjà prête. Un de mes hommes se tenait en faction à l'entrée.
> « Une fois dans la pièce, avec l'aide de mes gradés, nous avons empoigné Ben M'Hidi et nous l'avons pendu, d'une manière qui puisse laisser penser à un suicide. Quand j'ai été certain de sa mort, je l'ai tout de suite fait décrocher et transporter à l'hôpital. »

Lorsqu'il apprend la mort du chef FLN, qu'il n'a jamais ordonnée, le général Massu grogne son mécontentement. Puis il repense aux propos que Max Lejeune, le secrétaire d'Etat à la Défense, tenait quelques heures plus tôt à qui voulait l'entendre. Le ministre avait clairement expliqué que la disparition de Ben M'Hidi était souhaitable. Massu s'était étonné, Lejeune avait dû le remarquer qui ajoutait aussitôt : « Si l'avion de Ben Bella n'avait pas été piloté par un Français, il ne se serait jamais posé... »

Lorsque le procureur de la République, s'informant sur la mort de Ben M'Hidi, décide d'entendre le général Massu. Aussaresses, une fois encore, s'interpose :

> « N'y allez pas, mon général. Ce procureur, en vous convoquant, commet une inqualifiable grossièreté. Je m'en charge, ce sont mes fonctions... »

Pour le régiment de Bigeard, la bataille d'Alger touche à sa fin, du moins l'espère-t-il. Il y a des jours déjà qu'Allaire lui répète que cette affaire les dépasse, que la rebellion est désorganisée à Alger, qu'il est grand temps de repartir dans les djebels où l'air est plus sain... Ils sont exaucés le 13 mars. Il est vrai que le général Massu était lassé du comportement de Bigeard ; un authentique guerrier, il le sait, mais toujours prêt à se glisser aux premiers rangs, à se mettre en vedette, à organiser sa conférence de presse, à claironner ses bilans. Le petit mot que lui adresse Massu est sans ambiguïté :

> « Mon cher Bigeard,
> « Je vous invite à quitter Alger en souplesse et sans fanfare, dans l'intérêt de la division et dans le vôtre... »

Il y a deux mois déjà que la 10e DP traque le FLN dans Alger et « fait du renseignement ». De toute évidence, Robert Lacoste est parfaitement informé ; comme le sont Maurice Bourgès-Maunoury et Max Lejeune n'hésitant pas à réclamer plus de fermeté à Massu. Le 26 février, Max Lejeune vient d'ailleurs visiter la villa Sesini, base du 1er REP à Alger, considérée comme un des hauts lieux de la torture. Lejeune n'est pas seul, il est accompagné des généraux Salan, Allard, Dulac, Massu. Mais déjà, apparaissent des réticences ou des craintes. En témoignent deux démarches. La première est une lettre de Robert Lacoste à Guy Mollet, une douzaine de jours après la visite de Max Lejeune à la villa Sesini :

> « Comme tu le sais, les troupes de Massu ont fait de l'excellent travail. Par leur effet de masse, elles ont maintenu le calme dans une période où tout désordre grave en Algérie et spécialement à Alger aurait entraîné une dégradation profonde de nos possibilités à l'ONU. De plus, elles mettent à nu non seulement l'appareil terroriste mais l'implantation politique du FLN qui est proprement effrayante par son importance en surface et en profondeur.
> « Je n'ai donc qu'à me féliciter de cette action. Elle marque en fait une amélioration sensible de la situation générale. Cependant je dois avouer que je nourris les plus vives craintes quant à la possibilité de regrettables écarts de conduite de la part de ces troupes. Je ne suis pas le seul à éprouver ces craintes ; c'est également l'avis de Max Lejeune.
> « Il faut que ces troupes s'en aillent dès que possible, mais je ne peux les laisser partir si je n'ai pas suffisamment de forces de police et de gendarmerie bien entraînées qui continueraient à dépiauter l'organisation d'embrigadement politique du FLN – travail qui doit être fait à Alger comme ailleurs, sinon nous ne nous en tirerons jamais. »

Si l'on veut bien considérer que Lacoste sait qu'il n'aura jamais de policiers et de gendarmes en nombre suffisant – le préfet Baret les avait déjà réclamés en vain –, si l'on sait que Lacoste supportera ses parachutistes de longs mois encore, il est permis de se demander s'il ne prenait pas là quelques garanties pour l'avenir ; ce qui s'appelle aussi « ouvrir le parapluie »... La missive de Lacoste est également à mettre en parallèle avec une appréciation du préfet

Baret, datée de février : « La méthode utilisée est justifiée par les excellents résultats qu'elle a permis d'obtenir. »

Le second texte de mise en garde, que reçoit Guy Mollet aux premiers jours d'avril 1957, est celui de la fédération algéroise de la SFIO.

> « ... Nous connaissons votre honnêteté et votre loyauté, monsicur le président du Conseil. Nous savons qu'en aucun cas vous n'accepterez que le retour au calme permette le maintien du statu quo ante, et qu'en aucun cas non plus vous ne permettrez que le calme soit rétabli par des procédés dont l'application généralisée déshonorerait la France et le parti dont vous êtes le sécrétaire général.
> « Or nous avons le devoir de vous dire que l'application faite à Alger de votre politique dénature totalement vos intentions. Nous avons toujours exprimé à monsieur le ministre résidant, dans le secret de son cabinet, les réserves que notre conscience nous obligeait à faire. Nous n'avons guère été entendus... »

Lacoste sait aussi ce qui se passe dans les PC des parachutistes ; parce qu'il y est allé, parce que chaque matin, il reçoit un des quatre exemplaires des rapports d'Aussaresses. Celui-ci place des carbonnes dans son carnet qu'il appelle son manifold ; ayant dressé le bilan de son action quotidienne, il en détache une feuille pour le ministre résidant, une pour Massu, une pour Salan, la dernière allant vers ses archives. Lacoste sait aussi parce que Massu ne lui a rien caché et que lui-même ne dissimulera rien des méthodes auxquelles la 10e DP estime devoir recourir :

> « Il s'agissait d'obtenir le renseignement opérationnel urgent dont dépendait la vie d'êtres innocents, délibérément sacrifiés par le FLN à son objectif. Une telle cruauté n'inspirait pas le désir de ménager ceux dont les aveux pouvaient interrompre un aussi fatal enchaînement.
> « Alors, pratiquement, si pour faire " cracher le morceau " il fallait que " ça cogne un peu ", les questionneurs étaient conduits à faire subir aux prévenus des douleurs physiques, dont la violence était graduée pour aboutir à l'aveu. Certes, il y avait des risques et des accidents se sont produits, mais ce n'était tout de même qu'une pression physique, même violente, utilisée pour le renseignement immédiat et ne dégradant pas l'individu.
> « C'est là qu'intervenaient évidemment, dans une mesure importante, les qualités morales du questionneur et son sang-froid.
> « Le procédé le plus couramment employé, en sus des gifles, était l'électricité, par usage des génératrices des postes radio [la gégène : première syllabe du mot génératrice] et application d'électrodes sur différents points du corps... [1]. »

1. *La Vraie Bataille d'Alger*, *op. cit.*, p. 165.

Au 1er REP, on aimerait obtenir des bilans tels que les claironnait Bigeard. Ils seraient presque rassurants. Les légionnaires, en effet, tombent de haut lorsqu'ils appréhendent leurs premiers suspects. Les hasards de l'implantation géographique leur font lever de drôles de lièvres : un réseau européen de soutien au FLN, et, parmi ces sympathisants de la rébellion, des représentants de l'Eglise catholique. Première appréhendée, Denise Walbert met les légionnaires sur la piste d'autres Européens, les époux Gautron, Gallice père et fils, Maurice Causse, Georges Hélié... Ils ont tous, à un moment ou à un autre, hébergé les membres du CCE qui se réunissait à l'occasion chez André Gallice, par ailleurs conseiller municipal d'Alger. Ces militants ont aussi escamoté Raymonde Peschard, recherchée après deux attentats à la bombe et que ses amis du PCA jugeaient trop compromettante pour oser la protéger. Le REP arrête ces suspects, les embarque à la villa Sesini où les Européens parlent vite et d'abondance. Avec une telle moisson de renseignements, la traque repart. Le colonel Brothier s'affole. Ce sont des prêtres qu'arrêtent maintenant ses légionnaires, l'abbé Barthez, l'abbé Scotto ; puis les sœurs missionnaires de Notre-Dame d'Afrique, puis des professeurs de faculté tel Malan. Ils tournent autour de l'évêque d'Alger, Mgr Duval, que ses ouailles déconcertées appelleront bientôt Mohamed Duval ou, ce qui est encore moins respectueux, Ben Dudu.

Le général Massu, attentif aux échos de la bataille que mènent ses troupes, est interloqué puis agacé par l'attitude de Mgr Duval. Il s'adresse au Vatican, dès le 1er février, pour que l'évêque cesse de tourner le dos aux instructions pontificales :

> « Très Saint-Père
> « Responsable de l'ordre dans le département d'Alger et catholique pratiquant, j'ose attirer votre très haute attention sur les difficultés que me cause l'attitude surprenante de notre archevêque, Mgr Duval, ainsi que certains de ses collaborateurs, notamment M. l'abbé Scotto.
> « Le point de vue de Mgr Duval, précisé par lui dans ses écrits aux prêtres de sa paroisse et affirmé dans ses conversations, diffère totalement de celui que Votre Sainteté a bien voulu donner à tous les chrétiens par sa lettre de Noël 1956 et que nous avons eu la joie de voir repris par le *Quotidiano* de Rome.
> « En pays musulman, la paix ne peut être obtenue que dans la justice et l'autorité, véritables formes de la Charité chrétienne, jamais par la faiblesse. Toute équivoque sur ce point ne peut qu'engendrer troubles et désordre et provoquer chez les catholiques d'Algérie un malaise tragique.

« C'est pourquoi, Très Saint-Père, j'ose vous demander de bien vouloir faire faire une enquête sur place afin de pouvoir prendre des dispositions qui permettent, dans la désunion qui oppose tant d'hommes d'Algérie, d'assurer au moins l'union sans réserve des catholiques... »

De la réponse de la secrétairerie d'Etat, Massu dira qu'elle était inconsistante. Elle est en tout cas aussi diplomatique qu'évasive :

« ... Le Souverain pontife, qui connaît bien la situation actuelle de ce pays, a déjà, en plusieurs circonstances, exprimé le vœu que toutes les forces saines y puissent, dans la confiance réciproque, travailler ensemble au rétablissement de la paix. Il n'est pas douteux que les forces spirituelles, qui tirent de l'Evangile leur vitalité permanente, ne concourent à cette fin si désirable selon les voies qui lui sont propres, ainsi qu'il est déjà advenu tant de fois au cours de l'histoire de l'Eglise. »

Le général Massu s'en console avec le soutien de quelques prêtres du diocèse. Tel le père Dumontier desservant Hydra et Birmandreis, aimé des pieds-noirs comme des musulmans dont il n'a jamais négligé les détresses morales et matérielles. Ou cet autre – que Massu ne nomme pas – lui glissant en confidence : « L'évêque est un c... il dirige son diocèse comme s'il était encore supérieur de séminaire. »

Le professeur Malan espère que ses amis parisiens le tireront d'affaire et qu'il sortira des cachots du 1er REP. Il ne se trompe pas. Apparaît à la villa Sesini le colonel Brothier, flanqué du général Massu. Brothier veut que l'on relâche le professeur ; les officiers de renseignement renâclent, Faulques le premier qui a déjà, en de semblables circonstances, offert sa démission à Brothier. Fidèle à ses habitudes le général Massu décide de jouer la franchise et d'expliquer à Faulques le dessous des cartes : oui, ils doivent obéir à un ordre de Paris, plus exactement de la présidence du Conseil... Oui, il y a un vote important à l'Assemblée nationale dans les heures qui viennent, et il faudra toutes les voix du MRP afin que Guy Mollet passe l'obstacle... Oui, certaines de ces voix pourraient manquer si Malan reste détenu... Après quoi, le général Massu, conscient des désagréments qu'engendrent des enquêtes trop poussées dans les milieux européens, tentera de calmer le jeu :

« Après le coup de semonce donné à certains milieux européens qui ont fait de la charité une interprétation abusive et antinationale, freiner les poursuites en ce qui les concerne, de façon à ne pas annihiler des efforts anciens et valables d'hommes et de femmes désintéressés sur le plan social... »

Elève du collège Saint-Louis-de-Gonzague, rue Franklin, à Paris – ici le jour de sa première communion –, le jeune Jacques Massu découvre les plaisirs discrets de l'uniforme... © coll. part.

A Saint-Cyr, en 1928, en matière d'uniforme les choses deviennent plus sérieuses. L'élève officier Massu Jacques (*au premier rang*) a également touché un casque et un fusil ! © coll. part.

La première décoration du capitaine Massu, l'une des plus prestigieuses : le général Leclerc lui remet la croix de Compagnon de la Libération, à Brazzaville, le 14 juillet 1942. © coll. part.

Paris est libéré. La 2e DB poursuit sa mission. Le 27 août 1944, le commandant Massu (ici avec son chauffeur Georges Hill) arrive à Pierrefitte. Une brève pause avant la marche sur Strasbourg. © D.R.

La 2e DB de Leclerc a tenu le serment de Koufra : le 23 novembre 1944, elle libère Strasbourg. Le lieutenant-colonel Massu (*entre Leclerc et le maire Frey*), avait forcé le verrou allemand, à Dabo. © Rue des Archives.

Indochine, octobre 1945. Leclerc fixe sa mission au groupement Massu : dégager Saigon de l'emprise des rebelles. Après viendra le tour d'Hanoi, et la cohabitation avec Hô Chi Minh. © coll. part.

En vue de Suez, le 6 novembre 1956, où sont intervenus deux régiments de la 10e DP. Le 2e RPC a déjà été parachuté à Port Fouad lorsque le général Massu arrive par la mer, avec le 1er REP. © ECPAD France.

A Alger, en mai 1958, soufflent un vent de révolte et un élan de fraternisation. Pour calmer les tensions, Massu invente les comités de Salut public. « Face au torrent vous avez été la digue », lui dira de Gaulle.
© Dalmas/Sipa Press.

Face au torrent, la digue se construit. Les comités de Salut public veulent de Gaulle au pouvoir. Le 19 mai, Jacques Soustelle (*au centre*) arrive en renfort. Delbecque (*à droite*) était déjà entré au CSP.
© Rue des Archives.

Ci-dessous, à gauche : Au procès dit « des barricades », Jacques Massu entend témoigner. Il est attendu le 18 décembre 1960. Les journalistes s'interrogent : viendra-t-il en uniforme ou en civil ? La réponse de Sennep… © *Le Figaro*. *A droite* : Le 12 juin 1990, l'Algérie vote pour des élections locales. Les candidats du FIS obtiennent 54,3 % des voix, le FLN 18,3 %… Les résultats sont donc remis à plus tard. Jacques Faizant donne sa version pour *Le Figaro*. © Jacques Faizant Cartoon Company

Ils ont œuvré pour le retour au pouvoir du général de Gaulle, les uns résolument, les autres modérément… *De gauche à droite*, les généraux Jouhaud, Massu, Salan et Allard. Bientôt leurs voies divergeront… © Rue des Archives.

Poussé vers le pouvoir par les manifestations algéroises, investi par les députés, le général de Gaulle se rend à Alger le 7 juin. Un incroyable bain de foule, où le général Massu paraît submergé. © Sipa Press.

A la bataille d'Alger, la 10e DP a toujours préféré les combats des djebels. De son PC le général Massu dirige l'opération. Derrière lui, le capitaine Graziani, l'un des hommes du renseignement. © Tallandier.

La rencontre entre de Gaulle et Massu à Baden, le 29 mai 1968, était secrète. Le lendemain, le général de Gaulle est de retour à Paris, où il va reprendre la situation en main. © Gamma.

A Blida, le 28 mai 1958, rompant la digue, une jeune fille monte à la tribune lire un texte. Le général Massu la prend par la main. Malika n'a plus quitté la famille Massu. © Sipa Press.

Suzanne et Jacques Massu n'avaient que Véronique comme enfant ; ils sont trois désormais. Malika, devenue l'aînée, veille sur sa cadette Véronique (*ici en communiante*) et sur le petit Rodolphe. © coll. part.

Les parents de Malika avaient souhaité une vie meilleure pour leur fille, recueillie par les Massu. Le général et Suzanne Massu ont réussi. Jacques Massu devient le père de la mariée, le 25 juin 1965, à Metz. © coll. part.

Le temps des souvenirs… En 1971, Jacques Massu publie *La Vraie Bataille d'Alger* et Suzanne Massu *Un commandant pas comme les autres*. Une nouvelle aventure les guette : les ventes-signatures ! © coll. part.

Catherine et Jacques Massu rendent visite à leurs chevaux. Une passion partagée qui leur a permis de se connaître et qui a beaucoup fait pour les rapprocher.© Sipa Press.

En décembre 2000, on a reparlé de la torture… et l'on a encore interrogé le général Massu… Personne n'a apprécié, à Conflans-sur-Loing. Malika et Rodolphe sont venus réconforter leur père.
© *Figaro Magazine*.

Le 30 octobre 2002, à l'Ecole militaire, les obsèques de Jacques Massu. Huit parachutistes portent le cercueil, aux ordres d'un officier du 1er hussards parachutistes, le capitaine Benoit Michel, son petit-fils. © AFP.

Il y aura ensuite, à l'occasion, d'étranges marchés. Ainsi, l'on verra le colonel Brothier, flanqué des deux officiers de renseignement du 1er REP, les lieutenants Bonnel et Lesort, aller à l'évêché pour persuader le chanoine Giraud – Mgr Duval étant en mission au Vatican – de leur remettre les valises confiées en dépôt par le FLN. Le chanoine hésite. Les officiers se réfèrent aux Ecritures : « Malheur à celui par qui le malheur arrivera... » Le chanoine cède. D'ailleurs, les représentants du 1er REP lui promettent qu'ils oublieront de transmettre à la justice les noms de neuf des dix prêtres compromis. Le dixième, c'est l'abbé Barthez. Que son frère soit officier à la Légion ne l'a pas aidé... Les officiers de renseignement repartent avec une pile de documents qui intéresseront sérieusement la 10e DP.

Les légionnaires découvrent encore des filières invraisemblables. Pourquoi aussi vouloir s'emparer d'un chef FLN, Omar Ouzzegane, caché à la mairie d'Alger et pas n'importe où puisqu'il est réfugié dans l'appartement de fonction du maire, Jacques Chevalier ? L'historienne Raphaëlle Branche cite un document signalant un centre de torture dans les sous-sols de l'Hôtel de Ville où stationne effectivement une compagnie de légionnaires ; l'auteur du texte avait sûrement ignoré que deux étages plus haut existait une planque pour les chefs du FLN ; ce qui n'est pas forcément incompatible à l'époque et compte tenu des circonstances. Pourquoi vouloir encore récupérer des documents et des armes chez un aimable notable qui se révélera être Si Hamza Boubekeur, député des Oasis et recteur de l'Institut musulman de la mosquée de Paris ? Le bilan est éloquent mais sans conséquence pour les intéressés [1].

Le 13 avril, à son tour, le 1er étranger parachutiste décroche d'Alger. Il regagne sa base arrière, à Zéralda.

Le régiment du colonel Fossey-François, le 2e RPC, connaît aussi sa part de succès et quelques mésaventures liées à la personnalité des hommes qu'il appréhende. Ses succès se mesurent en chiffres : plusieurs centaines de terroristes arrêtés ; des cellules démantelées, la mise hors circuit d'ouvriers travaillant pour la Défense nationale qui volaient par pièces détachées des émetteurs-récepteurs ensuite reconstitués et – surtout – la réouverture des écoles fermées depuis octobre 1956 : cinq cents élèves sur six cent vingt-cinq inscrits reviennent à Birmendreis, cent quatre-vingt-sept sur deux cent vingt à Hydra... et mille quinze à Kouba où il n'y avait

1. Si Hamza Boubakeur est décédé le 4 février 1995. Son fils Dalil Boubakeur lui a succédé à la mosquée de Paris.

que neuf cent vingt inscrits. Les habitants du quartier de Rixrain réclament même une école pour les filles.

Reste la mésaventure la plus marquante. Là encore, les parachutistes partent de renseignements faciles à recouper. Un petit truand est devenu l'un des hommes de main du FLN... Son groupe a reçu des armes d'un certain Amrani... Amrani est le beau-frère de Me Ali Boumendjel... L'une des armes a indiscutablement appartenu à l'avocat... Et comme Ousmer, un policier de la DST retourné par le FLN, a déjà donné le nom de Boumendjel, il n'y a plus, le 9 février, qu'à entendre ce dernier. Il avoue être un des patrons du FLN pour Alger, chargé des questions financières et politiques, sous la direction de Ben Khedda. Il remet les fonds collectés ainsi que des synthèses politiques rédigées avec deux autres avocats, Kaddour Sator et Hadj Hamon. Il gère aussi le collectif des avocats assurant la défense des militants FLN devant les tribunaux. Le 23 mars, il est temps de transmettre Boumendjel à la justice [1]. Là se noue le drame.

Détenu à El-Biar, au 94 du boulevard Clémenceau, Boumendjel doit passer d'un immeuble à un autre, ce qui se fait habituellement par les terrasses, au niveau du sixième étage... d'où l'avocat tombe pour s'écraser au sol. Accident, suicide, exécution... les trois possibilités sont évoquées tour à tour. L'idée de l'accident n'est franchement pas crédible. Pour ce qui est du suicide, il y a certes une précédente tentative de l'intéressé. Reste l'exécution ! Il paraissait alors certain que Me Boumendjel, compte tenu de ses relations, ne resterait pas longtemps sous les verrous, quelques jours, au plus quelques semaines, avant la liberté conditionnelle... Paul Aussaresses a dissipé les derniers doutes en 2001 :

> « A mes yeux, malgré ses hautes relations qui ne m'impressionnaient guère, l'avocat n'était que le vulgaire commanditaire d'un assassinat révoltant dont les exécutants avaient déjà été passés par les armes. La cause me paraissait entendue pour ce seul motif [2].
> « Comme la conversation [avec Massu, Fossey-François et Trinquier] tournait en rond, je me suis impatienté et j'ai fini par me lever pour sortir, alors Massu s'est tourné vers moi et m'a regardé dans les yeux avec insistance :
> – Aussaresses, j'interdis qu'il s'évade ! Compris ? »

1. En réalité du 12 février au 4 mars, Me Boumendjel n'est pas détenu par le 2e RPC, il est hospitalisé après une tentative de suicide.

2. L'assassinat d'un jeune couple et de leur bébé au sud d'Alger. Les assassins avaient été dénoncés.

Boumendjel ne s'est pas évadé. Il a été poussé et s'est écrasé sur le sol six étages plus bas. Aussaresses avait compris ce qu'il avait envie de comprendre.

Le 14 avril, le 2e RPC quitte à son tour Alger, soulagé. Cinq jours plus tard, les parachutistes de Fosset-François repartent en opération dans les djebels. Dans le même temps, le 1er chasseurs parachutistes au béret bleu du colonel Mayer réintègre Alger. Il vient assurer la permanence de la 10e DP. Sans joie.

La première bataille d'Alger s'achève. L'armée se fait discrète, le terrorisme s'étiole, la ville retrouve le calme, sans oublier ses craintes. Les Algérois savent trop que le calme peut être trompeur et que le FLN, même s'il paraît aux abois, ne désarmera pas pour autant. D'ailleurs, l'ambiance est encore plus lourde, plus poisseuse. Il se développe une campagne contre la torture, relayée ou orchestrée depuis Paris.

Le premier visé est bien évidemment le général Massu, dont les deux qualités essentielles pour un chef deviennent presque des tares. Massu est un soldat loyal et discipliné ; il exécute les ordres, même si dans l'intimité d'une popote, au milieu des siens, il peut renâcler et critiquer. Le général a toujours su déléguer et le système fonctionne parfaitement quand les bénéficiaires de la délégation sont à la hauteur du patron ; il a toujours couvert lorsque ses adjoints ont osé des initiatives hardies. A Alger, Massu obéit, délègue et couvre ; comme il le leur a dit, il sait qu'il a autour de lui des officiers qui sont parmi les meilleurs de l'armée française. Alors, pensent ses détracteurs, puisque Massu obéit, délègue et couvre, qu'il porte aussi le chapeau !

Au nombre des opposants à Jacques Massu figurent parmi les plus actifs les généraux Paris de Bollardière et Billotte. Bollardière et Massu sont d'anciennes relations ; tous deux compagnons de la Libération ; une vieille amitié parachutiste qui n'a pas résisté à l'épreuve algérienne. Le premier refuse certaines méthodes et le proclame haut et fort ; le second sait que le terrorisme vaincra si l'on ne risque pas le doigt dans l'engrenage, et il s'y résigne par devoir. Bollardière a un premier accrochage avec Massu lors d'un dîner chez un homme d'affaire algérois, Jean-Claude Tiné :

> « Ce n'est pas avec les méthodes employées que nous arriverons à quelque chose, commence Bollardièrc.
> – Je n'en ai rien à faire. Je fais mon métier et mon métier, c'est de rétablir l'ordre.
> – Ça ne se fera pas à coups de pied dans le cul. »

La cote de Bollardière – avant même cet éclat – n'est pas au plus haut chez ses camarades : le FLN est littéralement maître de son territoire ; ses commandos de chasse n'ont guère de réussite, lui-même néglige les contacts d'état-major avec Alger, qui ne lui fournit sans doute pas tous les moyens nécessaires. Certains de ses officiers d'actives n'ont auncune envie de traquer les rebelles. Un de ses officiers de réserve rappelé, le lieutenant Jean-Jacques Servan-Schreiber, a tout loisir de courir l'Algérie pour préparer un reportage qui sera publié sous le titre « Lieutenant en Algérie » et qui lui vaudra des poursuites... Alors, quand Bollardière demande à être immédiatement relevé de ses fonctions et remis à la disposition du gouvernement en France, les ministres sont soulagés, comme le sont Salan et Allard, ou encore Massu qui appuie très chaleureusement sa demande de rappel. Massu auquel Bollardière dira avant de décrocher : « Je méprise ton action... »

Bollardière quitte son commandement le 29 mars. Il s'est engagé à ne rien rendre public de ses états d'âme. Ses oublis à la règle librement acceptée lui vaudront deux mois d'arrêts de forteresse. Trinquier mettra son témoignage en doute :

> « Voyez le général de Bollardière qui raconte des choses extraordinaires. Je lui ai demandé : " Ce que vous racontez, l'avez-vous vu ? " Mais non, il racontait ce qu'un soldat lui avait dit, qui le tenait d'un autre... Je lui ai dit : " Comment ? Vous en général, qui avez fait du renseignement, vous prenez pour argent comptant des renseignements de seconde ou de troisième main ? " Mais jamais Bollardière n'a dit : " J'ai vu. " [1] »

Billotte est d'un autre genre. C'est un ancien de la 2ᵉ DB, dont il a commandé brièvement un des trois groupements. A l'époque, les circonstances ne leur ont pas permis, Massu et lui, de se croiser. Cette fois, ils n'ont aucune raison de s'entendre. Billotte invoque les grands principes, Massu patauge dans le quotidien. Billotte estime que pour vaincre il faut respecter les valeurs morales et humaines, Massu juge que le FLN ne s'impose que par la terreur et le meurtre, et qu'il faut lui répondre...

Alors que s'achève la première phase de la bataille d'Alger, il est de plus en plus souvent question de la torture, à Alger ou à Paris. Les quatre régiments de la 10ᵉ DP sont mis en cause et, avec eux, leur patron, le général Jacques Massu qui s'en expliquera le moment venu :

---

1. *La Guerre d'Algérie ou le temps des méprises*, Laurent Theis et Philippe Ratte, Mame, 1974.

« Y a-t-il eu vraiment torture ? Je ne peux répondre que par l'affirmative, quoiqu'elle n'ait jamais été instituée ni codifiée.
« La torture (du bas latin *tortura*, torsion), étant une violente douleur physique qu'on fait subir à quelqu'un, a régné à l'état endémique dans cette malheureuse Algérie. Je n'ai pas peur du mot. Mais je pense que, dans le plus grand nombre de cas, les militaires français obligés de l'utiliser pour vaincre le terrorisme ont été, et heureusement, des " enfants de chœur " par rapport à l'usage qu'en ont fait les fellaghas. »

Le général Massu n'a donc jamais nié l'usage de la torture. Comme il en a reconnu tous les dangers, y compris pour ses officiers que rien ne préparait à de semblables missions :

« Le risque était que l'un ou l'autre mît trop de passion à sa tâche et cessât de considérer comme suprême éventualité la nécessité de faire souffrir pour faire parler.
« Il appartenait aux chefs de corps de s'en rendre compte et d'intervenir à temps.
« C'était un métier dangereux moralement et qui ne pouvait être exercé longtemps. Aussi ai-je rapidement compris qu'il ne fallait pas prolonger le séjour des régiments à Alger, mais organiser un tour, alternant avec le tour de djebel[1]. »

Il est vrai qu'ici ou là, des officiers se sont révélés d'authentiques sadiques ; il a fallu les éloigner, encore que le cas soit rarissime. Il y a aussi des détournements de pouvoir et des réputations usurpées, des confusions habilement utilisées qui ajoutent à la confusion et aux rumeurs. Une note de service, en date du 9 mai 1957, précise la pensée du général Massu à ce propos :

« Il est certain que le port de la tenue de parachutiste permet actuellement à tous les mauvais garçons de l'Algérois, qu'ils soient fellaghas ou français, civils ou militaires, de persuader l'opinion que leurs méfaits sont imputables aux parachutistes de la 10e DP.
« Il y a trop de tenues camouflées, de casquettes et de bérets de toutes couleurs en circulation, dont les porteurs font à la 10e DP un tort considérable ; chacun de leurs actes d'indiscipline nous est imputé et les enquêtes ordonnées à la suite d'exactions diverses démontrent l'incapacité des différents échelons du commandement à reconnaître leurs propres subordonnés.
« Pour que cela cesse, il faut un effort de chacun et de tous... »

Les accusations, les polémiques, les commissions d'enquête, les procès même, accompagneront la 10e division parachutiste tant que durera la bataille d'Alger, puis bien au-delà.

1. Jacques Massu, *La Vraie Bataille d'Alger*, *op. cit.*

Chapitre 10

Les filles du FLN sous les verrous
Yacef Saadi prisonnier, Ali la Pointe tué
La 10e DP quitte Alger

Avec l'arrivée du printemps, malgré le départ des quatre régiments de la 10e division parachutiste, Alger paraît s'abandonner à la douceur de revivre. Les revers du FLN font oublier les risques d'attentats et si la crainte subsiste elle est plus diffuse puisque la menace est moins pressante. Le retour aux réalités n'en sera que plus brutal. Avril et mai vont être deux mois qui seront tout sauf paisibles et sereins.

A cette époque, le général Massu est plus souvent à Hydra, au PC de la division, qu'à la préfecture d'Ager où il ne va plus, en règle générale, que les mardi et vendredi après-midi, pour les affaires militaires, puis le samedi matin pour les affaires du département d'Alger, et quelques autres jours lorsque le préfet Baret ou le général Allard décident d'organiser leurs réunions de travail... Paul Teitgen est à l'écart, sévère censeur des méthodes de la 10e DP mais passif ou presque quant à l'action antiterroriste. Teitgen a vu sa démission refusée une première fois, le 29 mars ; elle sera acceptée le 8 octobre. Le jugement que Massu porte sur son rôle n'est pas plus aimable que les propos amers de Teitgen réduit à signer, après coup, les assignations à résidence des suspects arrêtés puis interrogés par les parachutistes. Massu, racontant sa bataille d'Alger, écrira plus tard ce qu'il a pu penser de l'attitude de certains policiers, alors que la majorité d'entre eux traquaient aussi les terroristes :

> « Il y a eu des exceptions, comme en toutes choses, allant parfois jusqu'à l'hostilité : certains manifestaient une jalousie puérile, semblant méconnaître l'obligation qui nous était faite de faire leur métier. Le préfet Serge Baret les a connus et jugés, de son sourire indulgent et moqueur, avec sa profonde expérience des hommes et des mobiles qui

les font agir. Il a contribué à lever ces obstacles, ainsi que les sous-préfets Pierre Bolotte et Noiraud Cosson, ses collaborateurs.
« L'attitude du secrétaire général de la préfecture d'Alger, chargé de la police, Paul Teitgen, a été tout autre à mon grand étonnement : qu'il ait souhaité restreindre nos pouvoirs est admissible, mais alors il aurait dû renforcer l'action de la police. Or, s'il s'est érigé en censeur de l'armée, nous ne pensons pas qu'il ait réellement fait son métier d'animateur de la police. »

Allant ainsi de l'un de ses PC vers un autre, le général Massu sillonne fréquemment la ville à bord de sa voiture couleur sable si facilement repérable, sous la protection de motards vigilants. Lorsqu'il prête attention au spectacle de la rue, ce qui est rare, il découvre que les Algérois le saluent bruyamment ; des applaudissements, des cris accompagnent son passage... Il n'est pas homme à se laisser étourdir par cette popularité qu'il trouve insolite. Il y est sensible pourtant. Il y voit la preuve qu'Alger apprécie tout ce que ses parachutistes, aux bérets rouge, bleu ou vert, font pour la sécurité, même si, de toute évidence, ces vivats lui sont personnellement destinés.

C'est à la même époque que le général Massu accepte un peu de changer le cadre de sa vie familiale. Depuis deux ans, il ne s'est pas octroyé le moindre jour de repos, pas la moindre permission. En guise de distraction, il y a les soirées obligatoires avec les personnalités algéroises, une société d'industriels, de banquiers et autres élites parmi lesquels Massu n'est pas forcément le plus à l'aise. Il préfère à ces mondanités les dîners plus intimes avec quelques familles amies, telles les Chatelus ou les Desjoyeaux, implantées depuis des générations en Algérie. Il y a aussi les soirées au théâtre d'Alger, où s'aventurent des tournées venues de métropole à la condition de trouver des acteurs acceptant de venir jouer là, au risque d'entendre les bombes couvrir leurs répliques. Puis Suzanne Massu ne veut pas quitter son mari, pas plus qu'elle n'entend quitter Véronique leur fille ; ce qui revient à dire que la famille Massu ne peut vivre ailleurs qu'à Alger. La villa très classique qui a succédé au palais du peseur d'or ne les a jamais enchantés. Le lieutenant Mazza, aide de camp du général, brusque les choses ; il y a, à Bains-Romains, à quelques kilomètres d'Alger, une vaste propriété à l'abandon. Connaissant son général, Mazza trouve les seuls arguments pouvant décider Jacques Massu à transférer là sa petite famille : la maison est assez vaste pour que le rez-de-chaussée et une aile accueillent les éclopés de la 10e DP en convalescence. La propriété a aussi un accès direct à la mer, ce qui n'a rien de désagréable en cette queue de printemps. Le général pourra ajouter la natation, dont il raffole, à ses rares parties de tennis. Il n'aura plus, pour nager, à investir la villa des Chatelus, « Les Deux Moulins », qui est en bord de mer à Saint-Eugène. Jusqu'à présent, c'est là qu'il venait nager et oublier la pression du moment ; mais avec des légionnaires embusqués dans les rochers, prêts à tirer si le patron était menacé.

Le 9 avril au matin, les zouaves du capitaine Sirvent patrouillent dans la Casbah qu'ils arpentent jour et huit, sans trêve, depuis des mois. Il n'est que 5 h 30, pourtant les ruelles s'agitent. Des maisons qui ont connu leurs siècles de splendeur sortent des hommes pressés de rejoindre leur travail ; des femmes voilées gagnent les quartiers européens où des familles attendent leur fatma si dévouée. Prudents, les soldats avancent lentement en file indienne. Ils ont toujours un chargeur engagé dans leur pistolet-mitrailleur et ils ne perdent jamais de vue les bordures des terrasses qui parfois se rejoignent presque au-dessus des venelles, en cachant le ciel. Les moucharabieh les inquiètent toujours ; l'Islam les a inventés pour que les femmes puissent voir sans être vues et les zouaves se savent épiés sans cesse. Rue du Sphinx, ils repèrent quelques femmes voilées arrivant de la rue du Nil. Ils ne trouvent pas très normale cette procession de silhouettes marchant d'un même pas, à quelque distance les unes des autres. Elles arrivent à leur hauteur, les croisent. L'une d'elles s'affole, tente un demi-tour pour s'enfuir. Les zouaves comprennent le danger. Ils vont ouvrir le feu lorsqu'une autre femme se jette entre eux et la fuyarde. Une courte rafale de pistolet-mitrailleur est tirée. La jeune femme s'effondre, lâche une serviette d'où s'échappent des chargeurs, des documents, une série de cartes d'identité, beaucoup d'argent... La blessée insulte les soldats. Ils la transportent à l'hôpital Mustapha puis, de là, vers l'hôpital militaire Maillot.

L'affaire est rapidement éclaircie. La jeune femme s'appelle Djamila Bouhired ; elle est loin d'être une inconnue pour les officiers de renseignement de la 10e DP. Elle était accompagnée de ses deux compagnes habituelles, également repérées puis identifiées par le 3e RPC : Zohra Drif et Hassiba Bent Bouali. Avec elles, dissimulés sous le haïk, le long voile blanc des femmes, il y avait Yacef Saadi, Ali la Pointe, Amara Ali dit Alilou, et Mahmoud, un agent de liaison. La fine fleur du terrorisme survivant à Alger... Les zouaves ont été trompés par le déguisement des hommes, une ruse qui a déjà servi mais qui sera moins efficace désormais. L'arrestation de Djamila Bouhired posera des questions à jamais sans réponse. Elle a bien été blessée par la rafale qu'a tirée Yacef Saadi, il le reconnaîtra ; mais a-t-il voulu l'aider à fuir ou aurait-il préféré l'éliminer ? Yacef et ses comparses ont-ils tenté ensuite de récupérer la jeune femme ? Il est certain qu'ils ont envisagé semblable opération, puis très vite ils ont renoncé à attaquer le commissariat de police de la haute Casbah, où Djamila Bouhired n'est restée que très peu de temps. Il paraît assuré qu'ils ont cherché à la faire sortir de l'hôpital Maillot. Les parachutistes l'ont-ils torturée sur son lit d'hôpital ? Oui, dira-t-elle, allant jusqu'à préciser qu'ils vrillaient un poignard dans sa plaie... mais ce sera bien longtemps après son arrestation. L'accusation est reprise par François Mauriac dans son « Bloc-notes » de l'hebdomadaire *L'Express*, Mauriac parlant d'interrogatoire sur la table d'opération... ce qui mettra les médecins hors d'eux et rendra les militaires fous de rage. Djamila Bouhired n'a pas été torturée, ni à l'hôpital ni ailleurs. Elle n'a eu à supporter qu'une paire de claques d'un officier de renseignement de la 10e DP, le capitaine Graziani ; elle l'avait traité de « fils de pute posant des questions de merde [1] ». En tout cas, elle ne dit rien de ces tortures à Mme Massu venue la visiter. Elle ne se plaint pas davantage à un officier venu également lui rendre visite sur son lit d'hôpital : le capitaine Sirvent du 9e zouaves est un vieil ami du père Bouhired. Celui-ci, comptant parmi les footballeurs les plus célèbres d'Algérie, rêvait d'un tout autre destin pour sa fille.

Ce n'est pas une curiosité déplacée qui a conduit l'épouse du général Massu jusqu'à l'hôpital Maillot. Ayant découvert le rôle actif que tiennent les femmes dans la rébellion, elle tient à parler avec Djamila Bouhired pour comprendre sa démarche, si cela est possible.

Cette attention de Suzanne Massu envers une terroriste n'est pas la chose la mieux comprise en ce printemps naissant. Il y a de bonnes âmes pour s'offusquer ; des grincheux pour juger une telle démarche déplacée et, déjà, des regards en biais vers madame la générale qui a la drôle d'idée de vouloir aider les femmes musulmanes dans la détresse, les jeunes enfants livrés à eux-mêmes, ou les adolescents abandonnés. Critiquer l'entreprise de Mme Massu, c'est mal connaître son caractère, c'est oublier son passé de Rochambelle, l'ambulancière de la 2e DB devenue, en Indochine, la patronne des personnels féminins de l'armée de terre. C'est une femme qui ne

1. Dans son livre *La Bataille d'Alger* (*op. cit.*), l'auteur raconte les étranges relations amoureuses qui vont se nouer entre la jeune Algérienne et l'officier Français. Graziani sera affecté au 6e RCP en août 1958. Grièvement blessé en octobre, il rejoint son unité aussitôt guéri et meurt au combat le 6 janvier 1959.

peut rester indifférente à une difficulté morale et qui a en tête le projet d'une action sociale pour les jeunes gens dont le choix pourrait bien être dangereusement simplifié : la misère ou le terrorisme. Ce n'est pas son mari qui la contredira, il aurait plutôt tendance à la pousser dans ses élans. Le général Massu n'est pas seulement confronté au terrorisme. Il a également sous les yeux d'autres aspects de la vie algéroise, parfois déconcertants, souvent affligeants. La misère désespère la ville comme elle rôde dans les djebels. La richesse n'est pas la chose la mieux partagée en terre algérienne, encore que les colons milliardaires ne soient guère qu'une grosse poignée. La plupart des Européens des quartiers populaires ne roulent pas sur l'or et vivent de modestes emplois ; les Arabes, à côté de quelques belles réussites sociales, ne connaissent qu'occasionnellement l'aisance. La situation politique aidant, des familles musulmanes n'assument plus leurs tâches, que le père ait rejoint un maquis, qu'il soit au chômage ou à l'occasion en prison. Dans les rues d'Alger traînent des centaines de petits « yaouled », exotiques poulbots survivant en cirant les chaussures, en vendant les journaux, en tirant quelque profit de la mendicité ou de leurs rapines. Les querelles des adultes les ont précipités vers la misère et, au-delà, vers la délinquance. Jacques Massu ne le supporte pas ; Suzanne Massu encore moins. Ils vont conjuguer leurs efforts pour arracher les enfants perdus à la rue et à la misère. Ils veulent agir. Les circonstances les aident...

C'est en février 1957 que se produit un événement tenant du miracle. Un jeune prêtre, chargé de deux valises, demande à voir le général Massu. Les bagages paraissent lourds ; leur itinéraire est compliqué. Selon le jeune prêtre, un de ses confrères algérois les aurait reçus d'un visiteur ayant discrètement poussé le rideau de son confessionnal ; il aurait souhaité que le clergé les fasse parvenir au général Massu. Le prêtre en a référé à Mgr Duval, lequel a prié son secrétaire de les porter à la 10e DP. C'est ce secrétaire qui demande à voir Massu. En son absence, l'aide de camp, le lieutenant Mazza, décide d'accepter les deux valises. Il y met une condition, que le prêtre, ignorant la nature de son chargement, veuille bien les ouvrir lui-même et signer une décharge avant de repartir. Une méfiance que justifie la multiplication des paquets piégés et autres bombes camouflées. Là, le contenu des valises est plus étrange : des millions, des dizaines de millions en billets de banque, neufs ou usagés, en liasse ou en vrac... Jamais le prêtre et l'officier n'ont vu autant d'argent. Un trésor dont l'origine restera un mystère mais dont la destination est évidente pour le général Massu. Dès son retour, il prie Mazza d'aller déposer le pactole à la banque, sur un compte tout neuf : « Général Massu-compte social ». Suzanne Massu va pouvoir passer à l'action... C'est-à-dire financer l'installation de son œuvre.

D'abord, il faut trouver des locaux, puis les aménager, créer des dortoirs, des cuisines, des douches... ce qui ne se trouve pas habituellement au siège d'un journal quotidien.. Le centre « Jeunesse » est en effet installé dans les bureaux abandonnés rue Koechlin par *Alger républicain*, la feuille communiste désormais interdite. Les œuvres sociales de Mme Massu ne sont pas forcément aisées à organiser. Dans un premier temps, elle avait espéré travailler en relation avec une association existante « Moissons nouvelles », poursuivant sensiblement les mêmes buts mais plus frileusement. Il semblerait même que ses dirigeants tiennent à ménager toutes les susceptibilités, par crainte de représailles ou dans l'éventualité d'un retournement de situation. Ainsi, l'utilisation des locaux de la rue Koechlin n'enchante guère « Moissons nouvelles ». Suzanne Massu comprend qu'elle devra agir seule, elle invente donc sa propre structure. Ce sera l'Association pour la formation de la jeunesse, dite « Association jeunesse », dont les buts sont clairement énoncés : « l'aide – la protection – la sauvegarde – l'éducation professionnelle et morale de la jeunesse. » Elle est officiellement créée le 8 avril 1957, et domiciliée chez les Massu. En juin 1957, le centre de la rue Koechlin compte quatre-vingts pensionnaires. Mme Massu est assistée du sous-lieutenant Giraud qui, sous ses galons, cache son diplôme de sciences politiques et ses doctorats en droit et en économie. L'homme est précieux dans la réflexion comme sur le terrain. Ses compétences débouchent sur une rédaction rapide des statuts de l'association; elles l'aident aussi à découvrir la filière juridique qui va permettre de faire passer le plus légalement du monde l'argent du « Général Massu-compte social » vers les coffres de l'association qui, compte tenu de ses statuts, n'est pas habilitée à recevoir des dons. Cependant, Giraud est un sous-lieutenant du contingent et il sera rendu un jour à la vie civile; il lui faut donc un adjoint qui, le moment venu, puisse assurer la continuité. Le général Massu a un volontaire sous la main : Marc Desaphy, un ancien de la compagnie de transmission de la 10e DP, grièvement blessé dans l'attentat du Milk-Bar qui lui a coûté une jambe. Desaphy, durant sa convalescence, a demandé à Massu de le reprendre à ses côtés. Il revient à Alger pour devenir la cheville ouvrière de l'Association jeunesse et le restera bien longtemps. Giraud et Desaphy reçoivent, à l'automne, l'aide du médecin-lieutenant Guy Sangline, spécialiste de la pyschiatrie infantile. Et l'on retrouvera autour de Suzanne Massu toutes celles qui ont décidé de la suivre dans ses entreprises humanitaires, Suzanne Ambroise-Thomas, Colette Demachy, Suzanne Fouchet, Josette Navarro, Nicole Pellegrini. Avec la bénédiction du général Massu, son épouse multiplie les initiatives. Giraud, Desaphy et Sangline suivent. Ils préparent les Foyers de yaouleds dont le premier ouvrira en janvier 1958. Les activités de Suzanne Massu, qui étonnent et parfois choquent les Algérois, ne semblent pas toujours suffisantes au général. Il trouve encore des crédits pour la création du Foyer des jeunes travailleuses implanté à la Bouzaréah, sur les hauteurs de Babel-Oued. Suzanne Massu déniche une de ses amies, d'origine suédoise, Kyra de Wisted, pour prendre ces trente jeunes filles en charge. Le général Massu demande à Desaphy de l'assister pour l'aspect financier. Il aura, par la suite, des annexes à toutes ces entreprises. Le terrorisme n'a pas vocation à lutter contre la misère, bien au contraire...

Soumise aux interrogatoires des officiers de renseignement sachant qu'elle n'est pas un rouage ordinaire de la rébellion, Djamila Bouhired parle. Elle s'y résigne tardivement, en respectant les délais permettant à ses acolytes de disparaître. Mais elle parle. Le plus étonnant dans ses aveux tient à une cache qu'elle indique, au 13, rue de la Porte-Neuve : elle n'a pas été vidée ! Les parachutistes découvrent là treize bombes de deux kilos, sept boîtes de détonateurs, trois pains de mélinite, des armes... Craignant toujours que le calme ne soit que provisoire, les Algérois apprennent ainsi, le 20 avril, qu'il y a encore des bombes cachées dans la Casbah et que des attentats restent possibles. Ils vivront six semaines dans cette hantise, avec, entre-temps, la grande peur de Pâques sanglantes colportée par des rumeurs invérifiables... Une saisie d'armes et de tracts à Paris, dans le quartier de la Goutte-d'Or, le 20 avril, ne bouleverse pourtant pas les Algérois ; pas plus que la fin du gouvernement Guy Mollet le 21 mai, le pétrole jaillissant à Hassi-Messaoud le 23 mai ou bien l'assassinat d'Ali Chekkal au stade de Colombes le 26 mai. Alger reprend contact avec l'horreur en apprenant trois massacres de population. A Mélouza, le 28 mai, les militaires découvrent trois cent trente-huit corps, tous des hommes du village abattus la veille par des rafales d'armes automatiques ou égorgés à la serpe, à la hache. Les tueurs, qui ont aussi volé le bétail, pillé les mechtas, ont annoncé qu'ils reviendraient le lendemain exécuter femmes et enfants. Deux jours plus tard, trente-cinq ouvriers agricoles sont assassinés à Wagram, près de Saïda.

Vingt-sept forestiers sont massacrés le même jour à quelques kilomères de là, au douar Aïn Mena. Le FLN tente de reprendre en main les populations en appliquant ses vieilles recettes : la terreur et le meurtre.

Les Algérois, qui ne demandaient qu'à se réadapter au calme renaissant, perdent leurs illusions aux tout premiers jours de juin, avec deux attentats parmi les plus horribles de cette année 1957.

Le 3 juin, vers 18 h 30, trois explosions secouent Alger, l'une près de la grande Poste, une autre à côté du terminal d'Air France installé dans l'immeuble Mauretania, puis une dernière rue Sadi-Carnot. Les sauveteurs recouvrent hâtivement les huit morts de couvertures et donnent les premiers soins aux quatre-vingt-dix blessés parfois grièvement touchés. La police tente de disperser la foule affolée pour que puissent circuler les ambulances ; pour éviter aussi que d'autres engins, toujours à redouter, ne viennent alourdir le bilan. Les enquêteurs procèdent aux premières constatations : les bombes ont toutes été placées au plus près des arrêts d'autobus ou de trolleybus, cachées dans les socles des lampadaires dont les débris de fonte ont ajouté aux ravages des engins.

Le 9 juin, jour de la Pentecôte, c'est au casino de la Corniche, à Saint-Eugène, qu'explose une autre bombe. Les matinées dansantes de l'établissement – de 16 à 20 heures – attirent la jeunesse algéroise des quartiers populaires. C'est le plus important des cabarets-dancings du littoral, avec un orchestre réputé, celui de Lucien Seror plus connu sous son pseudonyme de Lucky Starway. La bombe, placée sous l'estrade de l'orchestre, crible d'éclats musiciens et danseurs. Lucien Seror est déchiqueté comme le sont six autres personnes. Deux blessés succomberont peu après, portant à neuf le nombre des morts. Les secouristes donnent des soins à quatre-vingts blessés ; dix d'entre eux devront être immédiatement transportés à l'hôpital pour amputation. Le général Massu se souvient fort bien de cet attentat. Jacques et Suzanne Massu recevaient chez eux, dans leur nouvelle habitation de Bains-Romains, le colonel Brothier et sa femme. Dans la douceur du soir naissant, ils prenaient l'apéritif sur la terrasse dominant les rochers et la mer, lorsqu'ils ont entendu le fracas de l'explosion. Un appel téléphonique leur confirme l'attentat. Massu et Brothier filent au Casino de la Corniche, tout proche. Ils y rencontrent l'horreur :

> « Je revois cette belle jeune fille de dix-huit ans dont les deux jambes ont été arrachées et qui gît, évanouie, dans ses cheveux blonds souillés de sang... »

Plus tard, Jacques Massu reviendra sur cet attentat :

> « Ne peut-on penser à notre réaction, à nous qui savions, en cette soirée du 9 juin 1957, qu'une main criminelle, mue par une volonté froide, avait sciemment causé un drame analogue ?
> « Ne peut-on imaginer notre désir de trouver les autres bombes prêtes à causer les mêmes drames, de tout mettre en œuvre pour les désamorcer ? »

Les Algérois foncent tête baissée dans le piège que leur a tendu le FLN : les obsèques des victimes, le 11 juin, sont accompagnées de violences, de saccages, de pillages ! Exactement ce qu'espéraient les terroristes pour creuser plus profondément encore le fossé séparant les deux communautés. Quelques semaines de calme ne les avaient certes pas rapprochées mais réhabituées à vivre côte à côte. Le 3 juin, d'ailleurs, après les attentats des lampadaires aucun incident n'avait opposé Européens et musulmans, ce qui avait été remarqué.

Ces incidents, par leur gravité, mettent hors de lui le général Massu. Il en a suivi le déroulement depuis son hélicoptère. Il décide d'instaurer le couvre-feu dès 21 heures, il demande aux parachutistes une autre forme de vigilance, puis il lance un avertissement aux pieds-noirs :

> « ... Le moment n'est pas, même pour des étudiants, de se livrer sur la voie publique à des manifestations qui obligent les troupes et la police à se distraire de leur effort essentiel pour en contrôler le développement.
> « Car vous n'ignorez pas qu'au milieu des gens les mieux intentionnés, aspirant à se libérer publiquement de l'angoisse qui les étouffe, se trouvent des provocateurs, soucieux avant tout de détourner vers leurs fins malsaines les mouvements de foule les plus honorables.
> « Il est primordial pour l'avenir de l'Algérie que nous tous ici donnions à la métropole et au monde le spectacle de l'union qui existe dans nos cœurs, notre seul but étant de réclamer et d'obtenir, dans la légalité, la justice saine et totale indispensable à notre victoire. »

A l'intention de la 10e DP, le général Massu rédige un texte en quatre points qui est à la fois une réflexion sur les exactions et une orientation pour l'avenir. Il ne faut plus montrer la moindre indulgence à l'égard des Européens, explique-t-il : « Certains individus, hommes et femmes, se sont conduits d'une manière immonde et auraient dû être arrêtés sur-le-champ. »

Les parachutistes doivent détecter, intercepter et arrêter les meneurs, « souvent jeunes et montés sur scooters, qui profitent de toute absence locale des forces de l'ordre pour commettre des méfaits divers : attaquer des musulmans, retourner et incendier leurs voitures, saccager leurs magasins... ». La protection des musulmans, dans le cas d'une manifestation européenne, quand elle n'a pu être évitée à temps, sous-entend celle de leur circulation. Quant aux parachutistes, qu'ils jouent au mieux de leur prestige pour ramener le calme, qu'ils sachent « se comporter intelligemment en arbitres, sans faiblesse pour l'injustice, d'où qu'elle provienne ».

Lors d'une réunion d'urgence, avec le préfet Baret, les généraux Salan et Allard, Robert Lacoste exige le renforcement de la lutte contre le terrorisme et Massu décide de revoir son dispositif. La totalité du 1er RCP de Mayer, des éléments du 1er REP et du groupement d'artillerie reviendront immédiatement sur Alger. Massu, tenant à ce que les données soient aussi claires que possible, rédige, le 11 juin, une note à l'intention du préfet Baret qui n'a jamais ménagé son aide :

> « ... Par arrêté en date du 7 janvier 1957, la responsabilité du maintien de l'ordre dans le département d'Alger a été passée à l'autorité militaire, cette dernière exerçant les pouvoirs de police normalement impartis à l'autorité civile. Cette décision ne semble pas avoir été suivie des mesures susceptibles de réaliser, dans les domaines du renseignement et de l'action, la synthèse indispensable entre les différents services de sécurité civils et militaires... »

Le général Massu décide aussi de remanier son état-major. Après avoir boudé Alger et ce qui se passait sur le terrain, le colonel Godard entre en scène. Il sera moins souvent à Hydra, il s'installe au palais Bruce, aux portes de la Casbah. Apparaît aussi le capitaine Léger. C'est un officier de taille moyenne, au teint mat qui le ferait aisément passer pour un Maghrébin, et qui conserve de son enfance au Maroc une excellente pratique de la langue arabe. C'est un spécialiste du renseignement qu'il pratique désormais à sa façon, avec des ralliés qu'il a retournés et habillés de bleus de chauffe – d'où leur surnom –, en intoxiquant l'adversaire abreuvé d'informations plus fausses les unes que les autres mais toujours crédibles. Parmi ces « bleus de chauffe », il y a même un certain Amara Ali, dit Alilou, qui a échappé aux zouaves le 9 avril. Le commandant Aussaresses retourne dans son unité, le 1er RCP du colonel Mayer. Godard, Léger et Aussaresses ont en commun d'être tous passés par le 11e choc, successivement ou ensemble. De là à parler de fraternité d'arme entre eux, il y a un immense pas impossible à franchir : Godard n'aime absolument pas Aussaresses qui n'aime pas du tout Léger... Godard n'aime pas davantage Trinquier, que Massu éloigne également. Un bref exil, en métropole, qui sera suivi d'une rapide réhabilitation : Trinquier sera bientôt le successeur de Bigeard à la tête du 3e RPC. Cette entrée en scène de Godard peut surprendre. Massu le sait, il n'en dit rien pour l'immédiat. Il s'en expliquera plus tard, en 1972, avec les journalistes du *Figaro* qui ont suivi la bataille d'Alger :

> « Godard est un gars en qui j'avais la plus grande confiance, tant pour son expérience que pour sa façon de servir... Mais Godard ne se décidait pas du premier coup. Si je l'ai fait ensuite intervenir dans la bataille d'Alger, c'est parce qu'il s'était enfin mis dans la course. Dès lors, il redevenait pour moi un adjoint très valable. Godard est parfait en tout temps, sauf au début d'une action parce qu'il n'a pas de volonté. Il n'a pas de spontanéité, " il n'y va pas " au début, il est hésitant. Il réfléchit trop : " oui, mais il va y avoir ceci, il va y avoir cela ". Or quelquefois, dans l'armée, il faut y aller. Après il y a peut-être des casseroles mais enfin, il faut y aller. (...) Quels sont les éléments qui ont pesé sur le choix que j'ai fait, au moment où je l'ai réintroduit ? Je pense que c'est surtout le fait que la période, la première période, délicate de son comportement dans l'affaire d'Alger était passée, et qu'il avait réfléchi, qu'il avait enregistré, qu'il savait comment on faisait pour que ça marche. Je me suis dit : maintenant qu'il a pigé, il va me faire marcher cette affaire-là correctement. Il y aura beaucoup moins de bavures avec lui qu'il n'y en a eu antérieurement. Je le prenais vraiment pour le cerveau le mieux organisé de ceux dont je disposais. Et le plus qualifié [1]. »

Les journalistes, qui s'étaient habitués au capitaine Lemaire, le voient s'éloigner. Il tenait à rejoindre une unité combattante ; le 1er REP aurait besoin d'un commandant de compagnie et, légionnaire d'origine, Lemaire a servi en Indochine au BEP qui a donné naissance au REP. Massu accepte, à la condition que le capitaine lui présente son successeur. Lemaire fait appel à un vieil ami, connu en Indochine, qui a un temps quitté l'armée pour un emploi civil mais qui vient de rejoindre son ancien régiment, le 1er REP. C'est ainsi que les journalistes rencontreront de plus en plus souvent cet officier, chargé de fonctions diverses à l'état-major de Massu : Hélie Denoix de Saint Marc. Il est, entre autres, chef de cabinet et chargé des contacts avec la presse. Le légionnaire apprend à connaître cette faune étonnante, qui le surprend ; les représentants de la presse découvrent un homme qu'ils jugent très vite attachant, qui jouera

---

1. Jacques Massu répond là aux journalistes du *Figaro* qui ont suivi la bataille d'Alger : Serge Bromberger, Yves Cuau, Michel Droit, Gérard Marin et Jean Pouget. Ils l'interrogent à la suite de la parution de son livre, *La Vraie Bataille d'Alger*, à l'automne 1972. Le général Massu a tenu sensiblement les mêmes propos à l'auteur, en 1994, peut-être avec plus de réserve parce que Yves Godard était décédé.

toujours franc jeu avec eux : jamais de fadaises, jamais de désinformation; il ne leur dira pas tout, mais tout ce qu'il dira sera vrai. Quant à Lemaire, il va immédiatement regretter son choix. Mais pouvait-il savoir que les œuvres sociales de son général pouvaient en lui jouer un tel tour...

Une opération sociale, lancée dès le début 1957, connaît en effet un étonnant succès : les Centres de Formation de la Jeunesse Algérienne, ou CFJA. Mme Massu n'a joué aucun rôle dans sa création ou son fonctionnement : c'est une action qui a été voulue par le général et que conduit l'armée. L'adjudant-chef Lavanceau est à la tête de l'entreprise, avec la participation du capitaine Pareau, l'officier de la Section administrative urbaine de Maison-Carrée, où est implanté le premier des centres. Puisque l'affaire fonctionne parfaitement, il faut aussi des cadres, donc une école pour la formation des futurs moniteurs; cela se décide au printemps. Lemaire ne rejoint pas le 1er REP. Il pourra expliquer successivement qu'il ne connaît rien aux problèmes de la jeunesse; qu'il n'est pas compétent; qu'il ne saura jamais former lesdits moniteurs; qu'il veut retourner au combat. Il annoncera même qu'il va démissionner de l'armée... Rien n'y fait. Il ne lui reste qu'à partir pour la métropole rechercher un emplacement possible pour son école de cadres qui, pour des raisons évidentes, ne peut être montée en Algérie même. Il va de casernes désaffectées en terrains militaires, passe par Lyon où il est reçu par le général Lorillot, chef d'état-major de l'armée de terre, en présence de Descour, le gouverneur militaire :

– Je peux vous proposer Issoire. Il y a des casernes inoccupées. »

– Je ne connais Issoire que par Jules Romains; c'est insuffisant pour vous répondre.

– Lemaire, arrêtez de faire de l'esprit, intervient Lorillot, prenez le train.

Ainsi naît l'école d'Issoire. A la fin de l'année 1958, trois promotions de moniteurs seront passées par Issoire, où plus de mille jeunes gens auront été préparés pour une action sociale qu'ils exerceront auprès des officiers SAS. Ceux-ci auront aussi à protéger leurs moniteurs, physiquement et moralement. Le FLN n'a jamais apprécié les jeunes Algériens qui choisissaient la France.

Pour la seconde phase de la bataille d'Alger, Massu n'a pas besoin de pousser ses parachutistes sur le sentier de la guerre. Ils n'aiment pas leur travail de « flic », il le sait, ils lui ont assez dit.

Mais ils font leur travail, pour qu'Alger retrouve le calme, parce que les méthodes du FLN leur répugnent, autant que celles qu'ils doivent utiliser pour contrer les terroristes. C'est en faisant un travail de flic, avec des méthodes de flic, que les hommes de Mayer appréhendent ce même 11 juin deux Européens, militants du PCA et proches du FLN. Maurice Audin est arrêté le premier, Henri Alleg tombe ensuite dans le piège tendu dans le logement d'Audin. Ces arrestations, qui aurait dû être considérées comme un joli succès pour le 1er RCP, deviennent en réalité une sale affaire. Audin disparaîtra mystérieusement. Une fausse tentative d'évasion pour les uns, un décès sous la torture puis l'élimination du cadavre pour les autres. Il s'est dit aussi qu'Audin était mort à la place d'un autre, entraîné par erreur vers l'une de ces « corvées de bois » qui n'étaient que l'élimination définitive de suspects... De nouvelles campagnes de presse sont montées contre Massu et la 10e DP. Alleg emprisonné rédige un livre dont les feuillets quittent clandestinement la prison d'Alger. Sous le titre *La Question*, ses pages nourriront copieusement la campagne contre la torture. Les chasseurs parachutistes seront plus heureux le 25 juin. Au 8 de la rue du Sphinx, au cœur de la Casbah, agissant sur renseignement, ils découvrent trente-trois bombes, quinze kilos de plastic, des détonateurs et des documents.

Plongé malgré lui au cœur de ces polémiques, le général Massu sait que la bataille d'Alger ne concerne pas que les Algérois, la 10e DP et le FLN. Il y a en métropole un fort courant d'opinion contre l'action des militaires, courant gonflé par des sympathisants des indépendantistes. Les procès des jeunes femmes du FLN et celui de Boutaleb, en juillet, seront des caisses de résonance. Il y a aussi, au plus près des cercles gouvernementaux, parfois avec la bénédiction de ministres ou d'anciens ministres, des personnages qui se croient autorisés à prendre des contacts avec l'adversaire. Déjà, le bachaga Boutaleb, arrêté à son retour de Paris, peut affirmer avoir rencontré le ministre de la Justice qui est à ce moment François Mitterrand, le ministre des Affaires étrangères à l'époque Christian Pineau, puis quelques chefs de parti et même l'archevêque de Paris, Mgr Feltin. Germaine Tillion va plus loin encore : elle devient une sorte d'ambassadeur itinérant entre le président du Conseil qui est désormais Maurice Bourgès-Maunoury et le dernier chef de la rébellion présent à Alger, Yacef Saadi. Elle joue, par amour de l'Algérie, par bonne volonté, par charité, un jeu dangereux. Elle traite avec le colonel Mangin, collaborateur de Bourgès-Maunoury, chargé au cabinet des missions aussi discrètes qu'importantes et déjà très « utilisé » dans les préparatifs de l'affaire de Suez. Louis Mangin n'est pas un néophyte de l'action clandestine. Durant la guerre, de Gaulle l'avait nommé délégué militaire national en France occupée. Parmi tout ce beau monde, personne, évidemment, ne songe à informer le général Massu...

L'étranger s'agite aussi, surtout un pays supposé ami, qu'un anticolonialisme viscéral a déjà conduit à intervenir dans la politique de la France outre-mer. Les Etats-Unis, où l'on a été bien lent à comprendre que Hô Chi Minh était un authentique communiste, commencent à exercer des pressions. Ainsi un jeune sénateur, John Fitzgerald Kennedy, entreprend de démontrer que la politique française en Algérie est inacceptable, et que ce pays doit immédiatement devenir indépendant. Il présente, le 2 juillet, devant le Sénat américain son projet de résolution invitant le président des Etats-Unis à user de toute son influence pour mettre fin à la guerre d'Algérie, pour que soient reconnues la personnalité et l'indépendance algériennes. Son discours a sûrement plus d'échos à l'étranger qu'aux Etats-Unis, c'est aussi ce que souhaitait J. F. Kennedy : « L'Algérie a cessé d'être un problème français et ne le sera jamais plus. »

Au même moment, le gouvernement français se préoccupe précisément de l'avenir de l'Algérie. Robert Lacoste a, auprès de lui, un secrétaire d'Etat, Marcel Champeix, planchant depuis des mois sur un projet de loi-cadre que le Conseil des ministres examinera le 11 juillet 1957. Ce projet prévoit que les liens avec la métropole seront indissolubles, même si une certaine administration interne peut être envisagée, mais avec l'assistance et l'arbitrage de la métropole. Le projet sera reporté parce que Marcel Champeix a glissé dans son texte un élément qui a fait capoter toutes les grandes idées de réforme d'autrefois : le collège unique pour chaque élection ! Or, il y a en Algérie, en cette année 1957, un million deux cent mille Européens et neuf millions de musulmans, un écart que les différences démographiques ne cessent de creuser.

Le général Massu, qui sait tout cela, a d'autres raisons plus immédiates d'être inquiet : le réseau « bombes » est toujours opérationnel. S'il avait un souhait à formuler, c'est qu'une trêve lui soit accordée pour le 14 Juillet !

Maurice Bourgès-Maunoury, président du Conseil et précédemment ministre de la Défense auprès de Guy Mollet, sait ce que peut représenter un défilé du 14 Juillet, à Paris, sur les Champs-Elysées. C'est l'une des rares occasions de communion entre les Français et leur armée ; c'est aussi un hommage et une preuve de confiance accordés aux troupes conviées au défilé... Les troupes engagées en Algérie seront donc représentées mais le président du Conseil veut plus et mieux : il décide que la 10e DP sera de la fête ! Les parachutistes de Massu descendant les Champs-Elysées, saluant le président de la République, le gouvernement presque au complet, le corps diplomatique... Bourgès-Maunoury n'est pas un naïf; il connaît mieux que personne tous les récits qui se murmurent. Il sait tout ce qui se raconte à propos de Massu et de ses officiers, éventuellement sur lui-même. Il sait que l'armée est affectée, que le FLN a des amis et des relais à Paris. Alors, le ministre veut sa 10e DP; il a décidé de lui prouver sa confiance, de la remercier et la présenter aux vivats des Parisiens. Car il ne doute pas que la foule l'acclamera. Il doit bien cela à Massu et à ses parachutistes, après ce qu'il leur a demandé...

A la veille du défilé, aux Invalides, ce sont les remises de décorations; parce que, si Suez est une défaite des politiques, ce n'est sûrement pas celle des militaires. Le général Massu est fait grand officier de la Légion d'honneur, les lieutenants-colonels Château-Jobert et Fossey-François – qui se sont succédé à la tête du 2e RPC – deviennent commandeurs. Le 14 juillet, c'est un somptueux défilé qu'applaudissent les Parisiens.

Mais que de rumeurs autour de cette parade militaire ! Quatre mille hommes débarquant d'Algérie, cela peut effaroucher. D'ailleurs, la semaine précédente, les anciens combattants d'Algérie n'ont-ils pas annoncé qu'ils s'opposeraient « par tous les moyens, à toute mesure qui menacerait l'intégrité du territoire et l'unité française » ? Robert Lacoste, à cette même réunion, n'a-t-il pas été un peu loin en condamnant « les exhibitionnistes du cœur et de l'intelligence qui montèrent la campagne contre la torture », avant de s'adresser plus directement à ce J. F. Kennedy qui n'aime pas l'Algérie française : « L'Algérie ne sera pas indépendante. L'opinion française tout entière est hostile à l'indépendance. »

Le 18 juillet, les détachements sont de retour à Alger. Il ne manque qu'une poignée de légionnaires qui ont eu du vague à l'âme ou un coup de cœur et trois harkis. Deux d'entre eux sont morts, le troisième est blessé : le FLN les a fait abattre lorsqu'ils sont arrivés rue des Ecoles, à Aubervilliers, pour rendre visite à leur famille.

Ce même 18 juillet, vers 19 heures, Alger s'embrase de nouveau. A l'heure où les bureaux se vident, alors que ferment les boutiques et que les jeunes gens remontent de la plage, une première bombe explose rue Volta, près de la rue Michelet. Dans le désordre général, il apparaît que le seul mort est le terroriste tué par son engin, mal réglé ou manipulé maladroitement. Dans les minutes suivantes d'autres bombes explosent, rue Edgar-Quinet et plus loin, en banlieue. D'autres engins sont repérés dans le tunnel des Facultés; les artificiers ont le temps d'intervenir. L'un d'entre eux est tué par l'engin qu'il tentait de désamorcer. Du bruit, de la peur, de la fureur... Une façon de saluer le retour à Alger des hommes aux casquettes bariolées de Bigeard, venus relever les bérets bleus de Mayer.

Le 27 juillet, ce sont une dizaine de bombes qui éclatent entre 17 et 19 heures. Une étrange série, d'ailleurs. Cinq engins sont repérés et désamorcés avant leur explosion, Trois autres explosent entre les mains des terroristes qui les manipulaient; ils sont déchiquetés. Les dernières ne font pas de victime... Si le FLN, de toute évidence, détient toujours des bombes, il n'est pas certain qu'il ait encore des troupes ayant assez de sang-froid et le minimum de connaissances techniques pour agir efficacement...

Bigeard décide de frapper fort. Il se murmure qu'il a prévu ce retour, qu'il n'a passé que des consignes très discrètes lors de la relève et qu'il a gardé sous le coude une pile de renseignements immédiatement exploitables... Confortant ces rumeurs, il dira que le travail n'a guère avancé en son absence et que ses organigrammes servent encore. En tout cas, le 8 août, ses parachutistes capturent Hassen Ghandriche, dit Zerrouk, le chef de la zone Est d'Alger! Avec cette prise commence une aventure aux allures de feuilleton ou de roman noir : Zerrouk raconte ce que les parachutistes veulent bien entendre; il entend ce qu'ils veulent bien lui proposer. Ce qui le conduira à travailler pour les Français, en entretenant avec Yacef Saadi une correspondance que lui dicte l'un des officiers de renseignement de Bigeard, le capitaine Chabanne. Parallèlement à cette entreprise à hauts risques, le capitaine Léger et ses « bleus de chauffe » traquent Yacef Saadi ainsi que les deux derniers artificiers d'Alger, Ramel et Mourad...

Le capitaine Léger manque de peu Ramel et Mourad le 10 août. Deux semaines plus tard, le 26 août, il intercepte un comparse qui ne tarde pas à avouer que les poseurs de bombes sont cachés chez lui au 5 de l'impasse Saint-Vincent-de-Paul... Pris au piège, ils résistent plus de trois heures, vidant chargeur sur chargeur, blessant un parachutiste, tuant deux zouaves et annonçant qu'ils ne se rendront qu'au général Massu. Ramel est tué dans une tentative de sortie, Mourad déchiqueté par une bombe qu'il manipulait, peut-être pour faire sauter la maison et ceux qui l'assiégeaient. Il reste, dans une cache, dix-huit autres engins, dont deux dépassant les quatre kilos... Vainqueur certes mais épuisé, Léger s'éloigne. En chemin, il croise Bigeard qui paraît étonné de le voir là. Arrivé au palais Bruce, Léger raconte son aventure en détail aux colonels Godard et à son adjoint au renseignement, le colonel Jean Marey, puis il leur confie qu'il va aller dormir quelques minutes. Lorsqu'il arrive sur les lieux, le général Massu a tout lieu d'être satisfait et ne s'en cache pas. En dépit de ses anciennes préventions envers Bigeard qui se met si souvent et si spectaculairement en avant, Massu accepte même que le colonel tienne une conférence de presse pour que nul n'ignore son dernier exploit...

> « C'est son péché mignon, mais cette fois, je peux lui pardonner, dit Massu.
> – C'est très gentil tout ça, répond Marey, mais j'aimerais que vous entendiez le capitaine Léger. Je suis certain qu'il a quelque chose à vous raconter sur l'affaire.
> – Racontez tout depuis le début, insiste Godard. Vous irez vous reposer ensuite, vous en avez bien besoin. »

Léger avouera par la suite qu'à la fin de son récit, il lui a semblé que le nez du général s'était allongé... Entre Massu et Bigeard, le temps se détraque une nouvelle fois et dérape vers les zones orageuses ; entre Godard et Bigeard, il y a de forts risques de dépression... C'est le retour aux perturbations précédentes, comme en témoigne une lettre qu'avait adressée Massu au patron du 3e RPC dès le 9 août :

> « Mon cher Bigeard.
> « Le colonel Godard me téléphone que, malgré toute la patience dont il a fait preuve à votre égard, vous ne vous comportez pas en subordonné, que les limites sont atteintes et qu'il me " rend son tablier " de commandant de secteur, n'ayant pas l'habitude d'avaler des couleuvres. Je n'ai pas le temps d'aller à Alger arbitrer ce différend regrettable. J'ai assez à faire ici.
> « Je voudrais que vous compreniez que votre orgueil est excessif et que, si vous ne savez le corriger, vous ne deviendrez jamais le patron que vous pourriez être. »

Le 3 septembre, le colonel Bigeard et le 3e RPC quittent Alger. Il est peut-être soulagé ; Massu l'est assurément : son subordonné encombrant, tonitruant, sera moins voyant et moins agaçant dans les djebels. Il appartient aux légionnaires du 1er REP de prendre la relève.

Après les bérets rouges, les bérets verts. La Légion reçoit là un étrange héritage, en vérité. Pour l'immédiat. elle doit rechercher les derniers éléments notoires du FLN, essentiellement Yacef Saadi, Ali la Pointe et Ben Amida, l'homme des finances. Elle doit aussi gérer le montage Zerrouk, puisque le terroriste retourné continue de correspondre avec Yacef Saadi par des voies mystérieuses. Le seul inconvénient de l'affaire tient à un détail d'importance : le 3e RPC n'a informé personne, à l'état-major de la division, de l'intéressant usage qui est fait de Zerrouk. Il est grand temps de prévenir Godard et Massu. Godard fou de rage tient à avertir également Léger. C'est celui-ci qui va compléter le montage. Jusqu'à présent, les officiers de Bigeard savaient comment leurs lettres arrivaient à Yacef Saadi, mais absolument pas comment étaient acheminées les réponses. Léger résout le mystère : le terroriste doit habiter au 3 de la rue Caton, et son agent de liaison au 4 de la même rue. Léger veut intervenir, Godard veut patienter... Léger, agacé, part en permission !

Le 1er REP, lancé sur d'autres pistes, monte une souricière dans une autre maison de la Casbah où vient se faire prendre un certain Hadj Smaïne. Il tente de se faire passer pour un petit employé. Le détail est peu crédible : il a en poche le reçu d'un opticien de Tunis où ses lunettes sont en réparation, puis des billets d'avion démontrant qu'il revient de Paris avec un détour par Tunis. Dans la doublure de son imperméable, il a caché d'autres documents qui laissent perplexes les capitaines Estoup et Bonnel, les adjoints d'Allaire, l'officier de renseignement du 1er REP [1]. Leur homme, sous le pseudonyme de Kamal, vient de rencontrer, à Paris, des ministres, des généraux ainsi que Germaine Tillion... Il est évident que l'affaire prend de l'importance ; elle n'est plus de la compétence d'une compagnie, pas même du régiment. Avant de transmettre à la division, Estoup pose une dernière question. Il voudrait savoir si Kamal est en contact avec Yacef Saadi. Kamal avoue l'avoir vu le matin même :

« Au 4 de la rue Caton ?
– Non, au 3. »

Estoup et Bonnel comprennent tout. Au 3 habite Fatiha Bouhired, la tante de Djamila. Elle a protégé Yacef Saadi en jouant les agents doubles : elle apportait au capitaine Chabanne des informa-

1. Il convient de distinguer Allaire et Allaire... Le premier, Jacques Allaire dit « jambes de laine » par référence à une très ancienne poliomyélite, est officier de renseignement au 3e RPC ; le second dit « le Boulaya » à cause de sa barbe, exerce les mêmes fonctions au 1er REP, où il a succédé comme OR au commandant Faulques passé à la 10e DP, toujours en charge du renseignement.

tions crédibles mais périmées ; il lui assurait paix et protection, qu'elle partageait avec le chef terroriste...

Dans la nuit du 23 au 24 septembre, la 2e compagnie du 1er REP, les zouaves, des gendarmes et des CRS bouclent le pâté de maisons. L'habitation est investie avant le lever du jour. La cache de Yacef Saadi est immédiatement repérée. Celui-ci tire une rafale de mitraillette, une seule, et se rend, suivi de Zohra Drif qui réclame quelques vêtements pour s'extirper plus dignement de son trou [1]. A 5 h 30, l'affaire est réglée. Facilement, trop facilement. Le 1er REP conserve Yacef Saadi trois semaines dans ses locaux. Salan vient le voir, puis Godard qui aura quelques conversations avec lui, Massu aussi, qui vient souvent jauger les responsables FLN arrêtés. Envers celui-ci, son jugement est sévère :

> « L'impression qu'il me fit alors fut celle d'un garçon souriant, très loin de la personnalité et de la solidité de Ben M'Hidi. De figure ouverte, photogénique, il ne faisait pas le moins du monde le flambard au moment de son arrestation par le 1er régiment étranger parachutiste.
> « Il m'a inspiré une pitié amusée par ses histoires de femmes et son style de roman policier : je ne suis pas étonné qu'il ait fait plus tard du cinéma [2]. »

Estimant que Yacef Saadi « n'a pas sa place parmi les héros de l'Histoire », le général Massu reconnaît cependant quelques circonstances atténuantes à cet adversaire qui, note-t-il, a beaucoup parlé, beaucoup avoué, sans y être contraint un seul instant. Des circonstances atténuantes que pourrait revendiquer tout clandestin coupé de ses bases arrière. Pour Massu, il est évident que Saadi se sentait abandonné par les gens de l'extérieur. Ses demandes de soutien et d'aides diverses ne recevaient qu'un écho des plus faibles. Il sentait le filet se refermer sur lui et – surtout – il considérait que la lutte était terminée...

Le général Massu est, peut-être, le seul à avoir approché le secret de Yacef. S'il s'est montré bavard, celui-ci n'a rien dit d'essentiel. Il reste d'ailleurs bien des informations qui pourraient être primordiales et que les parachutistes ne connaissent pas. Pourtant, un jour d'octobre, un policier détaché au REP suggère que l'on accorde à Yacef Saadi le droit de rencontrer sa mère. Le policier et

1. Les premières informations publiées après la capture de Yacef Saadi et de Zohra Drif font état de la présence d'un certain Salim. Il n'en sera plus jamais question. Les deux prisonniers n'en parleront jamais. Quelques « précisions » de ce style ont beaucoup aidé à alimenter la rubrique des disparitions.

2. Yacef Saadi est co-auteur et acteur du film de Gilles Pontecorvo, *La Bataille d'Alger*.

le terroriste se connaissent depuis des années, ils ont joué dans la même équipe de football à Saint-Eugène. L'inspecteur Souci assiste à la rencontre de la mère et du fils. Il gardera à tout jamais le secret sur leurs propos; pas une allusion, pas une note, pas une indiscrétion... Mais il est évident que c'est après ce rendez-vous du 6 octobre que Yacef Saadi lâche le dernier renseignement utile : l'adresse de la cache d'Ali la Pointe, au 5 de la rue des Abderames. Le général Massu sera toujours persuadé que la mère a obtenu du fils qu'il parle pour que vive son petit-fils, Omar, que l'oncle Saadi avait pris comme agent de liaison, au risque de l'entraîner vers la mort.

Les légionnaires n'ont plus de temps à perdre s'ils veulent Ali la Pointe, que Massu veut voir en prison le plus vite possible. Le renseignement est du 6 octobre, l'opération est montée le lendemain 7 octobre. A 23 heures, commence le bouclage du quartier de la Porte-Neuve. En une heure, il est achevé. A 5 heures du matin, par prudence, les maisons voisines sont évacuées. A 6 heures l'objectif est investi. Deux femmes, qui habitent là, avouent l'existence d'une cache. Ils sont quatre à l'intérieur dont une femme. C'est Yacef Saadi qui en indique l'entrée. Ali la Pointe n'entend pas se rendre. La cache est fermée de l'intérieur, il faut user des explosifs. A 6 h 15, c'est l'explosion, énorme, incontrôlée. Il n'y a plus de maison au 5 de la rue des Abderames, presque plus rien au 3 et au 7, trois fois rien au 5 impasse de la Silène. Il y a des morts, des hommes et des femmes évacués mais qui sont revenus chez eux par les cheminements secrets creusés par le FLN : dix-sept victimes au total. Les légionnaires ne retrouveront que le 10 octobre les corps d'Ali la Pointe, parfaitement identifiable grâce à ses tatouages notamment aux pieds, de Mahmoud, de Hassiba Bent Bouali et du petit Omar. Massu attendait avec impatience la preuve de la mort d'Ali la Pointe pour annoncer la victoire totale de la 10e DP aux Algérois. Aussitôt, le petit hélicoptère reprend l'air avec son chargement de tracts :

Le crime ne paie pas. Ali la Pointe est mort !
Il a été tué par l'explosion du 8 octobre dans la Casbah.
Le crime est déjà puni, le FLN a perdu la partie.
Renseignez-vous, mettez fin à la terreur
qu'il vous impose.

Le 15 octobre, Ben Amida, le financier, est pris grâce à Estoup, Bonnel et Léger rentré de permission. Yacef Saadi, le grand chef, est en prison. La deuxième phase de la bataille d'Alger s'achève. Le FLN est chassé d'Alger. Il ne réapparaîtra pas en ville avant longtemps et dans d'autres conditions. Le 1er REP peut regagner sa base arrière de Zéralda où il sera au complet le 23 octobre, après quoi il partira vers le grand Sud... Touggourt... Ouargla... Le 2e RPC prend la relève.

Militairement, le succès du général Massu et de sa division est incontestable. Politiquement, il est évident que le FLN n'a plus, sur la zone algéroise, les moyens de pression qui lui ont permis de s'imposer à la population musulmane. Il n'a aucun chef susceptible de prendre la relève, aucune structure de rechange, aucune équipe en réserve. Grand vainqueur, le général Massu pourrait pavoiser, il n'en fera rien. Il sait trop que la bataille d'Alger le dépasse. Il y a eu, en cette année 1957, trop de contacts, à son insu, entre le gouvernement français et le FLN. Il y a eu, depuis ce mois de janvier, trop de sous-entendus et de responsabilités discrètement déléguées – ou abandonnées – des politiques vers les militaires, trop d'encouragements ministériels qui doivent rester secrets. Il y a eu trop de tapage, d'émotions contrôlées et orientées à propos des méthodes employées. Les blessures soigneusement cachées ne guériront jamais. Mais personne ne pourra expliquer d'autres événements à venir sans se référer à cette bataille d'Alger : le 13 mai 1958, les barricades de janvier 1960, le putsch du 21 avril 1961...

Pour l'instant, c'est autour de la torture et des disparitions que se mène la campagne contre Massu, contre les parachutistes, contre l'armée et au-delà contre les tenants de l'Algérie française. Une première commission, dite « commission internationale contre le régime concentrationnaire » ou « commission Rousset » du nom de son président David Rousset, a été autorisée à enquêter en Algérie par Guy Mollet, encore président du Conseil. Elle a travaillé du 19 juin au 5 juillet. Parmi ses membres figure Germaine Tillion. Les conclusions de la commission évoquent plusieurs cas de tortures mais rien qui permette de parler de l'existence d'un régime concentrationnaire. Suit une seconde commission, dite « de sauvgarde des droits et des libertés individuels », sous la direction de Pierre Béteille, conseiller à la Cour de cassation; elle travaille très lentement, son rapport se fait attendre. Il sera prochainement publié, déclare Félix Gaillard, président du Conseil investi le 5 novembre.

Lacoste – maintenu à son poste, lors du remaniement ministériel – confirme :

> « Il va être publié, mais je tiens essentiellement à ce que soit simultanément publié un rapport qui dénombrera et décrira les atrocités des terroristes. Vous vous souciez de l'opinion publique, vous défendez avec passion les droits de l'homme : il faut que le peuple français soit informé complètement et honnêtement, et non pas à des fins d'agitation politique et partisane. »

A la mi-décembre, surprise : les lecteurs du *Monde* découvrent dans leur quotidien le texte de la commission d'enquête dont l'opinion apprend ainsi qu'elle a perdu en chemin trois de ses membres démissionnaires, ce qui témoigne de sérieuses divergences internes. De ce document, il ressort que la torture était pratiquée bien avant la bataille d'Alger mais que peu de plaintes « circonstanciées et plausibles » ont été déposées. Il y a aussi une phrase étonnante de l'ancien préfet Paul Haag :

> « Il faut en outre reconnaître honnêtement que les méthodes brutales d'interrogatoire – violences, sévices ou tortures – ont une efficacité nettement supérieure aux procédés autorisés par les règlements. »

La commission s'inquiète aussi des mesures d'internement, qui s'effectuent pratiquement sans contrôle. Enfin, elle traite des disparitions, sans s'aventurer sur le terrain des chiffres. Il faudra attendre des années pour qu'un accord très approximatif se fasse sur le chiffre de trois mille disparus au cours de l'année 1957. Paul Teitgen ira jusqu'à préciser trois mille vingt-quatre. Certes le colonel Godard aurait aimé prouver que ces disparitions étaient infimes, sinon inexistantes, en affirmant qu'il y avait, en 1957, dans les principaux centres de détention, davantage de détenus que les registres officiels le laissaient supposer... Ce qui paraît paradoxal n'est qu'une version de la réalité : lorsqu'il y a eu disparition – et il y en a bien eu des milliers – ce fut toujours avant le transfert des détenus vers un camp de détention.

Trois mille disparus, semble-t-il ! Ils n'ont pourtant pas tous été éliminés. Tout décompte peut paraître sordide, insultant pour les victimes ; il est d'ailleurs nécessairement inexact. Les exécutions sommaires ont pourtant existé, nul ne peut le nier et la plupart des disparus sont des détenus qui ont été délibérément éliminés. Les raisons données ont toujours été les mêmes. Les disparus sont, le plus souvent, des terroristes dont les militaires savaient qu'ils seraient trop vite libérés et qu'ils reprendraient leur place au combat, ou que, depuis leur prison, ils garderaient un pouvoir intact sur leur réseau; Larbi Ben M'Hidi et Boumendjel en sont des exemples. Ce sont parfois des hommes que la justice aurait envoyés à la guillotine, mais alors pourquoi traîner puisque le gouvernement semblait si pressé d'en finir... En d'autres cas, les hommes trop malmenés sous la torture n'étaient plus présentables et ils ont accompagné dans la mort ceux qui n'avaient pas résisté à la question. D'autres sont morts dans des tentatives d'évasion; encore convient-il de distinguer celles qui ont été bel et bien tentées et celles qui n'ont été que des simulacres laissant croire aux détenus qu'une chance s'offrait à eux, de fausses négligences en quelque sorte. Les corps de tous ces détenus, tués sous la torture ou délibérément exécutés, ont disparu, sans que personne, en quarante ans, ait retrouvé le moindre charnier significatif. Ce qui sous-tend que des corps par centaines ont été jetés à la mer ou enterrés dans des caves, occasionnellement coulés dans le ciment ou abandonnés dans les djebels.

Trois mille! Mais sont-ils tous vraiment les victimes d'une répression sans pitié? Pourquoi ne pas oser chercher ailleurs, même si, là encore, les chiffres n'existent pas et n'existeront jamais? Pourquoi refuser que des suspects, aussitôt libres – même si cela était rare – se soient empressés de disparaître pour aller chercher la paix loin d'Alger, sous un autre nom? Combien d'entre eux ont, de gré ou de force, rejoint les maquis de l'ALN pour un autre rendez-vous avec la mort, dans les djebels cette fois? Combien, retrouvant les rangs du FLN, ont aussitôt été exécutés par leurs amis qui se méfiaient des hommes passés entre les mains des Français et qui pouvaient avoir été retournés? Sans oublier les règlements de compte opposant les frères ennemis du MNA et du FLN. Et combien de disparus, portés au débit de la 10e DP, n'ont jamais été arrêtés ou, en clair, combien y a-t-il eu de Raymonde Peschard ou de Mouloud Mameri? Ces deux cas sont parmi les plus intéressants. Les campagnes contre la torture évoquent souvent cette jeune femme, supposée avoir placé la bombe du Milk-Bar en septembre 1956. Dans leur livre *Pour Djamila Bouhired*, le romancier Georges Arnaud et l'avocat Jacques Vergès affirment que Raymonde Peschard est morte sous la torture, assassinée par les parachutistes. Raymonde Peschard n'a jamais été détenue, ni même arrêtée par la 10e DP. Elle est morte le 26 novembre 1957 dans le Nord-Constantinois, dans un accrochage entre les rebelles et les forces de l'ordre qui avaient intercepté un convoi du FLN faisant discrètement route vers la Tunisie. La jeune femme avait sur elle un laissez-passer de la Willaya III, l'autorisant à gagner la Tunisie. Danièle Minne, qui l'accompagnait, a été prise vivante... Le nom de l'écrivain Mouloud Mameri apparaît aussi au chapitre « disparitions » de la commission d'enquête... ce qui ne l'empêchera pas de réapparaître, bien plus tard, au Maroc. Comme un certain Saddeck, cité par Raphaëlle Branche, ressurgissant après sept mois d'absence au terme de la bataille d'Alger.

Trois mille disparus, moins une poignée... Torture il y a eu ; torture il y aura encore en Algérie. Massu le sait mieux que personne, qui s'en expliquera quinze ans plus tard :

> « Il est certain que la réussite de nos méthodes m'a valu des attaques de toutes parts, qui ont même déferlé en tempête contre moi à certaines périodes.
> « Si j'ai pu conserver la fermeté du roc, c'est en fonction de plusieurs facteurs, en sus d'une bonne santé physique et morale :
> « – d'abord la certitude que l'action entreprise était la seule voie permettant d'exécuter la mission qui m'avait été confiée.
> « Cette mission, je l'avais acceptée spontanément, en soldat discipliné, il ne pouvait être question d'y renoncer. Elle me paraissait parfaitement justifiée, quoiqu'elle ne fût certes pas agréable.
> « – ensuite ma confiance en tous mes principaux subordonnés, qui n'a jamais été entamée bien au contraire,
> « – enfin le soutien constant et l'appui des autorités militaires dont je dépendais : le général Allard, commandant la division militaire puis le corps d'armée d'Alger, le général Salan, commandant la 10e région militaire.
> « Tous deux ont été pour moi des chefs compréhensifs et bienveillants, avec lesquels je n'ai jamais eu de heurts.
> « Par ailleurs, les contacts que leurs visites ou inspections m'ont permis d'avoir avec les autorités politiques, Robert Lacoste, Max Lejeune, Bourgès-Maunoury, se sont toujours traduits par des encouragements à poursuivre, sinon à renforcer, l'action en cours [1]. »

Au soir de la bataille d'Alger, ou une quinzaine d'années plus tard lorsqu'il rédige ce texte où n'apparaît guère l'idée de repentance, le général Jacques Massu ne sait pas encore qu'il va devenir une figure emblématique de la guerre d'Algérie. Certainement pas celle qu'il aurait aimé incarner. Lui qui ne porte aucune responsabilité dans le déclenchement de ces hostilités, qui n'assumera aucune part essentielle dans la poursuite et encore moins dans la conduite de la guerre, tient déjà un rôle ambigu qui le laissera jusqu'à la fin du siècle sous le feu des critiques.

Pour l'immédiat, le général Massu ne pense qu'à sa bataille gagnée, aux Algérois qui peuvent sortir sans crainte, aller au stade

1. Jacques Massu, *La Vraie Bataille d'Alger*, *op. cit.*

sans risque, s'attabler à une terrasse de café sans peur. Aux derniers jours de novembre 1957, Massu entend à la fois célébrer le dixième anniversaire de la disparition de son patron de la 2e DB, le général désormais maréchal Leclerc, et rendre au culte la cathédrale d'Alger fermée depuis de longs mois, une cathédrale située, il est vrai, aux portes de la Casbah : « Ce serait à mes yeux, écrira-t-il, le symbole le plus éclatant de notre victoire. »

Il organise donc la cérémonie à double signification pour le dernier dimanche de novembre. Il tient Mgr Duval informé de ses projets et lui indique qu'il serait heureux que l'homélie soit prononcée par le révérend père Fougerousse, l'aumônier de la 2e DB puis celui du « groupement de marche » de Massu en Indochine en 1945. Il est possible que le général ait simplement indiqué à l'évêque que le RP Fougerousse était à ce moment aumônier des prisons à Metz ; il est certain que le choix a déplu à Mgr Duval qui fit aussitôt savoir au général Massu qu'un prêtre lorrain ne pouvait rien comprendre à l'actualité algéroise. Qu'il se contente donc du chanoine Gers, archiprêtre de la cathédrale. Le général a maintenu son choix, l'archevêque a reculé. Ce fut une fort belle cérémonie, dans une cathédrale comble, que retrouvaient les Algérois ; la messe étant célébrée par le chanoine Gers et l'homélie prononcée par le RP Fougerousse... ordonné prêtre à Constantine !

Chapitre 11

Combien de complots pour un 13 Mai ? La quête de l'homme providentiel L'incroyable fraternisation De Gaulle au pouvoir

Aux dernières semaines de l'année 1957, il est évident que la bataille d'Alger est un authentique succès. Le FLN a disparu de l'agglomération. En ville, n'explosent plus ni bombes ni grenades ; il semble ne plus y avoir personne pour les fabriquer ni pour aller les poser. Les collecteurs de fonds ne paraissent même plus se risquer dans les quartiers arabes. Une réussite donc, qui est à porter au seul crédit du général Massu et de sa 10e DP... mais une réussite limitée à la ville d'Alger et ses environs immédiats et qui ne vaut pas à Massu la meilleure des réputations...

Au-delà, dans les djebels, d'est en ouest, d'une frontière à l'autre, vers le grand Sud aussi, l'Armée de libération nationale paraît désormais mieux structurée, mieux armée. Il est évident que le matériel parvient plus abondamment aux maquis, transporté depuis le Maroc ou la Tunisie. Les arsenaux de l'Europe de l'Est et les trafiquants d'armes germaniques exportent tout ce qu'ils peuvent comme le prouvera, en janvier 1958, l'arraisonnement du cargo yougoslave *Slovenija*. Lorsque les forces de l'ordre accrochent une bande rebelle, elles récupèrent plus souvent des fusils de guerre fabriqués sous licence Mauser que les antiques armes de chasse qui faisaient précédemment l'ordinaire des maquisards. Les armes automatiques apparaissent aussi, notamment les redoutables mitrailleuses allemandes M.G. 42 dont la cadence de tir est infernale – près de mille coups à la minute ; une puissance de feu qui est paradoxalement presque rassurante tant ces armes dévorent de munitions, lourdes, encombrantes et difficiles à transporter.

Parallèlement à ce renforcement des forces rebelles que constatent les militaires, apparaissent d'autres symptômes qui les inquiètent bien davantage : le pouvoir politique se laisse aller à une fâcheuse déliquescence.

Les gouvernements s'effondrent les uns après les autres, sous les mauvais coups des parlementaires. Lorsqu'il est tombé le 21 mai 1957, au creux de la bataille d'Alger, Guy Mollet venait de poser pour la trente-septième fois la question de confiance aux députés. Ils lui ont refusé leur soutien, autant pour désapprouver sa politique économique que pour sanctionner son absence de politique algérienne clairement définie. Sortir de cette crise n'est pas une mince affaire. C'est à la mi-juin seulement, lorsque Massu lance la deuxième phase de la bataille d'Alger, que Maurice Bourgès-Maunoury est investi, après les vaines tentatives de René Pleven et de Pierre Pflimlin. Le règne de Bourgès-Maunoury est bref : il est renversé le 30 septembre, au terme de la bataille d'Alger, parce que son projet de loi-cadre pour l'Algérie inquiète. Il chute en grande partie sous les coups de boutoir d'un gaulliste historique, Jacques Soustelle, que les pieds-noirs connaissent bien pour l'avoir successivement exécré puis adulé. Du passage aux affaires de Bourgès-Maunoury, il ne restera qu'une trace concrète : son ministre de la Défense, André Morice, a décidé la construction d'un barrage électrifié entre l'Algérie et la Tunisie, dont il existera une réplique plus modeste sur la frontière algéro-marocaine. Et ce seront, après ce fâcheux 30 septembre, cinq semaines sans gouvernement. Le 5 novembre 1957 apparait Félix Gaillard. Il est le plus jeune président du Conseil de la IVe République. Il choisit comme ministre de la Défense un gaulliste convaincu, Jacques Chaban-Delmas.

En cette période charnière entre les années 1957 et 1958, courent des rumeurs d'intrigues, de complots. Quelques observateurs ont des doutes sur leur réalité, d'autres affirment leurs certitudes. Cependant, au-delà des soupçons, personne n'a encore de preuves évidentes, seulement des indices qui ne se recoupent pas forcément. Tout au plus est-il permis de se demander pourquoi, par exemple, Jacques Chaban-Delmas installe si discrètement, presque clandestinement, une antenne de son cabinet ministériel à Alger. Il la confie à trois hommes paraissant étrangers aux événements : Léon Delbecque, un conseiller municipal de Roubaix, Lucien Neuwirth également conseiller municipal mais à Saint Etienne, et Jean Pouget, ancien aide de camp du général Navarre, passé par l'enfer de Diên Biên Phu. Le même Chaban-Delmas insiste beaucoup pour que le colonel Bigeard installe, à Philippeville, un centre de formation à la contre-guérilla, l'école Jeanne-d'Arc, dont le portail est joliment surmonté d'une devise audacieuse : « Qui ose gagne ! » L'idée d'une telle institution peut paraître étrange, Chaban-Delmas, de toute évidence, n'a rien compris à la guerre qui se mène en Algérie ni à ceux qui s'y consacrent. Il s'offre même un authentique four lorsqu'il a le toupet d'aller expliquer aux stagiaires – qui sont tous passés par l'Indochine – qu'ils vont maintenant découvrir la guerre, les combats... Les hurlements et les rires coupent les élans du ministre de la Défense. Ces officiers, soudain blasés ou sceptiques, ne réagissent même pas lorsqu'ils entendent leur ministre affirmer qu'ils vont devoir sauter en métropole et y créer des maquis... Alors pourquoi un tel rôle et un tel centre ont-ils été confié à Bigeard, qui paraît d'ailleurs en retrait en ce début du mois de mai ? Parce qu'il devait sans doute tenir sa place dans la conjuration des gaullistes, ce qui ne nécessitait du reste pas qu'il en soit totalement informé. S'agitent également, toujours pour de Gaulle, des hommes très discrets tels qu'Olivier Guichard ou Jacques Foccart, tous deux restant, à cet instant, des inconnus pour le grand public. D'autres travaillent, toujours dans l'ombre. Ainsi se créent des rumeurs, des mouvements, des courants qui ont un dénominateur commun – sauver l'Algérie française – et de sérieuses divergences tenant aux méthodes et à l'homme providentiel qu'il faudra le moment venu sortir, tel un lapin blanc, d'un casque lourd. Il apparaît, au fil des semaines, que les plus folkloriques de ces intrigues tiennent à quelques hommes pour qui le personnage providentiel ne peut être qu'eux-mêmes. Par exemple le général Cherrière, ancien patron de la 10e région militaire, qui se verrait parfaitement dans le rôle de chef de l'Etat. Il est sans doute le seul à y croire, avec une poignée de ses amis. D'autres, plus sérieux, plus secrets, ont en réserve l'atout majeur : de Gaulle ! Celui-ci les laisse agir à leur guise, sans jamais les approuver ni les désapprouver tout en les contrôlant à distance.

Quant aux héros de la bataille d'Alger, qu'inquiètent la poussée de l'ALN dans les djebels et l'inconséquence des politiques, là-bas, sur les rives de la Seine, ils sont toujours en place. Lacoste est toujours ministre de l'Algérie, Baret toujours préfet d'Alger, Salan commandant supérieur interarmées, Allard commandant le corps d'armée. Seul Jacques Massu, patron de la 10e DP, a désormais des fonctions plus étendues : il est chargé du maintien de l'ordre dans la zone nord-algéroise. Son PC se trouve toujours à Hydra mais il a transporté ses pénates vers une villa de fonction à la Redoute, une maison qui détonne dans l'environnement puisqu'elle est du plus pur style normand. Massu veille donc sur sa division, devenue la grande unité d'intervention placée en réserve générale, en réalité presque constamment opérationnelle. Pour Massu, la tâche est ingrate, la nature même des opérations nécessitant que ses unités interviennent hors de sa zone de commandement. Il est donc bien rare qu'il ait deux régiments sous la main, d'autant que par sécurité l'un de ceux-là, par roulement, revient toujours dans Alger où veille le colonel Godard. Depuis le 4 janvier 1958, c'est le tour du 1er régiment de chasseurs parachutistes.

Il existe donc à Alger, en ce début 1958, un climat à la fois pesant parce que chargé de menaces imprécises et léger comme une bouffée d'espoir. Le général Massu suit cette effervescence de loin. Personne ne prend contact avec lui, personne ne lui propose quelque rôle aussi secret qu'important. Il en est presque satisfait. De toute façon, se dit-il, rien ne peut se passer à Alger sans qu'il soit concerné. Puis il se trouve parfois que les complots les mieux ourdis n'aboutissent qu'à la faveur de circonstances étrangères. Ce qui va être exactement le cas en mai 1958, à Alger...

Nul n'a su combien il y avait eu de complots en gestation avant de déboucher sur les événements de mai 1958, même si les frères Serge et Merry Bromberger ont imaginé un très joli titre pour leur livre racontant ce grand virage : *Les Treize Complots du 13 Mai* ! Mais il est évident que trois séries d'actions, étrangères les unes aux autres, ont enclenché le processus qui a entraîné la mort de la IVe République : une fausse manœuvre de Félix Gaillard, une imprudence de Pierre Pflimlin, des provocations du FLN.

Félix Gaillard se trouve bousculé dans une spirale infernale qu'il ne parviendra jamais à contrôler et qui le conduira à sa perte. C'est l'affaire de Sakhiet Sidi Youssef. Les Tunisiens ne peuvent avoir que de la sympathie pour leurs voisins algériens. Une indépendance toute neuve les conduit inévitablement à glisser de la sympathie vers l'assistance, puisque les aspirations algériennes recoupent celles qu'ils viennent de faire triompher.

Ils accordent un droit de séjour, à proximité de la frontière algérienne, aux compagnies de l'ALN – les katibas – qu'ils arment aussi; ils laissent aux moujahidines la liberté d'intervenir depuis leur territoire contre la France. C'est ainsi que des batteries de mitrailleuses antiaériennes sont en place à proximité de la frontière, elles ouvrent le feu sur les avions d'observation français en patrouille, bien que ceux-ci s'efforcent de ne jamais survoler le territoire tunisien. Le 30 janvier, un de ces avions est touché, au-dessus du territoire algérien; le gouvernement Gaillard laisse au commandement la liberté de répliquer au nom de la légitime défense. Le 7 février, un autre avion est atteint et abattu ; les Tunisiens sont avertis que la réplique sera sévère et immédiate s'il y a un troisième incident. Dès le lendemain, 8 février, un troisième appareil est touché et contraint à l'atterrissage forcé. La riposte est immédiate : une escadrille détruit le nid de mitrailleuses de Sakhiet Sidi Youssef. Les représailles deviennent incident international, parce qu'il y a des morts et des blessés parmi les civils et que des voitures de la Croix-Rouge ont été touchées. Ce n'est certainement pas par hasard que le FLN a mis ses mitrailleuses en batterie au cœur d'un village ; et ce n'est certainement pas par erreur qu'étant averti des représailles possibles, il a fait ouvrir le feu sur le troisième avion, le jour du marché et, qui plus est, un jour où la Croix-Rouge devait apporter des vivres aux réfugiés algériens... En acceptant que des diplomates anglais et américain – MM. Beeley et Murphy – conduisent une mission de « bons offices » qui n'aboutira d'ailleurs pas, Félix Gaillard s'engage sur le chemin de l'échec. Les députés de l'aile droite ne le ménagent plus :

> « La voie est ouverte, lui dit Bidault, vers une médiation dite occidentale, ou peut être universelle, qui portera sur les problèmes de la souveraineté française. »
> « C'est la liquidation totale des positions françaises en Afrique du Nord que l'on prépare, ajoute Soustelle, tandis que l'on s'obstine à ne pas poser le vrai, le seul problème, celui de la belligérance de Bourguiba aux côtés du FLN. C'est la politique des trusts pétroliers qui veulent nous évincer du Sahara. »

Félix Gaillard est renversé le 15 avril [1].

Pierre Pflimlin ne devient le président du Conseil pressenti que le 8 mai, après trois semaines d'échecs divers et les tentatives de Georges Bidault et de René Pleven. Le seul inconvénient de cette nomination tient à quelques propos imprudemment tenus par Pflimlin quelques jours plus tôt :

> « J'estime qu'il faut saisir toute occasion d'engager des pourparlers en vue d'un cessez-le-feu. Mais je suis convaincu qu'une telle initiative serait dangereuse si elle n'était pas fondée sur un rapport de force qui nous soit indiscutablement favorable et si elle pouvait être interprétée comme un signe de faiblesse ou de découragement... »

---

1. Président du Conseil à trente-huit ans, Félix Gaillard avait précédemment occupé plusieurs postes ministériels. Parlementaire sous la Ve République, il n'a plus jamais appartenu à un gouvernement. Il a disparu au large de Jersey, en 1970, dans le naufrage de son bateau de plaisance.

A Alger, les propos des hommes politiques de la métropole sont toujours sollicités, disséqués, extrapolés, avec une distorsion tenant autant à la distance qu'à la passion. Cette fois, les pieds-noirs ne retiennent évidemment qu'une seule phrase : engager des pourparlers pour un cessez-le-feu... Puisqu'en plus il a contribué à l'échec de la tentative de Georges Bidault, acquis à la cause de l'Algérie française, voici Pflimlin, rejeté, détesté. Il est pourtant décidé à poursuivre les combats, il envisage même de remplacer Salan par Cogny, supposé plus combatif; Cogny qui avait été soupçonné d'être l'inspirateur de l'« affaire du bazooka » visant à l'élimination de Salan. Le drame, c'est que Pflimlin se veut aussi massif que le chêne là où il aurait fallu la souplesse du roseau : dans son projet de discours d'investiture, qu'il fait préalablement passer à l'un de ses émissaires d'Alger, figure encore le terme « cessez-le-feu »! Il lui est conseillé de revoir sa copie; il refuse : « Il est inconcevable qu'Alger dicte sa politique à Paris », répond-il.

Peu importe aux Algérois qu'il précise ne pas vouloir de négociations directes avec le FLN. Le pire reste à venir : avant de prononcer son discours d'investiture devant les députés, il le laisse diffuser... et la référence au cessez-le-feu n'a pas disparu!

Les chefs de la rébellion observent le gâchis, supputent le profit qu'ils pourraient tirer des faux pas des politiques français, cherchent toujours l'initiative qui pourrait leur donner une stature internationale. Ils ont déjà, avec Sakhiet Sidi Youssef, ce qu'ils avaient manqué avec la grève générale d'Alger un an plus tôt. Ils décident de récidiver. Puisque la France vient de condamner à mort quelques-uns de ses tueurs, le FLN décide de fusiller trois prisonniers français. Aux yeux de l'opinion internationale, ce n'est peut-être pas la meilleure idée possible; pour jeter à terre les gouvernements français et dynamiter la IVe République, c'est exactement la mèche qu'il fallait allumer! Le 9 mai, le FLN confirme qu'il a fait exécuter René Decourteix et Robert Richomme du 23e RI, et Jacques Feuillebois du 15e dragons, prisonniers depuis le 1re novembre 1956 [1].

Au désordre des esprits correspond alors un grand désordre des événements.

Les comploteurs, souvent engagés dans deux ou trois intrigues parallèles, comprennent que l'heure est venue de jeter bas la IVe République. Robert Lacoste juge prudent de mettre quelque distance entre lui et la fermentation algéroise. Le 10 mai, il saute dans

1. Jacques Massu, se référant à des sources qu'il juge dignes de foi, reste persuadé que les trois prisonniers ont été exécutés depuis longtemps, sans doute un an.

un avion pour Paris, sans même prévenir les généraux sous ses ordres. Le général Salan se retrouve donc seul, mesurant parfaitement les risques de débordement pour les prochains jours. Il a ses informateurs, ses renseignements, les écoutes téléphoniques; plus qu'il n'en faut pour comprendre que le chaudron algérois approche de l'ébullition et pour alerter Paris. Il met en garde le général Ely, à l'époque chef d'état-major général des armées, contre « une réaction de désespoir » des militaires dans la perspective de négociations avec le FLN. Ely transmet le télégramme de Raoul Salan au président Coty dans la soirée du 9 mai. Lacoste retrouvé en métropole, il lui est demandé de rejoindre son poste et d'y attendre André Mutter qui doit lui succéder à Alger dès l'investiture du gouvernement Pflimlin, le 12 ou le 13 mai. N'ayant nulle envie d'obéir, Lacoste choisit une très brève et très éloquente réponse : « Mon cul ! »

Dans le même temps, les pieds-noirs les plus actifs, tels Robert Martel le cultivateur ou l'avocat Pierre Lagaillarde, s'agitent et comptent beaucoup sur l'armée. Le clan gaulliste d'Alger, Delbecque et Neuwirth espérant l'arrivée de Soustelle, se préoccupe de canaliser le mouvement vers leur général, au repos depuis douze ans. Alain de Sérigny, patron de *L'Echo d'Alger*, pense au même homme et publie, dans son édition du dimanche 11 mai, la lettre qu'il vient d'adresser à Colombey :

> « Aujourd'hui mon général, la situation de l'Algérie et, partant, de la France est positivement dramatique. Ce n'est pas le plan militaire qui nous inquiète, c'est ce qu'on appelle communément " le front intérieur " qui nous angoisse. Ces jours-ci Robert Lacoste en personne, après avoir dressé un tableau très satisfaisant de l'évolution de la situation militaire, n'a pas hésité publiquement à faire part de ses craintes d'un " Diên Biên Phu diplomatique " !... A cor et à cri, l'Algérie tout entière, privée de sa représentation légale à l'Assemblée nationale, supplie en vain le Parlement de faire taire ses querelles intestines pour la formation d'un Gouvernement de salut public qui, seul, peut sauver du désastre dix millions de Français [1]. Je n'ignore pas, mon général, qu'à plusieurs de vos amis qui s'étonnaient de votre silence, vous avez répondu fort à propos : " A quoi bon parler, si l'on ne peut agir. " Aujourd'hui, me tournant vers vous, je m'écrie : " je vous en conjure, parlez, parlez vite, mon général, vos paroles seront une action. " »

1. La représentation des départements algériens à l'Assemblée nationale a été suspendue puisque aucune élection ne peut plus être organisée dans le pays. Privée de fait d'élections législatives en janvier 1956, l'Algérie n'a donc pu désigner aucun représentant à l'Assemblée nationale.

A la lecture de cet article, le général Massu se sent réconforté ; lui aussi pense que le général de Gaulle est certainement le seul qui puisse sauver la situation, à la condition qu'il en ait les moyens :

> « J'ai été peu en France après la guerre, écrira-t-il. Je n'avais pas pris vraiment le temps de réfléchir sur les capacités à gouverner que le Général avait montrées pendant la période du gouvernement provisoire ; ce que je voyais surtout, c'était l'incapacité de ceux qui lui avaient succédé. Et j'avais la certitude que l'homme de Gaulle les dépassait de très loin. Je pensais que, de toute façon, il avait tellement de qualités, qu'il ne pouvait pas agir dans le mauvais sens. »

Pourtant personne ne paraît avoir songé à lui, parmi la petite équipe gaulliste, prête à jouer d'autres cartes, d'autres hommes sans doute plus malléables. Jacques Massu s'est interrogé, plus tard, sur cette indifférence à son égard, qui aurait pu être de la méfiance. Il reste, depuis, persuadé que Chaban-Delmas comptait s'appuyer sur Bigeard. Ce choix explique d'une part l'école Jeanne-d'Arc, et d'autre part pourquoi lui, Massu, a été tenu à l'écart. Un attelage Bigeard-Massu n'était sûrement ni opportun ni harmonieux. Massu a même supposé que les actions sociales de sa femme, son centre « Jeunesse » et autres interventions en faveur des populations musulmanes les plus démunies auraient pu jouer contre lui. Il est vrai que Suzanne Massu agaçait souvent certains milieux algérois parmi les plus huppés ; il est tout aussi vrai que jamais le général Massu n'a songé à la freiner, il préfère l'encourager...

Lorsque est annoncée pour le 13 mai, à Philippeville, une cérémonie à la mémoire des trois soldats fusillés, un officier des services d'action pychologique, le capitaine Chapuis, propose aux journalistes d'Alger de s'y rendre en avion. Ils seront rentrés le soir même, c'est promis. Les reporters acceptent. Dans le même temps, ou presque, il est décidé que deux cérémonies auront lieu à Alger. La première est prévue pour 18 heures, afin que l'armée et les pouvoirs publics rendent un hommage officiel aux trois jeunes gens fusillés, sans Robert Lacoste toujours absent. La seconde est le fait des Algérois qui entendent faire connaître à Pierre Pflimlin, par une grève générale l'après-midi et par une manifestation de masse annoncée pour 17 heures, leur volonté de maintenir l'Algérie française. Ils seront donc dans la rue au moment précis où le président du Conseil sollicitera l'investiture des députés. Prudent, Godard a demandé des renforts à Massu qui lui envoie le 3e RPC désormais aux ordres du colonel Trinquier.

Au matin du 13 mai, Alger s'éveille d'humeur espiègle puis se prépare à la manifestation qui tournera au chahut, si le besoin s'en fait sentir. La ville s'échauffe, approche de l'ébullition.

Vers 17 heures, il est évident – surtout vu depuis Paris – qu'Alger est au bord de la rébellion. Il y a eu, dès le début de l'après-midi, quelques incidents : le centre culturel américain a été saccagé, les manifestants ont tenté de fermer de force la grande poste, le *Journal d'Alger* jugé trop libéral a été envahi. La foule – déjà cent mille personnes – conspue le général Salan, acclame le nom de Massu, le roi de la Ville blanche depuis que la 10e DP en a expulsé les terroristes. A l'approche de 18 heures, les officiels quittent le quartier général de la Xe région militaire pour rejoindre le monument aux morts, au Plateau des Glières. Dans les voitures prennent place les généraux Salan, Jouhaud, Allard, Massu, l'amiral Auboyneau, le préfet Baret. Les véhicules ne peuvent aller très loin tant la foule est dense ; les officiels doivent achever le trajet à pied, jusqu'au lieu de l'hommage. Des anciens combattants musulmans, toutes médailles pendantes, se risquent vers le lieu de la cérémonie. Ils ont décidé d'être là, sans trop savoir comment ils seront accueillis ; ils n'ont pas toujours été les bienvenus dans de semblables circonstances ! Aujourd'hui leur apparition engendre le délire. La gerbe est déposée, les officiels se figent pour la minute de silence, suit *La Marseillaise*. Les officiels repartent vers le siège de la Xe région militaire où ils arrivent vers 18 h 45. De là Massu regagne son PC d'Hydra où les informations le rattrapent...

Au terme de la cérémonie officielle, la foule ne se disperse pas. Elle déferle vers le Gouvernement général, force les grilles avec un camion « emprunté » au 3e RCP venu relever le cordon des CRS qui avaient le double inconvénient d'être trop peu nombreux et bien peu populaires. Ils ont déjà usé – en vain – des gaz lacrymogènes contre la foule qui, de plus en plus nerveuse, réplique à sa façon. Elle envahit le bâtiment du Gouvernement général ; elle se répand dans les étages, les couloirs, les bureaux où s'installe le plus extraordinaire désordre. Des civils, des militaires se croisent, sans que personne sache ce qu'ils viennent faire là. On chante, on hurle, on jette des dossiers et du matériel par les fenêtres. Ce sont toujours les mêmes cris « A bas Salan » « Vive Massu ». Le chahut est tel, avec ses faux airs de révolution, que Paris en entend les échos et que l'Assemblée nationale s'en inquiète. Pierre Chaussade, le secrétaire général du ministère de l'Algérie, orphelin de Lacoste, ne sait plus où donner de la tête. Il appelle Paris dont il espère les conseils ou les ordres. La réponse de Félix Gaillard – qui officiellement n'a toujours pas de remplaçant – parvient en deux temps. La première partie est sans ambiguïté : surtout ne pas user des armes contre les manifestants. La seconde, plus tardive, est aussi brève que claire : il faut déléguer les pouvoirs civils au général Salan, qui les subdéléguera au général Massu.

Revenu à Hydra, Jacques Massu note ce que lui annonce au téléphone Maisonneuve, le directeur de cabinet de Lacoste, dont le bureau vient d'être envahi. Il lui raconte le saccage, les dégâts, parle d'incendie... Massu demande que tous les officiers de la division disponibles le rejoignent au Gouvernement général. Et, dans sa voiture couleur sable que tout Alger connaît, il file vers le GG où il arrive à 19 h 15. Bousculant les uns, écartant les autres, jetant un coup d'œil aux pompiers qui éteignent effectivement un début d'incendie dans la salle des archives, il rejoint le bureau de Maisonneuve. Outre le directeur de cabinet, il y a là Chaussade, Godard et des personnages inconnus, mais tumultueux et braillards. Massu ne peut en identifier qu'un seul, qui a servi il y a peu à la 10e DP, Pierre Lagaillarde, désormais avocat mais toujours président de l'association des étudiants. Il est en treillis camouflé, ce qui déplaît à Massu dont l'humeur devient vite orageuse. Il voudrait bien que ces olibrius demandent à leurs amis de faire évacuer le GG. Eux voudraient que le général crie « Algérie française ». Massu leur répond que cette journée d'hommage manque singulièrement de dignité et que l'armée n'est là que pour garder l'Algérie à la France... Surgissent Salan et Allard. Salan décide de se dévouer, il va aller sur le balcon dire quelques mots à la foule. Il ne peut lancer une phrase, il n'entend qu'un seul cri cent fois répété : « Massu... Massu... Massu... »

Salan rentre, s'installe – ou s'effondre – dans un bureau voisin. Les joyeux énergumènes qui incitaient Massu à crier « Algérie française » lui proposent une alternative : ou bien il passe à son tour sur le balcon et annonce la création d'un Comité de salut public en attendant un gouvernement de salut public, ou bien l'émeute se poursuit et prend de l'ampleur... Le choix est court, en vérité ! Massu, avant de plonger, veut prendre l'avis de Salan. Celui-ci n'a rien à dire, pas un conseil, pas un ordre, pas un mot. Il est prostré, psychologiquement choqué par cette foule qui ne veut que Massu. Massu sait qu'il n'a pas de temps à perdre : la foule peut devenir incontrôlable, parmi les manifestants il y a certainement une poignée d'agités avec une arme en poche. Le pire peut se produire, y compris ces ratonnades qui ont outré Massu lors des obsèques d'Amédée Froger puis après l'attentat du Casino. Il dira aussi s'être souvenu des propos tenus au général de Gaulle, la dernière fois qu'ils se sont vus, à Niamey, il y a cinq ans déjà :

> « Mon général, est-ce que vous comptez revenir un jour au pouvoir ?
> – Est-ce qu'on peut savoir ?
> – Mon général, pour moi vous êtes toujours le général de Gaulle de 1940. Si je peux un jour vous aider, je le ferai ! »

A 20 h 45, depuis le balcon du Gouvernement général, Jacques Massu assure les Algérois de la sympathie de l'armée et leur annonce la création d'un Comité de salut public !

Il reste à composer ce fameux comité. Trinquier en est puisque le patron a besoin de lui. Ducasse suit. Puis Massu inscrit les sept civils qui l'agacent tant mais qui ont l'avantage d'être présents et disponibles. Il va rendre compte à Salan, entouré des généraux Allard et Jouhaud puis de l'amiral Auboyneau... C'est toujours le grand silence. Salan, sonné, n'a pas récupéré. Les autres paraissent désapprouver la tumultueuse entrée en politique de Massu. Même Godard laisse apparaître sa réprobation, ce qui n'étonne guère Massu, sachant depuis longtemps son adjoint toujours hésitant devant les choix essentiels.

Un texte est hâtivement rédigé à l'intention du président de la République, René Coty. Ce texte, Massu le lit aussitôt aux Algérois toujours massés sur le Forum :

> « Vous rendons compte de la création d'un Comité de salut public civil et militaire à Alger, présidé par le général Massu, en raison de la gravité de la situation et de la nécessité absolue de maintenir l'ordre et ce pour éviter toute effusion de sang. Le Comité attend avec vigilance la création d'un gouvernement de salut public, seul capable de conserver l'Algérie partie intégrante de la métropole. »

Vers 23 h 45, un autre texte suit, qui sera adressé à son destinataire le lendemain matin vers 5 heures mais que le général Massu lit sans attendre à la foule algéroise :

> « Nous faisons appel au général de Gaulle, seul capable de prendre la tête d'un gouvernement de salut public, au-dessus de tous les partis, pour assurer la pérennité de l'Algérie française, partie intégrante de la France. »

La foule cède à l'allégresse. Seuls quelques observateurs sceptiques, mais de bonne mémoire, pourraient s'étonner du gaullisme si neuf et si tonitruant des Algérois...

Les journalistes, rentrant de Philippeville avec quelque retard, apprennent ce qui se passe au GG. La plupart d'entre eux, représentants de la presse quotidienne et hebdomadaire de métropole, se précipitent vers *L'Echo d'Alger* à la suite de Marie Elbe, une des reporter-vedettes de ce journal. Ils apprennent ainsi qu'ils viennent de manquer l'événement de l'année...

Dans une villa d'El Biar, le gouverncur de la banque de l'Algérie Jean Watteau attend son dernier invité pour que soit servi le dîner. Suzanne Massu lui déconseille de patienter : que l'on passe à table, cela fera sûrement venir son mari retenu par une petite manifestation... Vers le milieu du dîner, elle s'éclipse pour téléphoner au PC d'Hydra. Elle rejoint les convives avec les dernières informations : c'est la révolution... des milliers de gens ont pris le Gouvernement général... mon mari vient de créer un comité... il a télégraphié au président de la République qu'il fallait un gouvernement de salut public et il lancé un appel au général de Gaulle...

Trinquier quitte le Gouvernement général. Il a reçu de Massu une mission essentielle : il faut tout faire pour que Salan reprenne ses esprits, ils vont avoir besoin de lui. Pour qu'il sorte de son apathie, il suffirait peut-être que les Algérois paraissent mieux disposés à son égard. Il revient à Trinquier de trouver une solution. Que ce spécialiste de la guerre psychologique improvise, qu'il commence par convaincre la foule du Forum que Salan est de tout cœur avec eux, que l'armée le respecte, que Massu demeure sous ses ordres; bref, que les Algérois veuillent bien jouer les aimables au lieu de siffler le commandant en chef... Et que Trinquier, au passage, récupère le préfet Baret; lui aussi sera utile!

A Paris, il y a comme un vent de panique. Le préfet Baret a informé le ministre de l'Intérieur. En quels termes? Nul ne le saura, mais Baret recevra le surlendemain l'ordre de rentrer à Paris, ordre qu'il oubliera d'exécuter. A l'hôtel Matignon, Félix Gaillard, qui n'a pas encore quitté les lieux, s'entretient avec Pierre Pflimlin qui espère toujours s'y installer. Les premières décisions tendent à isoler l'Algérie : les liaisons téléphoniques et télégraphiques sont coupées, le courrier ne sera plus acheminé, les vols commerciaux entre la métropole et l'Algérie sont suspendus. Le général Ely juge bon de fermer également les terrains militaires. Le cordon ombilical ainsi rompu entre la métropole et l'Algérie, l'armée n'ayant qu'une quinzaine de jours de réserves en munitions et en essence, suivront très vite de curieuses économies. Jusqu'au plus petit poste, au plus profond du bled, on tirera moins, on roulera moins. Il est vrai que le FLN paraît en ce moment bien absent. Et lorsque les militaires des djebels ne peuvent plus ni rouler, ni tirer, ils créent leur comité de salut public ! A Paris, toujours, quelques personnes réputées activistes sont arrêtés. Jacques Soustelle est placé sous haute surveillance pour qu'il ne puisse pas rejoindre Alger. Les policiers lui expliquent benoîtement qu'ils ont ordre de le protéger des tueurs du FLN...

A Alger, vers 2 heures du matin, apparaît au balcon du GG le colonel Thomazo, dit « Nez de cuir » parce qu'un emplâtre cache sur son visage une profonde blessure de guerre. Il s'adresse à la foule que rien ne paraît pouvoir disperser. Il prend un micro et explique aux Algérois que Salan a tout fait pour que leur manifestation ne soit pas interdite ; qu'il a donné son accord à la création du Comité de salut public et qu'il en approuve les intentions. Alors enfin la foule crie « Vive Salan ». Si les vivats soulagent Massu, ils ne décident pas Salan à se montrer.

A l'Assemblée nationale, où Pierre Pflimlin a présenté son programme de gouvernement, le débat se poursuit en séance de nuit. Le scrutin pour l'investiture ne s'ouvre qu'à 1 h 15, au matin du 14 mai. Pflimlin l'emporte par 274 voix contre 129. La passation de pouvoir est immédiate et un premier Conseil des ministres se tient juste avant 4 heures du matin.

Au Gouvernement général, où la pagaille est canalisée tant bien que mal, le Comité de salut public siège et s'élargit. Massu a tenu à intégrer des musulmans. D'autres civils s'ajoutent aussi à la liste, dont les noms seront à retenir : un médecin, le docteur Lefevre ; un agriculteur déjà connu, Martel ; un pilote d'Air Algérie, Arnould. Léon Delbecque fait aussi son entrée. Il est apparu depuis un bon moment au GG, jouant les indispensables. Sachant qu'il est à Alger pour défricher le terrain en faveur du général de Gaulle, Massu le récupère. Il en fait le vice-président du Comité, tout en sachant que le nouveau venu ne sera pas facile à intégrer, encore moins à manœuvrer. Il sera temps d'aviser lorsque Soustelle, annoncé mais toujours parisien, aura enfin rejoint Alger [1].

Trois heures du matin. Un nouveau texte vient d'être rédigé, qui devient aussitôt le « communiqué n° 1 » du Comité de salut public. Massu réapparaît au balcon et d'une voix cassée, presque aphone, essaye d'en donner lecture aux Algérois :

---

1. La liste des membres du Comité de salut public figure en annexe. Il a paru important à l'auteur de la publier intégralement, compte tenu de la personnalité de plusieurs des participants et du rôle notable qu'ils joueront dans les prochains mois ou les prochaines années. Jacques Massu, publiant cette liste dans son ouvrage *Le Torrent et la digue*, précise que Mohand Saïdi Madani, attaché au rapprochement des deux communautés, sera assassiné aussitôt l'indépendance proclamée.

« Nous apprenons à la population d'Alger que le gouvernement d'abandon de Pflimlin vient d'être investi par 273 voix contre 124 par suite de la complicité des voix communistes [1].
« Nous exprimons notre reconnaissance à la population qui a veillé pour accueillir Jacques Soustelle.
« Jacques Soustelle, par deux fois, a été empêché de venir nous rejoindre. Une troisième fois, il a réussi à se mettre en sécurité et nous espérons qu'il sera des nôtres dans la journée.
« Le Comité supplie le général de Gaulle de vouloir bien rompre le silence en s'adressant au pays, en vue de la formation du gouvernement de salut public qui, seul, peut sauver l'Algérie de l'abandon et, ce faisant, d'un Diên Biên Phu diplomatique évoqué à maintes reprises par M. Robert Lacoste.
« En tout état de cause, le Comité de salut public, qui vous représente, continue d'assurer la liaison entre la population et l'armée, qui assume le pouvoir jusqu'à la victoire finale.
« En attendant Jacques Soustelle, le bureau du Comité est constitué par le général Massu, M. Delbecque, délégué par M. Soustelle, M. Madani et M. Lagaillarde.
« Nous décrétons dès maintenant la mobilisation de toutes les énergies françaises au service de la Patrie et vous demandons d'être prêts à répondre au premier appel lancé par le Comité de salut public.
« Nous sommes fiers de pouvoir prouver au monde que la population d'Alger a su faire la parfaite démonstration de la fraternité totale entre les populations françaises européenne et musulmane, unies sous les plis du drapeau français. »

Vers 5 heures du matin, le jour naissant, Jacques Massu, devenu un général rebelle, organise une permanence au Gouvernement général et s'éclipse discrètement pour rejoindre Hydra. Suzanne Massu l'attend, le découvre presque aphone et lui prépare une inhalation. Lui, épuisé par la tension nerveuse, les longues heures de palabres, d'agitation, cède à un immense fou rire. Après s'en être si longtemps gardé, il vient de faire son entrée en politique, la plus tonitruante possible et sans trop savoir où cela le conduira. Et sa femme l'entend forcer une dernière fois sur ses cordes vocales : « Quoi qu'il arrive, je pousserai ferme dans ce tunnel, jusqu'à ce que le général de Gaulle nous ait tendu la main. »

Le premier acte d'une révolution s'achève dans l'incertitude.

---

1. S'il est fait allusion, dans ce communiqué n° 1, à la « complicité des communistes », l'information est inexacte en termes d'arithmétique parlementaire. Pierre Pflimlin aurait été investi même si les communistes avaient voté contre lui. Il n'empêche que leur abstention a effectivement un sens politique... d'autant que leur porte-parole dans le débat parlementaire, Waldeck Rochet, a demandé la mise hors la loi de Massu... et l'entrée des communistes au gouvernement !

L'Histoire a retenu l'effervescence d'Alger sous l'appellation des « événements du13 mai ». Ce jour-là n'est pourtant que le premier d'une semaine particulièrement chargée. Dès le 14 mai, les décisions se multiplient, se bousculent, s'annulent lorsqu'elles ne se contredisent pas. Le nouveau gouvernement reprend contact avec Alger et transfère au général Salan les pouvoirs civils délaissés par Lacoste. Pierre Pflimlin calme deux de ses ministres, André Mutter le successeur de Lacoste et Pierre de Chevigné qui a pris la place de Chaban-Delmas. Ceux-ci entendaient en toute simplicité remettre les pieds-noirs et l'armée au pas ! Le général Massu, levé de bon matin après sa folle nuit, se rend au Gouvernement général. Les huissiers lui ont aimablement préparé un bureau, celui de Pierre Chaussade, qu'il est étonné de ne pas trouver là. Puis Massu file rue d'Isly, au siège de la région militaire. L'entourage de Salan ne lui paraît pas particulièrement avenant alors que le patron, revenu de ses émotions, approuve Massu sur tous les points et le fait savoir. Le communiqué que signe Salan ne laisse aucun doute sur son retournement :

> « 1 – Le général Salan, commandant supérieur interarmées et commandant la 10e région militaire, assume provisoirement à compter d'aujourd'hui 14 mai les pouvoirs civils et militaires afin d'assurer le maintien de l'ordre, la protection des biens et des personnes, et la conduite des opérations.
> « 2 – Le Comité de " salut public " qui s'est constitué à Alger sous la pression des événements pour affirmer la volonté de la population franco-musulmane de rester française, assure la liaison entre elle et le commandement qui lui transmet ses ordres.
> « 3 – Il importe que tous les rouages de l'administration soient remis en route au plus vite, afin qu'il n'y ait aucune perturbation dans la vie du Pays et dans la conduite des opérations.
> « 4 – La population est invitée à conserver son calme, dans la dignité et la discipline. L'autorité militaire invite chacun à lui faire confiance et à reprendre son travail. »

Encore faudrait-il que tous les représentants de l'Etat se conforment à cette décision. Or Massu découvre que deux hommes viennent de disparaître en direction de Tizi-Ouzou : le secrétaire général du Gouvernement général, Pierre Chaussade, dont l'absence l'avait étonné un peu plus tôt, puis Peccoud, le directeur de la sûreté... Salan et Massu se demandent si d'aventure ces deux-là ne suivraient pas les consignes des nouveaux ministres, Mutter et Chevigné, que l'on dit partisans d'un réduit légaliste en Kabylie, pour faire céder les « factieux ». Allard décide qu'il faut tenter de récupérer les deux fuyards. Quant aux départements algériens, ils bougent et suivent. Les télégrammes de ralliement arrivent de tous côtés. Il y a comme une épidémie de « comités de salut public ». Dans un premier temps, leur naissance est annoncée depuis le balcon du GG où des hommes se relaient pour lire les télégrammes à la foule qui paraît encalminée là. L'abondance des ralliements les conduit bientôt à ne plus citer que les villes ou les villages... Il se produit aussi une manière de surenchère qui inquiète autant Salan que Massu : des tracts d'origine inconnue tentent de durcir le mouvement; ils appellent à la grève et à la vigilance.

Le 15 mai, la fièvre est loin d'être retombée. Au cours de l'après-midi, le Comité de salut public est remanié et prend sa forme quasi définitive. Le dosage en est subtil. Se retrouvent, embarqués dans la même aventure, des gaullistes avec Léon Delbecque et Lucien Neuwirth qui, la veille, a pris en main les services de l'information; des activistes qui sont essentiellement des pieds-noirs; des musulmans aussi et, pour encadrer le tout, des officiers très proches de Jacques Massu. Le général Salan est reçu par la nouvelle équipe, en fin de matinée; Massu lui cède même, par bienséance, son fauteuil de président. Salan se sent, cette fois, parfaitement à l'aise. Lorsque Claude Dumont et Léon Delbecque lui demandent de s'adresser à la foule, le général gagne le balcon le plus célèbre d'Alger pour y dire quelques phrases, qui ne paraissent pas totalement improvisées. Il étonne d'entrée les Algérois, encore réservés à son égard, en leur affirmant qu'il est des leurs, que son fils est enterré au cimetière du Clos Salembier, qu'il continuera de faire la guerre parce qu'il veut la gagner, qu'ensemble ils sauveront la France :

> « ... Mes amis, l'action qui a été menée ici a ramené près de vous tous les musulmans de ce pays.
> « Maintenant, pour nous, le seul terme, avec tous ici, c'est la victoire avec cette armée que vous n'avez cessé de soutenir et qui vous aime.
> « Avec les généraux qui m'entourent, le général Jouhaud, le général Allard, le général Massu qui, ici, vous a préservés des fellaghas, nous gagnerons parce que nous l'avons mérité et que là est la voie sacrée pour la grandeur de la France.
> « Mes amis, je crie " Vive la France ! Vive l'Algérie française ! Vive le général de Gaulle ! " »

Il peut être satisfait, Salan, la foule ne le boude plus. Elle l'applaudit, l'acclame, entonne *La Marseillaise*. Il en ronronnerait de plaisir. Massu est au moins aussi heureux que le patron : il savait depuis la première heure qu'il ne pouvait gagner seul, qu'il lui fallait la couverture de la hiérarchie. Et voici Salan qui non seulement marche du même pas mais, en plus, se réfère à de Gaulle. C'est presque trop beau... Certes, il se dira ensuite que ce « Vive de Gaulle » n'était peut-être pas aussi spontané qu'il est apparu, que Léon Delbecque l'aurait soufflé au commandant en chef, ce que Salan ne niera pas, d'ailleurs. Massu, de son côté, est formel; il n'était pas près de Salan, il n'a rien pu lui souffler, même s'il le sentait encore réticent. Une version plus romanesque laisse même supposer que Salan était sous la menace directe d'un pistolet, qui n'était que l'index très autoritaire de Delbecque [1]. S'il y a eu une seconde d'hésitation chez Salan, la raison doit être recherchée dans son passé même : il a dû lui coûter, cet appel à de Gaulle !

Delbecque, à cet instant, n'a sûrement pas en poche le message du général de Gaulle qu'il va lire, toujours depuis le balcon ouvrant sur le Forum, aux environs de 18 heures :

> « La dégradation de l'Etat entraîne infailliblement l'éloignement des peuples associés, le trouble de l'armée au combat, la dislocation nationale, la perte de l'indépendance. Depuis douze ans, la France, aux prises avec des problèmes trop rudes pour le régime des partis, est engagée dans un processus désastreux.
> « Naguère, le pays, dans ses profondeurs, m'a fait confiance pour le conduire tout entier jusqu'à son salut. Aujourd'hui, devant les épreuves qui montent de nouveau vers lui, qu'il sache que je me tiens prêt à assumer les pouvoirs de la République. »

Attentifs mais discrets, intéressés par les appels de Massu et de Salan mais encore méfiants, les musulmans s'enflamment à cet appel. Pour de Gaulle, ils sont prêts à suivre, à marcher, à oublier un passé malaisé, tourmenté. Ils se libèrent, descendent vers le centre-ville, marchant derrière leurs drapeaux tricolores. Ils sont bientôt trente mille. Alors naît l'incroyable. Deux foules se découvrent ou se retrouvent, s'assemblent, fusionnent. Musulmans et pieds-noirs réconciliés vont bras dessus-bras dessous, chantant, se congratulant ; les uns espérant enfin l'intégration que leur promettent les militaires, les autres comprenant que sans cette évolution ils perdront leur pays, leur patrie. La nuit tombe sur une ville heureuse, apaisée.

Le second acte de la révolution en marche s'achève dans la liesse.

---

1. Le biographe de Salan, Alain Gandy (*Salan*, Perrin, 1990), ne croit pas à l'improvisation, ni au « conseil » de Delbecque, encore moins à la menace. Il pense en apporter une preuve : Salan, le matin même, a fait parvenir à Paris une lettre en trois exemplaires (pour le président Coty, Pierre Pflimlin et Pierre de Chevigné, nouveau ministre de la Défense). Il y développe les mêmes thèmes que dans son intervention au balcon du GG... y compris la nécessité de faire appel au général de Gaulle.

Alger n'a pas fini d'étonner la France... Le 16 mai est la plus inattendue, la plus surprenante de ces journées qui auraient pu tourner à l'émeute, à la guerre civile, et qui donnent lieu à d'invraisemblables élans de fraternisation entre les deux communautés retrouvées.

Le 13 mai, il y a bien des musulmans autour du monument aux morts, lorsque Alger se laisse prendre à sa colère, à ses passions. Ce ne sont que des anciens combattants, quelques centaines au plus. Sincères mais craintifs. Le 15 mai, c'est la Casbah qui apporte son adhésion et, avec cette citadelle, quelques autres quartiers. Trente mille musulmans offrent une manière de légitimité à la colère algéroise, au Comité de salut public, aux proclamations des uns et des autres, et au ralliement évident au général de Gaulle, promu homme providentiel. Le lendemain, c'est à ne plus y croire : ils sont bien cent mille musulmans à se presser sur le Forum, mêlés aux Européens, avec d'invraisemblables scènes de fraternisation auxquelles personne, même plongeant dans l'optimisme le plus béat, n'aurait osé songer. Dans cette foule qui pourrait être celle de tous les dangers et qui n'est plus qu'un bain d'espérance, il y a même des femmes musulmanes pour brûler solennellement les voiles de l'Islam. L'initiative est diversement appréciée, Massu la trouve lui-même trop hâtive et peut-être mal venue ; Suzanne Massu en perçoit immédiatement les inconvénients :

> « Qu'on leur laisse leurs voiles. Découvre-t-on un bas-relief avant qu'il soit achevé ? Ces femmes, il faut d'abord ouvrir leurs fenêtres, les aider à s'instruire, à modeler leur personnalité, leur donner confiance en elles. Après seulement, elles découvriront leur visage, pas maintenant. »

Elle n'avait sûrement pas tort. La scène, en tout cas, permettra à ceux qui ne veulent pas croire à cet élan spontané d'affirmer que seules les putains étaient sur le Forum...

Certes, il y a sans doute quelques nuances entre l'adhésion des uns et des autres, les germes de futurs malentendus. Mais, dans l'instant, qu'importe que les musulmans soient venus parce que l'armée leur semble capable de leur apporter cette intégration qui tient encore du mythe, qu'importe que les Européens se tournent vers l'armée parce qu'elle est le dernier rempart contre l'abandon.

Massu, lui, enregistre un message qui, radiodiffusé à travers l'Algérie, précise très clairement le rôle des Comités de salut public :

« ... Je vous rappelle que les Comités de salut public ont pour rôle d'assurer la liaison entre la population dont ils sont l'émanation et l'autorité militaire qui, seule, détient tous les pouvoirs. Ils ne se substituent en aucun cas aux organismes réguliers et administratifs avec lesquels ils doivent se tenir en pleine harmonie. Municipalités, délégations spéciales, sous-préfectures et préfectures continuent comme par le passé à gérer les affaires publiques conformément à la législation de la République [1]... »

Le 16 mai, Alger est une ville folle de joie, d'espérance retrouvée, de fraternisation inespérée.

Le 17 mai, la fièvre persistant, Mme Massu cède à une impulsion : au volant de sa « Dauphine », elle roule vers Radio-Alger, force les portes, parvient à un studio, obtient un micro et lance son appel aux Algéroises, à toutes les femmes d'Alger, de toutes confessions, de toutes conditions :

« A moi les femmes, toutes les femmes de bonne volonté. Le feu de joie qui flambe sur le Forum ne doit pas s'éteindre. Pour l'alimenter, il faut toutes les petites brindilles d'amour que nous portons en nous. " Du Forum au foyer ", ce sera notre devise pour que la grande réconciliation pénètre au plus intime de ces populations. C'est là notre affaire, mes sœurs. Aidez-moi, venez à moi. Je suis Suzanne Massu, à Alger, et je vous appelle à l'aide. »

Les hommes de la radio l'aident à leur façon. Ils ont sans doute été sensibles au message de Suzanne Massu puisqu'ils vont lancer et relancer l'enregistrement sur les ondes tout au long de la journée. Les femmes viennent. Les Européennes comme les musulmanes. De cet élan naît aussitôt le « Mouvement de solidarité féminine » qu'animeront les assistantes sociales d'Alger, des femmes de sous-officiers et d'officiers; mouvement à qui l'on fera un peu de place dans les locaux d'*Alger républicain*, le quotidien communiste devenu pensionnat.

Et d'où est partie l'idée du mouvement de solidarité féminine que lance Suzanne Massu avec la complicité de la radio d'Alger? Certainement de l'opération « tricot à domicile »... Assistante sociale du groupement Massu en Indochine, pied-noir revenue au pays, Colette Demachy avait suggéré à Suzanne Massu de fournir des pelotes de laine en quantité à des femmes musulmanes dans le besoin. Leurs tricots, qu'elles livrent au centre de la rue Koechlin leur rapportent quelque argent. Des centaines de femmes jouent ainsi des aiguilles pour arracher leurs famille à la misère. Colette

1. Le texte intégral de cet appel est donné en annexe.

Demachy écoule la production auprès des services civils ou militaires d'assistance, auprès de magasins aussi, et le général Massu, en 1959, inaugurera même à Paris, aux Grands Magasins du Louvre, une exposition-vente. Alors, effectivement, pourquoi ne pas appeler les femmes musulmanes lorsque paraît sonner enfin l'heure de la fraternisation. Dans la foulée est lancée une opération dite « machines à coudre », relayée en métropole par une émission de Radio-Luxembourg – qui n'est pas encore RTL – et animée par Pierre Bellemare. Que les vieilles machines sortent des greniers ; arrachées à la poussière et aux toiles d'araignées, elles seront utiles dans les djebels où l'électricité n'arrive pas encore. Il faudra un cargo pour les acheminer de métropole en Algérie ; avec ce bref commentaire de Suzanne Massu : pour la pacification, une machine à coudre est plus efficace que dix fusils... Le « mouvement de solidarité féminine » va ensuite proliférer, multiplier ses antennes à travers l'Algérie, jusqu'à compter soixante mille adhérentes lorsque Suzanne Massu quittera Alger.

A Paris, de toute évidence, personne ne comprend plus rien à rien. Surtout pas les politiques et encore moins Pierre Pflimlin qui va bientôt apprendre que Jacques Soustelle a échappé à ses anges gardiens pour ressurgir à Alger. Il y arrive le 19 mai. Il n'est pas seul. Avec lui, d'autres gaullistes qui ont fait leurs preuves en d'autres temps, notamment Charles Béraudier, qui sera député de Lyon, et Pierre de Bénouville qui doit retrouver les émotions discrètes des temps lointains de la Cagoule et qui a loué, à Genève, l'avion de leur escapade. Salan et Massu sont venus les accueillir à Maison-Blanche, essentiellement pour les calmer et les encadrer. Massu arrive le premier, un bon quart d'heure avant Salan qui apparaît perplexe. Il sait qu'Alger avait adopté Soustelle après l'avoir boudé, que son prédécesseur est un héros depuis qu'il a été relevé de ses fonctions de gouverneur général et, surtout, que la popularité du nouvel arrivant éclipse largement la sienne. Salan leur explique donc qu'ils vont tout gâcher alors qu'Alger est en passe d'obtenir la démission de Pflimlin et le retour du général de Gaulle aux affaires. Le ton monte. Massu s'accroche avec Bénouville, un vieil ami pourtant, Bénouville lui ayant rappelé imprudemment qu'il avait fait acclamer Soustelle, le 13 mai, en annoncant sa venue prochaine. Delbecque surgit, après avoir enflammé Alger avec l'annonce de l'arrivée de Soustelle. Puis apparaît Alain de Sérigny, calmant le jeu autant qu'il le peut. Soustelle accepte alors de ne pas se mettre trop en avant. Salan, rassuré, refuse de le réexpédier vers la métropole comme le lui demande Pflimlin...

L'aéroport de Maison-Blanche semble être, en ces folles journées, un des lieux les plus fréquentés d'Alger, et pour le général Massu un souci quotidien. Le 16 mai, il a dû intercepter un avocat parisien, Me Biaggi, surgissant de Madrid en compagnie d'un homme que Salan ne veut en aucun cas rencontrer: Alain Griotteray, très proche du général Cogny, a un temps été soupçonné – puis blanchi – d'avoir été mêlé à l'attentat du bazooka. Les ordres de Salan sont simples : pas de Griotteray en Algérie, que Massu se débrouille ! Biaggi et Griotteray seront expédiés le lendemain matin à Adrar, à 1 600 kilomètres au sud d'Alger. Mais auparavant Biaggi a beaucoup parlé avec Massu de ses projets, d'une intervention militaire sur Paris, au cas où les politiques tarderaient à se rallier à de Gaulle. Il imaginait très bien trois bataillons venant d'Alger, deux autres régiments intervenant depuis le Sud-Ouest... Le 20 mai, deux autres arrivants compliquent encore la tâche de Massu : deux députés connus pour leur caractère survolté, Demarquet et Jean-Marie Le Pen qui a d'ailleurs servi au 1re REP à l'époque de Suez et de la bataille d'Alger. Massu les remet dans le premier avion en partance pour Madrid. Quatre jours plus tard, le même scénario se répète, à une variante près : au député Jean-Louis Vigier, Massu explique que sa présence à Alger ne s'impose pas, qu'il serait sûrement plus utile à Paris pour aider au retour du général de Gaulle...

Le 19 mai, jour de l'arrivée de Soustelle à Alger, Pierre Pflimlin a d'autres soucis que l'effervescence algéroise et les va-et-vient à l'aéroport de Maison-Blanche. Que peut-il penser de la conférence que le général de Gaulle tient au palais d'Orsay ? Sous le prétexte de vouloir être utile, celui-ci a fait à la République des offres de service sans ambiguïté :

> « ... Utile, aussi, parce que c'est un fait que le régime exclusif des partis n'a pas résolu, ne résout pas, ne résoudra pas, les énormes problèmes avec lesquels nous sommes confrontés, notamment celui de l'association de la France avec les peuples d'Afrique, celui aussi de la vie en commun des diverses communautés en Algérie et, même, celui de la concorde à l'intérieur de chacune de ces communautés. Les combats qui se livrent en Algérie et la fièvre qui y bouillonne ne sont que les conséquences de cette carence. Si les choses continuent de la façon dont elles sont engagées, nous savons tous que le régime, tel qu'il est, pourra faire des programmes, manifester des intentions, exercer des efforts en sens divers, mais qui n'ira pas à des aboutissements. Nous risquerons que ces aboutissements nous soient un jour imposés

> du dehors, ce qui serait sans aucun doute la solution la plus désastreuse possible.
> « Utile, enfin, parce que je suis un homme seul, que je ne me confonds avec aucun parti, avec aucune organisation, que depuis six ans je n'exerce aucune action politique, que depuis trois ans je n'ai fait aucune déclaration, que je suis un homme qui n'appartient à personne et qui appartient à tout le monde.
> « Utile comment? Eh bien, si le peuple le veut, comme dans la précédente grande crise nationale, à la tête du gouvernement de la République française... »

Puis rassurant, il se laisse aller à une boutade :

« Croit-on qu'à soixante-sept ans, je vais commencer une carrière de dictateur? »

Après quoi, le général de Gaulle fait comme il vient de le dire : il rentre dans son village et s'y tient à la disposition du pays.

Deux jours plus tard, le 21 mai, commencent les ralliements des hommes politiques. Les uns courent avec empressement jusqu'à Colombey-les-Deux-Eglises; d'autres s'y risquent comme à Canossa. Georges Bidault est le premier de ces visiteurs. Antoine Pinay le suit, qui conseille à Pflimlin de l'imiter. Il n'est pas certain que de Gaulle ait tenu les mêmes propos aux uns et aux autres; il est plus vraisemblable qu'il ait parlé du maintien de l'Algérie dans la République aux plus avoués partisans de l'Algérie française puis qu'il ait évoqué des solutions plus libérales pour des hommes supposés tenir à l'indépendance de ces départements, tel Pierre Mendès France rencontré à Paris. Le 24 mai, c'est la Corse qui bascule et devient le premier département de métropole à s'offrir un Comité de salut public. Le 26 mai, la nuit venue, longeant discrètement les murailles du parc de Saint-Cloud, où le conservateur va les héberger, Pierre Pflimlin se risque à un rendez-vous clandestin avec le général de Gaulle. Le lendemain, il constate que le secret n'a pas le même sens pour lui et pour de Gaulle :

> « J'ai entamé hier, fait savoir celui-ci, le processus régulier nécessaire à l'établissement d'un gouvernement républicain capable d'assurer l'unité et l'indépendance du pays... »

Floué, Pflimlin n'a plus qu'une issue : porter sa démission au président René Coty, ce qu'il fait le 28 mai; alors qu'un front antigaulliste défile entre la Nation et la République. Au premier rang, il y a Edouard Daladier que l'on voit réapparaître dans les premiers rôles, de temps à autre, depuis le 6 février 1934, puis Pierre Mendès France et François Mitterrand que Charles de Gaulle retrouvera plus d'une fois sur son chemin...

Le troisième acte de la révolution devient une affaire politique.

Le dernier des complots du 13 mai, le quatorzième peut-être, n'est pas à l'origine des événements ; il en est la conséquence. Il est le dernier levier dont l'armée, à Alger, aurait pu user si la situation ne s'était pas clarifiée ; au profit du général de Gaulle, cela s'entend. Ce complot doit tout au général Jacques Massu. Il en est le père et l'animateur. Son plan porte un nom qui est aussi tout un symbole : « Résurrection ». A la vérité, ce complot n'est pas exactement de la même nature que les précédents. Massu le monte pratiquement au vu de tous, parce que les choses traînent et qu'il serait bon d'affoler un peu les politiciens pour que s'accélère le processus de retour au pouvoir du Général :

> « Le 13 Mai n'avait pas été provoqué. Il s'était fait spontanément et j'avais pris en main les opérations pour éviter la casse. " Résurrection " nous l'avons comploté délibérément, sans garder le secret ; le but était surtout de faire transpirer un peu " nos amis " les politiques contre lesquels nous étions très remontés. »

Cette ultime conjuration paraît prendre sa forme définitive autour du 24 mai, avec le retour en Algérie du commandant Vitasse, patron du QG de la 10e division parachutiste, qui était parti le 17 mai pour prendre la température de la métropole, affublé du pseudonyme de « Grand-Père ». Il n'était pas seul. Avec lui le capitaine Lamouliatte, venant d'Alger mais qui n'appartient pas à la 10e DP, et quatre autres officiers qui sont de l'équipée à partir de Pau, les capitaines Boisson, Buonfils, Vailly et Vildes. Vitasse a en poche la note de préparation dont l'élaboration a été confiée par Massu à son chef d'état-major, le colonel Ducasse. Texte dont l'une des annexes est supposée forcer les adhésions :

> « L'opération doit conserver impérativement le caractère essentiel qui a marqué les événements du 13 mai à Alger :
> « Il ne s'agit pas d'un coup de force militaire.
> « Il ne s'agit pas d'une rébellion.
> « L'action vise à concrétiser les aspirations de la masse des Français qui réclament un gouvernement propre, national, présidé par le général de Gaulle, sauveur de la patrie. L'armée, dans l'affaire, reste l'émanation de la nation, la gardienne des traditions. Elle doit accomplir sa tâche principale à l'intérieur du territoire : le maintien de l'ordre, donc la satisfaction donnée à tous les Français de s'exprimer dans le calme et la dignité.
> « En conséquence, dans l'exécution des missions qui leur ont été confiées, ou de celles dont ils auront à prendre l'initiative, les

commandants des groupements et les chefs de tous les échelons devront, sans jamais perdre le contrôle des éléments qu'ils commandent, associer et entraîner les sympathisants, créer des mouvements de foule, pour finalement canaliser et appuyer le mouvement national. »

Ensemble ou séparément, les cinq émissaires de Massu vont proposer leur projet à des hommes tcls que le général Descour, commandant la région militaire à Lyon, le colonel Gribius, commandant le groupement blindé stationné à Saint-Germain-en-Laye, ou le général Miquel, commandant la région militaire de Toulouse. Tous sont d'accord, comme le sont des colonels affectés depuis peu dans des centres de formation de parachutistes, Brothier ou Château-Jobert. Miquel accepte le commandement civil et militaire de « Résurrection ». Il a tout juste le temps de se choisir un pseudonyme, « Honoré ». Il sait où il va, Ducasse a tout prévu. Il lui faudra

> « soulever le peuple parisien au cours d'une marche convergente, en direction des Champs-Elysées et du Palais-Bourbon, d'éléments aérotransportés initialement débarqués au Bourget et à Villacoublay. Obtenir par une manifestation de masse la chute du gouvernement actuel et la mise en place d'un gouvernement républicain de salut public sous la présidence du général de Gaulle. »

Paris peut s'inquiéter, d'autant que les militaires algérois ne cachent guère leurs préparatifs. S'il ne paraît pas très actif dans cette opération « Résurrection », le général Salan en est toutefois tenu informé par Massu. Il a, comme Jouhaud, comme Massu, signé un ordre de mission pour Vitasse. Massu lui transmet d'ailleurs un exemplaire du rapport Vitasse. En réalité, Salan trouve que les moyens sont insuffisants, que l'opération risque de diviser l'armée et que « Résurrection » n'a d'intérêt que comme moyen de dissuasion.

Les conseillers les plus proches du général de Gaulle, installés rue de Solferino autour d'Olivier Guichard et de Roger Frey, sont en relation avec Alger et avec Colombey-les-Deux-Eglises. Ils sont des intermédiaires, théoriquement habitués au langage parfois hermétique du Général. Ils paraissent pourtant, en ce curieux mois de mai, avoir quelques difficultés à en décrypter toutes les finesses. A moins qu'ils ne cèdent inconsciemment à leurs préférences personnelles... Sur la question essentielle de savoir si de Gaulle acceptera d'être porté au pouvoir par les troupes parachutistes, les avis divergent, même rue de Solferino. Avec de sérieuses nuances sur la méthode et le calendrier, Debré, Lefranc, Foccart et Guichard auraient cependant été d'accord pour une intervention de l'armée si aucune solution politique ne pouvait aboutir. Il faut avouer que de Gaulle ne les aide guère dans leurs gloses. Tout se passe, en fait, comme si le Général compliquait les choses à plaisir, récusant l'intervention armée mais laissant suffisamment planer le doute pour que « Résurrection » soit un parfait moyen de pression. Ainsi dit-il au général Dulac que lui a envoyé Salan le 28 mai : « Il faut sauver la baraque. Vous direz au général Salan que ce qu'il a fait et ce qu'il fera, c'est pour le bien de la France. »

Mais au maréchal Juin, venu le visiter le 29 juin, de Gaulle affirme : « Pas de 18 Brumaire avec les parachutistes. Je ne serai jamais mis en place par Massu. »

Massu, en lançant le projet « Résurrection », a-t-il envisagé de sortir de la légalité ? S'il l'avait fallu, pourquoi pas... En fait, la question ne se pose pas exactement en ces termes : Massu est persuadé que « Résurrection » n'aura jamais besoin d'être appliqué, que de Gaulle se manifestera avant que la nécessité d'une action militaire s'impose ! S'il en avait été autrement, Massu se serait trouvé en porte à faux et il le savait :

> « De Gaulle était profondément démocrate et républicain, il l'a toujours prouvé. Reprendre les rênes de l'Etat porté par les parachutistes ça ne collait pas avec son personnage. Mais si nous avions dû le faire, nous l'aurions fait. Techniquement, tout était en place... »

Le 30 mai au soir, Massu est rassuré. Il se trouve dans le bureau de Salan lorsque est établi le premier contact téléphonique direct avec le général de Gaulle :

> « Ce que l'Algérie a fait, elle l'a bien fait. Donnez aux Algériens mon salut. Dites-leur que je serai bientôt parmi eux. »

« Résurrection » n'a plus de raison d'être ! Les différents préparatifs pour une intervention armée sont annulés, ce qui nécessite d'ailleurs le rappel de quelques avions déjà en vol au-dessus de la métropole pour aller chercher dans le Sud-Ouest les éléments à transporter vers Paris. Ce jour-là, le colonel Trinquier peut se dire qu'il vient de perdre une autre partie. Il a tant espéré que Massu voudrait bien travailler pour son propre compte, il a tellement voulu le persuader qu'il était l'homme providentiel dont l'Algérie avait besoin, sûrement plus que de Gaulle dont la venue le préoccupait davantage qu'elle ne l'enchantait ! Trinquier l'avouera plus tard, lorsque viendra le temps de rédiger un livre de souvenirs ou de mémoires, *Le Temps perdu* :

> « Dans les jours qui suivirent le 13 mai, nous avions vainement tenté, avec Ducasse, de faire prendre conscience à Massu de la chance extraordinaire qui s'offrait à lui. Dans le climat du moment, rien ne pouvait nous arrêter. Il pouvait être un nouveau Bonaparte. Tous les jeunes appelés du contingent l'espéraient. Il était le vainqueur de la bataille d'Alger, la seule victoire remportée par un général français contre la subversion depuis vingt ans. L'élite de l'armée était prête à le suivre.
> « Mais Massu n'avait ni la stature ni l'ambition d'un Bonaparte. Projeté brusquement par les événements aux portes du pouvoir, il eut conscience qu'aller plus loin c'était aller à l'aventure. Sans programme politique, sans une équipe d'hommes de valeur sur laquelle il aurait pu s'appuyer, il refusait de tenter sa chance. Pour lui, hors du général de Gaulle, il n'y avait pas de salut. Conscients de ses faiblesses et des nôtres, nous y avons renoncé. »

Pourtant, c'est bien la personnalité du général de Gaulle qui a conduit Trinquier à pousser Massu sur les bords du Rubicon, si l'on en croit ses propres écrits et notamment le récit qu'il fait d'une rencontre avec Jacques Soustelle, qu'il situe au 4 juin :

> « Vous êtes l'un des hommes les plus fidèles à de Gaulle. Vous l'avez souvent rencontré, vous êtes presque son confident. C'est la raison pour laquelle vous êtes ici. Alors nous vous demandons : que veut de Gaulle ? Quel régime veut-il instaurer en France ? Quel avenir envisage-t-il pour l'Algérie ? Son silence nous inquiète... »

Soustelle écoute le colonel Trinquier. L'officier explique au politique qu'il croit en Dieu et seulement en lui ; qu'il ne suivra jamais un homme les yeux fermés, fût-il le général de Gaulle. Soustelle reste attentif, mais il ne répond pas. Massu se tourne alors vers Trinquier :

> « Tu crois qu'on peut poser des questions à de Gaulle ? Tu ne le connais pas. Il sait ce qu'il veut faire et où il faut aller. Il n'y a qu'à le suivre. C'est trop tard maintenant pour en discuter. Il aurait fallu le faire plus tôt... »

Curieusement, c'est le lendemain 5 juin que Massu confie à un journaliste du *Daily Telegraph* où il souhaite voir aller de Gaulle :

> « De Gaulle doit consentir à l'intégration car il est arrivé au pouvoir porté par le mouvement d'Alger, qui est partisan de cette formule.
> – L'armée suivrait-elle de Gaulle si ses décisions ne sont pas celles qu'on espère ?
> – Nous n'y avons même pas pensé. »

Trinquier, dont les aléas de l'Histoire feront bientôt un mercenaire, ne se contente pas d'expliquer qu'il aurait aimé plus d'ambition et de détermination chez Massu. Le temps ayant passé, de Gaulle installé au pouvoir, il a dû revenir à la charge pour percer ce qui restait à ses yeux le mystère Massu, pour entrevoir les bonnes ou mauvaises raisons que celui-ci avait en tête pour refuser de marcher plus avant et tout seul. Il faudra que Massu prenne la plume à son tour et adresse une lettre à son ancien subordonné, missive que celui-ci glisse aussi dans son livre – sans date cependant :

> « Il ne suffit pas de prendre le pouvoir, il faut être en mesure de l'exercer ; c'est beaucoup plus difficile. Je ne possède pas le sens politique de De Gaulle, ses dons oratoires, son habileté manœuvrière, sa puissance de travail.
> « Depuis trente ans, il médite sur tous les aspects du pouvoir.
> « Conduire un pays comme la France dans le respect des multiples opinions, le maintien de la paix, l'extension de la prospérité... il faut être aveugle ou d'une ridicule vanité, ce qui revient au même, pour l'envisager sérieusement. »

Trinquier, le 30 mai, pouvait déjà regretter ce qu'il considérera désormais comme des occasions manquées. Massu pouvait céder à un certain soulagement, lui qui n'a jamais eu une âme de rebelle et qui ne s'est jamais imaginé partant à l'assaut du pouvoir. Ils savent l'un comme l'autre qu'à Paris tout est réglé ou presque. Depuis la veille, 29 mai, le président de la République René Coty a décidé qu'il était temps de passer la main. La crise touche à son terme. Après la démission de Pierre Pflimlin, le président Coty a reçu les présidents des deux assemblées parlementaires, André Le Troquer et Gaston Monnerville, puis Antoine Pinay, Pierre-Henri Teitgen et Guy Mollet. Aux deux premiers, il a demandé de rencontrer le général de Gaulle et de voir dans quelles conditions il serait possible d'en appeler très légalement audit général... De cette entrevue nocturne, aux récits contradictoires, aux arrière-pensées évidentes – Le Troquer n'aurait-il pas souhaité la démission de Coty pour briguer sa succession ? – René Coty tire ses conclusions personnelles : un message au Parlement pour en appeler à de Gaulle.

Le texte en est lu devant l'Assemblée nationale dès 15 heures :

> « ... A vous, représentants de la Nation, je dis qu'il ne peut plus être question de fixer dans le huis clos des groupes le destin de la Patrie. C'est seulement quand le président de la République aura pris l'initiative que lui réserve la Constitution que vous vous prononcerez souverainement et librement.

« Je demande au général de Gaulle de bien vouloir venir conférer avec le chef de l'Etat et d'examiner avec lui ce qui, dans le cadre de la légalité républicaine, est immédiatement nécessaire à un gouvernement de salut national et ce qui pourra, à échéance plus ou moins proche, être fait ensuite pour une réforme profonde de nos institutions.
« Je prendrai alors en mon âme et conscience la décision qui m'incombe. Si l'échec de la tentative que j'ai effectuée devait faire apparaître que dans un moment aussi critique je me suis trompé, je ne manquerais pas d'en tirer aussitôt les conséquences inéluctables... »

Au terme du message présidentiel, la droite et la gauche s'invectivent à travers l'hémicycle. Ici on chante *La Marseillaise*, là on entonne *Le Chant du départ*. Qu'importe, René Coty sait qu'il n'aura pas à démissionner – du moins dans l'immédiat... Coty et de Gaulle se voient à l'Elysée dès 19 h 30. Ils publient chacun leur communiqué, deux heures plus tard, pour annoncer la même chose : pressenti pour former le gouvernement, le général de Gaulle a accepté ! Simplement, le texte du futur président du Conseil est un peu plus long. Il évoque les pleins pouvoirs qui lui seront nécessaires face à la situation actuelle, puis une réforme constitutionnellle qui sera soumise à référendum... Quant à Massu, il peut s'éloigner sur la pointe des pieds, soulagé, presque rasséréné. Sans engager le plan « Résurrection », sans sortir une seconde fois de la légalité, ce qu'il espérait par-dessus tout et depuis si longtemps est advenu : de Gaulle est aux portes du pouvoir.

Il n'y aura pas de quatrième acte à la révolution algéroise.

Chapitre 12

De Gaulle au pouvoir
Un curieux ministère
Premières visites en Algérie
La naissance des malentendus

Le 1er juin 1958, à 15 heures, le général de Gaulle pénètre dans l'hémicycle du Palais-Bourbon. Rarement les députés ont été aussi nombreux. Les tribunes des ambassadeurs, du public et de la presse sont bondées. Désormais président du Conseil désigné, Charles de Gaulle a choisi de revêtir un costume civil pour lire, depuis la tribune, son discours d'investiture :

> « La dégradation de l'Etat qui va se précipitant. L'unité française immédiatement menacée. L'Algérie plongée dans la tempête des épreuves et des émotions. La Corse subissant une fiévreuse contagion. Dans la métropole, des mouvements en sens opposés renforçant d'heure en heure leur passion et leur action. L'armée longuement éprouvée par des tâches sanglantes et méritoires, mais scandalisée par la carence des pouvoirs. Notre position internationale battue en brèche jusqu'au sein même de nos alliances. Telle est la situation du pays. En ce temps même où tant de chances, à tant d'égards, s'offrent à la France, elle se trouve menacée de dislocation et, peut-être de guerre civile.
> « C'est dans ces conditions que je me suis proposé de tenter de conduire, une fois de plus, au salut le pays, l'Etat, la République et que, désigné par le chef de l'Etat, je me trouve amené à demander à l'Assemblée nationale de m'investir pour un lourd devoir.
> « De ce devoir, il faut les moyens... »

Ces moyens, le Général les a déjà évoqués, au terme de son entretien avec René Coty. Il souhaite, donc il veut, les pleins pouvoirs pour six mois ; une réforme constitutionnelle autour de trois principes essentiels : suffrage universel, séparation des pouvoirs exécutif et législatif, le gouvernement responsable devant le Parlement. La réforme sera soumise aux Français par référendum. Il conviendra aussi de réorganiser les rapports entre la République et les peuples qui lui sont associés.

Applaudi par la droite, le MRP, certains des radicaux et des socialistes, le général de Gaulle descend de la tribune. Il ignore le banc du gouvernement où il aurait pu prendre place pour suivre le débat puis le scrutin. Il préfère regagner l'hôtel Lapérouse, à deux pas de l'Etoile, où il a ses habitudes. André Malraux l'y attend. Il sera, dans l'immédiat, l'un des ministres sans portefeuille ; exactement comme Max Lejeune... Au reste, qu'aurait appris de Gaulle des dix-sept interventions qui vont occuper l'après-midi des députés ? Rien sans doute, ou bien peu de chose. Pourquoi s'attarder pour entendre Pierre Mendès France affirmer qu'il n'admet pas « un vote sous la menace de l'insurrection et du coup de force militaire » ? Pour écouter François Mitterrand prétendre que le pouvoir, de Gaulle « le détient déjà du coup de force » ?

Le scrutin est ouvert à 19 h 35. Une heure durant, les uns suivant les autres, les députés grimpent les quelques marches de la tribune, déposent leur bulletin dans l'urne et vont attendre le dépouillement, certains à leur place, la plupart dans les couloirs ou à la buvette voisine. Les résultats sont proclamés à 21 h 15. Il y a eu 553 votants ; 329 députés ont accordé l'investiture, 224 ont voté contre [1].

Les politiques dissèquent le premier gouvernement de Gaulle. Là où les plus optimistes ne voient qu'une ouverture politique aussi large que possible – allant de l'aile droite de l'Assemblée avec Antoine Pinay, jusqu'à l'aile gauche avec Guy Mollet –, les grincheux s'étonnent de découvrir que Soustelle n'est pas de l'équipe mais que Pierre Pflimlin en fait partie, ce qui réveille quelques mauvais souvenirs. Il y a aussi cette poignée d'inconnus dont personne ne sait trop que penser, Maurice Couve de Murville, Pierre Guillaumat, Emile Pelletier, Bernard Cornut-Gentille ! Encore que ces arrivées puissent témoigner d'une vieille méfiance de Charles de Gaulle envers les politiciens de profession...

1. Parmi les 329 suffrages « pour » figurent la quasi-totalité des indépendants-paysans, des poujadistes, des républicains sociaux, du MRP, du RGR et de la Gauche démocratique ; 42 socialistes sur 95 dont Robert Lacoste, Guy Mollet, Jules Moch, Edmond Naegelen, Pierre-Olivier Lapie, Paul Ramadier ; 24 radicaux sur 42, dont René Billières, Maurice Faure et Félix Gaillard ; 10 UDSR sur 20, avec René Pleven et Edouard Bonnefous. Parmi les 224 votes « contre », les goupes communiste et progressiste ; 49 socialistes, parmi lesquels Gaston Defferre et Christian Pineau ; 18 radicaux dont Maurice Bourgès-Maunoury, Edouard Daladier et Pierre Mendès France ; 4 UDSR dont François Mitterrand. A noter que Jacques Soustelle, arrivé à Alger, n'a pas pu voter, ni Raymond Dronne, député de la Sarthe, fraîchement rentré d'Alger, que l'extrême gauche a empêché d'accéder à la tribune...

Mais qui, parmi les nouveaux promus, va accompagner de Gaulle en Algérie ? Car le chef du gouvernement fraîchement investi n'entend pas perdre de temps. Il sera à Alger dès le 4 juin !

Entre l'aéroport de Maison-Blanche et le monument aux morts au centre d'Alger, il y a une vingtaine de kilomètres, parcourus ce jour-là en plus d'une heure. Le cortège du général de Gaulle traverse la plus invraisemblable des foules. Hurlante, délirante, colorée, bigarrée, aux couleurs de cette Algérie fraternelle si nouvelle et tellement inattendue. La foule acclame de Gaulle et l'espoir d'intégration ; elle célèbre sa propre fraternisation dont elle ne cesse de s'étourdir depuis deux semaines. Le programme concocté pour le président du Conseil est lourd : une cérémonie au monument aux morts, un déjeuner de dix-huit couverts au palais d'Eté, une réception des corps constitués précédent le premier contact avec le Comité de salut public prévu aux environs de 15 heures. Dans le sillage du Général se glissent Pierre Guillaumat, Max Lejeune et Louis Jacquinot. Peut-être étonné de la présence de Guillaumat, son ancien condisciple de la Flèche, Massu tient à ce que de Gaulle rencontre les hommes qui lui ont offert Alger mais aussi le pouvoir. Il entend également que cette réunion soit parfaite et que la sécurité soit absolue. Personne ne sait qui lui a soufflé une solution aussi intéressante qu'invraisemblable. Vient d'arriver à Alger la dernière unité regroupant des Vietnamiens servant dans l'armée française, le commando d'Extrême-Orient. Aux ordres du capitaine Simon, cette unité poursuit le combat engagé dans les rizières d'Indochine contre les ennemis de la République. Il est décidé, à l'état-major, que ce sont ces hommes qui assureront la sécurité à l'intérieur du Gouvernement général. Le capitaine Simon leur trouve la détente un peu facile pour une tâche de cette importance, mais puisque les grands chefs y tiennent...

Au fil des heures et des événements, le climat se révèle ne pas être exactement celui qu'avait espéré Massu. Déjà, à Maison-Blanche, à propos du Comité de salut public, de Gaulle avait parlé à Massu de son « machin ». Là, il est distant, presque froid. Est-ce l'effet des quelques discours qui lui sont adressés, est-ce la requête de Massu lui-même, indiquant trop nettement le chemin qu'ils espèrent voir prendre par de Gaulle :

> « ... Aussi mon Général, mes camarades et moi-même dans un apolitisme absolu, formons le vœu respectueux de vous voir :
> – vous prononcer sur l'intégration de tous les habitants de l'Algérie et du Sahara à la nation française, dans l'égalité pour chacun des droits et des devoirs,

– éliminer les séquelles du “ système ” et ses hommes définitivement déconsidérés aux yeux de toute la population,
– reconnaître les Comités de salut public comme le support de votre action, dans la révolution pacifique que vous allez conduire et comme l'armature civique nécessaire au pays, tant que nous resterons engagés dans l'action subversive dont l'Algérie a été jusqu'ici le point d'application. »

De Gaulle, qui ne veut peut-être pas paraître trop renfrogné, trouve en conclusion une phrase aimable qui, pourtant, ne suffit pas à réconforter les hommes du Comité :

« Vous avez été le torrent et la digue. Torrent et digue sont une source d'énergie et d'énergie disciplinée. Je souhaite que, dans la métropole, l'action pour la rénovation de notre pays se passe dans les mêmes conditions d'ordre et de sagesse qu'en Algérie. »

Massu sent ses hommes comme douchés par la distance que maintient de Gaulle envers eux. Pas le moindre remerciement; pas une seule référence à l'aide qu'ils lui ont apportée pour revenir au pouvoir...

« Je ne sais pas s'il en avait conscience, écrira Jacques Massu; je ne le crois pas! Il devait penser que c'est lui qui avait bien joué le jeu, pas nous. »

Quelques heures plus tard, après une visite aux marins du *De Grasse*, voici, depuis la deuxième ville de France, depuis Alger, depuis l'inévitable balcon du Gouvernement, le général de Gaulle lançant une formule magique :

« Je vous ai compris! »

Cette journée a-t-elle entièrement satisfait le chef du gouvernement? Ce n'est pas une certitude, d'autant qu'un incident, discret mais réel, a entaché son apparition au célèbre balcon. Aucun des ministres qu'il avait glissés dans ses bagages n'est à ses côtés à l'instant où il lance le désormais fameux « Je vous ai compris ». Certains membres du Comité de salut public les avaient escamotés vers une pièce ouvrant sur l'arrière, où ils sont tenus enfermés. Au terme de son discours, de Gaulle constate leur absence et s'en inquiète :

« Alors Massu, vous mettez mes ministres au placard?
– Ils ne se sont pas occupés de l'Algérie de façon très sérieuse. Il ne faut pas vous étonner que ça se passe comme ça... »

De Gaulle demande à Massu d'aller présenter ses excuses aux intéressés. Comme il n'est pour rien dans cette affaire, Massu s'exécute. Il cède d'autant plus volontiers qu'il trouve au Général un petit air rigolard : « Il n'avait pas du tout l'air de m'en vouloir. Dans le fond, peut-être que ça l'amusait aussi... »

Le miracle de la communion entre de Gaulle et la foule, et, au sein de cette foule, entre les deux communautés, va se reproduire le lendemain à Constantine puis à Bône, le surlendemain à Oran et à Mostaganem. De Gaulle use encore de formules qui retournent les hommes, de phrases grisantes comme l'espoir... « La route que vous avez ouverte en Algérie, c'est celle de la rénovation et de la fraternité... », « L'Algérie doit démontrer qu'elle est une terre française pour aujourd'hui et pour toujours... », « En Algérie, il n'y a que des Français à part entière, avec les mêmes droits et les mêmes devoirs... », « Toutes les barrières, tous les privilèges doivent tomber... » L'apothéose, c'est pour une petite sous-préfecture méditerranéenne, pour Mostaganem, où de Gaulle lance la phrase tant espérée : « Vive l'Algérie française ! »

Avant de rejoindre sa Caravelle, à l'aéroport de Maison-Blanche, de Gaulle accorde une dernière audience aux membres du Comité de salut public. Peut-être les sait-il amers. Ils le sont d'autant plus qu'ils n'ont pas entendu tous les mots qu'ils espéraient, à part cet élan de Mostaganem, où les musulmans étaient indiscutablement plus nombreux que les Européens. Parce qu'ils imaginent que de Gaulle leur doit tout, les hommes du CSP se libèrent. Lui reprochant avec véhémence de ne pas clairement proclamer l'intégration, ils lui demandent de le faire sans plus attendre. Ils évoquent même une émeute possible, s'il ne s'exécute pas immédiatement. Alors de Gaulle frappe : dans l'hypothèse d'une émeute, leur dit-il rageusement, vous irez tout de suite en prison...

Un des soldats vietnamiens égaré là en témoignera. Pour leur mission de protection, les hommes du commando d'Extrême-Orient avaient un avantage particulier aux yeux des autorités algéroises : ils étaient supposés ne pas trop bien pratiquer la langue française. L'un d'entre eux a même reçu l'ordre de rester dans la salle de réunion... Certes, il n'a pu saisir toutes les finesses ambiguës de la langue française, encore moins déchiffrer les subtilités secrètes de la vie politicienne, mais il ressort hilare et file confier ses impressions au capitaine Simon : « De Gaulle, il fait peur à tout le monde, sauf à Massu qui gueule tout le temps... »

A cet instant, s'ouvre entre de Gaulle et l'Algérie une ère nouvelle : le temps des malentendus....

Si l'on recherche les prémices d'une incompréhension réciproque, il faut revenir à la composition du gouvernement ; ne pas oublier que sur quinze ministres, il y a quatre ministres d'Etat sans attribution particulière et trois ministres aux affectations non précisées ; curieux assemblage dont la moitié des titulaires reste sans attributions. Il faut se souvenir que de Gaulle est président du Conseil et ministre de la Défense nationale, bien que Pierre Guillaumat soit en titre ministre des Armées. Il ne faut pas oublier que de Gaulle, dès le 4 juin, a déclaré « le ministre de l'Algérie, c'est moi »... il n'y en avait d'ailleurs pas d'autre dans l'organigramme gouvernemental !

Charles de Gaulle peaufine rapidement son dispositif. Le 9 juin, le général Salan devient délégué général du gouvernement avec, pour secrétaire général, le préfet Serge Baret. Vue depuis Alger, la nouvelle est rassurante. Le même jour apparaît un secrétaire général pour les affaires algériennes, chargé de la liaison entre le président du Conseil et Alger. Vue depuis Alger, la nouvelle est déconcertante. Qui est ce René Brouillet ? Que va-t-il faire ? Dans le même temps, le gouvernement est complété, avec cinq nouvelles entrées dont quatre parlementaires issus du système, flanqués d'un haut fonctionnaire, Pierre Sudreau. Ces choix agacent prodigieusement les membres des Comités de salut public. De Gaulle poursuit sa remise en ordre avec, toujours, cet étrange jeu de balancier entre ce qui doit plaire et ce qui peut fâcher. Que le général Allard devienne le super-préfet (Igame) et le général Massu le préfet d'Alger, voilà qui plaît aux Algérois ; que les Comités de salut public soient invités à ne plus se substituer à l'autorité légale, voilà qui les agace... Enfin, il y a cet appel aux combattants du FLN, lancé depuis Alger, immédiatement après la seule phrase que tous ont mémorisée : « Je vous ai compris. »

Etant tous des Français à part entière, les Algériens seront appelés à voter aux prochaines élections, avait annoncé de Gaulle :

> « Ah ! Puissent-ils participer en masse à cette immense démonstration, tous ceux de vos villes, de vos douars, de vos plaines, de vos djebels ! Puissent-ils même y participer ceux qui, par désespoir, ont cru devoir mener sur ce sol un combat dont je reconnais, moi, qu'il est courageux – car le courage ne manque pas sur cette terre d'Algérie – qu'il est courageux, mais qu'il n'en est pas moins cruel et fratricide. Oui, moi de Gaulle, j'ouvre à ceux-là les portes de la réconciliation... »

Le 11 juin, une manière de déflagration secoue le Comité de salut public. Le général Massu est plus souvent à son PC d'Hydra qu'au Gouvernement général. La 10e division parachutiste l'occupe en priorité. Mais il préside encore, avec le docteur Sid Cara, les réunions du Comité de salut public. Elles sont peut-être moins nombreuses, mais elles restent toniques. Le 9 juin, avait été adoptée une motion – qui dans le catalogue de ses délibérations portera le n° 20 – à l'adresse exclusive du général de Gaulle. Une motion que celui-ci n'apprécie absolument pas. Dans ce texte, le Comité avance, en effet, quelques conseils – et quelques exigences – qui, aux yeux de ses membres relèvent du simple bon sens, mais que de Gaulle considère comme empiétant sur la haute politique. Sont ainsi demandés la fin du particularisme algérien, la proclamation du Sahara province française, qu'il n'y ait pas d'élections municipales immédiates et que soit proclamée la disparition des partis politiques [1].

La réponse du général de Gaulle est sèche. C'est le général Salan qui en est le destinataire puisqu'il a approuvé le texte expédié vers Paris et que le président du Conseil n'entend pas discuter avec le Comité de salut public :

Télégramme du général de Gaulle
au général Salan au sujet de la motion
n° 20 du CSP
11 juin 1958

« Au sujet de l'incident fâcheux et intempestif causé par la motion péremptoire du Comité de salut public d'Alger, je vous rappelle que ce Comité n'a d'autre droit et d'autre rôle que d'exprimer, sous votre contrôle, l'opinion de ses membres.

« L'autorité régulière, et d'abord vous-même, ne sauriez prendre parti au sujet de ce que ce comité ou toute autre organisation politique peut exprimer ou demander.

« D'autre part, il y a lieu de faire comprendre aux personnes intéressées que l'œuvre nationale que j'ai entreprise avec mon gouvernement exige le calme des esprits et l'adhésion franche et raisonnée de tous ceux qui veulent m'aider à sauver l'unité, l'intégrité et l'indépendance nationale.

« Bien cordialement. »

Après ce coup de semonce tiré depuis l'hôtel Matignon, le général de Gaulle peut poursuivre la réorganisation des autorités algériennes comme il l'entend. Voici Salan s'installant dans ses fonctions toutes neuves de délégué général du gouvernement et le préfet Baret devenant son secrétaire général ; voilà le général Allard

1. Le texte complet de la motion n° 20 figure en annexe.

promu Igame de la région d'Alger et le général Massu enfilant un troisième képi, celui de préfet d'Alger. Massu s'adjoint un directeur de cabinet, le général Toulouse, qui doit mettre en application les premières décisions de son patron. Toulouse les relit certainement deux ou trois fois, pour être certain que son imagination ne l'égare pas. Car Massu frappe fort ! Il demande à son directeur de cabinet, en toute simplicité, d'expliquer aux conseillers généraux, maires et autres politiciens qu'ils sont en vacances et que l'on se passera volontiers d'eux quelque temps. Le directeur de cabinet doit aussi annoncer aux instituteurs qu'un mois de vacances leur suffira, que pendant les deux autres mois il leur faudra s'occuper de la jeunesse... Puis que Toulouse et son équipe remettent les chômeurs au travail, il y a des crédits disponibles pour cela... Que l'administration travaille sept jours par semaine et que l'on en finisse avec les temps morts des week-ends. Il y a, au total, treize mesures de cette nature, que Massu entend concrétiser immédiatement [1].

Au-delà de ses préoccupations quotidiennes, au-delà des incertitudes laissant quelques brumes autour de l'avenir, le général Massu se découvre un nouveau souci. Son récent passage à Blida – il y est allé le 28 mai, à la demande du Comité de salut public – tourne au drame pour une famille musulmane. Un sous-officier, dépêché par son unité pour informer le général, lui rappelle les origines de l'affaire. Elles sont simples, touchantes, et Jacques Massu se souvient parfaitement de l'adolescente qui en est la cause, ou le sujet. Il a été retourné par cette gamine ; il a caché son émotion comme il le fait fréquemment, à la manière des tendres qui voudraient être des durs, en jouant l'ours bourru. L'adolescente s'était glissée sur la tribune où il venait de parler et d'être acclamé, où deux jeunes musulmans, une fille et un garçon, avaient aussi rappelé leur espoir en la France et leur confiance dans l'avenir. Tenant à la main une page de cahier arrachée sur laquelle elle avait rédigé un court texte, une variante du poème qu'elle avait sans façon adressé à l'Elysée quelques jours plus tôt et qui lui vaudra une très officielle lettre de remerciement, elle avait prestement saisi le micro et crié sa foi : faisons tout pour vivre ensemble, soyons unis derrière l'armée qui nous protège ; que l'Algérie reste française, que les fellaghas sachent qu'aucune main étrangère ne se posera sur l'Algérie ! Puis, du haut de son mètre cinquante, elle avait crié « Vive de Gaulle, vive Massu,

1. Des « délégations spéciales » sont mises en place pour remplacer les maires dont l'autorité n'est plus évidente depuis les événements du 13 mai. Certains d'entre eux, tel Jacques Chevalier, maire d'Alger, ont d'ailleurs démissionné.

vive la France »... Massu, le regard en coin, l'avait observée en souriant avec une tendresse amusée. Il était bouleversé, le général, et lorsqu'il est allé déposer la gerbe de fleurs au pied du monument aux morts, il l'a entraînée. Elle s'est avancée, petite, menue, souriante, si jeune avec ses nattes dans le dos que personne n'aurait cru qu'elle allait avoir ses quinze ans. Elle a donné la main au général Massu d'un côté, au général Desjours de l'autre côté... Massu n'oubliera pas Malika, mais il a tant à faire en ce début juin. De Gaulle... les Comités de salut public et leur vague à l'âme... le FLN disparu depuis trois semaines et qui tente de sortir la tête de l'eau...

C'est précisément l'action du FLN qui a provoqué la venue à Alger du sous-officier. Le général Massu doit savoir que les rebelles n'ont pas apprécié le petit discours de Malika, qu'ils ont décidé d'« avoir sa peau ». A leurs yeux, cette famille est insensée. Le père ose être francophile et le proclamer ; l'un de ses fils est quartier-maître de la Royale à Brest, un deuxième est adjudant dans une unité française stationnée en Allemagne, deux autres sont parachutistes en Algérie dont l'un à la 10e DP. En plus, il ose envoyer sa fille au lycée. Ce dernier détail est partiellement faux, puisque Malika ne suit plus les cours depuis que le FLN assassine des enfants sur le chemin de l'école. Que la famille Messeghem sache que tout cela doit se payer... Voici la petite directement menacée. Une lettre glissée sous leur porte est formelle : c'est bien elle qui sera tuée. Sa famille veille jour et nuit ; l'unité de cavaliers où sert le jeune sous-officier multiplie les rondes. Malika, pourtant, est en danger. Suzanne Massu, dès qu'elle est alertée, propose de l'accueillir trois semaines à Alger. D'ici là, le calme et la sérénité réapparaîtront peut-être à Fouka, tout près de Blida ; un village en bord de mer, qu'avait créé Bugeaud et qui vivote des cultures maraîchères et d'une petite conserverie de sardines.

Suzanne Massu, les trois semaines achevées, vient à Fouka parler de l'avenir de l'enfant à laquelle ils se sont attachés, elle et son mari. Faute de comprendre la mère de Malika, elle écoute son père. Elle est certaine qu'il ne fait que lui traduire la décision de la mère : elle te la donne, elle aura deux mères ! Il explique aussi les raisons de cette décision : Malika arrive à ses quinze ans, l'âge du mariage ; ils vont la perdre, peut-être totalement si le mari s'installe loin de Blida. Sa mère te connaît, insiste-t-il, elle sait que Malika pourra venir la voir, qu'elle ira chez toi la visiter, qu'elle sera en sécurité ; elle sait que son enfant pourra connaître une autre vie, s'épanouir...

Malika n'a plus jamais quitté la famille Massu, sa deuxième famille. Elle n'a jamais oublié son père ni sa mère, ni ses neuf frères et sœurs. Elle ne les avait surtout pas abandonnés, ils le savaient. Et les Massu ont accueilli leur deuxième fille, Jacques et Suzanne étant très heureux de cette nouvelle enfant, comme Véronique. Elle n'a que dix ans à l'époque. Elle est en Suisse, à Verbier, lorsque sa mère l'appelle :

> « Je te passe ta sœur.
> – J'ai enfin une sœur. Je suis contente. »

Malika comprendra, au retour de Véronique, que ce n'était pas une formule de circonstance. L'aînée sera promue confidente par la cadette. Elles s'habilleront pareillement, souvent une jupe écossaise et un chemisier blanc, et elles ne se quitteront plus. Rien ne les séparera désormais. Sauf peut-être quelques soirées algéroises, Véronique est trop jeune pour accompagner ses parents, Malika le peut pour qui les Massu choisissent une robe de soirée. C'est ainsi que Suzanne et Jacques Massu, très fiers de leur deuxième fille, constateront que la bonne société algéroise trouve l'idée pour le moins étrange.

Quant aux œuvres sociales de Suzanne et Jacques Massu, elles prospèrent. Avec inévitablement, ici ou là, quelques soucis vite réglés. Suzanne Massu est satisfaite d'une décision qu'elle croyait nécessaire et qui va bientôt devenir réalité. Avec son conseil d'administration, le 6 mars 1958, elle avait décidé d'attirer l'attention des pouvoirs publics sur l'intérêt d'interdire aux enfants l'accès aux bains maures. Ces lieux n'étaient, parfois, pour des gamins en perdition, qu'une étape vers la déchéance. L'affaire sera réglée en novembre avec la création, à Alger, d'une brigade des mineurs, riche, si l'on peut dire, d'un officier de police et de quatre inspecteurs. En attendant, le docteur Sangline et d'autres hommes attachés au centre « Jeunesse » continuent à arracher les yaouleds aux dangers des nuits d'Alger.

Suzanne Massu a ses œuvres et l'aide inconditionnelle du général, qui de son côté, on l'a vu, monte ses propres réseaux avec la participation de l'armée. Leurs actions se recoupent souvent. C'est aussitôt après les événements de mai qu'il se met en chasse d'un assistant aux allures d'oiseau rare : il veut à son cabinet un jeune officier connaissant le bled mais « un peu intellectuel » ! Il en parle aux réunions du Comité de salut public. Le hasard veut que le phénomène existe et que Pierre Lagaillarde le connaisse. Il propose donc à Massu son ami Jean-Marie Sanne. Il doit correspondre au profil : c'est un professeur de philosophie, qui exerçait à Grenoble mais qui n'a pas voulu rester indifférent à l'affaire algérienne. Il est donc dans une situation peu courante : rappelé volontaire ! Son passage au 21e RI, près d'Orléansville, lui a paru fade, parce que trop paisible. A peine démobilisé, il a signé un nouvel engagement et s'est retrouvé dans l'unité de commandos du commandant Barberot, sur laquelle veillait Paris de Bollardière. Ces commandos au béret noir ont été, à une époque, plus ou moins actifs, plutôt moins que plus ; jusqu'au jour où Salan a décidé d'une reprise en main. C'est après le retour à la normale que le général Massu visite ces unités. Un lieutenant explique au général comment ils disparaissent dans la nature, comment ils repèrent les bandes rebelles. Massu juge à sa façon le travail des commandos : « Putain, ce type va avec trente bonshommes là où j'envoie un bataillon ! »

Or, c'est précisément ce lieutenant que Lagaillarde propose à Massu et que Massu paraît avoir aussitôt inclus dans ses schémas. Voici donc le lieutenant Sanne rejoignant le cabinet de Massu, s'installant aux côtés du commandant Navarro et du capitaine Renault. Il vient en renfort pour les associations de jeunesse qui se multiplient sous la double pression de Suzanne et Jacques Massu. Sanne découvre ses nouvelles fonctions, avec une certaine surprise :

> « On me croyait le plus important parce que j'avais le plus grand bureau. Des colonels et des commandants acceptaient mes ordres et je me demandais bien pourquoi. Eux savaient que Massu déléguait volontiers et laissait une authentique liberté d'action à ses collaborateurs. »

L'assistance à la jeunesse, c'est bien ; les coups de main pour les œuvres de Suzanne Massu, c'est utile. Pourtant, le rôle de Jean-Marie Sanne va très vite évoluer. Navarro sait que le jeune lieutenant connaît tous les chefs activistes d'Alger. Il serait donc plus utile de l'éloigner de la jeunesse pour qu'il entretienne le contact avec les plus influents des pieds-noirs ; pour qu'il suive l'évolution de l'opinion, parfois insaisissable. Navarro en parle à Massu, lequel n'avait sûrement pas demandé par hasard un officier « un peu intellectuel » après avoir repéré Sanne sur le terrain. Massu donne son accord, avec un bref commentaire : « Ce ne sont pas les provocations qui vont manquer. »

A Jean-Marie Sanne de s'en préoccuper !

Généreux, déléguant volontiers, Massu n'est pas pour autant un naïf. Celui que ses hommes de la 2e DB avaient surnommé « le Roi des nases » pour sa faculté à repérer les bonnes affaires comme les mauvais coups, hume un jour d'étranges remugles en provenance du centre de Cheragas, une autre de ses actions sociales. C'est en 1957 qu'une assistante sociale lui a proposé de créer un « centre d'accueil pour des libérés de prison », autrement dit pour remettre sur le droit chemin d'anciens jeunes détenus. L'idée lui convient ; il la finance, toujours à partir du trésor de guerre « Général Massu-compte social ». Et le centre s'installe dans la propriété « Beausoleil », à Cheragas, à une vingtaine de kilomètres d'Alger. Un an plus tard, en cette année 1958 donc, Massu inquiet demande à Desaphy d'aller inspecter l'entreprise. Celui-ci découvre que seuls vivent dans la propriété l'assistante sociale et son mari, servis par un unique détenu libéré : « D'autres prisonniers sont-ils attendus ? »

Il n'y a pas de réponse, il ne peut pas y en avoir... La générosité du général Massu a réglé financièrement un problème familial, sûrement pas un problème de société. Il ne reste qu'à noyauter le conseil d'administration de l'association, à en prendre le contrôle en éliminant les indésirables et à construire les locaux pour accueillir une soixantaine de jeunes gens, hier délinquants mais sans doute récupérables...

La situation est infiniment meilleure rue Koechlin et dans ses diverses annexes. Une centaine de jeunes gens trouvent là un hébergement, des repas et l'hygiène, les uns suivant les cours des écoles, les autres poursuivant un apprentissage. A la « cité ouvrière » de Maison-Carrée, que gère l'adjudant-chef Torasso avec l'aide de Desaphy et du capitaine Parreau, sont hébergés deux cents apprentis ou jeunes ouvriers. Installée à Pau, grâce au maire Jacques Sallenave et à son adjoint le docteur Simian, Kabyle d'origine, une colonie de vacances s'apprête à accueillir quatre-vingts jeunes qu'accompagnera le docteur Sangline. L'année suivante, l'opération sera reconduite à Pau, puis au château Planterose à Moumour, aux environs d'Oloron-Sainte-Marie. Le général Massu ne sait pas encore que le docteur Sangline, en 1959, aura le toupet d'aller défendre leur cause dans un jeu radiophonique... Il participe aux éliminatoires de l'émission « Le rêve de votre vie », à Radio-Luxembourg ; arrivé jusqu'à la finale, diffusée depuis Nice, il l'emporte gagnant les deux cents lits que nécessite la création d'un village pour les jeunes de Kabylie. Une autre émission, « Dix millions d'auditeurs », prend la relève, ce qui leur vaut une quinzaine de millions supplémentaires...

Bien plus tard, un bilan de l'action sociale initiée par les Massu sera tenté par le conseil d'administration de « l'Association jeunesse ». Ce bilan portera sur la période allant du 1er juillet 1959 au 1er juillet 1960 :

« En considérant que la disparition d'un garçon constitue l'échec absolu, il est aisé de calculer le pourcentage sur un mouvement de cent quatre-vingt-neuf garçons, trente disparus représentent un pourcentage de 15,87 %. »

Ils auraient voulu mieux faire; c'est pourtant un succès...

En cet été 1958, l'effervescence paraît la chose la plus naturelle et la mieux partagée à Alger. Des humeurs naissent d'une tournure de phrase; des motions répondent à une déclaration intempestive; les esprits s'échauffent pour une audace sémantique; les rumeurs virent à la certitude. Tout cela revient immanquablement sur le bureau de Jacques Massu, qu'il soit concerné comme président du Comité de salut public ou comme préfet...

Malraux a-t-il une formule assez vague et inquiétante sur la nature des liens qui pourraient unir la France et l'Algérie? Voici le Mouvement universitaire d'Alger en alerte, écrivant à de Gaulle, comme à Massu. François Mauriac – mêlé au débat autour de la torture l'année précédente – annonce-t-il sa venue à Alger? Voici les mêmes ajoutant un paragraphe hostile à sa littérature...

Le 27 juin, le Comité de salut public d'Algérie et du Sahara multiplie les motions. Ce sont autant de manières de faire connaître ses inquiétudes, que les propos du général de Gaulle ne sont pas parvenus à gommer. Qui se préoccupe de protéger la population musulmane de métropole des pressions du FLN? Qui, en Algérie et au Sahara, pourrait encore hésiter entre l'intégration et « l'aventure sanglante de l'indépendance »? Qui pourrait accepter qu'Abderrahmane Farès – reçu officiellement par de Gaulle le 12 juin – entre au gouvernement que préside le Général? Pourquoi le Sahara ne serait-il pas tout simplement province française [1]?

Ainsi, lorsque le général de Gaulle revient en Algérie début juillet pour un deuxième périple à travers l'Oranie et la Kabylie, une certaine morosité sourd. Il ne veut faire qu'un bref passage à Alger, ville qu'il trouve toujours surexcitée et trop sensible aux intrigues en tout genre. Il est vrai que le suit comme son ombre le ministre d'Etat Guy Mollet, qui n'aime guère Alger parce que Alger ne l'aime pas

1. De Gaulle a reçu le 12 juin l'ancien président de l'Assemblée algérienne, Abderrahmane Farès. Il lui a effectivement proposé d'entrer au gouvernement. Il pourrait participer aux mesures relatives à l'Algérie, exactement comme Houphouët-Boigny est consulté pour l'avenir de l'Afrique noire. Farès a demandé à consulter des amis. Quinze jours plus tard, après un voyage en Suisse, il a donné une réponse négative.

du tout. Il faut se souvenir que, le 6 février 1956, Guy Mollet était déjà venu. Il prétendait installer le général Catroux à la place de Jacques Soustelle, un des dieux les plus honorés du Forum algérois. Catroux allait être inévitablement rejeté parce que suspecté de préparer l'indépendance algérienne après avoir œuvré au retour du sultan du Maroc exilé par la France. Avant toute chose, Guy Mollet entendait déposer une gerbe devant le monument aux Morts ; il en est reparti couvert de tomates écrasées et d'œufs pas très frais pour aller accepter la démission – déjà offerte deux fois – dudit Catroux. C'est Lacoste qui deviendra, à sa place, ministre résidant. Guy Mollet sait aussi que depuis cette fâcheuse mésaventure, il a perdu le respect des deux communautés... Or, le voici de retour dans les bagages du général de Gaulle !

Après avoir rejoint le cortège officiel à El-Karrouch, le 3 juillet, puis participé au déjeuner offert au palais d'Eté, le général Massu retrouve de Gaulle pour un entretien en tête à tête. Il obtient enfin cette entrevue qu'il avait espérée en juin, sans oser la réclamer, et qui ne lui avait pas été proposée. Il reste de leur conversation une note rédigée aussitôt par le général Massu, une sorte d'aide-mémoire à l'intention des membres du Comité de salut public que de Gaulle n'a pas pu ou pas voulu rencontrer. Avant de les informer, Massu entend les rassurer. Qu'ils ne s'imaginent pas que de Gaulle les ignore, mais ce voyage était à but exclusivement militaire. Il y a aussi toutes les heures de retard qui se sont accumulées au fil de la journée... Jacques Massu se lance ensuite dans l'exégèse de la politique gaullienne telle qu'il l'a comprise. Que les membres du CSP sachent donc que si des hommes discutés à Alger siègent au gouvernement, c'est que de Gaulle entend à la fois les neutraliser et utiliser leur intelligence et leur valeur technique ; qu'ils comprennent qu'à Paris le poids des mots et des slogans n'est pas le même qu'à Alger ; que la guerre idéologique n'y a pas de sens ; enfin, ce qui s'appelle à Alger « intégration » est pour de Gaulle l'unité.

> « L'intégration pour lui, note Massu, est une question de faits concrets pour lesquels il faut lutter et travailler, et non pas de mots lancés sur le Forum. »

Puis il ajoute :

> « J'ai compris également qu'en métropole, d'innombrables personnes ou groupements étrangers à notre mouvement du 13 Mai revendiquent l'honneur d'avoir œuvré pour le retour du général de Gaulle au pouvoir : l'autorité du Comité du 13 Mai n'a pas à ses yeux la même importance qu'aux vôtres, d'autant plus que vous n'êtes pas unis... »

Le général Massu, au terme de cette audience, a surtout compris que son Comité de salut public n'a plus aucune vocation nationale ; que ses membres devront travailler sur l'Algérie, sans espérer influer sur la politique gaullienne. Le Comité demandera pourtant que deux musulmans participent aux travaux du Comité consultatif constitutionnel. Et le Comité de salut public d'Algérie et du Sahara décidera, à la fin juillet, d'installer à Paris une antenne de sa commission d'information et d'action civique.

Toujours habile à troubler les esprits, à jouer des contraires, le général de Gaulle ouvre une troisième fois les portes du gouvernement, le 7 juillet. Entrent ainsi trois nouveaux ministres : deux hauts-fonctionnaires, André Boulloche et Bernard Chenot, puis un politique dont l'arrivée enchante Alger : Jacques Soustelle ! S'il est de l'équipe, c'est que de Gaulle est décidé à jouer l'intégration, pense-t-on à Alger où s'effacent comme par enchantement les préventions envers de Gaulle... préventions qui rejaillissent immédiatement à Paris où la nomination de Soustelle est interprétée comme la légalisation du coup de force du mois de mai [1].

Le 14 juillet aurait pu être un grand moment d'union, presque de retrouvailles. La fête nationale, cette année encore, est organisée pour être la célébration de l'armée engagée en Algérie, avec la présence, en complément, de quatre mille anciens combattants musulmans et de deux mille jeunes Algériens et des élèves moniteurs d'Issoire chers au capitaine Lemaire. Le FLN n'apprécie pas. Il trouble ces festivités comme il le peut, c'est-à-dire en lançant des attentats contre les jeunes musulmans et les militaires. C'est aussi la médaille militaire pour Salan et une troisième étoile pour Massu devenant général de division. Mais, pour les champions de l'intégration, il y a une nouvelle fausse note : le général de Gaulle, dans un message aux populations d'outre-mer diffusé le 13 juillet au soir, a encore usé de curieuses périphrases à propos de l'Algérie qui « aurait une place de choix » dans un grand ensemble établi sur le mode fédéral ; avec en guise de conclusion, une formule encore plus inquiétante : « Vivent les peuples associés ! »

---

1. Il avait été entendu avec les représentants des partis politiques concernés, lors de la formation du gouvernement de Gaulle, qu'il ne serait fait appel à aucun parlementaire ayant ostensiblement gagné Alger après le 13 mai. Deux mois plus tard, cette prévention paraît écartée puisque le quotidien socialiste *Le Populaire* écrit : « La venue de M. Soustelle a certainement perdu beaucoup du sens politique qu'elle aurait eu un mois avant. Il est entendu qu'il ne peut y avoir ni vainqueur, ni vaincu dans une conclusion apportée par un président du Conseil soucieux d'une unité nationale sans exclusive. »

Toutes ces incertitudes, ces tensions, ont leurs conséquences sur le Comité de salut public du 13 Mai. Une minorité de ses membres, mais la plus active, se sent jouée. Quatorze représentants de cette tendance, regroupant des poujadistes et des activistes, ont en commun de vouloir s'affranchir à la fois des militaires et des gaullistes. Ils lancent le 23 juillet un texte aux allures de bombe : il est tout simplement demandé – une nouvelle fois – que disparaissent « définitivement les partis politiques qui ont fait tant de mal à la France ». Les retombées sont mesurées à Alger, où l'on sait que rien n'est possible sans l'armée ; elles sont fracassantes à Paris où l'on tente de deviner l'ombre du fascisme menaçant. Salan est convoqué par de Gaulle. Il vient donc à Paris expliquer que ni lui ni Massu n'ont jamais été consultés à propos de ce texte.

Le référendum, annoncé dès le mois de juin, est fixé au 28 septembre 1958. La question est d'une limpidité parfaite : « Approuvez-vous la constitution qui vous est proposée par le gouvernement de la République ? » Le sens profond est certainement plus abstrait pour nombre d'électeurs. Il n'est pas certain qu'au plus profond des douars, les nouveaux électeurs saisissent toutes les finesses de la séparation des pouvoirs, du droit de dissolution... Cependant, il convient d'ouvrir les listes électorales pour que tous ces nouveaux citoyens puissent voter ; ce qui occupe une bonne partie du mois de juillet. Le général Massu entre en campagne le 4 août. Une date curieusement choisie pour une intervention radiodiffusée dont l'un des sens profonds est l'abandon de certains privilèges :

> « Devant le problème de l'intégration – dont le sens est mal compris en métropole – l'Algérie se doit de rester en tête de la nation en donnant d'abord et chez elle l'exemple d'une intégration de ses dix millions d'habitants entre eux.
> « Si, dans le domaine politique et administratif, la solution ne nous appartient pas, elle est partiellement dans nos mains dans le domaine social, et entièrement en ce qui concerne les rapports journaliers qui doivent matérialiser désormais notre titre de compatriotes.
> « L'intégration des âmes n'est pas autre chose que cette normalisation des rapports humains quotidiens... »

La suite de son propos est une étonnante leçon de civisme, de savoir-vivre, de code de bonne conduite et des meilleures manières possibles entre les deux communautés. Une façon comme une autre de dire que le temps du paternalisme est achevé, qu'il faudrait davantage de spontanéité comme de cordialité et de respect mutuel.

Il est impossible de savoir ce que redoute le plus le FLN : un vote massif des Algériens de souche musulmane, qui pousserait de Gaulle à parler – enfin – de l'intégration; ou bien son propre échec au yeux de l'opinion internationale s'il ne parvient pas à contrarier la participation musulmane. Alors les rebelles usent de la menace, de l'intimidation avec la destruction des papiers d'identité et des premières cartes d'électeurs distribuées; puis, comme à leur habitude, ils multiplient les attentats et les meurtres. Il s'agit de faire comprendre aux Algériens que leur participation au référendum relève du suicide. Le FLN exporte sa violence en métropole, commettant des attentats contre des objectifs militaires et des installations pétrolières, des assassinats de policiers ou de militaires isolés. Le FLN tente un ultime effort pour ne pas se laisser marginaliser : il crée au Caire, le 19 septembre, son « gouvernement » en exil que préside Ferhat Abbas, avec quelques places réservées pour les leaders détenus par la France, tel Ben Bella.

Dans le même temps, la préparation du référendum occupe les esprits ailleurs autant qu'en Algérie.

En métropole, les partis politiques se préparent. Le parti communiste fait immédiatement savoir qu'il mènera campagne pour le « non », Maurice Thorez dénonçant une tentative de perpétuer le pouvoir personnel par l'établissement d'un régime présidentiel. Dans le clan favorable au « oui », les gaullistes, avec Chaban-Delmas et Soustelle, n'ont pas la moindre hésitation; les Indépendants sont quasiment unanimes. On est plus embarrassé au MRP mais l'on suit, puisque l'on est au gouvernement. A l'UDSR, la tendance majoritaire est au « non », ce qui convient à François Mitterrand et beaucoup moins à d'autres, tel René Pleven qui fera sa campagne personnelle pour le « oui ». Chez les socialistes, le courant majoritaire étant représenté au gouvernement, c'est la tendance minoritaire qui préconise le « non » et qui, le moment venu, entraînée par Edouard Depreux, sortira de la SFIO pour créer le PSU et s'ancrer fermement dans l'opposition. Dissensions aussi chez les radicaux, où le « oui » s'impose d'extrême justesse; les tenants du « non », tels Daladier et Mendès France, ne renonçant pas à défendre leur point de vue. Fleurissent même sur les murs de France de curieuses affiches : « Votez oui, votez non, mais votez ! » Elles émanent d'une association nationale contre l'abstention que préside l'académicien André Maurois.

En Afrique, le référendum concerne l'avenir de tous les territoires rattachés à la France. Le général de Gaulle y effectue, au mois d'août, un périple de dix jours, parcourant plus de vingt mille kilomètres pour expliquer aux Africains ce que signifiera leur vote :

> « Il s'agit d'exposer à nos territoires en quoi consiste le référendum imminent ; que pour eux, voter " oui ! " c'est, tout en devenant souverains, maintenir la solidarité avec la métropole, et que voter " non ! " c'est rompre tous les liens... »

Les accueils sont sensiblement différents. Enthousiasme – donc adhésion, estime de Gaulle – au Tchad, à Madagascar, en Oubangui, au Gabon, en Côte d'Ivoire, en Haute-Volta et en Mauritanie ; hésitation au Congo, réserve au Niger et au Sénégal ; franche hostilité en Guinée où il arrive accueilli par une foule énorme brandissant des pancartes réclamant l'indépendance et d'où il repart en traversant Conakry désert [1].

Dans cette campagne aux enjeux divers, les Algérois ne comprennent plus où est exactement leur place. Aux malentendus, aux suspicions succèdent la méfiance et les premières poussées d'une crise naissante. Du Comité de salut public sortent toujours des motions tenant de la défiance ou de la mise en garde. Défiance envers le pouvoir qui accorde à Ben Bella un régime de détention jugé bien trop libéral et qui ne contre pas assez rudement les exactions des terroristes FLN en métropole ; mise en garde aux pères de la Constitution qui ne veulent décidément pas introduire dans leur texte le mot clef pour Alger : l'intégration ! Le général Massu, présidant les deux comités – celui du 13 Mai et celui de l'Algérie et du Sahara – sent le piège se refermer sur lui. Certes, il tente toujours de contrôler et d'encadrer les états d'âme de ses partenaires, mais il ne se croit pas autorisé à les empêcher de s'exprimer. Ce qui lui vaut une lettre du général de Gaulle d'une sécheresse évidente, lettre datée du 11 août mais que le général Gilles ne lui apporte que neuf jours plus tard :

> « Mon Cher Massu,
> « Ceci de vous à moi.
> « Vous êtes un soldat. Quel soldat ! Vous devez le rester.
> « C'est ainsi que vous resterez mon compagnon et mon ami. Mais ma tâche n'est pas la vôtre...

1. La Guinée sera le seul Etat à voter « non ». Tous les autres, entre le 14 octobre et le 1er décembre, opteront pour un statut de république et leur maintien dans la Communauté. Aucun des regroupements envisagés entre Etats ne se réalisera.

Lorsque de Gaulle, sa tournée africaine achevée, fait escale à Alger, le 27 août, Massu lui remet sa réponse – qu'il développe oralement devant de Gaulle lors d'une audience. Il dit avoir été peiné par la première lettre ; il précise ne s'occuper des Comités de salut public que dans l'intérêt général, celui du général de Gaulle donc ; il affirme ne pas rechercher la faveur des foules et encore moins l'encourager. Puis il conclut :

> « Je ne pense donc pas avoir jamais eu la prétention de confondre ma tâche avec la vôtre, ainsi que vous me le reprochez.
> « Depuis 1940, je n'ai jamais cessé de me comporter en compagnon loyal et dévoué. Je ne vous ai jamais rien demandé. Et, quoi qu'on vous dise, je vous resterai toujours profondément et respectueusement attaché. »

Le lendemain, sans doute parce qu'il comprend que le sens du référendum n'est pas évident pour les Algériens, de Gaulle tente de revenir à l'essentiel :

> « Pour chacun, répondre " Oui " dans les circonstances présentes, cela voudra dire, tout au moins, que l'on veut se comporter comme un Français à part entière et que l'on croit que l'évolution nécessaire de l'Algérie doit s'accomplir dans le cadre français. »

Les choses sont bien plus simples en apparence, le clair-obscur se dilue sensiblement ; pourtant, le mot « intégration » est une nouvelle fois escamoté. Et comme la température ne cesse de monter, Massu doit enregistrer la première démission du Comité de salut public, celle de Marcel Schambill qui n'accepte pas ce référendum aux diverses significations :

> « Le " Oui " en métropole, écrit-il, c'est l'approbation d'une nouvelle constitution ; en Algérie, c'est se prononcer pour l'intégration ; en Afrique noire c'est vouloir provisoirement rester Français pour bénéficier des libéralités de la France... »

Quatre autres membres lui emboîtent le pas ; Massu les persuadera de patienter.

Massu croit entrevoir les raisons de l'évolution du général de Gaulle : il y aurait autour de lui une coterie qui aimerait faire croire qu'elle seule a travaillé à son retour aux affaires, une coterie qui n'entend pas partager son influence. Massu entrevoit, auprès du Général, des hommes qui ont eu moins d'audace que lui et accessoirement Salan, auxquels ils feraient une ombre fâcheuse. Il reviendra sur cette idée dans d'autres circonstances. Enfin, il est certain que les Comités de salut public sont peu appréciés du général de Gaulle, ils lui sortent bien par le nez, pour reprendre l'expression de Massu.

Au-delà des ambiguïtés, le référendum du 28 septembre 1958 est, en Algérie, un indiscutable succès pour ceux qui l'ont organisé – au premier rang l'armée – et, par conséquent, un échec cuisant pour le FLN : 82,5 % de votants et 97 % des suffrages pour le « Oui » ! Pourtant, la nouvelle Constitution n'apporte aucune précision sur le futur statut des départements algériens ; alors qu'elle donne au gouvernement une autorité accrue pour aller vers sa propre solution...

Le référendum étant gagné en Algérie, gagné en métropole et outre-mer, gagné en Afrique noire – la Guinée mise de côté – le général de Gaulle a effectivement les mains libres pour aller là où il l'entend.

A l'occasion d'un périple commencé en Algérie et qui s'achèvera par des étapes à Ajaccio, Bastia, Marseille et Lyon, avec en perspective les élections législatives prévues pour novembre, de Gaulle lance un projet pour l'Algérie. Il prend donc, dès le 3 octobre, une première initiative avec le lancement du « Plan de Constantine » [1]. C'est vaste, c'est généreux, cela concerne aussi bien la scolarisation, le développement industriel, la répartition des terres au profit des musulmans que la représentation de l'Algérie à l'Assemblée nationale, où devront siéger au moins deux tiers de musulmans. Mais les perspectives tracées ne peuvent franchement pas dissiper les inquiétudes de la population européenne. D'ailleurs, pensent ces pieds-noirs, pourquoi ne parle-t-il toujours pas de l'intégration et pourquoi cette étrange périphrase : « un avenir pour l'Algérie bâti sur une double base : sa personnalité et sa solidarité étroite avec la métropole française » ? La reprise en main politique ne tardera plus. Elle sous-entend la destitution des Comités de salut public s'obsti-

1. Le Plan de Constantine prévoit diverses mesures pour la scolarisation, le développement de l'économie, le transfert de 250 000 hectares de terres à des cultivateurs musulmans, la construction d'un million de logements. Il inclut l'obligation pour l'Algérie d'élire deux tiers de députés musulmans aux prochaines législatives ; en cinq ans le dixième des emplois en métropole de la fonction publique, de l'armée, de la magistrature, de l'enseignement, de l'administraion et des services publics seront réservés aux communautés arabe, kabyle et mozabite ; dans le même temps devra être réalisée la mise à niveau des salaires entre Algérie et métropole.

nant à réclamer l'intégration, un mot que de Gaulle refuse toujours de prononcer. La décision date de cette étape à Constantine, la confirmation en sera donnée par écrit à Salan dix jours plus tard. De Gaulle tire effectivement prétexte des prochaines législatives, fixées au 23 novembre, et de la nécessité de listes représentatives de toutes les tendances, pour imposer deux décisions au général Salan : les fonctionnaires et militaires servant ou ayant servi en Algérie depuis moins d'un an ne pourront être candidats ; les militaires devront impérativement se retirer des Comités de salut public... Ce n'est ni plus ni moins que la condamnation à mort de ces comités, compte tenu du rôle à la fois fédérateur, coordinateur et modérateur qu'ont joué auprès d'eux Massu et ses officiers. De Gaulle aura d'ailleurs, à l'égard des comités, une phrase explicite, dans ses *Mémoires d'espoir* :

> « C'est ainsi que disparaissait l'espèce de gouvernement que prétendait exercer localement, depuis le 13 mai, le Comité de salut public d'Alger... »

Les généraux, conduits par les événements à peser sur les choix politiques, agacent plus que jamais le général de Gaulle. Il le leur fait sentir, sans trop insister mais en gardant ostensiblement ses distances et en refusant d'user des mots qu'ils espèrent entendre. Il garde ses confidences pour d'autres. Pour le journaliste Pierre Viansson-Ponté, par exemple qui entendra le Général lui tenir d'étonnants propos. Ils viennent de s'envoler de l'aéroport de Telergma, près de Constantine, pour leur première escale en Corse. De Gaulle veut arriver en civil à Ajaccio. Il se change donc dans l'avion, ce qui ne paraît pas une mince affaire si l'on en croit son voisin, puisqu'il a voulu que Viansson-Ponté prenne place à ses côtés. Entre deux trous d'air, enfilant une jambe de pantalon et cherchant l'autre, de Gaulle se confie :

> « Les généraux, au fond, me détestent. Je le leur rends bien. Tous des cons. Vous les avez vus, en rangs d'oignons sur l'aérodrome, à Telergma ? Des crétins, uniquement préoccupés de leur avancement, de leurs décorations, de leur confort, qui n'ont rien compris et ne comprendront jamais rien. Ce Salan, un drogué. Je le balancerai aussitôt après les élections. Ce Jouhaud, un gros ahuri. Et Massu ! Un brave type Massu, mais qui n'a pas inventé l'eau chaude. Enfin, il faut faire avec ce qu'on a [1]. »

1. Pierre Viansson-Ponté, *Lettre ouverte aux hommes politiques*, Albin Michel, 1976.

Massu, en tout cas, a suffisamment réfléchi aux événements, depuis mai 1958, pour deviner ce qui indispose le Général :

> « Le général de Gaulle n'a jamais fait la moindre allusion au fait que nous l'ayons aidé à revenir au pouvoir. Je ne sais pas s'il en avait conscience ; je ne le crois pas ! Il devait penser que c'est lui qui avait bien joué le jeu, pas nous. Je n'ai d'ailleurs jamais cherché à lui en parler ni à rappeler mon rôle ; je n'ai jamais rien dit. Plus tard, je l'ai écouté avec un petit sourire intérieur quand il passait sur les étapes de l'Histoire sur lesquelles il préférait ne pas insister... Celle-là en faisait partie. Son retour au pouvoir avait quand même été assez acrobatique ; les parlementaires n'étaient pas tous d'accord... loin de là ! Il n'est pas impossible que le Général ait eu une telle conscience du rôle personnel qu'il avait à jouer dans l'Histoire, qu'il a vu dans son retour une intervention de la Providence. »

A Alger, on parle de plus en plus, à mi-voix, d'un possible départ du général Salan. Cela se murmure, se répète, s'écrit même. Ce n'est pourtant pas une rumeur : de Gaulle l'a déjà annoncé à Salan, entre Alger et Constantine : « Vous serez haut-commissaire pour le Pacifique et ambassadeur de France au Japon, vous connaissez la Chine, il faut que la France se rapproche de Mao... »

Salan est tout sauf enthousiaste... « Alors vous serez inspecteur général de la Défense nationale... »

Le 14 octobre, en fin de matinée, Jacques Massu vient faire ses adieux au Comité de salut public Algérie-Sahara. Il note que l'humeur est plus à la grogne qu'à la compréhension. Mis à part Delbecque, approuvant et écrivant à Massu que, le référendum gagné, leur but est atteint, celui-ci reçoit surtout des messages de doléances. Fort rares sont les membres des Comités à estimer leur mission réussie. Le Comité Algérie-Sahara, dans un communiqué remis à la presse, va sensiblement plus loin. Il lance un appel à la population pour qu'elle se prépare « à montrer aux tenants de l'ancien système qu'il ne saurait être question en Algérie de revenir aux errements révolus ». Il est question d'une grève générale de protestation ; elle est décidée, préparée puis... annulée. Salan et Massu ont prévenu qu'ils n'accepteraient aucun trouble sur la voie publique. Et que faire, à Alger, si l'armée n'est pas d'accord... Or, en ce mois d'octobre 1958, ses chefs sont légalistes, disciplinés même si pointent quelques touches de doute et d'amertume.

La conférence de presse que de Gaulle tient à Paris, le 23 octobre 1958, a un grand retentissement en métropole et à l'étranger.

En Algérie, les propos du Général résonnent autrement. Certes l'hommage aux victimes du FLN est entendu ; mais celui rendu aux armées, s'il est appuyé, est aussitôt tempéré par cette autre phrase :

> « En présence des prochaines compétitions électorales et politiques l'armée devait prendre sa distance et sa hauteur. Elle l'a fait, sur mon ordre... »

Puis il y a l'appel à la « paix des braves », déjà étonnant dans sa formulation – « que ceux qui ont ouvert le feu le cessent et qu'ils retournent, sans humiliation, à leurs familles et à leur travail ». Il y a aussi une porte grande ouverte aux négociations qui pourraient avoir déjà été secrètement esquissées par de Gaulle :

> « Si des délégués étaient désignés pour venir régler avec l'autorité la fin des hostilités, ils n'auraient qu'à s'adresser à l'ambassade de France à Tunis ou à Rabat. L'une ou l'autre assurerait leur transport vers la métropole. Là, une sécurité entière leur serait assurée et je leur garantis la latitude de repartir.... »

Réapparaît enfin cette ambiguïté qui n'en finit plus de troubler les pieds-noirs : « ... la personnalité courageuse de l'Algérie et son association étroite avec la métropole française... ». Pour une fois, les Européens d'Algérie pourraient se féliciter de la réaction des rebelles du FLN aux offres du général de Gaulle : leur « gouvernement » refuse les négociations !

La campagne pour les élections législatives des 23 et 30 novembre n'est pas de celles qui marquent l'histoire des Républiques. Elle est calme, elle est terne, presque sans saveur si l'on excepte l'intérêt se portant vers quelques personnalités qui risquent d'être battues. Une poussée de l'abstention est à craindre mais nul ne s'attend à de profonds bouleversements, incompatibles, semble-t-il, avec le scrutin uninominal à deux tours... Au soir du 23 novembre, il faut reconnaître l'erreur des analyses antérieures au vote : les abstentions sont importantes sans être catastrophiques – 22,9 % à ce premier tour – et les partis traditionnels souffrent tous de la poussée inattendue de l'UNR, le nouveau parti gaulliste. Le second tour ne fait qu'amplifier le mouvement : l'UNR sera le parti le plus important de la nouvelle Assemblée ; les indépendants de Pinay ont certes progressé, mais moins qu'ils l'espéraient ; le MRP se maintient ; les radicaux reculent ; les socialistes et les communistes ont sérieusement souffert [1]. Parmi les battus – certains d'entre eux ayant choisi de se retirer entre les deux tours – figurent Maurice Bourgès-Maunoury, André Le Troquer, Edouard Daladier, Pierre-Henri Teitgen, Joseph Laniel, Pierre Mendès France, François Mitterrand, Jacques Duclos, Christian Pineau, Robert Lacoste, Jules Moch, Edgar Faure. Dans les départements algériens – où le scrutin de liste était nécessaire pour obtenir le panachage de la représentation – apparaissent aussi de nouveaux visages : Pierre Lagaillarde, Philippe Marçais, Marc Lauriol, Mlle Sid Cara et son père le docteur Sid Cara.

Cette fois, de Gaulle a plus que les mains libres. Il peut faire ce qu'il entend, prendre la direction qui lui convient et préparer sa propre élection à la présidence de la République ; ce qui prend des allures officielles dès le 2 décembre, lorsque René Coty annonce qu'il ne demandera pas le renouvellement de son mandat. Le lendemain, de Gaulle part pour l'Algérie. Il examine les données économiques, politiques et militaires, l'armée ayant perdu beaucoup de son temps à organiser et protéger les opérations électorales. Les mesures suivent, aussitôt son retour en métropole. Elles sont significatives : le pouvoir civil revient aux civils ; l'autorité militaire est remaniée. Allard part pour Baden, où il commandera les forces françaises d'Allemagne. Salan abandonne la délégation générale du gouvernement, attribuée à Paul Delouvrier. Le secrétaire général est changé aussi : André Jacomet fait son entrée, sort Baret qui est promu commandeur de la Légion d'honneur mais attendra vainement un autre poste. Le général Challe devient commandant en chef à la place de Salan. Celui-ci hérite d'une fonction aussi nouvelle que volatile : inspecteur général de la Défense nationale. Une jolie coquille vide, comme il l'apprendra dans les prochaines semaines. Dans deux mois, l'inspection générale sera supprimée ! Salan ne sera plus que gouverneur militaire de Paris ; un poste qui n'est pas de sa pointure, jugera Massu. Celui-ci, dans les épreuves, avait appris à pratiquer, à comprendre puis à estimer ce chef auquel, à chacun de ses passages à Paris, il ira rendre visite à l'hôtel des Invalides. Salan amer, inutile, s'ennuie ferme sous les somptueuses dorures des très classiques bâtiments de Jules-Hardouin Mansart. Et Salan rumine une phrase inscrite dans un rapport du général Dulac,

1. L'UNR emporte 189 sièges ; les indépendants en ont 130, le MRP 57. Les communistes n'ont plus que 10 députés, les socialistes 40, les radicaux 13, l'UDSR 3. Sur 537 députés sortants, 62 ne s'étaient pas représentés, 61 se sont retirés entre les deux tours, 15 n'ont pas franchi le seuil des 5 % et ont été éliminés, 11 ont été battus au premier tour, 245 ont été battus au second tour, soit un total de 394 sortants non réélus.

son adjoint, après un entretien avec de Gaulle : « L'indépendance, c'est une blague ! L'intégration, ce n'est pas une réalité présentement... »

Après ne s'être accommodé que très progressivement de Salan, Alger s'était habitué au général en chef. Pourtant, à l'occasion de son départ, la ville ne connaît aucune agitation particulière, outre les hommages que l'on peut qualifier d'ordinaires. Cette manière d'indifférence étonne l'entourage de Salan comme de Massu. Jean-Marie Sanne en reste perplexe et avouera ne rien avoir compris à cette indifférence. Il est vrai que Massu, le Roi d'Alger, est toujours là, solide au poste, confirmé dans ses fonctions qui sont même élargies. Le voici promu commandant du corps d'armée d'Alger et Igame pour les quatre départements : Alger, Tizi-Ouzou, Médéa et Orléansville, cumulant encore des fonctions civiles et militaires, ce qui n'est pourtant plus dans l'air du temps.

Chapitre 13

Une fidélité déçue et quelques doutes Une interview qui n'en est pas une... Massu ne retournera pas à Alger L'affaire des barricades

L'année 1958 s'achève en apothéose pour le général de Gaulle. Il a désormais, par le biais de l'UNR, un contrôle absolu sur l'Assemblée nationale qui n'aura rien à lui refuser. Il tire aussi le meilleur parti de la « période transitoire » définie par la nouvelle Constitution, période durant laquelle il peut multiplier les ordonnances qui ont force de loi. Elles sont si nombreuses et si copieuses que l'opinion n'y prête guère attention; d'ailleurs, aucun journal quotidien n'est en mesure d'en publier l'essentiel.

En Algérie, les changements décidés par de Gaulle ont des conséquences immédiates. Paul Delouvrier se consacre à la tâche qui lui a été confiée : le développement économique de ces départements.

Enfin, Charles de Gaulle, dernier président du Conseil de la IVe République, devient le 21 décembre le premier président de la Ve République. L'élection est triomphale : 77,5 % des suffrages en métropole, 100 % en Algérie où seuls votaient les parlementaires [1].

Depuis l'automne 1958, le général Massu traverse une passe délicate. Le climat lui pèse. Il mesure aisément, autour de lui, la part du désenchantement. Au sein des Comités de salut public, avant de s'en éloigner sur ordre, il a vu naître – ou renaître – des divergences d'appréciations, d'espérances, d'ambitions. Un retour vers les

1. En métropole, le collège électoral est composé des députés, sénateurs, conseillers généraux, maires, maires-adjoints, et de conseillers municipaux en nombre variable selon l'importance des communes. Il y avait au total 76 310 électeurs. Rappelons que l'élection présidentielle au suffrage universelle ne sera décidée – par référendum – que le 28 octobre 1962 (avec 23,03 % d'abstentions; 62,25 % de « oui » et 37,75 % de « non »).

anciens clivages laisse supposer que se dissipe la grande bouffée de renouveau entrevue en mai 1958. Ses compagnons de route retombent dans l'ornière de leurs engagements précédents ; ils ne se retrouvent plus en harmonie que dans leur méfiance envers de Gaulle. Massu, ayant ses contacts à Paris, connaît tout du décalage entre les opinions et les aspirations de la métropole d'une part et celles de l'Algérie d'autre part. C'est largement plus qu'un fossé, c'est une véritable ligne de fracture. Il lui a longtemps paru invraisemblable que de Gaulle puisse jouer un double jeu ; il lui arrive maintenant de s'interroger. Des décisions l'inquiètent ou l'alertent ; la sortie de Salan et l'effacement de Baret sont de celles-là. Il ne veut pourtant pas croire au pire. Si la personnalité de Challe lui paraît encourageante, il ne garde que de lointains souvenirs du nouveau ministre des Armées. Certes, Pierre Guillaumat est le fils d'un général estimé de ses pairs, lui-même ministre de la Guerre en 1926 ; certes, Massu et lui sortent du même moule, ayant fréquenté à la même époque le prytanée militaire de La Flèche, il n'empêche que l'entourage direct de Charles de Gaulle – et Guillaumat est du nombre – l'intrigue, le déçoit et parfois l'irrite franchement, il ne s'en cache plus. N'est-ce pas cet aréopage qui entraîne de Gaulle là où ses généraux ne voudraient pas le voir s'égarer ?

Etre déchargé de ses fonctions de président des Comités de salut public pourrait être vexant pour Massu. Il n'est pas franchement affecté par cette décision qui est dans l'ordre des choses. Il n'attachera jamais une importance particulière à cette période de mai 1958, qu'il ne classera pas parmi les grandes fiertés de sa vie. De Gaulle avait raison : un torrent pouvait submerger Alger en mai 1958 ; il y a eu des hommes pour l'endiguer, et ce fut essentiellement lui, Jacques Massu, couvert ensuite par Raoul Salan. Le torrent et la digue...

N'ayant pas l'âme politique et ne voulant pas se laisser entraîner sur ce chemin hasardeux, Massu est certainement étonné de conserver des fonctions préfectorales qui rongent son temps. Il se préfère indiscutablement en patron du corps d'armée d'Alger. Il reste à savoir si par hasard l'idée de la « paix des braves », lancée le 16 septembre 1958, ne relèverait pas essentiellement de la politique, ce qui n'est pas exactement son affaire... N'ayant pas voulu voir un changement de cap dans le refus du général de Gaulle d'évoquer l'intégration, et bien que circonspect devant les offres de négociations que celui-ci a publiquement lancées, Massu ne veut entendre, pour l'immédiat, que cet appel à la « paix des braves ». Le choix des mots est certainement de nature à lui plaire, le geste ne peut que le séduire. Il va en faire, très loyalement, l'expérience.

C'est à la mi-novembre que le 3e RCP a capturé près de Palestro un des chefs militaires de la wilaya 4, Si Azzedine. Ce n'est pas un figurant, surtout pas un tendre. Agé de vingt-quatre ans, il a rejoint le maquis dès le mois d'août 1955. Il a été deux fois blessé au combat ; fait prisonnier il s'est évadé. Il est encore blessé et repris le 17 novembre 1958. Lors de ses interrogatoires, cet homme reconnaît que la lassitude gagne les maquis ; que beaucoup de chefs et de combattants pourraient accepter une solution honorable au conflit, d'autant que le FLN ne peut gagner militairement. Mais, dans le même temps, Si Azzedine, naturellement méfiant et parfois arrogant, doute des intentions gouvernementales comme des informations que diffusent la presse et la radio françaises. Massu décide qu'il convient de le persuader des changements que la vie algéroise a connus depuis le mois de mai. Il confie le prisonnier au capitaine Marion, un des officiers de renseignement de la division. Voilà Si Azzedine partant, parfois sous bonne garde, parfois seul, à la découverte d'Alger. Et voilà Azzedine offrant de mettre son autorité au service de la « paix des braves » ; étant entendu qu'à ses yeux, la seule possibilité d'y parvenir est une rencontre entre Massu et le patron de la wilaya 4, Si M'Hamed. Le choix de Si M'Hamed n'est pas simplement hiérarchique, encore que seul un chef de willaya ait éventuellement le poids nécessaire pour négocier, puis pour imposer ses vues à ses subordonnés. En fait, M'Hamed n'a rien d'un fanatique, il est tourmenté par le caractère absurde de la lutte menée en Algérie autant que par les choix intransigeants des chefs de l'extérieur ; enfin, les événements du 13 mai passent pour l'avoir sérieusement troublé. Azzedine reçoit donc pour mission d'entrer en liaison avec Si M'Hamed puis – celui-ci étant absent – de poursuivre ses contacts comme il l'entend. Il cherche une autre possibilité avec Si Salah, le responsable politique de la wilaya 4. Massu et Marion, qui suivent les périples secrets et les contacts de leur homme, savent le 8 décembre qu'il va rencontrer Si Salah, puisque Si M'Hamed est toujours absent, que la suite de sa mission risque d'être assez longue parce qu'il voudrait qu'elle soit décisive...

Ce sont les dernières nouvelles qui parviendront à Alger de cet homme qui, comme Massu, a voulu jouer la « paix des braves ».

Le général Massu, croyant aux hommes, à la générosité, a formulé trois hypothèses pour expliquer – si cela se peut – la disparition de Si Azzedine. Ou bien celui-ci n'a pas tenu ses engagements et a repris sa place dans la rébellion ; ou bien il a été démasqué ou deviné et n'a pu reprendre contact avec les parachutistes ; ou encore il s'est trouvé dans l'impossibilité de dévoiler ses intentions prématurément...

> « Les conclusions que nous tirerons de cette affaire ne seront pas pessimistes, écrira Jacques Massu. Dans un pareil domaine, il fallait se garder de conclure hâtivement à la trahison des engagements pris. Ceux-ci, nettement et librement contractés, étaient assez solennels et correspondaient à l'état d'esprit de Si Azzedine au moment où il les avait rédigés... »

Autour de cet épisode apparaissent d'autres ambiguïtés : Azzedine ne s'est que provisoirement évanoui ; Salah aura encore un rôle à jouer dans la perspective de la « paix des braves ». Ce sera un rôle de premier ordre, dans un décor inattendu, pour un scénario médiocre... Salah aura des contacts au plus haut niveau puisque lui, le chef de maquis, rencontrera de Gaulle ! Il sera secrètement reçu à l'Elysée, avec un colonel caché derrière une tenture, un PM à la main pour éventuellement protéger le Général. Les contacts en tous sens que tissent les conseillers du président compromettront assez Si Salah pour qu'il s'efface à son tour. Le dénouement est encore plus sordide : personne n'a jamais revu Si Salah. Azzedine, lui, réapparaîtra au jour de l'indépendance [1], nommé par le GPRA responsable de la zone autonome d'Alger et chargé d'exterminer l'OAS... Massu avait espéré cette « paix des braves » ; Si Azzedine y a peut-être cru quelques jours ; Si Salah l'a souhaitée pendant les quelques semaines lui restant à vivre. Pour l'Elysée ce n'était qu'une hypothèse parmi d'autres, une idée lancée puis écartée...

L'année 1959 n'est pas de celles qu'affectionne le général Massu. Parce que l'avenir lui paraît s'assombrir et que le général de Gaulle devient de plus en plus insaisissable. Quelques épisodes précis jalonnent ce cheminement vers la désillusion. Les deux hommes se verront à plusieurs reprises ; chaque rencontre, chaque entretien ajoutera au malaise qui s'insinue.

> « Ce n'est pas une période dont le souvenir m'est très agréable à évoquer, écrira Massu. Nos rapports se sont lentement empreints de méfiance jusqu'à un dernier tête-à-tête dans son bureau de l'Elysée, le 23 janvier 1960, où je lui ai franchement lâché tout ce que j'avais sur le cœur... »

---

1. A l'approche des années 80, Si Azzedine était fréquemment à Paris. Il sonnait volontiers aux portes d'anciens officiers parachutistes connus en 1958 et se lançait dans des discussions sans fin. A la même époque, lors d'un débat dans les studios de Radio Monte-Carlo l'opposant à Pierre Sergent, la violence et l'agressivité de Si Azzedine ont obligé l'auteur à interrompre l'émission qu'il dirigeait.

C'est aussi au début de 1959 que Massu reçoit l'ordre de déménager : il est prié de transporter ses pénates à l'hôtel du corps d'armée que le général Allard vient de quitter. Il avait jusqu'à présent pu conserver la villa qu'ils occupaient à l'époque, à la Redoute ; une maison qu'aimait Mme Suzanne Massu, infiniment plus en tout cas que cette résidence qu'elle connaît mais pour laquelle elle n'a aucune attirance. Suzanne Massu ne lui trouve pas le charme qu'avait la maison du peseur d'or dans laquelle ils s'étaient installés à leur arrivée. Comme celle-ci, c'est pourtant une antique demeure du vieil Alger connue sous le nom de « Palais des janissaires » : c'est là que les pirates barbaresques débarquaient le butin arraché aux bateaux croisant en Méditerranée. Le général Allard ne s'est guère préoccupé des lieux, sa femme vivant le plus souvent en métropole pour les études de leurs enfants. L'intendance a meublé les lieux de bric et de broc avec ses surplus. Les éléments du décor ancien, notamment les carrelages et les bois sculptés, ont disparu sous de douteuses tentures de velours. Le bric-à-brac évacué, le décor ancien remis au jour, les quelques meubles des Massu en place – surtout cet antique coffre de mariage kabyle auquel ils tiennent tant –, le patio rendu aux plantes vertes, le palais des Janissaires retrouve de son lustre et de son charme. D'autant que les enfants et leurs sloughis aiment le jardin entourant la résidence. Pourtant, le général Massu doit rejoindre aussi souvent qu'il le peut ses régiments arpentant les djebels, ce qui est leur vocation, la sienne aussi lorsqu'il ne joue pas les Igames...

Survient pourtant un événement heureux, à cette époque, dans la vie des Massu, devenus quatre avec l'arrivée de Malika. Ils vont être cinq parce que Jacques Massu a fondu devant un petit bonhomme que sa femme a assis à leur table, un jour au déjeuner. Lorsque le général déplie sa serviette et découvre le bambin, il interroge Suzanne Massu du regard :

« Vous qui vous plaigniez tant de ne pas avoir de fils, en voilà un que je vous donne enfin...

– Parfait. »

Dans ces moments de grande émotion, Massu n'aime pas aller au-delà de quelques mots, aussi simples que précis. C'est pourtant amplement suffisant : Suzanne Massu, Véronique et Malika échangent des regards discrets et complices ; elles savent que le petit est désormais chez lui. Il faut quand même raconter au général l'histoire de l'enfant.

Des militaires d'un régiment de cavalerie l'ont découvert abandonné. Il n'a guère de souvenirs à leur confier et c'est peut-être mieux ainsi. De son père, il dit simplement que les fellaghas lui ont coupé le cou et qu'il a beaucoup saigné; sur sa mère il est plus vague encore... Aucune enquête ne pourra aller plus avant. Personne ne recherche l'enfant, personne ne sait d'où il vient, qui il est, toute la souffrance qu'il a pu connaître. Les cavaliers, pour lui éviter un orphelinat, le gardent avec eux. Avec la complicité du capitaine, un maréchal des logis du contingent, Jean Lepoulain, s'en occupe plus particulièrement. Tous ses camarades en appellent à leurs familles pour des vêtements, des cadeaux en tout genre. Jusqu'au jour où le jeune appelé, à la veille d'être démobilisé, s'inquiète pour l'avenir de l'enfant. Une femme d'officier, Mme Girard, qui consacre l'essentiel de son temps aux œuvres sociales, le recueille provisoirement, avec un autre plus jeune encore. Elle ramène les deux bambins à Alger jusqu'au bureau d'aide sociale où se trouvent Suzanne Massu et Josette Navarro : « Vous ferez pour le mieux, j'en suis sûre. »

Mme Girard avait raison, les deux garçons sont sauvés, auront chacun leur famille. Baptisé Rodolphe par les cavaliers – personne ne sait très bien pourquoi, Jacques Massu pensant à une publicité du moment –, le petit garçon n'avait pas d'autre nom; et puisqu'il n'avait pas davantage de parents, la justice acceptera qu'il devienne très légalement Rodolphe Massu. Pour cela, un officier d'état civil fixera très arbitrairement la date de naissance de Rodolphe au 1er juin 1953.

Le général classera en revanche à la rubrique des désagréments un épisode un peu plus tardif, fort bref mais qui aurait pu être définitif. Jacques Massu va autant que possible retrouver ses régiments en opération dans les djebels, le plus souvent en hélicoptère. Ce qu'il fait une fois de plus, aux premiers jours du mois d'octobre, en compagnie des généraux Gilles et de Saint-Hillier. C'est une de ces journées d'effervescence, au scénario bien rodé. L'état-major de l'opération s'installe sur un point haut, souvent à l'abri de toiles de tentes; des plantons tirent des tabourets, déplient des tables; les opérateurs radio s'installent alentour, toutes antennes au vent; le service de santé se prépare au pire; les estafettes s'agitent; les grands chefs déploient leurs cartes recouvertes de rhodoïd et préparent leurs crayons gras pour bien noter les mouvements des unités. Et l'on jette sur le terrain un maximum de troupes en espérant que le rouleau compresseur écrasera quelques katibas et que le ministre en visite appréciera les efforts des hommes comme de leurs chefs. Guillaumat est là d'ailleurs, mais sur un autre piton où les trois généraux doivent le rejoindre. Un vol à vue, presque un saut de puce. Le moteur pris d'une faiblesse passagère, l'appareil pique soudain du nez, avant de s'écraser au sol. Les trois généraux sortent indemnes de la carcasse brisée, passablement secoués pourtant. Jacques Massu a peut-être raison, il y a des années où l'on ne se sent pas en train...

Politiquement, la situation algérienne est moins sereine que le foyer des Massu. Les élections municipales de la mi-avril sont un premier signal d'alarme. Un chiffre inquiète particulièrement Massu, celui des abstentions. Il grimpe vers les records : 56 % des électeurs de la ville d'Alger sont restés chez eux. N'est-ce pas la preuve que les Algérois cèdent au mécontentement et à l'inquiétude ?

Six semaines plus tard, de Gaulle décide d'avoir un entretien avec Massu, il le convoque à Paris. Il y a près de deux ans que Massu n'est pas revenu en métropole. A l'Elysée, avant de passer aux choses sérieuses, le général et Mme Massu sont conviés à un déjeuner intime, que partagent une parente du Général et deux colonels de son état-major, Branet et Renaudin. De l'entretien lui-même, il reste un court récit de Jacques Massu :

> « Le Général m'a complètement rassuré sur sa politique algérienne et, à travers moi, il cherchait à rassurer tous ceux qui m'attendaient à Alger. Je suis ressorti de son bureau très confiant, tranquillisé et confiant. J'avais l'impression que nous étions sur la même longueur d'onde.
> « C'est certainement ce que le Général souhaitait et ce pourquoi il m'avait convoqué.
> « A Alger, j'étais entouré de gens qui commençaient à avoir des doutes sur les intentions du Général concernant le règlement du problème algérien ; ils m'avaient fait part de ces doutes. J'étais alerté. Et d'un autre côté, j'étais moi-même trop impliqué dans cette affaire pour ne pas avoir été sensible au moindre signe d'hésitation que j'aurais pu percevoir dans les propos du Général. Ça n'a pas été le cas, au contraire. Il avait voulu me rassurer et y avait parfaitement réussi.
> « C'est d'ailleurs la dernière fois avant longtemps qu'une de nos entrevues se déroulera dans un tel climat. Le Général était très détendu, très chaleureux ; il jouait son personnage. »

La rencontre suivante aura lieu le 27 août 1959. De Gaulle, qui n'était plus venu en Algérie depuis neuf mois, effectue un rapide voyage de quatre jours. A la demande expresse du Général, Massu l'attend sur le terrain d'aviation d'Orléansville. Et là, de Gaulle lui révèle la façon dont il entend – à ce moment – régler l'affaire algérienne : ou bien la sécession complète, ou bien la francisation, ou bien le gouvernement des Algériens par les Algériens :

> « Mon général, vous venez de faire un pari en Guinée et vous l'avez perdu ! Vous n'allez quand même pas en faire un autre sur l'Algérie ?
> – Je n'ai pas quatre cent mille homme à mettre en Guinée en même temps qu'en Algérie, et Sékou Touré était bel et bien à Conakry, alors que Ferhat Abbas n'était pas à Alger lorsque j'ai pris le pouvoir. »

Bien que de Gaulle, dans sa réplique, ait haussé le ton et montré qu'il n'appréciait guère la remarque de Massu, celui-ci se sent presque rassuré par la phrase du Général. Il l'assure qu'il sera naturellement à ses côtés. Mais dans le même temps, Massu a l'impression que de Gaulle ne lui fait plus tout à fait confiance : « J'ai trouvé ça étrange. J'avais même du mal à le croire... »

Il n'est pourtant pas au terme de ses surprises ; il lui suffira de patienter trois jours encore. Jusqu'au 30 août, en Kabylie, lors de la visite que de Gaulle rend au général Challe, fort occupé par l'opération qu'il dirige depuis son PC « Artois ». Ce n'est plus un tête-à-tête, c'est une simple étape de la « tournée des popotes » qui, au fil des mois, conduira de Gaulle d'un bout à l'autre de l'Algérie pour y rencontrer les officiers sur les lieux de leurs combats. Là, il lâche une série de considérations qui sont autant de clarifications :

> « Nous n'aurons pas les Algériens avec nous s'ils ne le veulent pas eux-mêmes... », « L'ère de l'administration par les Européens est révolue... », « Tous les peuples de la terre sont en train de s'affranchir... », « Nous ne devons donc agir en Algérie que pour l'Algérie et avec l'Algérie de telle sorte que le monde le comprenne... »

La conclusion est plus rude pour son auditoire, presque indigeste. Elle laisse les officiers estomaqués, bouleversés :

> « Quant à vous, écoutez-moi bien ! Vous n'êtes pas l'armée pour l'armée. Vous êtes l'armée de la France. Vous n'existez que par elle, pour elle et à son service. Or celui que je suis, à son échelon, avec ses responsabilités, doit être obéi par l'armée pour que la France vive... »

Jugeant peut-être qu'il n'a pas été jusque-là assez précis, le général de Gaulle décide de s'adresser aux Français dans une intervention télévisée programmée pour le 16 septembre 1959. Cette prestation est annoncée comme devant être fort importante. Elle l'est en effet et le général Massu reconnaît au fil des propos du président de la République les options déjà évoquées sur le terrain d'aviation d'Orléansville :

« Je considère comme nécessaire que le recours à l'autodétermination soit, dès aujourd'hui, proclamé. Au nom de la France et de la République... Je m'engage à demander, d'une part aux Algériens, dans leurs douze départements, ce qu'ils veulent être en définitive et, d'autre part, à tous les Français d'entériner ce choix... »

Après quoi, de Gaulle revient sur les trois options possibles, ajoutant quelques considérations propres à orienter les votes. Pour la sécession, il entrevoit à terme « une misère épouvantable, un chaos politique, l'égorgement généralisé et bientôt la dictature belliqueuse des communistes » ; mais il laisse entrevoir une issue parallèle : « le regroupement et l'établissement de ceux des Algériens de toutes origines qui voudraient rester français ». C'est une relance de l'idée de partition de l'Algérie déjà avancée, notamment par un député-homme de presse, Robert Hersant, et que va bientôt développer Alain Peyrefitte [1]. A l'opposé de la sécession, la francisation apparaît comme une nouvelle version de l'intégration dont de Gaulle est toujours décidé à ne pas prononcer le mot ; ce qui deviendra un raccourci célèbre : « De Dunkerque à Tamanrasset... » Enfin, le gouvernement des Algériens par les Algériens, avec une union franco-algérienne de type fédéral... Alors va pour l'autodétermination, puisque de toute évidence de Gaulle ne voit – et l'a dit – qu'un drame et un gâchis dans la sécession. Massu suit encore ; explique autour de lui ce que veut le général de Gaulle : « C'est sans doute cette certitude naïve qui me permettait de convaincre, de calmer les émotions et d'éviter les troubles... »

Comme chaque fois que l'ambiance se détériore à Alger, renaissent des rumeurs de complots, de coups d'Etat en préparation, surgissent les ombres d'hommes supposés providentiels. Cette fois, les choses paraissent bien plus précises : ce sera pour la mi-octobre, se dit-il, et l'on poussera de Gaulle vers la sortie...

Il se trouve que cette nouvelle rumeur est plus sérieuse que bien des précédentes. Elle repose même sur un fait très précis : le général André Zeller, chef d'état-major de l'armée de terre, doit quitter ses fonctions le 1er octobre. Zeller, curieusement, est déjà parti à la retraite une première fois en 1956. Il a ensuite lutté pour l'Algérie française dans la presse de droite, puis le général de Gaulle

1. L'idée d'une partition – Européens et musulmans fidèles à la France étant regroupés dans une province française autour d'Oran – est lancée par Robert Hersant. Sa proposition est cosignée par trois députés radicaux, MM. Hugues, de Lipkowski et Naudet. C'est en 1961 qu'Alain Peyrefitte publie chez Plon, dans la collection « Tribune libre », un livre sur le même thème : *Faut-il partager l'Algérie ?*

revenu au pouvoir l'a rappelé en activité temporaire... Or, c'est sur lui que comptent les conjurés pour mobiliser l'armée, pour mettre en place un directoire militaire composé de lui-même, flanqué de Salan et Jouhaud ; après quoi il faudra installer Zeller à l'Elysée. Or, de toute évidence, dès l'instant où Zeller sera éloigné de son poste, ses réseaux ne survivront pas très longtemps, quelques semaines au plus. Il faut donc presser le mouvement. Ce sera pour le 13 octobre ! Le signal de la rébellion doit être donné à l'Assemblée nationale, le bachaga Boualam jettera ses insignes de commandeur de la Légion d'honneur sur le bureau du président Chaban-Delmas, une cinquantaine de députés démissionneront dans la foulée et les manifestations se multiplieront à travers Paris, puis dans toute la France. Le plan a même un nom, si l'on en croit les journalistes Merry et Serge Bromberger [1] : c'était le complot « Véronique », non pas un hommage à la jeune fille de Jacques et Suzanne Massu, mais une référence à la fusée française expérimentée au Sahara...

Les comploteurs n'étant pas discrets et bien trop nombreux, l'Elysée et Matignon sont informés de ce qui se trame. Challe est convoqué à Paris, prié de maintenir l'ordre en échange de quelques promesses du pouvoir. Celles-ci sont diverses et variées : ne pas mêler conversations politiques et négociations pour un cessez-le-feu ; confier à l'armée la mission de veiller à la liberté du référendum ; travailler pour une solution française, qui peut d'ailleurs prendre des formes différentes... Tout cela sera annoncé à la tribune de l'Assemblée nationale, c'est promis ! Challe explique ces données nouvelles à ses subordonnés qui, dans leur majorité, mais au terme d'une réunion houleuse, rentrent dans le rang. Le général Massu publie un communiqué affirmant que l'ordre sera maintenu. Alger ne bougera pas plus que l'armée... et les conjurés parisiens n'ont plus qu'à oublier leurs espoirs.

Les préparatifs de putsch ont pourtant fait naître les espérances les plus évaporées comme les craintes les plus folles. Lucien Neuwirth, désormais député gaulliste et considéré comme renégat par les tenants de l'Algérie française, a même réussi à persuader le monde politique que des tueurs avaient franchi les Pyrénées pour venir assassiner tous les politiciens soupçonnés de ne pas être ou de ne plus être du côté de l'Algérie française. Une péripétie, sur fond de paranoïa, qui laissera pourtant une trace inattendue autant qu'indélébile sur la carrière d'un homme, François Mitterrand. Parce que l'ambiance s'y prête, Mitterrand accepte de jouer une comédie

1. Dans leur livre *Barricades et Colonels*, écrit en collaboration avec Georgette Elgey et Jean-François Chauvel, Fayard, 1960.

tout à sa gloire avec un certain Robert Pesquet, éphémère député poujadiste. Les tueurs l'auraient trouvé, poursuivi, menacé. Il aurait sauté de sa voiture pour se réfugier dans les jardins du Luxembourg avant qu'ils le prennent comme cible. D'ailleurs la carrosserie de sa voiture est percée de balles... Ainsi, les terroristes ont voulu assassiner un élu de la République qui s'est héroïquement tiré d'affaire ! Pourtant Mitterrand sait, le jour où il se prête à cette comédie, que ce n'est qu'un montage, une scène pour théâtre de marionnettes connue depuis comme « l'affaire de l'Observatoire »...

En novembre 1959, la célébration du quinzième anniversaire de la libération de Strasbourg tourne au malentendu le plus absolu. Ce jour-là, les anciens de la 2e DB tiennent leur congrès dans la ville où ils ont écrit une de leurs plus belles pages de gloire. Le même jour, de Gaulle est en voyage officiel dans la capitale alsacienne. Les anciens de la 2e DB – dont Massu – pensent que de Gaulle est aussi venu pour honorer les survivants de l'épopée Leclerc. C'est une erreur complète. Ils le découvrent vite, puisque le protocole élyséen les ignore, lorsqu'il ne les écarte pas. De Gaulle n'est pas là pour eux ; eux ne se croient pas autorisés à déranger le chef de l'Etat... Or de Gaulle, informé du congrès de la 2e DB, s'étonne que les généraux ne soient pas venus le saluer et quitte l'Alsace persuadé que les généraux de la 2e DB – dont Massu – ont eu une attitude inamicale à son égard. Le hasard faisant mal les choses, Massu, à son retour d'Alsace, déjeune à l'Elysée. Il y découvre les humeurs du Général, méfiant, glacial. Ses préventions ne se dissiperont pas après leur entretien en privé. Il nous a été impossible de vous saluer à Strasbourg, explique pourtant Massu, nous avons été tenus à l'écart... Puis Massu dit au Général ce qu'il a sur le cœur à propos de l'autodétermination :

> « En pays d'islam, il n'y a pas de libre arbitre individuel. Les musulmans se déterminent collectivement en faveur des positions de force exprimées par des minorités, car seules celles-là sont bénies d'Allah. L'autodétermination, traduite aussitôt par le FLN comme une promesse d'indépendance, au moins à court terme, a été interprétée comme une position de faiblesse et a plongé dans l'indétermination les masses musulmanes que l'armée a pour tâche de rassurer en les protégeant, d'engager en les éduquant et en les structurant, et finalement de contrôler pour les empêcher de redevenir la proie de l'OPA [l'organisation politico-administrative du FLN] éliminée dans la phase de protection... »

Le général de Gaulle écoute Massu lui dire que l'autodétermination est une utopie, que les méthodes terroristes du FLN fausseront le scrutin, que la peur fera basculer la population, y compris les Algériens attachés à la présence française. De Gaulle écoute, mais ne répond pas... Massu n'a plus qu'à regagner Alger, persuadé qu'il a perdu la confiance du Général.

Il ne se trompe pas. De Gaulle ne souhaite plus qu'une chose, à propos de Massu : qu'il soit muté n'importe où mais qu'il ne reste pas en Algérie ! Pierre Guillaumat et le général Challe lui confirment cette évolution. Il est de plus en plus souvent question de son départ. La presse évoque sa prochaine mutation. Massu est assez grand garçon pour en comprendre les raisons secrètes. Il ne croit pas un instant qu'il s'agisse de le protéger d'événements à venir, incertains au demeurant. Il faut qu'il parte pour que de Gaulle ait les mains libres et avance vers l'autodétermination sans trop de rappels aux réalités : seul Massu, fidèle à ses vieilles habitudes, ose encore parler haut... Il faut qu'il soit loin d'Alger pour que les pieds-noirs, à l'heure menaçante de la sécession, ne disposent pas d'un chef potentiel pour une nouvelle révolte. N'est-il pas le général le plus populaire depuis une certaine bataille d'Alger et depuis les événements du 13 mai ? N'est-il pas, malgré son gaullisme affirmé, l'homme qui a encore leur confiance ? Il faut qu'il s'éloigne pour ne pas avoir les réactions d'un homme deux fois berné, parce qu'il a été trompé sur les objectifs, parce qu'il a été le complice de la tromperie en rassurant des hommes plus méfiants... Il faut qu'il soit au diable lorsque la France amorcera son repli et abandonnera les musulmans qui lui ont été fidèles, en oubliant les promesses faites, les paroles données, en se déshonorant...

Massu, à cette époque, comprend que les événements risquent de s'emballer, d'autant qu'il est de plus en plus souvent question de rencontres secrètes entre les représentants de la France et ceux du GPRA. Il avoue qu'il ne comprend plus la politique suivie par de Gaulle et qu'il lui est impossible, désormais, de l'approuver. L'explosion devient possible à chaque instant. Il suffira qu'un journaliste allemand allume la mèche...

Massu n'a jamais caché ce que son attachement à l'Algérie française avait de sentimental. Mais il aurait certainement su réorienter ses engagements si de Gaulle lui avait expliqué le fond des choses et apporté les arguments déterminants. La très lourde charge qu'était l'Algérie pour la France ; cette guerre qui n'avait toujours pas de nom et que menaient aussi les jeunes gens du contingent ; la nécessité de rendre au pays sa grandeur ; le progrès économique et social ; la nécessité de doter la nation de sa défense propre, d'aborder le temps du nucléaire ; les risques que la démographie inégale aurait fait courir à une France intégrant l'Algérie... Tout cela pouvait se dire, s'expliquer, peut-être se comprendre. Il n'en a rien été. Là encore, Massu s'en est expliqué :

> « Je crois qu'il savait ce qu'il allait faire concernant l'indépendance de l'Algérie dès son retour au pouvoir mais il n'a jamais voulu le révéler. J'ai toujours déploré qu'il n'ait pas réuni, dès son retour, quelques fidèles dont moi-même en leur disant : " mes petits amis, l'intégration c'est foutu ; il faut trouver autre chose. " Nous aurions changé notre fusil d'épaule.
> « J'ai également beaucoup reproché à son entourage, à ceux qui faisaient la liaison entre lui et les officiers supérieurs d'Algérie, de ne pas avoir été plus intelligents et plus francs. À certains moments, ils nous ont carrément menés en bateau, en nous expliquant que le Général était pour l'intégration même s'il donnait l'apparence quelquefois du contraire, mais qu'il ne pouvait pas laisser paraître ses véritables sentiments... ! Les militaires se sont fait berner dans l'histoire ! C'est ce qui explique les problèmes que le Général a eus pendant des années, avant et après l'indépendance, avec l'armée. »

L'apparition d'un journaliste allemand à Alger n'est pas, en soi, un événement. Il en vient du monde entier depuis mai 1958, souvent arrogants envers cette armée qu'ils croient colonialiste, parfois moqueurs devant ses efforts d'intégration, parfois surpris du décalage entre Alger et Paris où, pour eux, de toute évidence, on ne parle plus le même langage. L'Allemand, qui répond au nom de Hans Ulrich Kempski, et qui travaille pour la *Süddeutsche Zeitung*, possède tous les laissez-passer possibles, des introductions en bonne et due forme, et des recommandations à faire plier les dernières réticences, notamment celle de l'état-major algérois. Son enquête touche à l'actualité la plus immédiate : le 22 janvier se tiendra à Paris, sous la présidence du général de Gaulle, une conférence consacrée à l'Algérie... Il y a cependant quelque étonnement, à Alger, devant cette débauche de recommandations et une insistance parisienne qui paraît déplacée. Jouhaud est un des premiers surpris par les pressions du Quai d'Orsay à faire recevoir Kempski. Challe note la même insistance du Quai, où les diplomates subissent l'insistance de l'ambassade de France à Bonn. Kempski, qui aurait commis précédemment des papiers sévères sur la politique française en Algérie, serait désormais mieux disposé. Challe accepte de le recevoir :

« Pour une fois que les Affaires étrangères s'intéressent à l'Algérie autrement que pour nous contrecarrer avec leur politique musulmane qui date du Khédive et de Lawrence, je ne peux pas les envoyer promener plus longtemps ; je recevrai leur bonhomme... »

Challe lui accorde donc l'audience demandée puis promet d'intervenir pour que Massu, à son tour, ait un entretien avec Kempski. Il lui en parle le lendemain ou le surlendemain. Massu n'est pas enthousiaste : « Avec les journalistes, je n'ai que des emmerdements, mais je tâcherai de trouver un moment quand même. »

Plus tard, l'interview publiée, Massu confirmera ses réticences :

« Je ne voulais pas le recevoir, écrira-t-il. Je ne voulais recevoir personne ! Je sentais bien que ce n'était pas le moment d'évoquer nos états d'âme. J'ai subi de vraies pressions de la part de mon entourage et en particulier du cabinet militaire du général Challe. Je me suis laissé faire. »

Certes, le 14 janvier, Kempski n'enfonce pas la porte du bureau de Massu, mais il force sa confiance. Il fait une enquête de fond sur l'Algérie, lui explique-t-il par le truchement d'un officier interprète, ajoutant qu'il ne citera pas de nom et présentera son article à Massu avant publication. C'est plus que n'espérait Massu, qui le croit. Kempski joue aussi de la corde sensible : il est lui-même parachutiste, il évoque la fraternité d'arme... Voici donc un entretien informel, détendu, sur le ton de la conversation. Massu se laisse séduire et dit même à sa femme, le soir, avoir rencontré un journaliste sympathique...

En réalité, jamais Massu n'a vu ce que Kempski allait publier, et son nom est cité à de nombreuses reprises. Quant à ses propos, ils font l'effet d'une bombe... Titre et sous-titre suffiraient d'ailleurs à attirer l'attention :

Massu déçu par de Gaulle

Le général des parachutistes se distancie de la politique algérienne du Président

Suit un chapeau d'introduction donnant parfaitement le ton de l'article :

« Alger, 18 Janvier. Dans un entretien avec notre correspondant de la *Süddeutsche Zeitung*, H.U. Kempski, le général français des parachutiste et préfet d'Alger, Jacques Massu, s'est fait le porte-parole des forces armées en Algérie dont le mécontentement devant la politique de De Gaulle a pris de plus en plus d'ampleur. La critique par Massu est d'autant plus importante qu'elle est exprimée juste avant la conférence sur l'Algérie prévue le 22 janvier, à Paris, par de Gaulle. Massu participera à cette conférence. Le général Massu devrait inciter le Président à accorder un champ d'action plus large pour les militaires en Algérie. »

Les propos du général Massu cités comme tels sont rares dans le corps de l'article. Ils n'en sont que plus remarquables. Et fort peu aimables pour le président de la République. Ainsi à propos de l'avenir de l'Algérie, Kempski lui fait dire :

« Je ne sais pas si de Gaulle a une vision claire. S'il en a une, ce n'est en aucun cas la nôtre. »

Il récidive à propos de l'orientation que suit de Gaulle :

« Nous ne comprenons plus sa politique. L'armée ne pouvait pas s'attendre à ce que de Gaulle pratique une telle politique. »

L'armée se serait-elle trompée en aidant à son retour au pouvoir ?

« Il était le seul homme qui soit à notre disposition. L'armée a peut-être commis une faute. »

Est-ce qu'une personnalité autre se profilerait comme un éventuel successeur de De Gaulle ? A quoi Jacques Massu répond :

« La première question est : quand viendra le successeur de De Gaulle ? »

Massu laisse aussi planer l'hypothèse d'un nouveau putsch – un de ceux dont il est si souvent question à Alger, depuis plusieurs semaines :

« L'armée possède le pouvoir. Elle ne l'a pas encore montré car l'occasion ne s'est pas présentée. Mais l'armée se servira de son pouvoir dans une situation bien précise. »

Une touche plus politique aussi – « la plus grande déception pour nous est le fait que de Gaulle soit devenu l'homme de la gauche » – puis, après quelques autres considérations, il conclut :

« N'oubliez pas que nous – l'armée – sommes en Algérie et que nous ne la quitterons jamais [1]. »

Le premier appel téléphonique qui parvient à Massu de Paris lui laisse entrevoir la suite. Son beau-frère, Philippe Boegner, à l'époque directeur du quotidien parisien *Paris-Jour*, lui lit les extraits diffusés par l'agence United Press. Le deuxième appel est celui du général Challe : il vient d'avoir Michel Debré en ligne et le Premier ministre exige un démenti immédiat. Massu répond à Challe que c'est à lui de démentir, puisque c'est lui qui est à l'origine de l'entretien. Philippe Boegner rappelle un peu plus tard ; cette fois, il a le texte intégral sous les yeux. Ils tombent d'accord, tous les deux, sur l'ampleur des conséquences éventuelles.

La première est une convocation immédiate par Michel Debré. Massu pense qu'il serait préférable de laisser retomber le soufflé. Challe et Delouvrier le persuadent de prendre l'avion sans tarder. On ne contredit pas un ordre du Premier ministre... Le 19 janvier, à 15 heures, Jacques Massu est à bord d'un avion décollant de Maison-Blanche. Cloué au lit par un phlegmon, le lieutenant Sanne ne peut accompagner le patron à l'avion. Ils resteront en contact téléphonique. L'atterrissage laisse supposer que la suite peut être effervescente : il se croyait à Villacoublay, il est à Brétigny-sur-Orge ! Le changement de cap a été décidé pendant le vol, pour éviter la foule des journalistes qui ont commencé à investir le terrain de Villacoublay... Massu comprend vite que le ton est donné : l'entretien avec Kempski est devenu un affront au président de la République, chef des armées !

Le lendemain matin, 20 janvier, Pierre Guillaumat reçoit Massu. Il lui confie que tout peut encore s'arranger ; il suffirait que le général publie un communiqué, ce qui est aussitôt fait. Dans ce texte remis à la presse, Massu précise que les problèmes de justice auxquels il a fait allusion sont déjà entre les mains d'une commission de magistrats et d'officiers généraux ; que les efforts du général de Gaulle pour le retour à la paix sont appréciés des musulmans qui lui gardent leur confiance ; qu'il n'est pas le porte-parole de l'armée ; que l'autorité du général Challe n'est mise en question par personne et que sa loyauté, à lui Massu, envers de Gaulle ne saurait être mise en doute. Guillaumat ne sait pas, ou ne dit pas à Massu, que de Gaulle a donné, dès la veille, ses instructions par écrit à Michel Debré :

1. Le texte intégral de l'article de H.U. Kempski est donné en annexe.

« L'interview du général Massu ne saurait évidemment être tolérée. A l'heure où je vous écris, cet officier général devrait déjà être arrivé à Paris, ou tout au moins en route pour y venir, sur ordre du gouvernement afin de s'expliquer. Etant naturellement entendu qu'ensuite, après sanctions, il ne retournera pas à Alger. »

Ce qui affecte le plus le général Massu, lorsqu'il a connaissance de cette lettre, c'est la condamnation décidée avant même qu'il ait pu s'expliquer. Le couperet est tombé si sèchement que la déception est immense. Les péripéties ne sont pas achevées pour autant...

A Alger, dès le 19 janvier, après avoir été rassuré sur le sort de son mari par Delouvrier – « vous verrez, il reviendra très vite » –, Suzanne Massu s'entend presser par le même homme d'être prête à prendre l'avion le lendemain matin à la première heure. Il part pour la réunion du 22, elle sera du même voyage. Elle refuse, il insiste :

« Je n'ai d'instructions à recevoir que de mon mari et je ne partirai pas...
– Il faut partir, Madame. C'est le ministre, M. Guillaumat, qui vous le conseille. Votre mari va beaucoup souffrir et il faut que vous soyez près de lui. »

Autour de Suzanne Massu, les amis s'agitent, s'interrogent sur les réactions d'Alger au rappel de Massu. Il y a les trois enfants aussi, qui resteront à Alger, hébergés par des familles amies. Dans la précipitation gouvernementale, rien n'a été prévu pour leur transport encore moins pour les chiens sloughis dont ils ne peuvent se séparer. A Paris, après l'accueil de Guillaumat qui l'a rassuré, Massu organise ses déplacements et son hébergement avec un seul souci : passer inaperçu et faire en sorte que les journalistes ne le retrouvent pas. Les consignes qu'il rédige pour sa femme et qui lui seront remises à Villacoublay tiennent du message codé. Il sera difficile de les débusquer. Ils n'ont d'ailleurs qu'une obligation mondaine pour le 21 au soir, un dîner qu'offre le général Lavaud, le chef d'état-major des armées ; et qui doit réunir les généraux participant à la réunion élyséenne du lendemain et leurs épouses. Le hasard veut que ce dîner soit organisé au domicile de Lavaud, occupant un appartement de fonction boulevard de Latour-Maubourg... là où Challe a aussi son pied-à-terre parisien. Challe intercepte Massu avant qu'il ne monte à l'étage du dessus. Il lui apprend que de Gaulle ne veut plus le voir et qu'il ne devra pas paraître à la réunion. Le Général aurait découvert le communiqué de Massu en lisant la presse et ajouté une énorme colère au contentieux précédent...

Challe ajoute qu'il fera tout pour sauver Massu, y compris démissionner s'il le faut. Les Massu, sensibles à l'accueil des Challe, se disent que celui des Lavaud pourrait bien ne pas être aussi chaleureux. D'entrée, ils comprennent que leur hôte aurait bien aimé les décommander ; il n'a pas osé. L'atmosphère est glaciale. Les Massu attendent l'heure à laquelle ils pourront s'éclipser sans indécence. De retour chez la sœur de Suzanne Massu qui les héberge, l'épouse du général n'a qu'un souci : récupérer ses enfants. Il n'est pas question de les laisser à Alger, où ils deviendraient des otages si les choses tournaient à l'aigre ; or Jacques Massu sait qu'il en sera ainsi. Encore faut-il ne pas les affoler. Les amis, en attendant l'avion, leur expliquent qu'ils partent en vacances, ce qui étonne autant Véronique que Malika, pour qui les calendriers scolaires ne sont pas assez compliqués pour cacher des congés en janvier. Rodolphe s'en moque, il va voir Paris et des mechtas par milliers. Les enfants arriveront le lendemain, les sloughis suivront lorsque Suzanne Massu retournera brièvement à Alger.

Le 22, vers 9 heures du matin, Massu rencontre Guillaumat qui se prépare pour la réunion de l'Elysée. Il lui dit sa déception puis sa volonté de quitter l'armée. Guillaumat lui demande de patienter. Qu'il reste au ministère où il attendra la fin de la réunion de l'Elysée. Lorsque Guillaumat revient, il est accompagné de Challe. Celui-ci explique qu'il a obtenu satisfaction pour certaines de leurs revendications, notamment pour les tribunaux d'exception, mais il ne peut ramener Massu avec lui à Alger. Il va donc démissionner. Massu refuse :

> « Mon général, vous avez gagné, ce matin, des points importants. Laissez-moi tomber ! Rentrez et continuez la bataille, vous êtes nécessaire à l'Algérie. »

Le 23 janvier, la tribu est certes au complet, mais personne ne peut les accueillir ensemble. Les sœurs de Suzanne Massu sont mises à contribution. Malika se souviendra des interminables exercices au piano de sa cousine Michèle, se préparant pour une tournée aux Etats-Unis avec l'orchestre de Charles Munch. Rodolphe se prend de passion pour la Tour Eiffel et trouve que la Seine est décidément un très bel oued. Ces hébergements ne peuvent être que des solutions provisoires. Il leur faut songer à se loger. Suzanne Massu a un petit appartement parisien, rue Lalo, loué à un jeune peintre anglais sur l'insistance pressante d'amis communs. Elle s'attend à de rudes négociations, le jeune homme ayant fait savoir, d'entrée, qu'il entendait bien s'incruster dans les lieux. Sur place, Mme Massu est surprise de le trouver très conciliant, assisté d'une amie l'aidant pour l'inventaire des lieux. L'amie lui parle fort aimablement de ses mésaventures familiales, de l'ambiance algéroise... Les Massu comprendront le soir seulement les raisons profondes du retournement de situation : la BBC diffuse une prétendue interview de Mme Massu recueillie par son envoyée spéciale à Paris; récit qui ne manque pas d'imprévu :

> « Si mon mari n'avait qu'une balle dans son fusil et avait à se défendre contre un fellagha et un journaliste, il tirerait sur le journaliste... »

Les Massu sont effondrés !

Ils s'installeront un temps rue Lalo, sérieusement à l'étroit dans les deux pièces, avant d'emménager dans un appartement plus spacieux à Neuilly. Malika découvrira un jour que leur jeune voisin, à l'époque pensionnaire de la Comédie-Française, vient d'ajouter à son répertoire un numéro qui connaît un joli succès sans amuser franchement Suzanne et Jacques Massu : Henri Tisot le voisin est devenu l'imitateur attitré du général de Gaulle !

Le 23 janvier au matin, Massu a quelques contacts avec des militaires. Il reçoit les colonels Château-Jobert et Buchoud; il rend une visite de courtoisie au maréchal Juin. Il les trouve tout excités, dérapant vers un antigaullisme à tout crin. Juin est sévère pour son camarade de promotion, accusé de ne rien connaître aux musulmans ni même à l'armée. Il y a d'ailleurs un contentieux naissant et croissant entre de Gaulle et Juin. Le 30 mai 1958, Juin s'était rendu à Colombey-les-Deux-Eglises pour faire avec de Gaulle un tour d'horizon. Le maréchal évoquant les inquiétudes de l'armée face à la déliquescence des politiques, de Gaulle avait promis de faire appel à ses compétences : « J'ai besoin de toi pour l'Afrique du Nord et pour l'armée. Tiens-toi prêt... »

Il ne lui confiera pourtant aucune mission, il ne lui offrira strictement rien, sinon peut-être ce poste d'inspecteur général de la Défense nationale qu'acceptera plus tard Raoul Salan. Juin est outré par l'offre d'autodétermination, exactement comme Massu l'a été. Il voit là une porte largement ouverte sur l'indépendance de l'Algérie. Il l'écrit dans un article que *Le Monde* publie le 26 octobre 1959. Or, de toute évidence, de Gaulle n'apprécie pas que la hiérarchie militaire s'épanche dans les colonnes des quotidiens. Il le fait savoir à l'intéressé... C'est donc Massu le pestiféré qui doit expliquer à des colonels de parachutistes comme à un maréchal de France que seul de Gaulle a la stature d'un chef d'Etat et qu'il faut l'aider et l'éclairer, au besoin malgré lui... Puis il part pour le palais présidentiel !

La foule des journalistes et des photographes, massée sur le perron de l'Elysée, l'énerve. L'accueil de Charles de Gaulle le met hors de lui :

> « Massu, je vous garde.
> – Mais je m'en fous que vous me gardiez ! Ce n'est pas pour moi que je me suis battu, c'est pour mes subordonnés, pour l'Algérie. »

Après quoi, avoue Massu, « je lui ai sorti tout le paquet ». Ce qui, décrypté, veut dire que Massu va reprocher à de Gaulle de ne pas traiter l'armée comme il le devrait, et lui expliquer que son attitude mal comprise pourrait engendrer d'autres problèmes ; qu'il aurait été plus sérieux d'annoncer, dès 1958, ce qu'il comptait faire, ce qui aurait évité bien des morts. Massu tempête, de Gaulle grogne, frappe son bureau à grands coups de poing, à en briser sa montre : « Vous n'aviez qu'à faire ce que je vous disais. Vous êtes un soldat, vous êtes fait pour obéir. »

Et la politique, Massu n'aurait jamais dû en faire... Massu réplique qu'il n'en a fait que contraint et forcé, sûrement pas par choix ni par goût. Et ce communiqué diffusé dès son arrivée à Paris qui a laissé le Général « froissé et peiné » ? Mais c'est Guillaumat qui l'a inspiré puis approuvé. Alors, Massu lâche ce qu'il a vraiment sur le cœur : il parle de machination !

> « Vous ne m'accusez tout de même pas de l'avoir montée ?
> – Je ne vous accuse de rien ! D'ailleurs vous ne saviez même pas ce qui se passait. Vous n'avez aucune liaison intelligente entre vous et nous. Vous êtes entouré par une bande de cons !
> – C'est vrai, répond de Gaulle, soudainement redevenu calme.
> – Eh bien, si c'est vrai, il n'y a plus qu'à tirer l'échelle... Le procédé employé par votre gouvernement pour exécuter vos directives sur cette question de mon départ d'Algérie a entraîné des bavures qui vous ont fait croire à mon infidélité. Le journaliste a mis sous mon béret, pour les rendre plus explosifs, les ragots recueillis de droite et de gauche. Tous les grognards de toutes les armées du monde ont grogné ! Ils ont marché tout de même et l'Empereur ne se faisait pas rapporter les détails de leur mauvaise humeur par la presse de Metternich. Vous ne vous rendez pas compte du travail que j'ai fait à Alger pour empêcher l'émeute, en particulier en octobre....
> – Allons donc ! Ils ont tous peur, Français, Arabes, les uns des autres, et du FLN.

– Si ma présence vous gênait pour arriver à un cessez-le-feu en Algérie, je me serais effacé pour peu que vous m'en ayez donné l'ordre.
– Je me fous du cessez-le-feu. Il n'y a que moi qui puisse assurer la paix en Algérie. Les musulmans n'ont confiance qu'en moi. Ils l'ont montré au référendum. La vérité, c'est que vous savez qu'ils ne veulent pas de nous et que vous craignez les consultations populaires.
– En 1958, ils ont voté pour l'armée qui vous avait appelé comme chef, en même temps que pour être Français grâce à l'armée et à vous. Le fond du problème pour l'armée est qu'elle n'est pas convertie à l'idée de se faire tuer pour un autre drapeau que celui de la France, ni pour le Cameroun ni pour l'Algérie indépendante.
– Qui vous dit que je veuille l'indépendance de l'Algérie ?
– L'autodétermination que vous voulez imposer à l'Algérie et dont nous savons, nous, qu'elle ne lui est pas applicable.... »

La querelle – il n'y a guère d'autre appellation pour cet échange de vues – tourne ensuite autour des particularités de la guerre révolutionnaire ; du terrorisme appliqué aux élections, des exigences de cette guerre que la France ne pourra pas supporter cinquante ans. Et comme Massu ne se range pas aux vues du général de Gaulle, la véhémence réapparaît :

« Vous étiez libre de penser autrement que moi. Vous n'aviez pas le droit de le dire.
– Alors je n'aurais pas rempli ma mission de maintien de l'ordre, qui m'obligeait à garder la confiance des Algérois en leur faisant comprendre que je partageais leurs inquiétudes... »

Le général Massu sort de l'Elysée brisé. Pourtant, gaulliste il était, gaulliste il restera. Il n'a jamais, confiera-t-il, été question de rupture. Ses sentiments pour de Gaulle, mélange ancien et profond d'attachement, d'admiration et de respect, n'étaient pas en cause. Ce qui est vrai pour Massu paraît également l'être pour de Gaulle qui ne consacrera que quelques lignes à cet épisode très orageux des affaires algériennes :

« L'incident qui fait tomber la foudre est un entretien qu'un journaliste allemand a, dans le courant de janvier, obtenu par surprise du général Massu, commandant le corps d'armée d'Alger où il est très populaire, et dans lequel ce valeureux soldat, mon compagnon de toujours, s'est laissé aller à déblatérer à l'encontre de ma politique. Bien que je comprenne que celle-ci puisse chagriner un homme comme celui-là – si je la fais en suis-je moi-même heureux ? –, bien que je mesure l'influence qu'excerce le milieu qui l'entoure, bien que je tienne compte du démenti partiel et surtout de l'assurance de fidélité qu'il a pris sur lui de publier, j'estime nécessaire de sanctionner son incartade.... [1]. »

Les éclats de voix alertent les aides de camp. De tels accrochages sont totalement inusités en de tels lieux. Ce 24 janvier 1960, ils ne sont pas encore rodés. Ils récupèrent Massu éprouvé par le comportement du Général comme par sa propre audace. Le chef d'état-major de l'Elysée, le général Grout de Beaufort l'entraîne, lui offre un whisky qu'il n'a même pas le temps de boire : de Gaulle tonne encore ! Massu doit quitter immédiatement l'Elysée par une porte latérale, en échappant à la meute des journalistes regroupée devant le perron de la cour d'honneur...

L'une des premières choses qu'apprend Massu en fin de journée est le nom de son remplaçant : le général Crépin !

Repense-t-il, en cet instant, au Crépin très récemment rencontré à Alger, alors que couraient déjà les rumeurs de son départ ? Crépin lui avait expliqué que cela ne le concernait en rien, qu'il n'était pas candidat, pas même intéressé, qu'il avait des vues sur un commandement à Constantine. Et pourtant, dans cette résidence de fonction, d'étranges détails retenaient l'attention de Crépin, l'installation de la cuisine, le chauffage...

Jacques Massu a-t-il été manipulé ? Il apparaît très vite à ses proches – Jouhaud et Challe ne s'en sont pas cachés – que le Général a été piégé ; que son interlocuteur a voulu lui faire dire à haute voix ce que murmuraient plus discrètement bon nombre d'officiers. Massu est une cible de choix : il ne sait guère dissimuler ses pensées, il serait facile de le pousser un peu... L'insistance de son entourage pour qu'il déroge à la règle qu'il s'imposait – ne pas recevoir de journaliste, refuser les interviews – laisse supposer que l'on attendait de lui qu'il parle et que l'on savait qu'il n'était plus d'humeur à faire l'aimable. Mais qui se cache derrière ce « on » impersonnel ? Jacques Massu, s'il a longuement raconté son accrochage avec de Gaulle, ne s'est jamais étendu sur cette question. Pourtant, il restera toujours convaincu que la manipulation est venue de l'entourage très proche du général de Gaulle. Sans doute cette conviction antérieure à l'incident explique-t-elle la référence a priori

1. Il n'existe que deux sources possibles pour cette scène hors du commun : les récits du général Massu auxquels l'auteur s'est référé – notamment ses livres *Avec de Gaulle* et *Le Torrent et la digue* – et les *Mémoires d'espoir* du général de Gaulle... qui évoque les journées de janvier 1960 sans s'attarder sur cet entretien orageux !

incongrue à la « bande de cons » de l'entourage présidentiel. Sans doute une réplique du président pendant leur échange l'a-t-elle conforté dans cette supposition : « Vous ne m'accusez tout de même pas d'avoir monté cette machination... »

Non, il n'accuse pas le Général personnellement; il croit pourtant fermement à la machination ourdie par l'entourage. Tout au moins au rôle joué par quelques hommes. Ses rapports avec Guillaumat resteront ambigus; il était sans doute un des proches qui, aux yeux de Massu, prenait une influence trop importante sur de Gaulle. Il n'en dira rien, hors quelques grognements contre le ministre et quelques jugements à l'emporte-pièce devant ses proches collaborateurs. Il lui est arrivé de faire allusion à un autre homme dont il a tout lieu de penser qu'il ne l'aime pas : le colonel de Boissieu. Celui-ci connaissait tout de la confiance que de Gaulle, son beau-père, accordait à Massu; comme il savait Massu capable de dire à de Gaulle ce qu'il pensait de sa politique...

Apprenant le 22 janvier que Massu ne reviendrait pas, Alger paraît vouloir se laisser aller à l'une de ses colères. Qu'importe à la foule des pieds-noirs le nom du successeur de Massu, ce général Crépin dont le nom ne dit rien, ou presque rien. Ce qu'ils jugent grave, impardonnable c'est que de Gaulle ose leur arracher l'homme à qui ils ont accordé toute leur confiance. Comment accepteraient-ils d'oublier que depuis l'automne 1957 et sa victoire dans la bataille d'Alger, ils ont retrouvé une vie presque heureuse, sans appréhender la grenade qui, jetée sous les guéridons d'une terrasse, pouvait vous cisailler les jambes à l'heure de l'anisette, sans redouter qu'une bombe saccage un magasin, un autobus ou un bureau de poste, jetant au sol des dizaines de corps ensanglantés? Massu n'est-il pas l'homme qui a accompagné aussi loin qu'il l'a pu les Comités de salut public, qui a su faire comprendre à Paris que l'heure du renouveau était venue et que les vieux politiciens devaient céder la place à l'homme de tous les espoirs, Charles de Gaulle... Comme le soupçonne désormais Massu, mais plus âprement que lui, les Algérois sont maintenant persuadés que l'homme providentiel les a leurrés. Ils en perçoivent des preuves à chaque instant. Non seulement il interdit à Massu de revenir en Algérie, mais voici Georges Bidault, qui devait venir pour une tournée de conférences, également prié de rester en métropole... Alors la ville s'agite, s'énerve, se prépare à des lendemains tumultueux.

Les meneurs, pour diverses raisons, sont bien connus des Algérois. Joseph Ortiz, le patron du Bar du Forum, tout à côté du Gouvernement général, célèbre pour son rôle dans le lancer de tomates du 6 février 1956, avait l'oreille de Massu. Le docteur Pérez s'est fait une réputation lors des événements de mai 1958 ; Pierre Lagaillarde est devenu député d'Alger; Jean-Jacques Susini est le président de l'association des étudiants d'Alger et c'est lui qui le 23 janvier affirme : « S'il le faut, les Algérois iront chercher Massu à Paris. »

Tous ensemble mais se méfiant les uns des autres, ils montent leur manifestation du 24 janvier; ils la veulent aussi joyeuse, aussi mobilisatrice que possible, un nouveau 13 Mai pour que Paris cède et leur rende Massu. Ils oublient que les temps ont changé, que Delouvrier ne se laissera pas déborder. Il le leur fait d'ailleurs savoir :

> « Les responsables de cette manifestation commettent une tragique erreur. Je les adjure de se reprendre pour éviter que le sang coule. L'autorité et l'armée feront leur devoir... »

La fête n'est donc pas au rendez-vous annoncé, le 24 janvier. Il manque trop d'ingrédients pour que l'effervescence tourne à l'allégresse. Delouvrier a fait peur aux plus tièdes, qui ne descendent pas dans la rue. Les musulmans, tourneboulés par l'intégration oubliée, par l'autodétermination annoncée et les incertitudes pour le lendemain, considèrent qu'il devient urgent de se faire oublier. Il sera toujours temps de réapparaître aux côtés des plus forts. Passant en fin de matinée sur le Forum, où il apprend que Challe et Ortiz ont eu un contact pour éviter les incidents, Jean-Marie Sanne s'émeut de l'indifférence ambiante comme il s'était déjà étonné de l'insouciance algéroise lors du départ de Salan. Avec Desaphy, il rameute des fidèles. La foule s'éveille. Le ton monte. Il y a bientôt des barricades au cœur de la ville. Et des gendarmes prêts à les démanteler.

Les premiers coups de feu sont tirés peu après 17 heures, nul n'a jamais su par qui, ni pourquoi. Une provocation, un coup de folie, une erreur de manipulation... tout est possible. Des tirs insensés en tous sens. Du côté des gendarmes, le colonel Debrosse sera formel : lorsque ses hommes sont sortis du Gouvernement général pour dégager le Forum, leurs armes ne devaient pas être chargées, ni même aprovisionnées. Du côté des manifestants, Ortiz et Susini seront également formels : ils jureront sur l'honneur que la fusillade n'est pas le fait de leurs amis. Jean-Marie Sanne, lui, restera persuadé que les coups de feu partaient aussi bien du côté des manifestants que depuis les rangs des gendarmes. Il a aussitôt repensé aux avertissements de Massu avant chaque manifestation : « Nous allons avoir des provocations... »

Commence alors ce que l'Histoire retiendra sous l'appellation de « la semaine des barricades ».

Ce n'est plus exactement une tension dramatique, ce n'est pas davantage un tournant folklorique, c'est une période étrange dont les participants mesurent exactement les conséquences. Ils ont défié le pouvoir politique; ils savent qu'ils ont échoué mais veulent faire entendre leur désespoir à la France entière. Les parachutistes du 1er REP et du 1er RCP font un travail qu'ils n'apprécient pas et le démontrent à leur manière en laissant survivre le camp retranché où se sont regroupés, derrière leurs barricades, les manifestants d'hier. D'un côté comme de l'autre des barricades, il y a le même attachement à l'Algérie, la même impression d'avoir été trompé et aucune envie de s'affronter. Les Algérois ravitaillent aussi bien les hommes du camp retranché que les parachutistes qui les encerclent. Par-dessus les barricades, on échange le pain, le vin et le café. Paris le sait et s'en agace.

Pour le gouvernement, il devient évident qu'il faut réduire le camp retranché et pour cela remplacer ces deux régiments hautement suspects. Le temps manquera, bien que l'Elysée ait envoyé en urgence – dans la nuit du 25 au 26 janvier – Pierre Guillaumat à Alger, avec en poche l'ordre d'ouvrir le feu si nécessaire, ce que Guillaumat est décidé à éviter autant que possible.

Le lendemain matin, 26 janvier, les lustres de l'Elysée tremblent à nouveau et les aides de camp se demandent ce qu'il peut bien se passer entre le maréchal Juin et leur patron. C'est évidemment à propos des barricades d'Alger et de l'ordre que de Gaulle vient de donner à Guillaumat... De Gaulle et Juin, camarades de promotion à Saint-Cyr, se tutoient et s'appellent par leurs prénoms, ce qui ne peut qu'ajouter à la verdeur des propos.

> « Tu ne les connais pas, ils ont le sang chaud mais leur excitation retombera aussi vite... Tu ne dois pas donner l'ordre de tirer... C'est de la folie, la ville grouille de provocateurs... Ce sera l'engrenage fatal.
> – Je défends l'Etat. J'ai toujours affirmé que l'Algérie déciderait elle-même de son avenir. Je ne puis admettre cette insurrection... Il faut leur rentrer dedans.
> – Tu ne feras pas tirer. C'est une absurdité, même du seul point de vue militaire.

– Force doit rester à la loi. Ce sont des insurgés contre l'Etat.
– Si tu ordonnes de tirer, tu auras du sang sur les mains, je le ferai savoir à la face du monde... Je prendrai publiquement position contre toi.
– Dans ce cas, je te casserai.
– Mon bâton de maréchal, tu peux te le foutre... Moi, j'ai gagné des batailles [1]. »

Le 1er février, le colonel Dufour obtient la reddition de Pierre Lagaillarde et de ses hommes. Diverses tractations ont lieu à la préfecture où il est dit à Jean-Marie Sanne que seuls seront arrêtés Lagaillarde et Ortiz. Les autres n'ont qu'à disparaître. Sanne qui, depuis, le premier jour, tente de calmer le jeu, organise une cérémonie aux couleurs. La scène met un peu de baume au cœur des Algérois et irrite davantage encore le pouvoir. C'est à Tizi-Ouzou, où Challe l'a muté, que Sanne est arrêté. Il y a contre lui cinq chefs d'inculpation, dont trois lui font risquer la peine de mort. A part la cérémonie aux couleurs, il se sent hors du coup. Il préfère donc s'interroger sur le sens réel de ces inculpations : n'est-ce pas une façon de compromettre le général Massu, dont il était le fidèle exécutant ? Jean-Marie Sanne est transféré à Paris, seul passager d'une « Caravelle » spéciale. Il rejoint, dans une cellule de la prison de la Santé, Lagaillarde, Demarquet et Alain de Sérigny...

Le général Jacques Massu ne reviendra plus à Alger. Les Algérois, dans leur majorité, n'accorderont plus jamais leur confiance au général de Gaulle. Les officiers ne savent plus exactement où sont l'obéissance, le devoir et l'honneur, ni même si le devoir et l'honneur sont encore compatibles...

1. Bernard Pujo – auteur de *Juin, Maréchal de France*, Albin Michel, 1988, – auquel est emprunté ce dialogue a longtemps été aide de camp puis attaché au cabinet du maréchal. Il a reconstitué ce dialogue d'après les témoignage des rares témoins auditifs de l'esclandre.

Chapitre 14

Une autre traversée du désert
Un « quarteron de généraux » en révolte
Retour en grâce
Gouverneur militaire de Metz

Des vacances ! Le général Massu affecte de se croire enfin en vacances. Il est vrai qu'il n'a pas abusé ni même usé des permissions au cours de sa déjà longue carrière. Puisque les circonstances la lui imposent, il s'accorde une trêve personnelle, le temps de souffler et de réfléchir. Il est bien décidé, pourtant, à ne jamais perdre de vue les événements poussant inexorablement l'Algérie vers l'indépendance.

Le retour obligé vers une base arrière personnelle est aussi l'amorce d'une évolution. Le général Massu n'a jamais caché ce que son attachement à l'Algérie avait de sentimental. Il avait déjà, par le passé, regretté que de Gaulle ne lui dise pas plus clairement pourquoi il écartait délibérément toute référence à l'intégration, à un avenir français pour l'Algérie. Ces silences, lourds de sens, l'avaient intrigué et plus encore agacé. Sa fidélité à l'homme du 18 Juin souffrait de cette réserve aux apparences de méfiance. Ce n'était pas suffisant pour que Massu envisage de rompre avec son gaullisme, ni même avec de Gaulle, bien que leurs relations se soient inévitablement dégradées. Une situation que Massu a résumée à sa façon :« J'ai l'habitude de dire que c'est une période de ma vie où je ne me sentais pas très gaulliste... »

Au long de ces semaines passées à l'écart des emballements et des rancœurs, au cours de sa traversée du désert, Jacques Massu en vient à se demander si lui et ses amis n'ont pas fait fausse route. Il aimerait savoir si leur attachement à l'Algérie n'était pas plus passionnel que raisonné ; s'ils n'ont pas manqué d'informations ou de réflexion; s'ils n'ont pas succombé à l'un de ces mirages qui les déboussolaient autrefois dans le désert du Fezzan. Il attendra pourtant des années avant de confier ses états d'âme à des pages blanches :

« Je me suis vite rendu compte que nous avions vécu sur un mirage en Algérie : celui de l'intégration, de l'Algérie française.
« Economiquement et démographiquement, c'était impossible à réaliser. Il y avait trop de différence de niveau de vie entre la métropole et l'Algérie, et une progression démographique trop disproportionnée ; si la France avait dû " absorber " l'Algérie, la conséquence aurait été une stagnation de l'économie française pendant des décennies. La France n'avait pas intérêt à l'intégration, c'est pourquoi elle n'en voulait pas.
« Ça, je ne l'ai compris qu'en vivant en métropole ; d'Alger, nous étions trop aveuglés par l'ambiance, l'euphorie... Comme on dit : nous prenions nos désirs pour des réalités... De l'autre côté de la Méditerranée, la réalité changeait... [1] »

Le constat est certainement lucide, sans doute résigné, peut-être tardif... Il est sûrement amer. Le général Massu n'en a pourtant pas fini – sentimentalement – avec l'Algérie. Il a compris que les Français de métropole n'avaient aucune intention de supporter le prix de l'intégration. Il sait que des Français d'Algérie vont souffrir lorsque surgira l'indépendance. Il y a des semaines déjà que circule le slogan du désespoir dont la paternité est attribuée – à tort ou à raison – à Joseph Ortiz, le cafetier du Forum : la valise ou le cercueil... Massu s'inquiète aussi du sort des musulmans attachés à la France, qui ont combattu à ses côtés, travaillé avec elle et pour elle ; aux familles semblables à celle de la jeune Malika s'épanouissant auprès des Massu, des familles qui sont infiniment plus nombreuses qu'essaient de le croire les métropolitains. Il a une pensée particulière pour les harkis, et sans doute est-ce une des blessures les plus profondes que lui ait causée la politique gaullienne. Il aurait tant voulu que de Gaulle leur fasse savoir qu'il ne fallait plus engager ces hommes aux côtés de la France. Il se souvient d'un rendez-vous dans les djebels, Dufour, le colonel du 1er REP demandant au chef de l'Etat s'il fallait vraiment encore recruter ces supplétifs, et de Gaulle restant muet...

Massu aurait pu, à cette époque, songer à démissionner de l'armée ; cela lui a même été conseillé. Mais le général Massu n'aime pas les démissions, il y voit un geste qui, s'il peut faire quelque bruit sur le moment, ne débouche que sur le vide. Des situations s'offraient à lui pour une éventuelle reconversion civile, notamment dans les milieux de l'armement où de nombreux officiers sont allés améliorer leur retraite. Le profit n'ayant jamais été un moteur pour Jacques Massu, il écarte ces propositions pourtant lucratives. Soldat il est, soldat il restera ; d'autant qu'il demeure persuadé que de Gaulle n'a

1. *Avec de Gaulle, du Tchad 1941 à Baden 1968.*

jamais cherché à l'écarter de l'armée. Simplement, pour des raisons qui lui étaient propres, il ne veut plus de Massu en Algérie. Si Massu en avait souhaité une preuve, elle lui aurait été offerte par Pierre Messmer, tout nouveau ministre des Armées. Entré au gouvernement le 5 février 1960, c'est le 27 février qu'il fait une première proposition à Jacques Massu ; ce qui sous-entend, compte tenu des péripéties de l'époque, que Messmer s'en est certainement entretenu avec le général de Gaulle et qu'il avait son accord. Personne ne pouvant imaginer Massu déjà lassé par l'inaction, le geste est à la fois symbolique et politique. Messmer explique donc que le général Le Pulloch doit quitter Brazzaville avant l'été ; si le poste convient à Massu il sera pour lui... Massu n'est pas fatigué de se reposer, il prend goût à ses très récents loisirs. Puis il a été blessé et, de cette souffrance-là, il n'est pas guéri. Messmer enregistre un refus qu'il ne pouvait prévoir : « Si le Général estime que je ne suis pas bon pour le servir en Algérie, je ne vois pas pourquoi je serais bon pour le servir à Brazzaville... »

Le procès des « barricades » s'ouvre, au Palais de Justice de Paris le 3 novembre 1960. Il va se poursuivre jusqu'au 2 mars 1961. Le général Massu est l'un des témoins appelés à la barre par la défense. Il connaît la plupart des inculpés. Il les a côtoyés en mai 1958, quand il fallait canaliser leurs espérances et leur fureur pour balayer sans trop de casse la vieille République à bout de forces, à bout de vie. Ce sont les mêmes qui seraient redescendus dans les rues si la tentative de la mi-octobre 1959 n'avait pas tourné court ; ce sont les mêmes qui ont investi la ville en janvier dernier, pour que Paris leur rende Massu ; Massu le roi d'Alger.

Ce sera un très curieux procès où il sera souvent question des provocations et autres pièges qu'aurait tendus le pouvoir politique. Les accusés sont convaincus que l'interview du général Massu est le fruit de l'une de ces machinations, un avis que n'est pas loin de partager l'intéressé. Le journaliste allemand Kempski ne serait pas arrivé par hasard dans son bureau. Pour la fusillade meurtrière, les accusés affirment à leurs juges qu'elle n'est pas de leur responsabilité. Qu'importe que le patron des gendarmes soit d'un avis contraire ; ils maintiendront qu'aucun fusil-mitrailleur ne pouvait être là où le général Debrosse l'aurait vu puisque dans cet immeuble fenêtres et volets étaient fermés. Il apparaît aussi, au fil des témoignages, que les officiers parachutistes ne portent pas dans leur cœur leurs homologues gendarmes ; que l'armée ne cache guère sa sympathie pour les émeutiers d'hier. La cour, le 18 décembre, doit entendre le témoignage du général Massu.

Les chroniqueurs judiciaires le guettent ; ils veulent savoir si le général arrivera devant la cour en civil ou en uniforme, cette dernière tenue étant vivement déconseillée par l'état-major. Il arrive en civil, un costume noir à fines rayures blanches, de belle coupe. Le journaliste Robert Bruyez, qui suit le procès pour *Le Figaro*, brosse un bref portrait du témoin :

> « Le visage est celui que tout le monde connaît : un profil de rapace vigoureux ; un nez de toucan que souligne une moustache en dure brosse. Et deux petits yeux extraordinairement perçants que rien ne peut faire baisser. Tel est Massu (...) Il va parler pendant près de deux heures. La voix accuse une certaine gouaille et l'orateur – c'en est un – n'hésite pas devant l'aréopage à employer plus volontiers l'argot de la troupe que le terme académique. C'est un soldat, il parle en soldat. »

Il est bien évident que, rappelé à Paris avant les événements, il ne peut guère apporter de révélations sur l'affaire elle-même. Il est, en revanche, un témoin précieux sur la manière dont cette manifestation a pu éclater puis dégénérer :

> « Oui, ces hommes je les connais presque tous pour les avoir eus sous mes ordres et ce n'est pas sans émotion, je dirai même une certaine honte, que je constate que ces hommes sont dans le box des accusés. Je pense que ce procès, beaucoup plus que celui des hommes qui sont dans le box, est celui de certaines méthodes. Il me fait penser, ce procès, à quelques chefs qui auraient essuyé une défaite et voudraient en faire peser les responsabilités sur leurs subordonnés. Cela me paraît particulièrement aberrant. Ces hommes ont été requis pour la même mission que moi pendant des années en Algérie. Par conséquent, je me sens lié à eux, et je ne vois pas pourquoi, au fond, je ne suis pas avec eux. Récemment un aumônier, l'abbé Scotto, a parlé du déchirement de ces hommes, de leur amour de la patrie française... C'est tout leur problème. Peut-on s'étonner qu'ils aient manifesté leur déchirement ? Leur manifestation fut-elle à l'origine des événements qui se sont déroulés du 15 au 24 janvier ? Moi, je réponds non et je dis qu'une manifestation lorsqu'elle en vient au sang est une manifestation qui a été mal comprise. »

Lui aussi, dit-il, a souffert des événements des mois précédents, et peut-être plus encore de certains choix imposés par le général de Gaulle mais jamais expliqués par l'intéressé aux exécutants. Les doutes de Massu apparaissent lorsqu'il parle des mois passés :

> « J'avais adopté une méthode. Le général de Gaulle a pu dire à ce sujet que j'ai été " la digue qui retient le torrent " et m'en a félicité. Ce rôle, il fallait le jouer longtemps encore après le 13 mai. Or le général de Gaulle crut bon d'ordonner aux militaires de quitter les comités de salut public

dès septembre 1958. J'ai obéi par discipline. Les militaires ont quitté les comités de salut public ; mais leur départ a rompu la digue. »

Les accusés écoutent le témoin. Ils guettent ses paroles qui sont, le plus souvent, leur éloge. Le colonel Gardes, le lieutenant Jean-Marie Sanne, le commandant Sapin-Lignières patron des unités territoriales, Alain de Sérigny qu'il a fréquenté notamment au Comité de salut public, comme le docteur Lefevre, le lieutenant Jourdes ou Auguste Arnould. Parmi les principaux acteurs des « barricades », il ne manque dans le box que Joseph Ortiz, celui qui a été pour Massu, dans le passé, un élément notable autant qu'officieux de son dispositif de maintien de l'ordre. Il est en fuite depuis la reddition des insurgés, ce qui n'empêche pas que l'on parle beaucoup de lui au tribunal. Ortiz, le cafetier du Forum et patron du Front National Français – le FNF –, n'avait-il pas à sa disposition des troupes qu'il pouvait jeter dans la rue ? Massu avait des responsabilités et ne voulait surtout pas que la rue devienne un champ de bataille. Alors que tout devait les séparer, ils se sont rencontrés et se sont compris, Massu le confie au tribunal :

« Le FNF ? Il valait ce qu'il valait. Il pouvait peut-être inquiéter beaucoup de gens après tout. Moi, il ne m'a pas beaucoup inquiété. Je ne voyais pas ces gars-là, débarquant à Paris avec des avions, mettre la révolution en métropole ! Cela me paraissait un peu farfelu. M. Ortiz m'avait dit :
“ Mon général, on pense que vous ne lâcherez pas. On vous fait confiance. On va faire à Alger un pacte avec vous. ”
“ Ah lequel ? ”
“ De ne rien déclencher sans venir vous voir au préalable. ”
“ D'accord ”, lui ai-je répondu.
« J'ai rendu compte de ce pacte à M. Delouvrier, qui l'ignorait absolument. J'ai moi-même présenté Ortiz au général Challe, de façon que ces deux hommes aient au moins un contact personnel. Et j'ai attendu que ça se passe. (...)
« Mes deux collaborateurs chargés des liaisons avec le FNF – que je contrôlais – étaient le capitaine Filippi, de mon état-major et le lieutenant Sanne, de mon cabinet. Argoud et Navarro leur transmettaient les ordres. Ce rôle de contrôle, je l'exerçais avec précision, croyez-moi, monsieur le Président. »

Massu se tourne vers le lieutenant Sanne :

« J'ai apprécié ses qualités militaires au poste où je l'avais placé, dans la région la plus dure. C'est un professeur de philosophie ? Eh bien ! Je suis content qu'il y ait un intellectuel patriote dans mon pays. Sanne était tellement dynamique qu'il fallait parfois le rattraper par les boutons de sa veste... »

Il est évident que le général Massu aurait certainement manœuvré autrement s'il avait eu à faire face aux manifestations de janvier. Encore qu'il y ait un certain paradoxe dans une telle hypothèse : s'il avait été à Alger, il ne se serait rien passé ! Au cours de son témoignage, à deux reprises au moins, il laisse entrevoir son désaccord avec ce qui s'est fait à Alger, aussitôt après son départ forcé, en matière de maintien de l'ordre. Une première fois, il précise qu'il a dû, dans certaines circonstances, faire appel au FNF d'Ortiz parce qu'il n'avait pas beaucoup de militaires à sa disposition et qu'on ne lui dispensait pas, autant qu'il l'aurait fallu, les compagnies de CRS et les compagnies de gardes mobiles. Il revient sur le problème lorsqu'il évoque plus précisément le 24 janvier :

> « Quand j'ai commandé à Alger, il ne s'est jamais rien passé de sanglant. Il y a l'autre méthode qui consiste, à partir de son bureau, par des coups de téléphone, à jouer avec les forces de police, voire avec des fractions de population... et il arrive que cette méthode débouche sur des bains de sang... »

Deux avocats veulent en savoir davantage, Me Isorni et le bâtonnier Charpentier. Le premier interroge le général sur Kempski, dont Massu dit l'avoir reçu à la demande insistante du général Lancrenon, proche collaborateur de Challe et Delouvrier, comme il confirme avoir accepté un simple entretien mais pas une interview. C'est ainsi qu'il a été piégé, parce qu'il parle habituellement sans détour :

> « A cette époque, quel était l'état d'esprit ? On n'était pas contents. D'une part, il y avait la reprise des attentats dans la Mitidja et, d'autre part, on recevait des informations très pessimistes en provenance de l'Afrique noire et notamment de Guinée. Au surplus, le discours du général de Gaulle n'avait pas été fait non plus pour nous regonfler. J'étais dans la mentalité d'un grognard, du grognard de l'Empire qui aime bien son Empereur, qui se ferait couper pour lui mais qui rouspète. Et je crois que les grognards ont le droit de rouspéter. Autrefois, on n'allait pas s'adresser à la presse de Metternich pour connaître la mentalité des grognards de Napoléon...
> « On me dit qu'il s'agissait non d'une interview mais d'un entretien au cours duquel je donnerais une trame pour une enquête dans laquelle mon nom ne serait pas cité. De plus l'article devait m'être soumis.
> « Vous comprenez bien que si j'avais voulu m'élever publiquement contre la politique du général de Gaulle, je n'aurais certainement pas choisi pour cela un journaliste teuton... »

Me Isorni insiste ; il voudrait savoir si le départ d'Algérie du témoin a eu une incidence sur les événements qui se déroulèrent le 24 janvier :

« C'est probable. Ce qui est certain, c'est que la carte Algérie française n'a jamais été jouée. Le général de Gaulle avait sa politique dans le crâne. Que s'est-il passé ? On a déboulonné, les uns après les autres, les hommes qui travaillaient pour cette Algérie française (...) Je ne dis pas que j'étais indispensable, mais je crois que me faire sauter c'était tout de même dangereux. On pouvait me dire gentiment : " Vous êtes à Alger depuis quatre ans, ça a assez duré ! " Par discipline, j'aurais avalé la pilule, après avoir tout de même rendu quelques services dont je crois ne pas avoir à rougir. »

Le bâtonnier Charpentier, par ces propos alléché, voudrait en savoir plus, notamment sur ce qu'ont pu se dire de Gaulle et Massu, en janvier à l'Elysée. Massu se contente d'éluder :

« Non, je ne vous répondrai pas sur ce point. Je fus trop attristé. Mon attachement au général de Gaulle me défend d'évoquer cette rencontre en dépit de l'injustice dont je crois avoir été la victime. J'ai connu le général au Tibesti. C'était avec Eboué et le colonel Colonna d'Ornano, qui devait mourir plus tard à mes côtés. Je me suis immédiatement rallié à de Gaulle et je crois l'avoir un peu aidé. Nous avons été en bons termes jusqu'en juillet 1959. A cette date, il me retint à déjeuner à l'Elysée et me dit : " Massu, jamais Ferhat Abbas ne sera à Alger. " Après, tout s'est gâté quand le Général fit sa tournée en vue de son discours du 16 septembre. Le général de Gaulle que j'ai vu pour la dernière fois le 23 janvier 1960 ne ressemble en rien au général de Gaulle que j'ai eu l'honneur de recevoir le 11 janvier 1941 au Tibesti. »

Le bâtonnier Charpentier devra patienter quelques années avant de découvrir que Massu avait répété textuellement devant le tribunal quelques-unes des phrases qu'avait dû supporter de Gaulle, lors de leur tête-à-tête orageux de la mi-janvier...

Quant au journaliste allemand Hans Ulrich Kempski, s'il paraît n'avoir fait qu'une brève apparition à Alger pour tenir un rôle dans un drame qui lui était étranger, il n'entend pas que sa prestation soit celle du méchant ou du sournois. Depuis Munich, il réagit immédiatement aux déclarations du général Massu :

« En fait, le général n'a jamais laissé entendre, fût-ce par un seul mot, que ses déclarations ne devaient pas être publiées. De même, en aucun cas, il n'a été question que je sois obligé de soumettre mon papier à l'approbation du général avant sa publication. Toutes les remarques du général, je les ai prises par écrit. La seule condition posée par le général était la suivante : " Maintenant vous connaissez mon opinion. La seule chose que je vous demande est de ne pas écrire que je suis un fasciste. " Seule la conversation avec le général Challe, à cette époque commandant en chef en Algérie, avait été confidentielle et à ne pas publier. Elle a eu lieu avant mon entretien avec le général Massu et il me semble que j'ai été fidèle à cet engagement. »

Personne au tribunal ne paraissant avoir lu cet article, la discordance essentielle reste sans écho : Kempski peut affirmer que Massu ne lui a pas demandé un droit de regard sur l'interview ni de ne pas citer son nom; Massu reste certain qu'il n'a pas eu à demander de telles garanties : elles lui ont été offertes.

Outre l'audition du général Massu, le procès des « barricades », avançant cahin-caha, connaît d'innombrables audiences, souvent monotones, parfois amusées, parfois agitées. Les accusés auront besoin de quelque temps pour reprendre leur sérieux après la déposition de Marc Desaphy qui a tenu à témoigner en faveur de Jean-Marie Sanne :

> « Monsieur le Président, comment accuser Sanne de complot ? Il n'en avait pas le temps. Il s'occupait des femmes... »

Ses camarades, dans le box, hilares, savent que les œuvres sociales de Mme Massu dévoraient ce qui lui restait de temps...

Un incident de taille devait marquer la quatrième semaine du procès : la disparition de six inculpés – Demarquet, Lagaillarde, Laquière, Perez, Ronda et Susini – qui seront très vite repérés du côté de Madrid. Un septième, Fernand Féral, leur a emboîté le pas mais se constituera prisonnier quelques jours plus tard. Deux avocats, Me Denise Macaigne et Me Jean-Louis Tixier-Vignancour parleront, pour Lagaillarde, d'un départ sur ordre :

> « Encore une fois, Pierre Lagaillarde a pris des risques et gâché ses chances, plaidera Me Denise Macaigne. Il a mis en difficulté ses amis et ses avocats. On fait ce sacrifice quand on en reçoit l'ordre. Cet ordre, il l'a reçu... »

Et comme il est impossible, à ce moment, d'évoquer la situation algéroise sans évoquer un, deux ou trois putschs en préparation, il apparaît que si Lagaillarde a faussé compagnie à ses juges et fait un détour par l'Espagne, c'était pour rejoindre clandestinement Alger. La présence à Madrid du général Salan, lui aussi parti discrètement de Paris, ajoute aux rumeurs. Il se répète pourtant que l'ordre transmis à Lagaillarde n'aurait été qu'un piège pour l'éloigner. Le député d'Alger devenait encombrant à force de popularité. Car il y a bien, parmi les putschs annoncés, un projet plus mûr que d'autres. Le référendum sur l'autodétermination ayant été annoncé le 16 novembre, les conjurés auraient estimé que le coup de force devait être tenté durant le voyage que le général de Gaulle a prévu de faire en Algérie, dans la première quinzaine de décembre. Le voyage a lieu, mais lorsque le programme est établi, il est entendu que de Gaulle se détournera d'Alger et d'Oran, deux villes trop turbulentes à son goût. Parti le 10 décembre, confronté aux flambées de violence agitant les départements algériens, aux premières apparitions publiques du drapeau vert et blanc des indépendantistes, de Gaulle rentre à Paris plus tôt que prévu... Il n'y aura pas de putsch en décembre 1960, seulement ce retour précipité du général de Gaulle vers la métropole ; seulement des émeutes à Alger et à Oran, ce qui a pu influer sur les projets des conjurés. Il est toujours difficile de tenter un coup de force ; l'affaire devient même impossible lorsque les deux communautés sont en conflit ouvert. Et elles le sont de toute évidence, les Européens réclamant l'Algérie française déjà moribonde et huant de Gaulle, les musulmans appelant à l'Algérie algérienne et acclamant celui qui paraît pouvoir la leur donner. Estompé un temps, à force d'espérances et d'illusions, le fossé entre les deux communautés se creuse définitivement en ce mois de décembre, si profondément que rien ne pourra plus le combler...

Quant au verdict du procès des « barricades », il étonnera par sa modération : treize acquittements, ceux des douze accusés présents [1] et de Jacques Laquière en fuite ; six condamnations pour les absents, dont la peine de mort par contumace pour Ortiz et dix ans de réclusion criminelle pour Pierre Lagaillarde jugé contradictoirement.

De temps à autre, lorsqu'il rencontre des généraux ou des colonels de ses amis, il revient aux oreilles du général Massu que l'on pense de nouveau à lui. Un poste pourrait bien lui être offert. Il est patient, il est sceptique, il n'a pas eu d'autre proposition depuis son refus de février 1960... Quelques mois plus tard, la situation aurait pu se retourner. Un poste doit être prochainement vacant au SHAPE, Massu s'y trouverait fort bien. Et le voici, fidèle à ses habitudes, se replongeant dans l'étude des langues pour mieux tenir son rôle... De Gaulle, qui n'a pas dû apprécier le refus de Brazzaville, lui fait savoir qu'il a vocation au commandement et non pas aux hauts états-majors !

---

1. Bien qu'acquitté, Jean-Marie Sanne est indésirable dans l'armée. L'Education nationale le réintègre et il redevient professeur de philosophie. Sous haute surveillance policière : le putsch des généraux éclatant, il est arrêté, puis relâché ; l'OAS devenant trop active, il est arrêté puis relâché ; l'attentat du Petit-Clamart survenant, il est arrêté puis relâché. Après avoir enseigné à Chambéry, Montélimar, Annemasse, Aurillac puis à Valence pendant vingt-cinq ans, il est aujourd'hui maire d'une commune de la Drôme.

Après le réchauffement déjà lointain, après un vent coulis qui laisse Massu transi, une éclaircie accompagne une autre proposition. Cette fois, c'est la région militaire de Lille qui sera libre à l'automne 1960 [1]. Pierre Messmer la propose à Massu le 6 octobre. Le général est d'accord. Il souscrit même à la seule condition qui lui soit imposée : qu'il veuille bien, pour son arrivée dans la ville natale de Charles de Gaulle, renoncer à toute conférence de presse ! Il s'y engage d'autant plus facilement qu'il n'a pas oublié l'affaire Kempski. La fonction est importante : le patron d'une région militaire est à la fois le représentant permanent du ministre des Armées et l'homme d'une triple mission puisqu'il a la responsabilité de la discipline dans toutes les unités et dans tous les établissements militaires implantés sur le territoire de la région ; il a en charge l'instruction militaire du contingent ; enfin, il doit veiller à la préparation de la mobilisation. La décision de nommer Massu à Lille étant arrêtée d'un commun accord, qu'il songe à son déménagement... Il n'aura pourtant pas à préparer ses malles : les élus socialistes de la région font campagne contre sa nomination et gagnent la partie. Avec la complicité, dira Massu, de celui qu'il devait remplacer ! C'est le secrétaire général de la fédération socialiste du Nord et président du conseil général, Augustin Laurent, qui a conduit l'offensive et fait voter à l'unanimité par l'assemblée départementale un texte de défiance. Une position qu'il résume très clairement :

> « Je déclare publiquement que la nomination du général Massu à Lille serait plus qu'une erreur, une faute. Ce serait une véritable provocation à l'égard d'une région qui a un sens élevé de l'intérêt de la nation et entend défendre la République et la démocratie contre tous les factieux, fussent-ils étoilés. »

Il semble que les vacances du général Massu soient destinées à se prolonger. Il aura, en tout cas, le loisir de méditer sur les foucades des partis politiques en général et des socialistes en particulier... Hanoi où la section locale de la SFIO le trouve trop accommodant envers le Viêt-minh ; Paris où Ramadier s'oppose à son retour en Indochine ; Suez où un gouvernement prépare une offensive qu'il ne mènera pas à son terme ; Alger où Guy Mollet et ses ministres lui demandent de vaincre le terrorisme ; Lille maintenant où on veut l'affubler de la réputation d'un factieux antirépublicain...

---

1. Il y a à l'époque dix régions militaires qui sont, dans l'ordre, Paris, Lille, Rennes, Bordeaux, Toulouse, Metz, Dijon, Lyon, Marseille puis Alger.

Ces vacances auraient pu être sans fin, si Jacques Massu avait écouté le chant des sirènes. Un putsch est en préparation, encore un. Il ne manque pas de semblables conjurations qui se montent, se peaufinent, s'oublient, renaissent. Massu ne croit plus au succès de telles entreprises. Il a eu le temps de mesurer le décalage entre les espérances algéroises et la lassitude métropolitaine. Il est persuadé que les Français ne suivront pas des putschistes, ni même l'armée. Au mieux, les révoltés n'auront derrière ceux que quelques régiments de parachutistes. De son propre aveu, il assiste en spectateur désolé aux errements de ses camarades restés à Alger. Mais eux pensent à lui ! L'affaire en préparation s'organise autour d'un triumvirat composé des généraux Zeller, Salan et Jouhaud. Le choix de ces trois hommes ne paraît guère enchanter les colonels, et parmi eux Argoud et Broizat. Pour ceux-ci et pour quelques autres officiers, qui auront à entraîner leur régiment dans la révolte, une des clés du succès serait la présence de Massu au premier rang des conjurés ! Il appartient au colonel Argoud de venir lui demander de se mettre à leur tête.

Ils se rencontrent à Neuilly, où Jacques Massu habite une partie de son temps. Ils se retrouvent à Conflans-sur-Loing, près de Montargis, où il passe ses fins de semaine. Il habite là une ancienne maison de vigneron dont le voisinage immédiat avec l'église a engendré une vocation tardive : la maison est devenue le presbytère du village. Puis la crise du sacerdoce a obligé les prêtres à desservir plusieurs paroisses et les lieux sont restés vides. Longtemps locataires de ces bâtiments, Suzanne et Jacques Massu s'en sont un jour portés acquéreurs. Le général a transformé une vaste pièce en bureau et les deux cuves à vin, qui ont traversé le temps, sont devenues salles d'archives, sans doute les seules où l'on descende par des échelles.

A Conflans, Massu et Argoud sont au calme, loin des importuns, ils parlent en toute tranquillité. Argoud se confie. Ils poursuivent leurs échanges de vues en ramant sur le Loing; on est encore plus tranquille et infiniment plus loin des oreilles indiscrètes sur un canoë... Argoud insiste : de Gaulle va brader l'Algérie, il faut l'en empêcher. Massu ne se sent pas l'âme d'un rebelle, il ne fera pas un nouveau 13 mai. Argoud ignore, ou affecte de ne pas savoir, que Jouhaud a lui-même contacté Massu; peut-être parce que celui-ci a senti les réticences des colonels devant le trio des généraux annoncé. Jouhaud est reparti déçu, certain aussi que jamais Massu ne se lançera dans une entreprise contre le pouvoir :

> « J'étais, sur ce dernier, sans illusion, pour m'être rendu à sa gentilhommière de Sologne, fin décembre 1960. Je trouvai un homme qui, dans sa disgrâce temporaire, passait son temps à chasser. Ulcéré d'être,

lui, un compagnon des premières heures, tenu à l'écart, écœuré de la méfiance qui l'entourait, il demeurait malgré tout le vieux grognard attaché à son idole. »

En accord avec Salan qui tire les ficelles depuis l'Espagne, le général Jouhaud, toujours en quête d'une figure de proue, se rabat sur Challe durant le mois de janvier 1961. Challe ne refuse pas, il est pourtant singulièrement hésitant.

Massu n'ignore pas que Challe a des états d'âme, que son état d'esprit est bien proche de celui d'Argoud. Ils se voient d'ailleurs à l'occasion. Bien que Massu ait une réelle amitié et de l'estime pour Challe, ce n'est toujours pas suffisant pour qu'il accepte de franchir le Rubicon. Challe, hésite aussi. Il hésite depuis une bonne année, puisque c'est au moment des barricades qu'il a été approché une première fois. D'autres contacts ont suivi, les complots paraissant fleurir de tous côtés à partir de ce printemps 1960. Challe repoussera longtemps les offres qui lui sont faites, il s'en expliquera :

« A chaque fois, j'avais refusé pour deux raisons, la première c'est que les affaires étaient à contretemps, mal montées ou avaient mal démarré ; la deuxième, c'est que je ne voulais pas déclencher une guerre civile car la métropole était intoxiquée par la propagande gouvernementale et ne pensait plus qu'à abandonner l'Algérie qui lui coûtait trop cher... »

La pression devient plus forte à partir de la mi-mars 1961, lorsque le GPRA annonce la prochaine reprise des négociations avec la France. Challe demande encore le temps de la réflexion. Le 11 avril, de Gaulle, tenant une conférence de presse à l'Elysée, fait un pas de plus vers l'idée d'une indépendance algérienne :

« ... C'est pourquoi, aujourd'hui, la France considérerait avec le plus grand sang-froid une solution telle que l'Algérie cessât d'appartenir à son domaine, solution qui, en d'autres temps, aurait pu paraître désastreuse pour nous et qu'encore une fois, nous considérons actuellement avec un cœur parfaitement tranquille. Il n'en serait pas de même, bien entendu, si la masse algérienne tendait à faire partie du peuple français, car alors, garder à la patrie une fraction de ses enfants, cela vaudrait tous les sacrifices. Mais il est difficile de prétendre que la masse algérienne dans son ensemble veut faire partie du peuple français.
« Dès lors, quand il s'agit de son sort par rapport à nous, nous devons considérer d'abord notre intérêt et c'est pourquoi, je le répète, la France ne fait aucune objection et n'entend élever aucun obstacle contre le fait que les populations algériennes décideraient de s'ériger en un Etat qui prendrait leur pays en charge.... »

Pour Challe, il n'est plus question de résister à l'insistance de ses amis. Il arrive clandestinement, par avion, à Alger le 20 avril au soir. Une rencontre est organisée avec le commandant Denoix de Saint Marc, à ce moment à la tête du 1re REP et qui n'a pas encore été contacté. Challe lui parle de Jouhaud, de Zeller, sans doute de Salan qui les rejoindra lorsque l'affaire sera engagée. Le commandant a de l'estime et du respect pour Challe, dont il a été un des adjoints opérationnels. Il lui demande cependant l'assurance qu'il n'est pas question de déclencher une guerre civile ni de renverser le gouvernement de Paris par les armes. Ce n'est pas dans nos intentions, lui répond Challe. Denoix de Saint Marc suivra, comme Argoud, Broizat, Godard, comme Gardy, Masselot, La Chapelle, Lecomte...

Eloigné du chaudron bouillonnant qu'est Alger, bien décidé à ne pas tenter une aventure sans issue, le général Massu est désormais étranger aux projets des conjurés. D'ailleurs, après les premiers contacts, il n'a pas senti cette affaire, lui qui est réputé pour flairer de loin les entreprises heureuses. Il redoute que ses amis s'engouffrent dans une impasse pleine de risques. Il veut oublier. Il part pour un tour de France. Il a des visites à rendre, notamment à des amis officiers en poste à Pau. Il les rencontre, saute même en parachute en leur compagnie, son tout dernier saut. Sur le chemin du retour, il décide d'une visite à la cathédrale d'Albi. C'est là qu'il apprend, le 22 avril en fin de matinée, que le putsch vient d'être lancé à Alger. Il lui semble raisonnable de rejoindre Conflans le plus rapidement possible. Le village aurait pu être aussi calme qu'à l'accoutumée, d'autant que les événements d'Alger, pour l'immédiat, ne bouleversent pas encore la France profonde. Or, il est évident que sur les bords du Loing règne quelque agitation : le pouvoir a décidé de placer le général Massu sous haute surveillance. Il s'en accommodera et ses anges gardiens perdront leur temps. Il n'a pas de relations avec les putschistes, et pour cause ; il n'est pas davantage en liaison avec leurs antennes parisiennes.

Le 26 avril, après quatre jours d'agitation, le général Challe sait que l'affaire ne peut plus se solder que par un échec. Il n'a pas trouvé à Alger des préparatifs aussi sérieux qu'annoncé ; il n'a pas reçu tous les concours espérés et il estime même que certains généraux ont oublié trop facilement les engagements pris. Il se console en se disant que les officiers généraux ayant vraiment du caractère ne sont plus forcément en Algérie... Bien que les conjurés n'aient rien organisé pouvant rappeler le plan « Résurrection » de mai 1958, Paris puis la métropole se sont laissé effrayer. Les Français ont semblé croire que les parachutistes venus d'Alger allaient descendre du ciel pour leur arracher leurs libertés. Michel Debré a demandé à ces citoyens affolés d'aller, dès que retentiraient les sirènes, à pied ou en voiture au-devant des factieux pour les convaincre de leur erreur. La cour du ministère de l'Intérieur a pris l'apparence d'un centre de recrutement : on y a distribué des treillis, des casques et quelques armes à des Parisiens plus représentatifs du Tout-Paris que des faubourgs. Cela est d'autant plus évident que les « engagés » ont demandé et obtenu de conserver les grades qui sont les leurs dans la réserve : il n'y a pratiquement pas de deuxièmes classes pour ce bataillon virtuel [1]. Le pouvoir a montré ses gendarmes, ses CRS, placé des autobus en travers des carrefours et annoncé le renfort d'unités de chars dont quelques-uns sont effectivement venus ronronner sur les bords de la Seine. Le parti communiste a voulu des milices populaires et réclamé des armes. Pis encore, dès le 23 avril, le général de Gaulle avait tonné à la télévision :

> « ... Ce pouvoir a une apparence : un quarteron de généraux en retraite. Il a une réalité : un groupe d'officiers partisans, ambitieux et fanatiques. Ce groupe et ce quarteron possèdent un savoir-faire expéditif et limité. Mais ils ne voient et ne comprennent le monde que déformés par leur frénésie. Leur entreprise conduit tout droit à un désastre national... »

Alors, pour que cet échec soit aussi honorable que l'a été leur révolte, Challe décide d'en prendre personnellement toutes les responsabilités en se livrant. Il est immédiatement transféré à la prison de la Santé, à Paris, où commence l'instruction tandis que Jouhaud et Salan s'enfoncent dans la nuit de la clandestinité. Zeller se livre le 6 mai, lui aussi préfère s'expliquer. Challe et Zeller comparaissent le 29 mai devant un haut tribunal militaire composé de neuf membres, tous choisis par le président de la République. Neuf juges qui écoutent Maurice Challe leur expliquer sa révolte et conclure ainsi :

> « ... On nous a dit : " Obéissance... Discipline... Devoir... " Et nous répondons : " Oui, obéissance ; oui, discipline ; oui, devoir, jusqu'à la

1. Les volontaires du ministère de l'Intérieur devaient former le « bataillon de marche n° 2 ». Les hommes – les femmes ayant été poliment écartées – ont reçu un équipement complet. Les six cent casques distribués ont presque tous été restitués, mais beaucoup moins les autres équipements pouvant, il est vrai, être bien utiles pour la chasse ou le bricolage. L'auteur a indiqué dans *Saint-Cyr génération Indochine-Algérie* (Plon, 1992) – sans jamais être démenti – qu'un camion avait également apporté six cents fusils place Beauvau, dont une petite partie a bien été distribuée à certains volontaires.

mort, jusqu'à la mort inclusivement, mais pas jusqu'au parjure dix fois, cent fois répété, parce que, tout de même, nous ne sommes pas des animaux domestiques mais des êtres humains et qu'il n'y a pas de raison d'Etat, il n'y a pas de loi au monde qui puisse obliger un homme à faire du parjure son pain quotidien. " »

Le tribunal avait certainement été invité à ne pas perdre son temps puisqu'il rend son jugement le 31 mai, à 21 heures, après trois journées d'audience, alors qu'il avait fallu quatre mois à une autre chambre pour décider du sort des inculpés de l'affaire des barricades. A la hâte, Maurice Challe et André Zeller sont condamnés à quinze ans de détention criminelle. Challe s'attendait à la peine de mort et à son exécution rapide; il part pour de longues années de prison.

Pour le 18 juin 1961, deux mois après le putsch des généraux, le général de Gaulle renoue avec ses propres traditions. Tous les deux ans, il rassemble autour de lui les compagnons de la Libération, ses fidèles de la première heure. Les années passant et l'âge sévissant, ils sont moins nombreux, mais heureux de se retrouver. Pierre Messmer, ministre des Armées, a demandé à Jacques Massu de se rendre à l'Elysée, où les compagnons viennent entourer leur chef d'avant-hier devenu le chef de l'Etat. Ce sera d'ailleurs la seule fois où semblable rencontre, célébrant l'appel du 18 juin 1940, aura lieu dans le cadre du palais présidentiel. Leur invitation à l'hôtel Matignon, en 1958, était, elle aussi, une exception; il s'agissait de la remise solennelle à Winston Churchill de ses insignes de compagnon de la Libération. Massu hésite à répondre à l'invitation. Il craint la froideur de l'accueil. Pourtant il se résigne, lorsque Pierre Messmer insiste. Il lui paraît effectivement impossible de ne pas être là sans ajouter au trouble qui affecte ses relations avec le président. Alors Suzanne et Jacques Massu essaient de se faire discrets, cachés dans la longue file des invités patientant avant que de Gaulle les reçoive. Les regards insistants de leurs voisins, dans la file d'attente, agacent Massu; on le devine aisément s'agitant, piaffant. Un officier de la maison militaire de l'Elysée vient lui offrir de passer avant son tour, il refuse. Il n'est pas pressé de se retrouver face au chef de l'Etat; il n'a pas encore mis ses propres sentiments au clair. Et le voici devant le président...

De Gaulle tend la main, prend celle de son vieux compagnon, l'attire vers lui : « Je suis content de vous revoir, Massu. »

Massu entend la phrase, écoute cette voix dont il dira qu'elle était d'une douceur qu'il ne lui connaissait pas. Il n'avait sans doute jamais espéré autre chose depuis un an et demi.

La réception est faite de retrouvailles, de rencontres plus ou moins voulues, de confidences glissées vers des oreilles attentives. C'est ainsi que le général Massu apprend, au détour d'une conversation certainement orientée, qu'il recevra vers la fin de l'été le commandement de la 6e région militaire, celle de Metz, l'une des plus prestigieuses. Il ne sait trop si cela est sérieux, s'il peut croire à cette proposition après le fiasco de Lille. Or, il est exact que la décision est prise, Pierre Messmer l'a personnellement demandé au général de Gaulle :

> « J'avais rappelé au Général que s'il avait été irrité par l'interview, il savait aussi qui était Massu depuis 1940, peut-être le plus attaché à de Gaulle de tous les généraux, et que la pénitence avait assez duré... Metz était le poste le plus important. Nous étions encore dans l'OTAN, la menace était supposée venir de l'Est ; dans notre stratégie, les Landes et la Bretagne, c'était secondaire... »

Le voici donc à Metz, s'installant dans le logement de fonction, un splendide hôtel particulier dit le « Palais du gouverneur » où la famille sera à l'aise. L'installation est une partie de plaisir pour les enfants, mais Malika a des difficultés avec Véronique : celle-ci estime que la plus belle chambre revient à Malika puisqu'elle est l'aînée ! Malika résiste, Véronique insiste toujours par référence au droit d'aînesse et elle enlève la partie. Rodolphe, lui, va aller au lycée. Il trouve sa famille bien agitée, son père toujours pressé, les déjeuners pris à la hâte parce que rien n'oblige les horaires d'un général et l'emploi du temps d'un lycée à se trouver en harmonie. Il est déjà loin, le temps où les Massu devaient confier l'enfant à une institution privée, le Cours Hattemer, pour qu'il travaille son français, au grand désespoir de la directrice. Celle-ci appela un jour Suzanne Massu pour lui expliquer que si Rodolphe était fâché avec la grammaire, elle-même était brouillée avec le montage et le démontage du PM Mat 49... que l'enfant expliquait à tous ses condisciples et aux enseignants. Rodolphe ne sera pas privé d'armes pour autant : Jacques Massu, son père, l'entraîne à la chasse, lui apprend les longues marches silencieuses, la patience à l'affût, l'art de se faire oublier. Plus tard, Rodolphe l'accompagnera aux chasses présidentielles, là où de Gaulle, qui nc tenait jamais un fusil, observait pourtant avec attention le comportement et l'adresse de ses invités. Malika se prépare à devenir interprète, Véronique va elle aussi au lycée et sans doute pense-t-elle déjà à la faculté : elle veut être médecin.

Alger n'est pas oublié, Alger poursuit même Massu. De tardifs appels lui parviennent. Ainsi, deux mois après la rébellion des généraux, arrive une carte datée du 22 juin et signée du chanoine Gers, très proche de Mgr Duval :

> « Le chanoine Jean-Baptiste-Aimé Gers
> Membre du Vénérable Chapitre
> archiprêtre de l'Eglise Cathédrale Métropolitaine St Philippe
> Vicaire forain d'Alger-Cathédrale
> Maître des cérémonies pontificales
> « Il est grand temps que Madame la Générale persuade le général Massu de venir reprendre ici sa place pour le bien de la paix des âmes et des cœurs aussi bien des Musulmans que des Européens et que vous-même veniez ici continuer une œuvre irremplaçable de charité auprès des plus déshérités.
> « Nous avons décidé de faire une démarche pressante que nous confions au Seigneur et à Notre-Dame de Lourdes. Le sang a trop coulé !
> « Très respectueusement et fidèle gratitude. »

Le même récidivera l'année suivante, alors que l'Algérie est plus déchirée que jamais, prise entre la violence des uns et des autres, le terrorisme du FLN et le contre-terrorisme de l'OAS. La lettre du chanoine Gers est encore pour Suzanne Massu :

> « Madame,
> « Des bruits des plus persistants d'un retour du général Massu circulent ici : c'est le dernier espoir, car tout est pourri, c'est la carence totale ! Il est temps qu'un homme droit, énergique et juste vienne réconcilier les deux communautés en cette heure de folie collective et d'hystérie !
> « Il est temps, Madame, que vous reveniez reprendre en main la jeunesse désœuvrée, livrée aux pires excès et forcée aux crimes ! Et quelle misère ! La France n'a pas le droit d'en rester là.
> « Je supplie Notre-Dame de Lourdes que très bientôt vous reveniez ici accomplir une tâche qui n'aurait jamais dû être interrompue.
>
> Le 14 mars 1962. Gers »

Elle peut paraître étrange, cette carte écrite durant la conférence d'Evian qui débouchera sur le cessez-le-feu, proclamé le 19 mars, au lendemain de la signature des accords. Qui pouvait imaginer que Massu, le vainqueur de la bataille d'Alger, l'homme du 13 Mai, celui par qui sont arrivées les barricades d'Alger, pourrait regagner Alger où tout avait basculé ? Qui pouvait penser que le gouvernement français obligerait à repartir vers une Algérie parvenue aux portes de l'indépendance un homme que les pieds-noirs avaient porté au pinacle et que les Algériens ne portaient sûrement pas dans leur cœur ? Ce n'est pas d'officiers généraux de son espèce dont la France allait avoir besoin pour ses derniers mois de présence en Algérie, pour s'interposer entre les deux communautés en donnant beaucoup de gages aux nouveaux maîtres du pays et bien peu d'aide à la communauté européenne.

L'Algérie a sombré dans la violence la plus aveugle depuis l'arrestation de Jouhaud et Salan. C'est l'affrontement du terrorisme et du contre-terrorisme, c'est l'escalade dans les attentats que pratiquent aveuglément les deux parties. Déjà en place avant le putsch des généraux – ses premiers communiqués sont du mois de février 1961 – l'OAS paraît jouer la terre brûlée alors que clandestinement elle négocie des accords sans lendemain avec les Algériens du FLN. Les nuits algéroises ou oranaises commencent comme des fêtes et s'achèvent par des drames. Les pieds-noirs guettent les émissions pirates de l'OAS, habile à détourner radio et télévision, et diffusant ses messages au beau milieu d'un film. Lorsque sonne l'heure du couvre-feu, tous les Européens se précipitent qui à sa fenêtre, qui sur sa terrasse ; tous scandent à coups de casserole les cinq syllabes de « Al-gé-rie fran-çaise ». Une rue entonne *La Marseillaise*, un boulevard lui répond avec *Le chant des Africains*. Après quoi commencent des activités plus subversives. Les commandos distribuent leurs tracts, peignent des slogans sur les murs, pourchassés par les tueurs du FLN qu'ils traquent à leur tour. Et la ville sommeille comme elle le peut, au bord du cauchemar, après une fusillade ou entre deux explosions.

Pour Malika, au milieu de ces jours heureux, surgit le drame, certainement le pire pouvant frapper une jeune femme de vingt ans. Le télégramme qui lui parvient d'Alger le résume en deux phrases, dures comme le glas :

« Père assassiné. Fais quelque chose. »

Bien sûr qu'ils vont faire quelque chose, bien sûr qu'ils vont arracher à l'Algérie que l'approche de l'indépendance a mis-à-feu et à sang la mère, les frères et les sœurs de Malika restés à Fouka. Ses frères militaires en métropole sont alertés. Un ami de Suzanne Massu, encore à Alger, s'occupe des places d'avion. La famille Messeghem est sauvée. Tous garderont le souvenir de ce 19 avril 1962, de l'arrivée des fellaghas enlevant le père, cherchant un fils, tuant le chien, pour finalement assassiner le père qui voulait que les ouvriers agricoles se remettent au travail malgré l'interdiction du FLN.

Pour Suzanne Massu, rien n'est jamais terminé. Après les Messeghem, ce sont les jeunes gens du centre « Jeunesse » qu'il faut tirer d'affaire. L'avenir risque d'être amer, à l'heure où l'Algérie s'étourdira de son indépendance toute neuve. Il ne peut être question de les abandonner dans leur internat de la rue Koechlin, ni dans les autres centres. Ne demandent-ils pas à venir en métropole ? Suzanne Massu cherche des possibilités de repli. Elle les trouve dans le Sud-Ouest, où elle avait déjà implanté sa colonie de vacances, où les aides ne lui manquent pas, de diverses sortes. Il n'est pas certain que les mêmes motivations poussent les parachutistes de la base de Pau ou les frères Camberabero, internationaux de rugby, qui organiseront un match dont la recette ira au centre « Jeunesse » en cours d'installation ; tous pourtant apporteront leur concours.

L'indépendance installée, Malika aura encore d'autres frayeurs. Parce que les Français de souche musulmane ne resteront des citoyens français que s'ils le demandent formellement. Or, l'un de ses frères, marin de la « Royale » affecté à Brest, apprend un jour qu'il doit quitter la France... il se croyait indiscutablement français, de naissance bien évidemment puisque né dans un département français ; d'évidence ensuite, puisque militaire de carrière servant dans la Marine nationale ; éventuellement par son mariage avec une Bretonne Française de souche, qui lui a donné deux enfants dont personne ne met en doute la nationalité. Il ignorait simplement que les Algériens de souche musulmane – Malika préfère parler des Français de souche arabe – désirant opter pour la France devaient en faire la demande très officielle. La date légale passée, la décision est tombée aussi sèchement qu'une lame de guillotine : qu'il reparte ! Au-delà du désespoir d'un homme ayant amplement prouvé son attachement à la France, au-delà des inquiétudes d'une famille qui ne saura plus pendant quelque temps où est son avenir, il y a une énorme colère de Massu. Et un appel du général directement à l'Elysée pour que ce Français à part entière le reste et que ce dossier soit réglé dans les délais les plus courts ! L'affaire n'a pas eu de suite. Simplement, chez les Messeghem, chez les Massu, il sera permis de se demander si, d'aventure, d'autres cas similaires n'avaient pas été réglés par l'absurde, parce que ces familles-là n'avaient pas les moyens de plaider leurs dossiers, ni un général pour faire entendre son courroux...

Dans les conditions entourant la fin de l'Algérie française, le commandement du général Massu à la tête de la 6ᵉ région militaire ne pouvait débuter sous les meilleurs auspices possibles. En Algérie, le désengagement est amorcé ; des unités reviennent qu'il faut réinstaller en métropole. Il convient de les loger, c'est-à-dire, en réalité, les caser dans des casernements délabrés, sous-entretenus depuis des années, souvent au bord de la ruine. Il n'est pas un général parmi d'autres, il est Massu, l'homme du 13 Mai et de la bataille d'Alger, mais il n'a pas été du putsch... Certes, il n'a pas été hostile aux officiers qui ont choisi la rébellion, il n'a jamais condamné leur choix mais il est resté à l'écart. Il imagine, avant de s'installer, que cela peut affecter ou compliquer certaines de ses relations. A tort, semble-t-il, et ce sont des officiers parmi les premiers arrivant en Lorraine, devinant l'état d'esprit de Massu, qui mettent les choses au point, lui disant en substance :

« Venez, parce que si ce n'est pas vous, ce sera quelqu'un qui ne nous connaît pas et qui nous rendra la vie beaucoup plus difficile que vous ne le ferez. »

Pierre Messmer se souvient, en tout cas, de son efficacité. Massu est partout où il faut préparer l'arrivée des troupes. Il se démène comme un diable, parvient à faire remettre en état les casernements les plus délabrés, tels que ceux de Dieuze, où les arbres ont poussé dans ce qui était autrefois les chambrées, écartant les charpentes, perçant les toits. Il n'y a pas de temps à perdre pour installer le 13e régiment de dragons parachutistes, les dragons de l'Impératrice qui, quarante ans après, occuperont toujours les lieux.

Il y a, en conséquence de la révolte des centurions, des moments pénibles. Surgit la Sécurité militaire. C'est un service parmi d'autres au sein de l'armée, un de ceux dont elle ne tire aucune fierté. C'est le service qui se préoccupe des états d'âme, des petites lâchetés et des grandes trahisons. Or, en cette année 1961, la Sécurité militaire a du pain sur la planche. Il lui appartient de détecter tous les officiers et sous-officiers séditieux ; ceux qui ont participé au putsch comme ceux qui savaient mais n'ont rien dit, ceux qui ne savaient pas mais auraient dû savoir et, pourquoi pas, ceux qui ne pouvaient savoir mais qui auraient pu suivre si par hasard des camarades le leur avaient demandé... Selon la façon dont procèdent les enquêteurs, cela peut relever de l'application stricte des règles disciplinaires ou de la chasse aux sorcières ; de la sanction méritée ou du délit d'opinion. Rester en deçà de l'indispensable ou déraper au-delà du supportable, c'est l'affaire des responsables de la Sécurité militaire ; parfois sérieux sans excès, parfois excessifs au-delà du sérieux. La période a laissé de sinistres souvenirs dans l'armée et engendré nombre de démissions. A Metz, malgré les assurances données à Massu, la Sécurité militaire est confiée à des inquisiteurs traquant le moindre suspect. Avoir son nom inscrit sur le carnet appartenant à un membre de l'OAS et c'est une carrière militaire brisée. Comme celle du lieutenant aide de camp de Massu – ancien légionnaire parachutiste – que la Sécurité militaire vient chercher à Metz, dans le bureau voisin du sien.

Pour les responsables de la rébellion du 21 avril 1961, pour les deux derniers généraux du quarteron démantelé et ceux qui les ont suivis, se poursuit le temps des procès. Naturellement lente en France, la Justice paraît mettre les bouchées doubles. Il y a un Haut Tribunal militaire pour les principaux responsables, un autre tribunal pour leurs subordonnés qui lui trouveront immédiatement un surnom : la basse-cour. Celle-ci ne connaît que les lieutenants et les capitaines, tous condamnés à un ou deux ans de prison assortis du sursis et de toutes les sanctions annexes possibles: carrière militaire achevée, droits civiques suspendus, décorations retirées, ce qui fera dire à un capitaine du 1er REP, Michel Besineau :

« Ils m'ont même ôté ma médaille des blessés, mais ils m'ont quand même laissé ma blessure. »

Les cas de Challe et de Zeller ayant, d'entrée, été promptement réglés puisqu'ils avaient choisi la prison plutôt que le maquis, la hâte de la Justice réapparaît tout aussi clairement lorsque viennent le tour de Jouhaud puis de Salan [1]. Comme il a fallu patienter quelque temps avant que ces chefs disparus dans la clandestinité soient faits prisonniers puis entendus par les juges d'instruction, l'urgence paraît se renforcer. Le général Jouhaud est capturé à Oran le 26 mars 1962, son procès s'ouvre le 11 avril [2]. Le général Massu est l'un des témoins cités. Il n'obtient pas du ministre des Armées l'autorisation de venir témoigner, ce qui est paraît-il normal pour les généraux en activité et ce genre d'interdiction sera amplement multiplié lors du procès Salan. Massu, toutefois, décide d'adresser une lettre aux défenseurs de Jouhaud et une copie au procureur général. Cette lettre est lue à l'audience du 12 avril par Me Perrusel :

> « Maître,
> Le Ministre des Armées me déconseille fortement de comparaître à l'audience du Haut Tribunal militaire à laquelle vous m'avez cité et j'estime devoir me ranger à son avis. J'ai toutefois souci de répondre à la question que vous m'avez posée :
> “ Lors des événements de mai 1958, quel a été le rôle du général Jouhaud ? ”
> J'affirme, sous la foi du serment, les faits suivants et la conclusion qui s'en dégage :

---

1. Pour le procès du général Salan, l'auteur s'est reporté au compte rendu sténographique publié par *Les Nouvelles Editions latines*, pour celui du général Jouhaud, au compte rendu sténographique des éditions Albin Michel.

2. Le général Jouhaud avait déjà été condamné à mort par contumace le 11 juillet 1961.

> « Le général Jouhaud, quoique d'un rang supérieur au mien dans la hiérarchie militaire, a accepté la vice-présidence du Comité de Salut Public Algérie-Sahara que je présidais.
> « Pendant les quatre mois d'exercice de ce comité, dont les réunions étaient d'ailleurs moins fréquentes que celles du Comité de Salut Public du 13 mai, le général Jouhaud m'a apporté le concours et l'appui appréciés de son équilibre et de sa modération au cours de discussions souvent vives avec les membres du Comité. Ses contacts permanents avec le général Salan m'ont toujours paru favorables à la coopération de nos efforts en vue du but poursuivi : le retour à la paix en Algérie dans l'ordre français sous la conduite du général de Gaulle.
> « Je conserve du général Jouhaud, dont l'humanité et l'affabilité étaient proverbiales, une image telle qu'à mes yeux sa présence à la tête de l'OAS d'Oranie, si elle n'a pas empêché certains excès, devait les avoir considérablement limités, dans la mesure des possibilités de l'exercice ardu d'un commandement clandestin.
> « Je vous prie de bien vouloir agréer, Maître, l'expression de mes sentiments distingués.

Au soir de la troisième et dernière audience, le 13 avril 1962, le général Jouhaud est condamné à mort.

Une semaine plus tard, le 20 avril, repéré par un certain Lavanceau, ancien parachutiste qui s'est mis au service de la Sécurité militaire, Salan est arrêté dans sa cache au rez-de-chaussée d'un immeuble algérois. Transféré à Paris, il connaît à son tour les hâtes de l'instruction, la précipitation du Haut Tribunal militaire, l'interdiction faite aux généraux en service – dont Jacques Massu, cité par la défense – de venir témoigner. Le procès Salan s'ouvre le 15 mai, le verdict survient au terme de la septième audience, le 23 mai. Le président Bornet, lisant les réponses du tribunal aux six questions qui lui sont posées en arrive à la dernière : « A la majorité des voix, il existe des circonstances atténuantes en faveur de l'accusé Salan Raoul... »

La suite se perd dans dans une immense clameur montant du public. *La Marseillaise* est entonnée, couvrant un temps la voix du président : « ... en conséquence le Haut Tribunal militaire condamne Raoul Salan à la détention criminelle à vie. »

Salan ayant échappé à la peine de mort, les proches du général de Gaulle gardent le souvenir de sa colère. Il se sent désavoué, il considère ce jugement comme un encouragement à la subversion, comme une offense personnelle. Il faut en finir avec l'OAS qui poursuit ses attentats d'un côté comme de l'autre de la Méditerranée ! Puisque Salan est épargné, que Jouhaud soit exécuté, qu'importe qu'il n'ait été que le second. Or de toute évidence, si l'un des deux condamnés avait dû bénéficier des circonstances atténuantes, c'était Jouhaud, le seul pied-noir parmi les quatre chefs de la rébellion. Deux hommes ont le courage de s'opposer à de Gaulle, Georges Pompidou, le Premier ministre, et Jean Foyer, le garde des Sceaux. Tenant tête au chef de l'Etat, pesant de tout leur poids, usant de tous les arguments, menaçant de démissionner au risque d'ouvrir une crise politique, ils entendent sauver Jouhaud. De Gaulle s'y résigne et, le 25 mai, signe la grâce précédemment refusée.

De cet épisode tragique de la Ve République, Massu s'est entretenu avec le général de Gaulle, au mois d'aout, avant de rejoindre son nouveau commandement à Metz :

> « Nous parlons du putsch qui s'est déroulé à Alger quelques mois plus tôt, du procès et de la condamnation de deux des quatre officiers généraux qui ont pris la tête de l'affaire.
> « Il ne se faisait pas d'illusion sur ces hommes ; il était lui-même un militaire, il pouvait les apprécier, savoir quoi en attendre ou ne pas en attendre. Il m'a fait part de la peine qu'il avait de l'attitude de Challe ; en revanche, les trois autres, il les prenait un peu pour des rigolos. Il jugeait les hommes avec beaucoup de sévérité.
> « Je ne crois pas que le général de Gaulle, au fond de lui, était un homme indulgent. Il a été forcé de l'être après le putsch pour des raisons politiques vis-à-vis de l'armée, mais j'ai l'impression que, personnellement, il n'aurait pas détesté faire un ou deux exemples sérieux. Il aurait volontiers expédié quelques généraux devant le peloton d'exécution [1]... »

Avant même les condamnations de Jouhaud et Salan, avant cette rencontre entre de Gaulle et Massu, le sort de l'Algérie française était déjà scellé. Quelques dates, dans leur sécheresse, en témoignent : le cessez-le-feu proclamé le 19 mars 1962, au lendemain des accords d'Evian ; l'exécutif provisoire installé le 29 mars ; un référendum pour ratifier les accords d'Evian le 8 avril puis un autre sur l'autodétermination le 1er juillet, enfin l'indépendance proclamée le 3 juillet... Durant ce temps, la violence a encore déchiré les départements algériens qui vont partir à la dérive. Des bombes, des meurtres, la fusillade de la rue d'Isly le 26 mars puis le massacre des Européens à Oran le 2 juillet... D'autres tentatives d'attentats contre le général de Gaulle et les derniers complots... Qu'importe, l'armée a été reprise en main, brisée mais maîtrisée. La métropole, résignée et soulagée, a laissé s'éloigner une fraction de la Nation. Les pieds-noirs ont connu l'exil, le transfert vers cette vieille France qu'ils ne connaissaient parfois même pas. Ils deviennent des « rapatriés » dans l'indifférence générale et parfois l'hostilité, sans la moindre assistance des pouvoirs publics qui n'ont même pas pensé à leur transport. Et les harkis ont

1. *Avec de Gaulle*, Le Rocher, 1998.

été abandonnés, désarmés, livrés à leurs bourreaux ; rares seront ceux que leurs officiers, désobéissant aux ordres reçus, parviendront à ramener en France...

Commencée en juin 1830, sous le vain prétexte d'une insulte du dey Hussein au consul Deval – le « coup de l'éventail » –, l'aventure algérienne s'achève définitivement à l'été 1962. Cent trente-deux ans après le débarquement de Sidi Ferruch, la France s'éloigne, abandonnant un pays assaini, fertilisé, administré, équipé, entré de plain-pied dans le monde moderne, riche de son pétrole, de son gaz, de sa jeunesse. D'autres ambitions attendent, paraît-il, la Nation.

Est-ce l'effet de cette justice précipitée, de cette traque déchaînée, est-ce l'amitié qu'il porte – et ne retirera jamais – à des officiers égarés dans les flottements de l'Histoire, et condamnés ? Est-ce parce que l'homme a souffert de ce qu'il a pu légitimement considérer comme des injustices ? Toujours est-il que Jacques Massu n'abandonnera jamais ceux qui l'ont accompagné ni ceux qui derrière leurs barreaux attendent une aide, un geste, autre chose que l'indifférence tombant comme une chape sur les réprouvés. Jean-Marie Sanne, chassé de l'armée, espérant sa réintégration dans l'enseignement, se souvient de leur rencontre dans une brasserie des Champs-Elysées. Massu est avec le général Dulac, Sanne accompagne Desaphy. Massu s'étonne de la frugalité de leur dîner : une soupe à l'oignon. Sanne ne dit rien, Desaphy vend la mèche : son ami n'a plus un centime pour vivre, l'armée lui a demandé le remboursement des soldes touchées depuis son arrestation. Massu logera Sanne et l'aidera financièrement. Comme il aidera des détenus ou leurs familles dans le besoin. Puis Massu va dire, le moment venu, qu'il est temps de pardonner, d'oublier. L'amnistie ne lui paraît pas une ineptie ; il faut y penser et vite. Devant un congrès d'officiers de réserve réuni à Lunéville, les 15 et 16 septembre 1962, devant une assemblée où il serait impossible de ne pas parler de l'Algérie, il exprime publiquement le souhait que vienne le temps de cette amnistie :

> « Toute troupe, si bien instruite soit-elle, ne vaut que par son moral. Or les cadres de l'armée souffrent. Il s'agit d'une maladie née du conflit entre l'honneur et la discipline. Les plus atteints ont été hospitalisés ou mis en convalescence, c'est-à-dire en langage vulgaire internés ou dégagés. Les autres s'efforcent d'avoir recours aux vaccins de l'humilité, de la foi et de l'espérance, ce qui implique le retour à une situation normale en Algérie, avec l'espoir d'un Etat qui gouverne, et aussi d'une amnistie. »

Cette amnistie, Massu la souhaite « au profit de nos “ grands malades ” récupérables, condamnés ou internés ».

Mal lui en prend. Flairant l'imprudence, la presse locale trouve là son titre du jour : « Massu réclame une amnistie ». La période est d'autant plus sensible que l'attentat du Petit-Clamart date du 22 août, il y a tout juste trois semaines ! De toutes les embuscades montées pour attenter à la vie de Charles de Gaulle, c'est certainement la plus élaborée, celle qui a été le plus près de réussir. Il s'en est fallu de quelques minutes, celles où, après le coucher du soleil, la lumière du jour bascule vers la pénombre. Le geste du guetteur est imprécis, le tireur au fusil-mitrailleur hésite un instant... A l'arrivée à Villacoublay, il apparaît que plusieurs balles ont touché la voiture présidentielle, que le Général, sa femme et son gendre ont échappé de bien peu au commando de l'OAS recruté par le colonel Bastien-Thiry [1]. La suite est à la fois policière et politique. Les enquêteurs iront vite. Le monde politique sera encore bien plus rapide dans le domaine de l'extrapolation : que serait-il arrivé si le président avait été tué et qu'adviendrait-il des institutions en de telles circonstances ? Un débat politique que le quotidien *Combat* résume immédiatement :

> « ... L'attentat d'hier fait mieux prendre conscience de la fragilité du pouvoir et des dangers que fait courir à notre pays un régime personnalisé à l'extrême ; il met également en relief les prémices d'une épreuve de force qui semble inévitable entre le général de Gaulle et l'OAS. Une épée de Damoclès est suspendue sur la vie politique française... »

Il aurait donc mieux valu, à la mi-septembre, éviter les allusions à l'amnistie. D'autant que les phrases, sorties de leur contexte, déplaisent souverainement du côté de l'Elysée. C'est ainsi que le général Massu, qui n'a jamais connu la moindre sanction de toute sa carrière, reçoit sa première punition. Trente jours d'arrêts de rigueur avec un motif éloquent :

> « Au cours d'un congrès d'officiers de réserve, a tenu, dans une allocution officielle, des propos inopportuns qui ont été interprétés comme une manifestation d'indiscipline. »

---

1. Une des curiosités de la petite histoire tient aux rapports familiaux entre le général Massu et le colonel Bastien-Thiry. Le père de Jacques Massu, Charles, avait deux sœurs, Jeanne-Marie et Thérèse-Adrienne. La première a épousé un officier d'infanterie, Henry Audiat, dont le père était à la fois l'arrière petit-fils du duc de Massa, ministre de la Justice de Napoléon Ier, et le cousin germain de l'arrière-grand père de Jean-Marie Bastien-Thiry (source : *A la découverte de leurs racines* par Joseph Valynseele et Denis Grando, éditions de l'Intermédiaire des chercheurs et curieux).

En octobre de la même année, bien que présidant les manœuvres « Valmy », – manœuvres nationales qui se déroulent dans sa région –, Massu est exclu du repas officiel à Mourmelon. Il commente la sanction à sa façon : « privé de langouste ! » Après quoi, il raccompagne le général de Gaulle à son avion :

> « Massu, vous ai-je jamais conduit sur un autre chemin que celui de l'honneur ?
> – Certainement pas, mon général. »

De Gaulle est encore froid, sans être glacial. Le rapprochement va pouvoir s'amorcer.

Le président de la République, dégagé de l'affaire algérienne, s'engage sur d'autres voies qui peuvent se résumer en deux mots : indépendance nationale. Elles lui paraissent peut-être moins incertaines que le cheminement chaotique vers l'indépendance de l'Algérie, dont personne n'a jamais su, et ne saura peut-être jamais, si elle a été un but longtemps caché ou si elle s'est imposée à de Gaulle sous la pression des événements.

Dans l'une de ses conférences de presse, spectacle ordinairement donné dans les grands salons de l'Elysée, de Gaulle évoque le 29 juillet 1963 la nécessaire coopération franco-allemande et le besoin d'achever le Marché commun. Il a aussi une phrase remarquée pour l'amnistie : « Il est souhaitable que l'esprit de clémence commence à apparaître à l'horizon... »

Le premier geste concret, le premier texte de loi, attendra pourtant décembre 1964 et sera d'une telle modestie que les parlementaires s'en étonneront.

A l'automne 1963, les Français apprennent par Alain Peyrefitte, ministre de l'Information, que le pays a commencé à se doter d'une force de dissuasion nucléaire. Les armées réfléchissent déjà à l'emploi tactique de l'arme atomique. Le 16 avril 1964, de Gaulle précise clairement sa pensée à propos de la force nucléaire nationale, étant entendu que le danger vient de l'ambition soviétique et des risques d'une incapacité américaine à protéger ses alliés :

> « Pour la France, s'interdire les moyens propres à dissuader l'adversaire de l'attaquer éventuellement, alors qu'elle est en mesure de les avoir, ce serait s'attirer la foudre tout en se privant du paratonnerre. Mais ce serait aussi s'en remettre entièrement de sa défense, par-là de son existence et, en fin de compte, de sa politique, à un protectorat étranger et, au demeurant, incertain. Non ! Nous valons mieux que cela ! »

Onze jours plus tard, le 27 avril, de Gaulle retire les officiers de marine français des organes de commandement de l'OTAN dont ils faisaient partie ; ce qui signifie que les unités navales françaises ne dépendront plus, désormais, que des commandements français de la Méditerranée ou de l'Atlantique. Le 22 novembre, venu à Strasbourg célébrer le vingtième anniversaire de la libération de la ville, de Gaulle évoque la réconciliation franco-allemande :

> « ... Nous, Français, tenons pour indispensable qu'au plus tôt les participants réalisent et pratiquent entre eux, dans le domaine politique, qui est d'abord celui de la défense, une organisation, alliée certes au Nouveau Monde, mais qui soit proprement la leur, avec ses objectifs, ses moyens et ses obligations... »

Pas question, ajoute de Gaulle, de s'en remettre à une puissance amicale assurément mais située dans un monde différent.

Le 27 avril 1965, année de l'élection présidentielle à laquelle il entend bien être candidat, le général de Gaulle apporte une dernière touche à sa fresque consacrée à l'indépendance nationale. Le cadre en est large : respect de l'amitié américaine, réconciliation avec l'Allemagne, coopération avec les autres pays européens et retour aux rapports compréhensifs qui liaient autrefois la France aux pays de l'Est puis, pour l'intérieur, mise au point de la force de frappe, expansion de l'économie et stabilité monétaire : « En somme, si grand que soit le verre que l'on nous tend du dehors, nous préférons boire dans le nôtre, tout en trinquant aux alentours. »

Réélu président de la République le 19 décembre 1965, après avoir été mis en ballottage ce qui l'a quelque peu agacé, le général de Gaulle a donc sept années devant lui pour restaurer pleinement l'indépendance nationale, « pour que la France soit la France », comme il l'avait dit le 27 avril. Deux mois plus tard, le 21 février 1966, il annonce la sortie de la France de l'OTAN, l'Organisation du Traité de l'Atlantique Nord :

> « Rien ne peut faire qu'une loi s'impose sans amendement quand elle n'est plus en accord avec les mœurs. Rien ne peut faire qu'un traité reste valable intégralement quand son objet s'est modifié. Rien ne peut faire qu'une alliance demeure telle quelle quand ont changé les conditions dans lesquelles on l'avait conclue. Il faut alors adapter aux données nouvelles la loi, le traité, l'alliance, sans quoi les textes, vidés de leur substance, ne seront plus, le cas échéant, que de vains papiers d'archives, à moins que se produise une rupture brutale entre ces formes désuètes et les vivantes réalités.
>
> « Eh bien ! Si la France considère qu'encore aujourd'hui il est utile à sa sécurité et à celle de l'Occident qu'elle soit alliée à un certain nombre

d'Etats, notamment à l'Amérique, pour leur défense et pour la sienne dans le cas d'une agression commune contre l'un d'eux, si la déclaration faite en commun à ce sujet, sous forme du traité de l'Alliance atlantique signé à Washington le 4 avril 1949, reste à nos yeux toujours valable, elle reconnaît en même temps, que les mesures d'application qui ont été prises par la suite ne répondent plus à ce qu'elle juge satisfaisant, pour ce qui la concerne, dans les conditions nouvelles... »

Et de faire référence au monde occidental qui n'est plus menacé comme il l'était à l'époque où le protectorat américain fut organisé en Europe sous le couvert de l'OTAN ; l'Union soviétique devenue puissance nucléaire et capable d'agresser directement les Etats-Unis, les engagements des Etats-Unis avant-hier en Corée, hier à Cuba, aujourd'hui au Vietnam, avec des risques d'escalade pour l'Europe, avant de conclure :

« La volonté qu'a la France de disposer d'elle-même, volonté sans laquelle elle cesserait bientôt de croire en son propre rôle et de pouvoir être utile aux autres, est incompatible avec une organisation de défense où elle se trouve subordonnée. »

Le général Jacques Massu a eu, en quelque sorte, la primeur des intentions du général de Gaulle à propos de l'OTAN. Au début de l'année 1966, avant la conférence de presse de février, l'Elysée le convoque : le président de la République souhaite s'entretenir avec lui. Massu vient d'apprendre par la télévision qu'il va recevoir sa cinquième étoile et d'importantes fonctions en Allemagne, il pense en apprendre davantage... De Gaulle lui explique qu'il est décidé à retirer les forces françaises de l'OTAN. Ce ne sera pas chose facile, d'autant qu'il n'entend se brouiller avec aucun des partenaires de la France. Il veut donc, en Allemagne, un général capable de maintenir des relations affectives avec les armées américaine et allemande. Massu enregistre. De Gaulle lui annonce qu'il sera le général en question ! Le voilà commandant des forces françaises en Allemagne.

Chapitre 15

Mai 68 : un vent de révolte secoue Paris
Le gouvernement hésite
Une fugue du général de Gaulle à Baden

Nommé commandant des forces françaises en Allemagne, le général d'armée Jacques Massu découvre Baden, où sera désormais son PC. Il s'y installe le 1er mars 1966, au lendemain de son départ de la 6e région militaire. Il sait ce qui l'attend : il devra, lorsque la France sortira de l'OTAN, maintenir des relations courtoises avec les unités américaines stationnant elles aussi en RFA puis avec l'armée allemande. Il sait qu'il va avancer au travers des brumes singulières, dans un flou artistique politiquement entretenu. Les consignes de Charles de Gaulle ont été aussi courtes dans l'expression que vides quant aux moyens : « Débrouillez-vous pour que ça ne casse pas avec les militaires allemands ou américains... »

Massu n'en apprendra jamais plus, ni sur la réalité de cette mission très particulière, ni sur les méthodes. A lui de voir...

Le contexte dans lequel plonge Massu n'est pas simple non plus. Le général commandant les forces françaises d'Allemagne est subordonné au général américain patron des forces « Centre Europe ». Dans le même temps, un corps d'armée allemand est sous les ordres du général français, ce qui lui permet d'aller assister à des manœuvres de « sa » division de montagne en Bavière. Rien de cela ne pourra perdurer. Quant aux deux divisions francaises stationnées à Trèves et Fribourg, d'entrée de jeu Massu les réveille. Il les visite régulièrement, les oblige à sortir davantage de leurs cantonnements. Les officiers doivent quitter leurs bureaux et enfiler – parfois pour la première fois – leur tenue de combat. L'étude de l'allemand est rendue obligatoire dans les unités, le sport devient une activité quotidienne, les stages commandos se multiplient.

La sortie de l'organisation militaire de l'Alliance atlantique, de Gaulle l'a déjà annoncée lors de sa conférence de presse du

21 février, avant même que la famille Massu ne se soit installée à Baden. Certes, pratiquement, le retrait ne sera pas immédiat ; il doit même s'échelonner jusqu'à l'année 1969. Mais pour les Alliés la décision compte plus que les modalités et les arrière-pensées sont plus inquiétantes que les réalités. Si les rapports qu'entretient la France avec le bloc de l'Ouest se dégradent singulièrement, apparaissent dans le même temps les signes extérieurs d'un réchauffement des relations entre Paris et Moscou. Un tel rapprochement peut aussi bien inquiéter Washington que Bonn.

Le 7 mars, Maurice Couve de Murville porte à l'ambassadeur des Etats-Unis à Paris le message que de Gaulle destine au président Johnson. S'il n'est pas immédiatement révélé, le contenu de la missive n'a rien de mystérieux : la France quitte l'OTAN mais continue d'appartenir au Pacte atlantique jusqu'à l'expiration du traité, en 1969 donc. A quoi le président Johnson répond :

> « Je manquerais à la franchise si je ne vous informais pas que votre geste soulève de graves questions, mettant en cause tout le rapport entre les responsabilités et les avantages de l'Alliance... »

Pour Jacques Massu, la difficulté est immédiate : comment l'Allemagne peut-elle interpréter la décision de la France ? Celle-ci affirme se retirer de l'OTAN mais entend laisser ses troupes en Allemagne, en conservant installations et dispositif stratégique. Il y a bien là une double difficulté, avec les Etats-Unis d'une part, avec la RFA d'autre part, sous le regard attentif des autres partenaires de l'Alliance aussi réservés qu'inquiets. Suit une brouille, avec des pointes polémiques et des poussées fiévreuses, qui ne guérira qu'au fil des mois. Les élections allemandes engendrent une détente vers le mois de décembre 1966, aussi bien pour la construction européenne qui marquait le pas que pour les affaires militaires. Un rapprochement devient possible avec les Etats-Unis au printemps 1967, lorsque, paradoxalement, tous les organes de commandement de l'OTAN ont quitté la France...

Le général Massu, interprétant comme il le pouvait sa partition dans ce concerto plein d'embûches, de dièses et de bémols, a évité les fausses notes. Le chef d'orchestre pourrait le féliciter d'avoir su amortir, sur le terrain, l'inévitable choc que cette sortie de l'OTAN représentait pour les alliés de la France. Pour sa part, Massu pourra légitimement prétendre avoir sauvé l'essentiel, du côté américain, avec le général et Mme O'Meara qui resteront très liés avec les Massu. Il a aussi amorti le choc avec les Allemands qui ont parfaitement accepté cet homme direct, sportif, aimant les contacts humains.

Il a confessé que son passé de guerrier lui avait attiré infiniment plus de sympathie que de méfiance de la part de ses relations allemandes...

Mission accomplie, le général Massu reste à Baden où il va passer ses dernières années actives, le plus souvent satisfaisantes. Au printemps 1968, il apprécie les charmes de sa résidence, à Baden-Os, à l'écart de la ville. C'est un pavillon de chasse construit au XVIIIe siècle pour le margrave de Baden. De leur parc, les Massu peuvent contempler la vallée du Rhin, la plaine d'Alsace et, lorsque le temps s'y prête, entrevoir le clocher de la cathédrale de Strasbourg. La résidence est cependant étriquée, les pièces peu nombreuses. Elle convient parfaitement pour les réceptions que le général et Mme Massu multiplient ; ce qui fut, dira-t-il, un des éléments du succès de sa mission. La vie de famille y aurait été plus difficile, mais les enfants grandissent, s'éloignent. Véronique a vingt ans maintenant, elle est étudiante en médecine à Nancy, ce qui n'est pas le bout du monde. Malika, qui est dans sa vingt-septième année, n'est plus interprète auprès des troupes canadiennes. Elle s'est mariée, elle a déjà deux bambins, Nathalie et Benoît. Elle aussi vient volontiers à Baden. Rodolphe est plus rare. Il est vrai qu'il est interne au lycée militaire du Mans, sans trop savoir s'il veut faire carrière dans l'armée de terre, l'aviation ou la marine. Il est là pour les vacances scolaires, avec parfois en tête des souvenirs curieux. N'a-t-il pas vu, un jour, son général de père visitant son lycée militaire, passant très digne devant les élèves au garde-à-vous, sans doute amusé d'entrevoir Rodolphe le petit doigt sur la couture du pantalon, mais sans deviner le drame agitant l'enfant. Rodolphe se demandait s'il devait rester au garde-à-vous au risque de laisser croire à son père qu'il n'avait plus d'affection pour lui, ou s'il devait se précipiter et se jeter dans les bras de cet homme qu'il adore. Rodolphe a attendu quelques minutes la chaleur des retrouvailles.

Le 29 mai 1968, le jour se lève sur un lendemain de fête. La résidence est en désordre ; les têtes sont légèrement embrumées, la colline et la résidence du margrave sont prises dans un brouillard bien plus tenace. La veille, Mme Massu et le général recevaient le commandant en chef des troupes soviétiques en Allemagne de l'Est, le maréchal Kochevoï, ami de la France, plus distant envers les Britanniques et les Américains, et qui aurait volontiers exterminé les Allemands jusqu'au dernier : « Qu'attendez-vous pour brûler tout cela ? » demanda-t-il au général Massu, alors qu'ils survolent ensemble la plaine de Bade...

A plusieurs reprises, devant Massu comme devant l'attaché militaire à Bonn, le Soviétique laissera transparaître cette haine viscérale et un certain goût pour les solutions définitives :

> « Plus d'un siècle passera avant que puissent être oubliés leurs méfaits. Qu'ils tremblent devant l'armée russe, car s'ils commettent la moindre provocation, ils seront écrasés... »

Ce ne sont donc sûrement pas le champagne et le cognac qui, le 28 mai au soir, poussent le maréchal soviétique aux confidences. De toute façon, il était impossible de ne pas parler des étudiants parisiens. Les propos qu'il tient à son hôte correspondent sans aucun doute à sa vérité du moment : « Il faut les écraser... les écraser... », dit-il à Massu en joignant un geste explicite à ses paroles.

Massu tente de lui expliquer qu'en France on n'écrase pas si facilement les contestataires. Kochevoï insiste pourtant :

> « Les affaires de la France sont vos affaires, mais nous ne comprenons pas que vous vous soyez laissé jouer par quelques anarchistes. Nous les aurions écrasés. »

Le maréchal Kochevoï leur paraît très remonté, alors qu'eux-mêmes relativisent ces événements. Ils sont loin de la capitale, loin de l'agitation née à l'université de Nanterre et qui a contaminé le Quartier latin avant d'atteindre d'autres villes universitaires. Vu depuis les garnisons françaises d'Allemagne, le décalage est étrange, presque surréaliste. Les jeunes gens du contingent n'éprouvent pas la moindre sympathie pour ces étudiants, tous sursitaires et qui feront – s'ils le font – un service militaire parmi les plus confortables. Quant aux cadres, officiers et sous-officiers, de tels chahuts les laissent perplexes et amers. Des événements, Suzanne et Jacques Massu ne tirent qu'une discrète satisfaction. La faculté de médecine de Nancy est fermée, grève oblige, Véronique est donc à Baden-Os avec une de ses amies, Françoise Sylvestre. L'entreprise lyonnaise du mari de Malika est fermée et pour les mêmes raisons, Malika est là elle aussi, avec ses deux bambins. C'était, pour la soirée de la veille, trois danseuses dont le renfort a été apprécié.

Il reste à savoir comment une contestation étudiante, tournant à la révolte puis à l'émeute, a pu mettre en péril une République qui n'a que dix ans d'âge et – personne ne le sait encore – quelques autres belles décennies devant elle... L'agitation universitaire, à la vérité, saisit bien d'autres pays ; elle n'aura pourtant d'accompagnements politique, économique et social, qu'en France.

Dès la fin 1967, le campus de Nanterre était devenu une sorte de champ d'expérience pour l'agitation universitaire. Bâtie entre d'authentiques bidonvilles, des zones pavillonnaires, des quartiers d'artisanat ou de petite industrie, l'université a mauvaise réputation. « Monstrueux, c'est le Sarcelles de l'Education nationale », aurait même dit Georges Pompidou. Le ministre de l'Intérieur, Christian Fouchet, s'est inquiété lorsque les chahuts, débordant le campus, se sont étendus aux salles de cours puis aux amphithéâtres. Le 8 janvier 1968, un certain Daniel Cohn-Bendit s'en est pris vertement au ministre de la Jeunesse et des Sports, François Missoffe, venu inaugurer une piscine et, par ailleurs, auteur d'un *Livre blanc de la jeunesse* :

> « Six cents pages d'inepties. Vous ne parlez même pas des problèmes sexuels de la jeunesse...
> – Avec la tête que vous avez, ça ne m'étonne pas que vous ayez des problèmes sexuels. Vous pouvez toujours plonger dans la piscine pour vous défouler... »

Bien que François Missoffe ne manque ni de générosité ni de courage ou d'imagination, le dialogue ainsi amorcé pouvait difficilement aller plus loin. Dès lors, la situation réputée tendue va devenir franchement incontrôlable.

Bientôt un « Mouvement du 22 mars » mène la danse. Sa création est supposée commémorer les premières effervescences de Nanterre : il y a un an que les garçons se sont vu interdire l'accès, de nuit, au pavillon des filles ! Le chahut, la contestation deviennent le quotidien de la faculté de Nanterre. Au fil des semaines, les turbulences s'amplifient et lorsque, en avril, le Premier ministre Georges Pompidou s'apprête à partir en voyage officiel pour l'Afghanistan, il se trouve des membres du gouvernement pour essayer de l'en décourager. Qu'il sous-estime la crise universitaire – limitée à Nanterre il est vrai – ou qu'il tienne à honorer ses engagements envers Kaboul, Pompidou décide d'ignorer ces conseils.

Le 1er mai, son Premier ministre envolé vers d'autres cieux, le général de Gaulle voit l'événement autrement : il entend que l'ordre soit immédiatement rétabli à Nanterre. Le 3 mai, il est décidé de fermer l'université. La seule solution efficace semble-t-il, mais ses conséquences sont immédiates : l'agitation se déplace, la Sorbonne est envahie. La contestation vient de quitter la banlieue pour le cœur de la capitale. Il va falloir faire évacuer la Sorbonne ! Curieusement, cette seconde reprise en main se passe sans le moindre incident. Les étudiants, dont la police entend vérifier les identités, acceptent sans difficulté de prendre place dans les cars. Il se trouve pourtant des témoins pour interpréter différemment la scène : nos camarades sont arrêtés, molestés, il faut obtenir leur libération ! Le quartier s'embrase : bagarres, violences suivies de six cents interpellations...

Le 5 mai, il y a vingt mille manifestants dans les rues de Paris, le 6 mai, ils sont trente mille. Le calme ne revient que le 7 au matin. Lorsque la préfecture de police tente un décompte des blessés, elle parvient à des chiffres extravagants : six cents du côté des manifestants, quatre cents pour la police. Les responsables, atterrés, repensent à d'autres événements, à la journée du 6 février 1934, elle-même précédée d'un mois de manifestations sporadiques des étudiants de l'Action française. Cette fois, c'est le pavillon noir de l'anarchie qui flotte sur la marmite bouillonnante qu'est devenu le Quartier latin. Déjà les Parisiens, volontiers frondeurs, prennent parti pour ces amusants jeunes gens. Les lycéens des beaux quartiers reçoivent la permission de la nuit pour aller lancer des pavés – sans qu'ils sachent forcément pourquoi et sur qui.

Le vendredi 11 mai est un des points d'orgue de ces journées démentes : la nuit des barricades ! Il en pousse une soixantaine aux environs de la Sorbonne. Les policiers les enlèvent, les étudiants les redressent et, pour ajouter à l'ambiance, de petits groupes incendient des voitures. Au matin, le Quartier latin offre un visage de guérilla urbaine, presque de guerre civile. Apparaissent aussi, et c'est une des grandes nouveautés du moment, les reporters des radios périphériques diffusant si promptement leurs informations que le ton monte un peu plus encore. Lorsque Georges Pompidou rentre d'Afghanistan, en fin d'après-midi, il ne reste rien des barricades ; seulement des voitures calcinées aux odeurs d'huile brûlée et de peinture cramée, des arbres cisaillés, des rues dépavées, des vitrines brisées. Au Premier ministre de reprendre les choses en main, quitte à contredire ses ministres et à explorer des horizons où ils refusaient de s'aventurer, les contacts, la négociation, les concessions... Les syndicats, sans se mêler aux étudiants dont ils se méfient, montrent le bout de l'oreille : une grève générale, le 13 mai, s'accompagne d'un cortège qui mettra cinq heures pour s'écouler de la République à Denfert-Rochereau ; calme mais impressionnant, avec deux cent mille participants pour la préfecture de police, un million pour les organisateurs... Ce qui n'interdit pas les rencontres officieuses, les négociations officielles, les tentatives de conciliation. Le lendemain, le général de Gaulle peut partir comme prévu pour la Roumanie.

Les jours suivants, il y aura une nouvelle occupation de la Sorbonne, où les étudiants ne seront plus seuls et même quelque peu débordés. Il y aura encore une nuit des barricades, des cortèges déambulants, le théâtre de l'Odéon avec ses représentations permanentes d'illuminés et de prophètes. Sur les murs fleurissent par poignées des slogans plus poétiques que politiques : « Il est interdit d'interdire », « Créer ou mourir », « Affichez vos idées, ça fait sale mais c'est sain », « Prenons nos désirs pour la réalité »...

Lorsque le général de Gaulle revient de Bucarest, le 18 mai, à la veille du jour initialement prévu donc, force est de reconnaître que rien n'est résolu, bien au contraire. Si les étudiants parisiens ont trouvé quelques échos dans les autres facultés, l'essentiel est désormais ailleurs. Les grèves se multiplient à travers la France, souvent avec occupation des usines. Les surenchères syndicales abondent, prévisibles puisque le gouvernement donne l'impression de céder sur tout. Les services publics se mettent aux abonnés absents. Les dépôts d'essence sont bloqués; les files d'attente, devant les stations-service, deviennent permanentes jusqu'au vide absolu. Les Parisiens se restreignent sur l'huile et le sucre, le café et les pâtes; ils se demandent s'ils mangeront après-demain. Les amusants petits jeunes gens ne distraient plus grand-monde, d'autant que voyous des faubourgs et blousons noirs des lointaines banlieues sont entrés dans la danse. La CGT dénonce même « l'incroyable prétention des étudiants de discuter de la conduite des luttes ouvrères ».

Au fil des semaines, le général de Gaulle n'a certainement pas mieux apprécié les événements que cette majorité silencieuse qui commence à renâcler devant le grand gâchis des enfants gâtés. Il retient de l'événement persistant que l'affaire dérape sur le plan politique, que l'opposition entend pousser le gouvernement à la démission, que des dissensions apparaissent au sein de la majorité. Cette incompréhension du général de Gaulle est évidente le 24 mai, lorsqu'il propose, en réponse aux événements, un référendum hors du temps, sur la participation dans l'Université et les entreprises industrielles ou agricoles dans le cadre des régions. Propos qu'il conclut dans le plus pur style gaullien : « Si la réponse est non, je n'assumerai pas plus longtemps mes fonctions. »

Les réactions sont violentes : des manifestations à Paris, pas seulement au Quartier latin où l'on se bat jusqu'à 5 heures du matin, mais aussi à Lyon, Nantes, Bordeaux, Strasbourg... Il se trouve aussi des hommes politiques pour imaginer le pouvoir vacant et l'Elysée à squatter, Pierre Mendès France et François Mitterrand en perdront un temps leur crédibilité.

Le Général comprend vite son erreur : « J'ai mis à côté de la plaque », dit-il. Il va la réparer à sa façon. En disparaissant !

Il existe autant de versions de la disparition du général de Gaulle que celle-ci a eu de témoins ou de conseillers, chacun revendiquant l'idée de cette escapade. Ce qui en réalité, et par chance, limite le nombre des possibilités... Parmi l'entourage du chef de l'Etat, très peu d'hommes peuvent prétendre avoir su, moins encore avoir conseillé.

Le premier de ces conseillers est sûrement l'amiral de Gaulle [1]. Venant déjeuner à l'Elysée, le dimanche 26, il reçoit les doléances de sa mère qui se plaint de l'attitude de quelques ministres, regrette le calme de Colombey et ajoute : « Il faut que ton père laisse tomber. Il en a assez fait comme cela. »

Après quoi, Philippe de Gaulle donne aussi son avis au Général :

> « Avant de nous en aller, je conseille à mon père de prendre du champ et de menacer de partir. C'est ce qu'ont fait Boris Godounov, Louis XIII pendant la Fronde, le Shah d'Iran dans les années cinquante, et bien d'autres dans l'Histoire. »

Le lendemain soir, vers 21 heures, Philippe de Gaulle rejoint son père à l'Elysée. Ils reprennent la conversation engagée la veille, encore que dans un premier temps il s'agisse plutôt d'un échange orageux – selon Philippe de Gaulle, venu proposer une garde renforcée de l'Elysée :

> « Tu n'es quand même pas venu me parler d'une histoire de garde du Palais ! Alors que penses-tu de cette sinistre comédie ?
> – On dirait un début de révolution.
> – Ce n'est pas une révolution. La révolution est armée. Les fauteurs de trouble n'ont pas d'armes ! C'est l'éclatement d'une société d'abondance. Ils braillent " non à la société de consommation " mais ce n'est qu'un alibi. Ils veulent en réalité jouir, bambocher et faire la chienlit sans contrainte. Et dire que ce sont les scolaires et les étudiants pour qui j'ai fait le plus qui sont les plus ingrats. Les ouvriers sont tous en grève, mais ils se fichent de ces mauvais élèves. Ils ont pris le train en marche pour des augmentations, pour ne pas être débordés à gauche et selon

1. L'amiral Philippe de Gaulle est à l'époque en permission. Son appartement parisien est une des cibles des grévistes : il se trouve dans le même immeuble que le siège d'une société de travaux publics et le personnel a mis en place un piquet de grève devant la porte. Reconnu, l'amiral a été insulté.

l'éternelle illusion du " pouvoir ouvrier " qui ne vient jamais nulle part que sous la forme d'apparences mythiques récupérées par des oligarchies ou des dictatures. J'ai été trahi par les professeurs et les instituteurs qui, par démagogie et par veulerie, ont abandonné la discipline et saboté les examens qui sont des filtres nécessaires. Ainsi les lycées et les facultés sont-ils maintenant envahis pour une bonne moitié par des incapables. A part deux ou trois ministres, et encore ! le gouvernement ne suit plus mes directives. Je n'ai plus barre sur personne. J'ai pratiquement perdu le contrôle de l'exécutif. Pompidou laisse pourrir. Jusqu'à quand ?
– Il faut bien voir qu'à terme votre règne est fini. Après les avoir une fois de plus tirés d'un mauvais pas, les Français ne veulent plus de vous. Ils ne veulent d'ailleurs rien, si ce n'est profiter de ce que vous leur avez apporté.
– Je ne peux tout de même pas laisser la France à un Mitterrand ou à un Cohn-Bendit !
– En ce cas, il faut trouver quelque chose, trouver un catalyseur, créer un choc. La France s'enlise. Votre gouvernement au point où il en est n'y changera plus rien. Personne d'autre que vous n'en est capable. Vous ne pouvez compter que sur vous. D'abord, il faut quitter Paris qui est devenu un piège. Pourquoi ne pas aller à Brest ? Un croiseur ou même un porte-avions vous donneront tous les moyens de communiquer ou de vous déplacer. Paris est un marécage qui n'a plus d'importance. Laissez-les cuire dans leur jus. Et si cela ne marchait pas, vous pourriez toujours laisser tomber.
– Ne me décourage pas. Je ne me vois pas à Brest chez les marins. Ils sont toujours à part chez nous. Je vais me retirer un ou deux jours à Colombey, quand ce ne serait que pour sortir de cette chaudière.
– Si vous allez à Colombey, tout le monde dira " il est parti en week-end, comme auparavant ". Cela n'aura aucun effet sur l'opinion. Au contraire !
– Je vais réfléchir. En attendant, toi tu vas quitter Paris où tu n'as plus rien à faire, au contraire, et où l'existence n'est plus tenable pour ta famille... [1]. »

Charles de Gaulle a d'ailleurs une idée précise sur la direction que doivent prendre son fils et sa famille : puisque l'amiral ne peut poursuivre sa cure à Contrexéville – le personnel est partiellement en grève, les quelques curistes présents ne veulent pas cohabiter avec lui et les autorités locales le préfèrent ailleurs... – qu'il aille donc à Baden-Baden :

« Le général Lalande, le chef de mon état-major particulier, se rend après-demain à Baden en liaison de routine. Il pourrait arranger cela et d'ailleurs cela me donne l'idée de rencontrer Massu à Strasbourg ou au

1. Les dialogues du général de Gaulle avec son fils sont empruntés au tome 2 de ses *Mémoires accessoires* (Plon), également une des sources pour le séjour à Baden.

Mont Saint-Odile, à mi-chemin de Colombey. Sans prévenir, cela ferait sensation. La CGT, qui prépare une grande manifestation pour après-demain, tombera dans le vide. Il n'y aura personne à l'Elysée à ce moment-là. Naturellement, d'ici là, il faut garder le secret et ne faire aucun commentaire à personne, sinon l'effet serait manqué. En tout cas, fais tes valises et attend mes instructions. »

Christian Fouchet a, aussi, quelques raisons de prétendre qu'il n'est pas étranger à la volonté du Général de prendre du champ. D'une part, il est et a toujours été un des très proches du général de Gaulle; il le sait, il l'a même écrit :

> « Je connais très bien le général de Gaulle. Je suis sûrement un des hommes qui le connaît le mieux. Et un de ceux qui peuvent lui dire tout ce qu'ils veulent, en y mettant la forme naturellement. »

D'autre part, il est ministre de l'Intérieur et, à ce titre, l'un des tout premiers concernés par l'ébullition du Quartier latin. Certes, il est l'un des ministres dont s'est plaint Mme de Gaulle auprès de son fils : « Fouchet et Grimaud sont déficients et atermoient. »

Fouchet est pourtant reçu à l'Elysée le 28 mai au soir. Le Général, qu'il croyait trouver épuisé, est calme, souriant, un peu nostalgique peut-être. Celui-ci juge les analyses de son Premier ministre bien optimistes.

> « C'est-à-dire, mon Général, que l'affaire est maintenant entre vos mains, lui répond Fouchet. Si vous ne frappez pas vous-même un grand coup, je doute que les choses puissent s'arranger d'elles-mêmes convenablement. Il y a trop longtemps que nous donnons l'impression d'être à la dérive. »

Puis de Gaulle parle de la réouverture de la Sorbonne qu'il considère comme une faute, qu'il n'aurait pas dû accepter, reprochant presque affectueusement à Fouchet de ne pas lui avoir dit qu'il était contre [1].

Ils parlent alors des émeutiers, qui représentent plus sûrement la pègre et les banlieues que les étudiants parisiens.

---

1. Rentré précipitamment d'un voyage en Afghanistan, Pompidou reçoit aussitôt Christian Fouchet, Roger Frey, Olivier Guichard, Louis Joxe et Alain Peyrefitte dont la démission, offerte, sera refusée. Passant outre leurs conseils – Fouchet et Peyrefitte étant notamment pour une réouverture sélective et limitée de la Sorbonne –, Pompidou propose au chef de l'Etat la réouverture sans condition de la Sorbonne, le dialogue avec les étudiants, la libération des meneurs arrêtés et en instance de jugement. Il fera de ce dernier point une « affaire personnelle », ce qui sous-entend une menace de démission.

« Je n'arrive plus à dormir à l'Elysée, avec ces grenades que l'on entend éclater dans les environs !
– Allez donc dormir à Versailles, mon Général ! Vous y serez bien mieux qu'à l'Elysée. Et après tout, Louis-Philippe aurait mieux fait d'y aller en 1848, et d'écouter Thiers qui le lui conseillait.
– Je ne suis pas Louis-Philippe.
– Vous n'êtes pas Louis-Philippe, Dieu merci ! Mais le fait d'aller à Versailles frapperait les gens. En tout cas, il faut faire quelque chose pour donner l'impression aux Français que le gouvernement les dirige, quelque chose de politique, quelque chose de psychologique... »

De Gaulle l'écoute, ne répond pas et enchaîne sur ce que Fouchet appellera « une grande fresque historique comme il les aime »... Ils se séparent vers 22 h 15. Dès son retour au ministère, Fouchet rédige une lettre qu'il fait porter au Général très tôt le lendemain. Il lui explique qu'un changement de gouvernement devient insuffisant ; il serait préférable de dissoudre l'Assemblée et d'aller vers des élections législatives.

Le mercredi 29 mai s'annonce comme une rude journée : le Quartier latin est toujours bouillonnant, la CGT s'apprête à défiler de la Bastille à la gare Saint-Lazare et, aux premières heures de la matinée, une bombe a explosé rue de Lille, là où est installé le journal gaulliste *La Nation*. Pour assombrir encore le tableau, le préfet de police, Maurice Grimaud, enregistre deux renseignements. Le premier lui vient de l'hôtel Matignon, où l'on paraît redouter que les manifestants s'emparent d'un bâtiment public qui pourrait être l'Hôtel de Ville ; le second arrive du ministère de l'Intérieur où l'on croit savoir que les militants CGT pourraient bien être armés.

Vers 10 heures du matin, une autre surprise attend le préfet de police : le Conseil des ministres est annulé ! Le temps de rejoindre l'Elysée pour s'informer et Maurice Grimaud découvre que le général de Gaulle est parti, à 11 h 15, en hélicoptère pour Colombey-les-Deux-Eglises !

Renseignements pris, le général de Gaulle et sa suite ne sont jamais arrivés à Colombey, ce qui est inquiétant ; aucun accident d'hélicoptère n'a été signalé, ce qui est plus rassurant...

Georges Pompidou a été informé le premier que le Conseil des ministres était reporté. Depuis l'Elysée, Jean Donnedieu de Vabre lui a précisé que la réunion aurait lieu le lendemain après-midi, sans autre détail. Le Premier ministre, redoutant le pire – ce serait pour lui la démission du Général –, parvient à le joindre au téléphone. Le Président ne lui révèle rien de ses intentions. Il lui explique pourtant qu'il a besoin de vingt-quatre heures de solitude loin de Paris, que

Colombey n'est pas bien loin, qu'il rentrera jeudi, que le Conseil des ministres peut attendre le lendemain... Mais il use aussi de phrases inquiétantes pour Pompidou : « Je suis vieux, vous êtes jeune, c'est vous qui êtes l'avenir. »

Le Général raccroche après la plus étrange des formules : « Au revoir, je vous embrasse. »

Georges Pompidou sauve la face comme il le peut, sans trop de difficulté en fait compte tenu des péripéties environnantes. Mais il garde au plus profond de lui une blessure qui ne guérira jamais : comment le Général a-t-il pu lui cacher son départ, et ses raisons, et sa durée, et ses perspectives ? Il pourrait ajouter : pour aller à l'étranger, qui plus est... Certains ministres, moins heureux encore, n'apprendront l'ajournement du Conseil qu'en arrivant à l'Elysée.

Immédiatement s'engagent les spéculations sur ce départ aux allures de fuite. Pour les uns, c'est un artifice, pour les autres, il pourrait bien être définitif. Dans le premier groupe, Alain Peyrefitte est persuadé que le Général prépare un coup :

> « Qu'il ait envie de prendre du champ, d'échapper à l'atmosphère survoltée de Paris, cela lui ressemble. Qu'il veuille semer la panique en faisant croire à son retrait, cela lui ressemble encore plus. Qu'il veuille baisser les bras définitivement, cela ne lui ressemble pas du tout », note-t-il.

A Matignon, on est au contraire persuadé que le Général ne reviendra plus. Ce qui explique la présence d'un camion de la télévision dans la cour de la rue de Varenne : Georges Pompidou se tient prêt à s'adresser aux Français...

Ce 29 mai, à 18 heures, le Général réapparaît à Colombey-les-Deux-Eglises. Il a disparu une demi-journée...

Cette fugue est un moment essentiel des événements de Mai 1968. Un seul homme sait tout du périple du Général, exactement comme s'il le suivait à la trace : Pierre Messmer, le ministre des Armées ! Il apprend par le patron de la base aérienne de Saint-Dizier, où l'équipage s'est posé pour faire le plein, que les radars ont perdu l'appareil après son redécollage... Messmer avertit Pompidou. Suit un appel téléphonique du général Massu. Avec à-propos, il a laissé sa femme installer les de Gaulle dans un salon et il s'est éclipsé le temps de prévenir Messmer de cette arrivée étonnante à Baden... Messmer avertit Pompidou. Massu, deux heures ou deux heures et demie plus tard, rappelle son ministre : de Gaulle est reparti pour Colombey... Messmer avertit Pompidou. Et le Premier ministre est, à chaque appel, un peu plus vexé de ne pas avoir été prévenu par le Général. Il voit là un manque de confiance qui l'afflige.

L'éclipse présidentielle, que Messmer observe d'heure en heure, ne restera pas longtemps mystérieuse. Il apparaîtra très vite que c'est bien à Baden que le Général a fait escale. Baden, le siège du haut-commandement des forces françaises d'Allemagne, le QG du général Massu, où de Gaulle arrivera hésitant, incertain, et d'où il repartira tonique et résolu.

Un appel téléphonique du capitaine de frégate Flohic, vers 14 h 45, a prevenu les Massu que le général de Gaulle et Madame seraient chez eux dans cinq minutes ; ils sont déjà à l'aéroport de Baden-Os. Qu'ils fassent baliser la piste d'atterrissage pour l'hélicoptère. Selon Philippe de Gaulle, son père avait bien opté, comme il le lui avait laissé entendre, pour une rencontre avec Massu, soit à Strasbourg, soit au Mont Sainte-Odile. Le général de Boissieu n'a jamais pu joindre Baden. Comme Massu ne peut aller à de Gaulle, de Gaulle ira à Massu...

L'appel téléphonique de Flohic engendre une certaine panique. La réception des Soviétiques a laissé le désordre dans la maison ; les réfrigérateurs sont vides et la cave mal en point. Le général Massu, en pantalon de velours et chandail à col roulé, réfugié dans le jardin d'hiver, repensait aux propos du maréchal Kochevoï, tout en suivant à la radio les dernières informations parisiennes. Il venait précisément d'apprendre la disparition du général de Gaulle...

Du premier hélicoptère descendent le Général, Mme de Gaulle puis Flohic. Du second appareil sortent Henri Puissant qui est inspecteur de police, Henri Djouder l'un des gardes du corps du Général, et le médecin de l'Elysée. Une petite mallette pour Mme de Gaulle, une valise plus importante pour le médecin de l'Elysée qui, de tous temps, transporte toujours avec lui une trousse de premiers secours et un nécessaire de transfusion sanguine. Mais pas d'autres malles ; une confusion, expliquera Philippe de Gaulle, entre ses propres bagages et ceux attribués à tort à ses parents [1].

A Suzanne Massu qui la guide vers la résidence, Yvonne de Gaulle explique qu'il leur fallait quitter Paris et qu'elle-même avait été insultée dans la rue par un automobiliste ; par les vendeuses du « Bon Marché » aussi, précisera plus tard son fils. Puis elle demande à voir les chambres : « Il faut un très grand lit pour le Général. »

---

1. Il n'y a pas eu d'escale à Colombey entre Paris et Baden, même si Mme Massu a pu croire que Mme de Gaulle avait pris des bagages au passage.

Suzanne Massu en conclut que les de Gaulle passeront sûrement la nuit à Baden. Philippe de Gaulle est beaucoup plus circonspect : il restera persuadé que sa mère a usé d'une périphrase, habituelle chez elle, pour demander où se trouvaient les toilettes. Ce qui ne résout pas le mystère du lit de grande taille... Sensiblement au même moment apparaît un cortège de voitures : l'amiral de Gaulle et sa famille puis le général Lalande, chef d'état-major à la présidence de la République, arrivé par avion à Baden-Os. Lalande est le plus étonné de tous. Ce matin, vers 8 heures, de Gaulle lui a confié une double mission : aller s'informer de l'état d'esprit des troupes françaises d'Allemagne auprès du général Massu – la liaison de routine déjà évoquée... –, convoyer l'amiral Philippe de Gaulle et sa famille à Baden. Lalande est d'autant plus abasourdi qu'il n'a jamais été question – du moins ne l'a-t-il pas su – que le président quitte Paris...

De Gaulle et Massu s'éloignent ensemble :

> « Tout est foutu, commence de Gaulle. Les communistes ont provoqué une paralysie totale du pays. Je ne commande plus rien. Donc je me retire et comme je me sens menacé en France, ainsi que les miens, je viens chercher refuge chez vous, afin de déterminer que faire. »

Les deux hommes s'enferment dans le bureau du général Massu. Personne d'autre, strictement personne ne se joindra à eux. Massu observe de Gaulle, l'écoute. Sa première phrase est pour l'amiral : « J'ai dit à mon fils de me rejoindre ici avec sa famille... »

Puis il parle de son Premier ministre : « Pompidou a peut-être eu tort, au début, de composer avec les étudiants. Mais il a été très bien par la suite. »

> « Je m'aperçois aussitôt que le Général n'est plus lui-même, écrira le général Massu. J'ai devant moi un homme touché et fatigué. Il m'apparaît une fois de plus comme un grand sentimental : " on ne veut plus de moi ". Il broie du noir et j'écoute un certain temps son soliloque pessimiste, me rappelant son mauvais discours du 24 mai qui avait dû le marquer. Il réfléchit d'abord à son problème. Où aller [1] ? »

De Gaulle pense, à cet instant, à retourner vers Strasbourg, Massu lui indique qu'un hélicoptère, mais un seul, peut se poser dans une cour voisine du palais du Gouverneur. Puis il lui offre, s'il le souhaite, de l'y conduire en voiture. De Gaulle, toujours hésitant, lui demande de prévenir les autorités allemandes de sa demande d'hos-

---

1. Jacques Massu a raconté cette journée dans son livre *Baden 68*, publié au printemps 1983 par les éditions Plon. L'auteur s'y est référé.

pitalité. Massu sait que le délégué permanent du gouvernement allemand, le général Karpinski, est absent, et lorsque de Gaulle en conclut qu'il faut prévenir l'ambassadeur de France, François Seydoux de Clausonne, Massu ne se précipite pas. Comme s'il était déjà persuadé qu'il fallait pousser de Gaulle à repartir de l'avant.

Les propos que tient Massu, devant un interlocuteur d'abord silencieux, puis qu'il sent progressivement « accroché », sont choisis pour tenter de « regonfler » de Gaulle, comme il l'écrira. Après une modération initiale, il se laisse vite aller, selon ses propres termes, à une passion convaincue qui se veut communicative :

> « Pour vous et pour le pays, vous ne pouvez renoncer de la sorte. Vous allez vous déconsidérer par ce départ et ternir votre image. Tout ce qui a été fait en dix ans ne peut disparaître en dix jours. Vous allez libérer des vannes et accélérer le chaos que vous avez le devoir d'endiguer.
> « Vous avez affaire à 15 000 individus décidés à porter chez nous une lutte qui se joue dans le monde entier. Vous êtes écœuré, mais vous en avez vu d'autres depuis 1940. Vous devez vous battre jusqu'au bout, sur le terrain que vous avez choisi, même celui du référendum, si vous y tenez encore. Si vous passez le pouvoir, il faut que ce soit à la suite de la consultation populaire.
> « Pour la permettre, ceux qui visent votre succession dans la légalité seront amenés à pousser au retour du travail dans les postes, transports, préfectures, etc.
> « S'il s'avère que ce référendum est impossible, il sera toujours temps de démissionner... »

Massu note que de Gaulle, prostré au fond du fauteuil réservé aux visiteurs, lève de plus en plus souvent les yeux vers lui :

> « Continuez, lui dit-il. Continuez...
> – ... Il sera toujours temps de démissionner. Mais sans avoir fui au préalable, car le front est en France et, pour vous, à Paris. Le vieux lutteur qu'est le général de Gaulle doit faire front jusqu'au bout. Et il ne manquera pas de gens pour lui rendre hommage.
> « Je ne crois d'ailleurs aucunement à une menace physique contre vous. Il vaudrait mieux être victime d'une telle éventualité que de s'être soustrait à un risque de cet ordre. »

Le résultat de ses efforts lui paraissant incertain, Massu quitte un instant le Général. Que son aide de camp informe quand même l'ambassadeur de la présence en Allemagne du président de la République. Pour le capitaine Richard, il lâche une de ces phrases à l'emporte-pièce qui ont l'avantage de résumer clairement une situation :

« Nous ne sommes pas sortis de l'auberge, il est têtu comme une mule et bloqué dans sa résolution de tout laisser tomber ! Il m'a décrit l'Apocalypse. J'ai déployé pas mal d'arguments, mais il ne veut rien entendre. Nous ne pourrons pas cacher longtemps sa présence ici. Richard, faites-moi chercher notre ambassadeur à Bonn. Pour ma part, je n'ai pas renoncé, et je retourne dans la fosse aux lions [1]. »

Quelques minutes plus tard, le général de Gaulle se lève brusquement. il s'approche de Massu, lui donne l'accolade : « Je repars ! Appelez ma femme ! Quant à mon fils, qu'il juge ce qu'il doit faire. »

Philippe de Gaulle choisit aussitôt : il entend suivre son père. Le refus est immédiat :

« Non ! Tu vois bien qu'il n'y a pas de place pour toi dans les hélicoptères. Je t'appellerai si j'ai besoin de toi. Pour le moment tu restes ici. Toi et les tiens, vous n'avez rien à faire à Paris. »

De Gaulle, dès cet instant, manifeste sa hâte de repartir. Il s'impatiente de ne pas voir arriver les deux hélicoptères. Il tourne en rond, parle aux uns, fait quelques pas, parle à d'autres. Il s'attarde un moment avec le général Mathon, chef d'état-major des forces françaises en Allemagne et avec le colonel Moniez, directeur de cabinet du général Massu. A chacun, il pose la même question : fait-il bien de repartir en France ? Mathon et Moniez lui répondent que oui... Ces conversations, alors que la décision est déjà prise, deviendront, pour des récits ultérieurs une réunion d'état-major décisive qui n'a en réalité jamais eu lieu. A aucun moment, d'ailleurs, pas même avec le général Massu, il n'a été question d'une éventuelle intervention des forces françaises d'Allemagne.

Avant d'embarquer dans son hélicoptère, le général de Gaulle déclare à Mme Massu : « Je repars. J'ai voulu voir votre mari que j'aime de tout mon cœur. »

Simone Massu trouvera que ces paroles, un peu surprenantes, lui ont été dites sur un ton exceptionnellement gentil, « je dirais même tendre », écrira-t-elle.

Pendant ce temps, Massu fait un aparté avec Flohic : il trouve le général de Gaulle insuffisament soutenu, ce qui peut être considéré comme une variante de ses propos de janvier 1960, lorsqu'il avait reproché à de Gaulle d'être « entouré d'une bande de cons ».

---

1. Le capitaine Richard a noté les propos du général Massu. Il a attendu quinze ans pour les publier, dans l'hebdomadaire *Le Point* du 10 janvier 1983. Un récit « validé » par le général Massu, dans son livre *Baden 68*.

Les hélicoptères disparus dans un ciel redevenu serein, Massu s'entretient successivement avec Lalande et Philippe de Gaulle. Le premier engage, imperturbable, sa mission d'information et note que les forces françaises d'Allemagne paraissent sûres et que leur rendement, en cas d'engagement, dépendrait de leurs conditions d'emploi. Après quoi Lalande reprend son bâton de pèlerin et part apprécier la situation à Metz, auprès du général Beauvallet... De l'amiral de Gaulle, Massu retient que son père ne l'a en rien éclairé sur ses intentions et qu'il répète sans cesse ne rien comprendre à cette manœuvre. Plus tard, dans ses *Mémoires accessoires*, Philippe de Gaulle affirmera que jamais son père n'a eu l'intention de s'attarder à Baden, une simple escale technique due à des ennuis de transmission...

Le soir, épuisés, déconcertés, Jacques et Suzanne Massu prennent des notes sur cette journée extravagante. Mme Massu regrettait, depuis quelque temps, de ne pas avoir consigné tous les événements qu'ils ont traversés, vécus ou supportés depuis la guerre... Le lendemain, le général réunit ses principaux subordonnés, les généraux de Rougemont, Buis, de Corta, Thoux, Mathon et les colonels Wagner et Moniez. Pour eux, Massu retrace les événements de la veille, puis il énonce les mesures à prendre : veiller au moral des personnels, assurer la protection des transmissions, avions, essence, ravitaillement, argent... remettre en mémoire les plus récents règlements d'emploi des troupes pour le maintien de l'ordre, qui ne préoccupaient guère les forces françaises d'Allemagne.

Pour ceux qui veulent savoir, et ils sont nombreux dans la faune politique, une question se pose immédiatement : de Gaulle est-il venu à Baden demander à Massu l'aide des forces françaises d'Allemagne pour remettre de l'ordre dans Paris ? Il n'en a rien été, encore est-il difficile pour certains de l'admettre ; les légendes naissent ainsi. Plus tard, lorsque cette question sera directement posée au général Massu, sa réponse sera courte et claire :

> « Ridicule. Pendant tout le temps où nous sommes restés ensemble, le Général et moi, il n'en a pas été question. Jamais ! »

Ces quelques heures auront leur mystère et leur part d'interrogation puis de polémique. Certains gaullistes, se voulant purs et durs, n'accepteront jamais que leur grand homme ait eu un moment de faiblesse – prolongé au demeurant. Certains d'entre eux et quelques autres n'accepteront jamais que Massu soit l'homme qui a réveillé la volonté déclinante du général de Gaulle... Massu qui avait osé prétendre qu'il y avait « une bande de cons » dans l'entourage présidentiel... et qui le pense toujours ! Georges Pompidou, que les gaullistes dits « historiques » ne portent pas forcément dans leur cœur, saura, lui, remercier Massu. Ils se retrouvent à Paris, le 7 juin :

> « Vous avez été un roc, Monsieur le Premier ministre, nous vous avons tous admiré.
> – Vous et moi, nous avons sauvé la République, lui répond Pompidou. Je pouvais tenir, mais il me fallait un président. Vous me l'avez renvoyé. »

Plus tard, lorsque le général de Gaulle décidera de l'amnistie pour les affaires algériennes, on dira qu'il réglait une facture présentée par Massu, en échange d'une intervention des forces françaises d'Allemagne au secours de l'Elysée... Jamais il n'a été confirmé que cette amnistie ait été évoquée à Baden, bien au contraire. Il était d'autant plus difficile d'aborder cette mesure à usage électoral que la dissolution de l'Assemblée nationale, même si elle trottait dans la tête du président, n'avait pas été décidée, encore moins annoncée.

Massu a plaidé pour semblable mesure, il est vrai, non pas devant le général de Gaulle mais auprès de Pierre Messmer, et le 7 juin seulement donc après Baden :

> « Dans la perspective d'être utilisés dans une nouvelle guerre civile en Métropole, les cadres qui ont été acteurs en Algérie, et plus ou moins traumatisés, apprécieraient que soient effacées toutes les séquelles de la guerre civile algérienne, par une amnistie générale, certainement méritée par nos soldats perdus, après sept ans, au moins autant que par les anarchistes étudiants aussitôt après leurs exploits.
> « S'il n'est pas possible que cette amnistie soit ratifiée avant les élections, faute de Parlement, il faudrait faire savoir que la décision de principe est fermement prise.
> « Cette décision habilement divulguée (déclaration du garde des Sceaux, par exemple) aurait également valeur d'argument électoral, en dehors même de l'armée (pieds-noirs anti-communistes). »

A ces remarques, Pierre Messmer répond que le projet de décret-loi concernant l'amnistie est déjà rédigé.

Le ministre des Armées est favorable à l'amnistie depuis longtemps ; depuis la disparition de l'OAS. Il considère qu'avec les événements de mai 1968, les séquelles de la guerre d'Algérie n'intéressent plus personne. Il était inutile de maintenir en prison un homme comme Salan et plus encore ceux qui lui étaient subordonnés au sein de l'OAS. Les généraux rebelles ne signifiaient plus rien dans l'opinion, sauf peut-être Jouhaud pour le monde des pieds-noirs. Pierre Messmer reste persuadé que Jouhaud avait eu une attitude qui ne devait rien à des intérêts personnels et, au contraire de Salan, qu'il n'avait rien d'une bête politique :

« Je pensais cela et je l'ai dit au Général ; je n'ai pas eu l'impression de le choquer. »

Il aura moins de mal à convaincre de Gaulle que Pompidou et Foyer en avaient eu pour le persuader qu'il fallait gracier Jouhaud condamné à mort, alors que Salan ne l'avait pas été... D'ailleurs, l'amnistie est déjà amorcée depuis longtemps : en juillet 1965 avaient été remis en liberté Masselot, La Chapelle, Lecomte, Robin ; Denoix de Saint Marc, Nicot et Bigot ont quitté leur cellule pour Noël 1965, suivis par le général Zeller le 14 juillet 1966, Challe à Noël 1966 et Jouhaud un an plus tard..

Le 15 juin, un communiqué officiel annonce que le général Salan et le colonel Argoud sont graciés pour l'anniversaire de l'Appel du 18 juin ; une libération que le quotidien *Le Monde* commente aussitôt : « ... une victoire de plus, une victoire sans doute amère, des étudiants révoltés. »

Philippe de Gaulle, interrogeant son père sur cette décision, s'entend répondre : « C'est que je veux enlever à mes successeurs l'occasion de la faire aussitôt que je serai parti.. »

Philippe de Gaulle en conclut que son père juge ne plus être aux affaires pour très longtemps...

A l'époque, pourtant, le rétablissement de la situation est aussi rapide que spectaculaire. Requinqué, le Général entend bien reprendre le contrôle des événements. Si leur déclenchement a toujours été un mystère pour lui, comme pour tous les hommes politiques ne réécrivant pas l'histoire après coup, le dénouement portera à tout jamais la marque du général de Gaulle, démiurge de sa propre épopée. Le 30 mai, avant même son retour à Paris, l'Elysée avait fait savoir que le chef de l'Etat prononcerait une allocation radiodiffusée aussitôt après le Conseil des ministres. Le grand virage allait être pris.

De Gaulle annonce ainsi, à 16 h 30, ses décisions : maintien du Premier ministre à la tête d'un gouvernement remanié, dissolution de l'Assemblée nationale et organisation d'élections législatives dans les délais constitutionnels, ajournement du référendum. François Mitterrand risque une dernière contestation : « C'est la voix de la dictature... un appel à la guerre civile... »

Les parlementaires gaullistes ne prennent pas le temps de sourire. Ils accrochent leur insigne, enfilent leur écharpe tricolore et filent vers le pont de la Concorde. Ils ne veulent pas manquer le départ de la manifestation qui s'organise depuis la veille. Une demi-heure plus tard, ils sont perdus dans une foule incroyable remontant les Champs-Elysées en acclamant le nom du général de Gaulle. Un million de personnes...

Le 1er juin, l'essence est de retour ; les Parisiens remplissent leurs réservoirs et partent vers les résidences secondaires ou les plages. Cohn-Bendit à leur tête, les étudiants défilent une fois encore, dans l'indifférence cette fois et l'amertume. En témoignent leurs derniers slogans : « Elections, trahison », « Elections, piège à cons ».

En une semaine, la France se remet au travail. Et, le 7 juin, quelques heures après la rencontre entre Pompidou et Massu, le général de Gaulle s'explique dans un entretien télévisé avec Michel Droit :

> « Oui, le 29 mai, j'ai eu la tentation de me retirer. Et puis, en même temps, j'ai pensé que si je partais, la subversion menaçante allait déferler et emporter la République. Alors, une fois de plus, je me suis résolu.
> « Vous savez, depuis quelque chose comme trente ans que j'ai affaire à l'Histoire, il m'est arrivé quelquefois de me demander si je ne devais pas la quitter.
> « Ce fut le cas, par exemple, en septembre 1940, après Dakar, où, avec mes compagnons ayant essuyé le feu des forces françaises qui tiraient sur les Français libres, alors que l'ennemi était à Paris, j'ai douté qu'on pourrait jamais les retourner contre l'envahisseur de la France.
> « Ç'a été le cas à Londres, en mars 1942, où, devant une dissidence à l'intérieur de la France libre, dissidence dont le gouvernement britannique avait été le complice sinon l'instigateur, je suis allé dans un coin de la campagne anglaise en faisant savoir à Londres que je ne poursuivrais pas mon entreprise aux côtés de la Grande-Bretagne si mes conditions n'étaient pas acceptées.
> « Ce fut le cas en 1946, quand, submergé par le torrent stérile des partis sur lequel je n'avais pas de prise et ne pouvant plus agir à la place où j'étais, je l'ai quittée.
> « Ce fut le cas, en 1954, quand je voyais que le rassemblement que j'avais formé était en train de se disloquer ; alors je l'ai laissé et je suis rentré chez moi.
> « Ç'a été le cas, le soir du premier tour de l'élection présidentielle, où une vague de tristesse a failli m'entraîner au loin [1]. »

Il reviendra, le 14 juin, sur cette indécision dans une conversation avec Alain Peyrefitte :

---

1. Aux élections présidentielles de décembre1965 – les premières ayant lieu au suffrage universel – Charles de Gaulle est mis en ballottage au premier tour. Il obtient 44,64 % des suffrages exprimés, contre 31,72 à François Mitterrand et 15,57 % à Jean Lecanuet. Le 19 décembre, Charles de Gaulle l'emporte au second tour sur François Mitterrand (55,1 contre 44,8).

« Il fallait que je prenne du champ. J'étais parti en laissant toutes les possibilités ouvertes. J'ai bien dit toutes, y compris mon départ. J'étais assailli par le doute, comme ça m'est arrivé plusieurs fois dans le passé... »

Georges Pompidou a reçu semblable confidence : « Pour la première fois de ma vie, j'ai eu une défaillance, je ne suis pas fier de moi. »

La tentation de se retirer... Jacques Massu ne s'était pas trompé !

Ensuite il sera décidé de recouvrir cet après-midi à Baden d'un voile opaque dissimulant l'événement ayant agité l'Olympe politique aux regards curieux des mortels. Il est demandé au général Massu de bien vouloir tout oublier, et cela successivement par deux présidents de la République, Georges Pompidou puis Valéry Giscard d'Estaing.

C'est à partir de là que s'échafaude une opération de dissimulation – ou de désinformation – censée dissimuler un « secret d'Etat ». L'affaire ne tient, en réalité, qu'à des concours de circonstances. Georges Pompidou, vexé, ne veut pas avouer qu'il n'a pas été tenu au courant par le Général ; il préfère une chape de silence. Pierre Messmer trouve que le récit de Massu, fort sobre aux premiers jours, a tendance à prendre un souffle étonnant. Il ne doute pas que Massu ait remonté le Général, il doute de l'ampleur de la déprime du chef de l'Etat. Il préfère que Massu ne parle plus de l'aventure qui risque d'être emportée par des élans épiques. Et de Gaulle, ses doutes avoués, préférerait qu'il n'en soit plus éternellement question... C'est ainsi que naît au XXe siècle un secret d'Etat et que Valéry Giscard d'Estaing pourra confier à des journalistes, peu après son élection à la présidence, que ses fonctions présidentielles lui permettent de détenir deux ou trois de ces secrets. qu'il ne juge pas essentiels de son propre aveu, mais qu'il ne dévoilera jamais...

Massu, discipliné, respectera leur volonté, jusqu'aux premières publications, notamment les Mémoires de Georges Pompidou en 1982, eux-mêmes précédés de suppositions, d'indiscrétions. Jacques Massu dévoile donc sa vérité au printemps 1983 :

> « L'hésitation du Général, parfaitement compréhensible et excusable, mais difficile à expliquer, a été jugée par le commandement militaire et par deux présidents de la République, non racontable. Ce ne fut pas, jusqu'en 1982, " mon secret ", mais un secret d'Etat que j'ai respecté, voilà tout, et que j'aurais continué à respecter si d'autres que moi ne l'avaient divulgué. »

En avant-propos de son livre *Baden 68*, Massu ajoute une discrète remarque qui est aussi, pour une bonne part, la raison d'être d'un « secret d'Etat » éventé depuis longtemps... depuis l'interview donnée par de Gaulle à Michel Droit, le 7 juin 1968 :

> « Dénaturer les faits, écrit-il, même pour embellir la légende du Général, serait une injure à sa mémoire. Jamais, vivant, il ne l'aurait toléré. »

Massu sera pourtant accusé d'avoir contribué à « déboulonner l'idole ».

De leur entretien à Baden-Baden paraîtront, des années plus tard, deux autres versions. Celle de Philippe de Gaulle, qui publie le tome 2 de ses *Mémoires accessoires* en l'an 2000 ; celle qu'Alain Peyrefitte a recueillie dès juin 1968, mais qu'il ne révélera également qu'en 2000.

Philippe de Gaulle, naturellement réservé à l'égard du général Massu, se rapproche du camp des inconditionnels pour qui Massu a contribué à déboulonner l'idole. Une indiscutable piété filiale est une explication suffisante :

> « Si le Général avait été aussi effondré que Massu l'a prétendu, écrit-il, c'était de toute façon trahir la confiance de celui qui était venu en confidence que de le révéler. Je ne crois pas que Massu ait manqué aussi gravement à la loyauté, mais plutôt qu'il s'est surestimé dans son extraversion souvent tonitruante. »

Pourtant l'amiral de Gaulle, en citant les propos que lui tient son père, un jour de juin 1968, rend à Massu la part qui lui revient dans la décision du Général :

> « C'est vrai, j'ai failli, mais il ne faudrait quand même pas attribuer ce qualificatif à mon personnage comme voudraient le faire accroire ces bons apôtres ! J'ai failli parce que, pour la première fois depuis que je mène une action quelconque sur ce pauvre monde, je me suis laissé gagner de vitesse par les événements, alors que je les avais toujours " prévenus ". Un chef qui se laisse avoir ainsi a failli. Si notre affaire de Baden n'avait pas réussi, si je n'avais pas trouvé un Massu, si les gens n'avaient pas compris, alors j'aurais pu tout plaquer et les laisser s'arranger par eux-mêmes... »

Le récit que de Gaulle fait à Alain Peyrefitte confirme l'influence de Jacques Massu sur un Charles de Gaulle hésitant et désabusé :

> « Ça m'a fait du bien de quitter la fournaise. Quand j'ai survolé l'Est de la France, le courage m'est revenu. Il a suffi que je voie Massu, son

état-major, leur sang-froid. Le décalage entre l'agitation de la cage aux bourdons et la résolution de l'armée sautait aux yeux. Certains chefs militaires m'avaient fait savoir qu'ils étaient déterminés à briser la subversion si je le leur demandais. Mais leurs messages m'étaient transmis par des proches [1]. Je ne les avais pas entendus directement. Massu, lui, ne m'avait pas fait signe. Nous nous sommes parlé, il a été celui qu'il devait être.

– Mais alors mon général, vous vouliez vous appuyer sur l'armée pour reconquérir le territoire national ?

– Evidemment pas pour reconquérir ! C'était plutôt le contraire ! Il ne fallait surtout pas que l'armée d'Allemagne fasse des bêtises. En mai 58, j'ai interdit à l'armée de bouger ; si les paras se mettaient en marche sur Paris, on risquait le pire : déclencher une guerre civile. Il ne fallait pas plus le faire en 68 qu'en 58. Il fallait donc m'assurer que l'armée était prête à intervenir si je le lui demandais, mais qu'elle ne le ferait pas sans que je lui demande. J'étais prêt à partir, mais prêt à rester. Je voulais voir comment l'armée répondrait à mon appel, si je faisais appel à elle. Je voulais être sûr d'elle et je n'en étais pas tout à fait sûr, étant donné la manière dont elle s'était conduite quelques années plus tôt.

– Et Massu a répondu à votre attente ?

– Massu a été Massu. Il m'a fait sentir que l'armée n'était pas contaminée, qu'elle m'obéirait, qu'elle ferait ce que je lui demanderais mais pas plus, qu'elle ne prendrait pas d'iniative intempestive contre la chienlit. Elle pourrait faire partout des gardes statiques, protéger les ministères, les préfectures, les gares, les bâtiments publics. Elle pourrait reconquérir le territoire sur les piquets de grève. Massu m'a rendu confiance en elle et en moi. Je n'avais même pas besoin de rester à Baden pour attendre la réponse des Français. Une inspection m'avait suffi. Je pouvais attendre à Colombey ou à Paris que les Français me répondent. »

Progressivement, l'ordre revient, avec d'ultimes poussées de fièvre. Une nouvelle nuit des barricades le 11 juin, avec une centaine de voitures brûlées ou détruites, cinq commissariats de police attaqués, des centaines de vitrines brisées, des dizaincs d'arbres abattus ; l'évacuation du théâtre de l'Odéon, le 14 juin, puis celle de la Sorbonne deux jours plus tard. Les 27 et 30 juin, les Français élisent leur nouvelle Assemblée nationale ; un triomphe pour le gaullisme qui remporte trois cents des quatre cent cinquante-huit sièges, une dégringolade pour la gauche qui en perd une centaine [2].

---

1. Dans le tome 3 de son livre *C'était de Gaulle*, d'où est extrait ce dialogue, Alain Peyrefitte suppose que le Général fait allusion à un message que le général Humblot, commandant le 1er corps d'armée de Nancy, a fait transmettre le 29 mai au matin, par le général de Boissieu. Philippe de Gaulle, dans *Mémoires accessoires*, confirme le message de Humblot et précise que le général Beauvallet, commandant la 6e région militaire à Metz, en a fait de même.

2. UDR et apparentés : 292 sièges (+ 98) ; Républicains indépendants : 57 ; centristes : 30 ; Fédération de la gauche 57 (– 61) ; parti communiste 33 (– 39) ; non inscrits : 9.

Il va maintenant falloir reconstruire la France, politiquement affaiblie, économiquement abattue, psychologiquement meurtrie. Les semaines d'agitation laisseront un bilan mitigé. Rien ou presque rien n'aura radicalement changé dans la vie quotidienne des ouvriers, des salariés ou des patrons. L'Université, brisée, se cherchera pendant des années, allant de réformes en restructurations, sans réellement se retrouver. Les enseignants supposeront que rien ne pouvait plus être comme avant. Les étudiants auront réussi le tour de force d'envelopper leurs aspirations d'un tel flou artistique que l'opinion ne retiendra que leurs excès et leur désir de liberté sexuelle. Et durant des décennies, les jeunes gens égarés, à l'esprit vagabond ou destructuré, seront des « soixante-huitards » puis des « post-soixante-huitards », en attendant de devenir des « baba-cool ». Politiquement, il en va autrement. Il est certain que le prestige du général de Gaulle a été atteint, et, au sein même de sa majorité, il sera plus souvent « le vieux » que le patron. D'autres fêlures sont plus sournoises : personne ne pouvait prévoir que confirmé Premier ministre à la fin mai, chargé de gagner les législatives – et elles le seront triomphalement –, Georges Pompidou serait remplacé le 10 juillet par Maurice Couve de Murville. Il avait beaucoup dit être fatigué, il avait beaucoup proposé sa démission ces dernières semaines, et le jour où il a annoncé que son devoir lui commandait de rester, le général de Gaulle lui avait trouvé un successeur ! Pompidou, placé « en réserve de la République », s'imaginera être l'héritier désigné du Général, ce qui les conduira au malentendu et à une brouille définitive.

Jacques Massu, lui, garde toute la confiance du général de Gaulle.

Chapitre 16

Les derniers mois sous l'uniforme
La vie civile
Joies et peines
Les ultimes hommages

Le général Massu ne reverra plus que par deux fois le général de Gaulle. En novembre 1968, puis en mars 1969.

Le 8 novembre, Massu est convié à un déjeuner à l'Elysée avec Suzanne Massu. Ils sont une dizaine de convives, notamment l'ambassadeur de France au Chili Raoul Duval et son épouse. Le président de la République, avant le repas, entraîne le général Massu à l'écart pour un entretien particulier. Une conversation qui, ainsi, n'aura pas les apparences d'une audience trop officielle. De Gaulle veut parler de l'avenir, des projets qu'il a pour Massu, puis une fois encore de la journée de Baden :

> « D'homme à homme, je veux vous dire combien votre action a été, le 29 mai, déterminante sur mon comportement et sur le redressement national qui en est résulté.
> – Mon général, je suis heureux et fier d'avoir été placé par la Providence en posture de vous être utile, votre action ayant éclairé et dirigé l'essentiel de ma vie militaire. »

Ce qui touche à l'avenir de Massu, déjà menacé par la limite d'âge, est plus une exploration tous azimuts qu'une recherche très précise. De Gaulle veut savoir si Massu a des projets personnels. Non, il n'en a pas. Certes, il a entamé quelques recherches, avec la bénédiction du ministre des Armées. S'il l'encourage à prospecter, Pierre Messmer lui conseille cependant de ne pas s'engager trop vite. A dire vrai, ce que l'industrie privée propose à Massu ne l'enchante guère. Il s'agit essentiellement d'aller démarcher les clients pour leur vendre les productions maison. Celles-ci peuvent aussi bien être des pistolets, des mitrailleuses, des fusées, des chars ou des avions; toute la panoplie des matériels indispensables aux forces armées des nations nécessairement amies, puisque le marché des armes est sérieusement encadré... Ce qui n'empêche pas une poignée d'acheteurs officiels de n'être, à l'occasion, que des intermédiaires pour des pays moins recommandables ou des guérillas incontrôlables. Nombre de généraux ou d'officiers supérieurs se sont lancés ou se lanceront dans de telles carrières. Massu, pour sa part, s'imagine mal dans ce rôle de commis-voyageur de luxe, où son nom et sa renommée deviendraient des arguments de vente. Il est évident que ce genre de reconversion ne peut pas recevoir l'agrément du général de Gaulle. Peut-être est-ce là la raison de sa remarque :

> « Vous devez encore servir l'Etat, dit-il.
> – J'attendais justement, mon général, que vous me disiez si l'Etat voulait encore utiliser mes services.
> – Que souhaitez-vous, dans l'idéal, en fermant les yeux ? »

Et les voici partis pour un immense tour d'horizon. Le général Massu avoue ses goûts, ses aspirations, ses connaissances. Il reconnaît ne pas être trop informé sur les fonctions offrant actuellement des possibilités compatibles avec son expérience, mais il refuse par avance toute sinécure honorifique. De Gaulle lance quelques idées : un poste au Japon par exemple. Massu lui répond qu'il est effectivement impressionné par l'extraordinaire développement de ce pays... comme il a été impressionné, de façon bien moins sympathique, par les Japonais s'alliant au Viêt-minh en 1945, après leur capitulation. Massu parle d'Israël, de Gaulle lui rétorque que c'est trop petit. Massu évoque l'Espagne, de Gaulle répond par le Brésil. Ils tâtonnent. De Gaulle sort une nouvelle carte de sa poche : le Conseil d'Etat :

> « ... On s'y livre à des études et des analyses au service du gouvernement, et des généraux réputés y sont admis.
> – Je sais mal ce qu'on y fait. Il s'agit de fonctions honorifiques qui doivent laisser du temps libre, je me sens mieux fait pour l'action et le contact que pour le travail de cabinet.
> – Mais c'est encore le service exclusif de l'Etat... »

Faute de trouver une destination immédiate pour l'avenir de Jacques Massu, voici les deux hommes effectuant un retour vers un terrain plus traditionnel, celui des affaires militaires. Massu explique au chef de l'Etat qu'il tente d'adapter les structures qui lui ont été imposées à une forme de guerre conventionnelle. Il est persuadé que les éventuels combats du futur réclameront toujours de l'infanterie et de l'artillerie ; de même est-il certain que la guerre thermonucléaire n'est pas nécessairement envisageable. De Gaulle paraît, à cet instant, vouloir prolonger d'une année le temps de service de Massu. Mais il leur faut passer à table.

Au cours du déjeuner, entre le homard et les champignons, s'adressant à Suzanne Massu, le président de la République revient – publiquement cette fois – sur le rôle tenu par son mari dans l'après-midi du 29 mai :

> « Madame, c'est la providence qui a bien voulu m'envoyer à Baden, et, en allant à Baden, a permis que j'y trouve votre mari et que votre mari soit l'homme qu'il est. Il m'a convaincu de rester à un moment où j'étais indécis et, par là, tout a changé. »

Suzanne Massu ne doit pas regretter le voyage au long cours entrepris pour ce déjeuner. Ses obligations au centre « Jeunesse », le mariage d'un ancien pensionnaire, recueilli en 1957 et qui la voulait absolument pour témoin, font qu'elle est arrivée le matin même de Pau par le train de nuit, et qu'elle repartira ce soir sur Pau par un autre train de nuit.

Au cours de l'entretien entre de Gaulle et Massu, pas un mot n'a été prononcé – ni par l'un, ni par l'autre – à propos d'une éventuelle incursion sur le terrain politique. Il est vrai que jamais de Gaulle n'a apprécié que d'autres militaires se risquent sur ses chasses personnelles. Ceux qui ont failli à la règle, délibérément ou occasionnellement, ont appris à leurs dépens l'existence de ce domaine réservé. Massu s'en souvient plus que tout autre... Ses expériences algéroises l'ont à tout jamais dégoûté d'une carrière politique, à laquelle d'autres avaient pensé ou penseront pour lui. Le général Massu aurait pu se lancer, pour les législatives de 1967, à la conquête d'un mandat électif ; il a dit non aux propositions qui lui étaient faites. C'est Georges Pompidou qui lui a demandé d'aller faire campagne à Metz. L'idée l'avait doublement étonné. Pourquoi – à la condition d'être élu – irait-il jouer les parlementaires, un rôle pour lequel il ne se trouvait aucune vocation ? Pourquoi irait-il faire campagne chez Raymond Mondon qu'il avait connu et apprécié lorsqu'il était en fonction à Metz, siège de la région militaire ? La seconde démarche est celle de Jacques Baumel ; elle est complémentaire de la précédente. Pompidou est intervenu en Premier ministre soucieux d'avoir à ses côtés une majorité parlementaire fidèle, ou docile, ce qui n'est pas exactement pareil. Jacques Baumel, lui, est confronté à des données plus concrètes : il est le secrétaire général de l'UNR-UDT et à ce titre il lui revient de distribuer les investitures aux candidats. Il est en quelque sorte le chef d'état-major assistant le Premier ministre. Il se souvient parfaitement de sa rencontre avec le général Massu :

> « Il y avait eu le référendum pour l'élection du président de la République au suffrage universel. Nous préparions les législatives suivantes. J'étais rodé, c'était ma troisième campagne nationale en tant que secrétaire général. Il fallait accorder cinq cent cinquante investitures. Je souhaitais qu'il fasse campagne avec nous; il nous aurait apporté son nom, son prestige, et je reste persuadé qu'élu il aurait été un bon député même s'il a toujours été persuadé qu'une telle fonction n'était pas exactement dans ses cordes. Pompidou l'a reçu; je l'ai vu ensuite. Nous avions pensé qu'il devait se présenter dans l'Est, mais pas nécessairement dans la circonscription de Raymond Mondon. Il ne m'a pas paru enthousiasmé par notre idée. En tout cas, il ne nous a jamais recontactés. »

L'ultime rencontre entre Charles de Gaulle et Jacques Massu – mais comment le sauraient-ils? – a lieu à l'Elysée, le 20 mars 1969. Elle est presque de routine. Le président, que la Constitution désigne comme le chef des armées, a des contacts annuels avec les titulaires des principaux commandements. Parmi ceux-ci, il y a le général Massu, toujours en fonction à Baden.

Les structures des forces françaises en Allemagne doivent évoluer, explique de Gaulle. Ce qui sous-entend qu'à terme, avec ce changement d'orientation, Massu aura bientôt un successeur. Pour l'immédiat, il est décidé de son maintien en activité jusqu'à la fin du mois de juillet; officiellement pour lui permettre de participer aux manœuvres nationales du mois de mai et pour être associé aux manifestations du 14 juillet. En réalité, c'est le temps nécessaire pour avancer la réforme annoncée : placer sous un commandement unique le corps d'armée de Massu, stationné en Allemagne, et celui du général Humblot qui est en France. La nouvelle structure placerait les deux corps d'armée sous les ordres d'un chef qui serait nécessairement en France, illustrant en cela la volonté du président de la République de ramener les responsables militaires dans les limites de l'hexagone.

De Gaulle ne néglige pourtant pas le grognard fidèle. Il pense toujours à d'autres fonctions pour lui. Il aimerait le voir créer un office franco-africain pour la jeunesse, à l'image de ce qui existe déjà avec la jeunesse allemande. L'idée lancée le jour du printemps aurait pu éclore avant l'été, si le Général de Gaulle n'avait pas tenu à ce référendum annoncé aux heures les plus chaudes de mai 1968, puis retiré au profit des législatives et réapparu ensuite. Onze mois après les événements de mai 1968 qui ont laissé des traces, affaibli le pouvoir politique et écorné le prestige gaullien, cette consultation n'était peut-être pas opportune. A moins que le général de Gaulle n'ait lancé une manière de défi à l'opinion ; un référendum sur sa personne et son rôle plus que sur l'évolution des structures de l'Etat. Il faut dire que la question posée avait des aspects suspects. On pouvait être favorable à la régionalisation sans souhaiter la disparition du Sénat ; on pouvait tenir aux départements sans être attaché au Conseil économique et social ; on pouvait accepter – ou refuser – le mélange des genres dans la nouvelle Assemblée qui ne serait plus ni le Sénat ni le Conseil constitutionnel et où se rencontreraient des élus, des chefs d'entreprise et des syndicalistes ; on pouvait accepter – ou refuser – les rapports de la nouvelle institution de caractère consultatif avec l'Assemblée nationale détenant seule le pouvoir législatif. Il y avait, très légitimement, trois ou quatre réponses possibles pour une seule question... C'est ce référendum, étrange d'apparence, qui conduit le général de Gaulle à se retirer définitivement à Colombey-les-Deux-Eglises, le 27 avril 1969, après que les Français lui ont répondu « non », à 52,41 %.

Massu, atteint par la limite d'âge, part à la retraite, personne ne songeant plus à prolonger son temps de service d'une année, comme il a été envisagé un moment. Le 13 juillet 1969, il signe son dernier « ordre du jour » :

> « Au moment de prendre congé de l'Armée, je veux lui exprimer ma reconnaissance pour tout ce qu'elle m'a donné pendant plus de quarante ans.
> « L'infanterie coloniale m'a formé, m'ouvrant les portes de l'inoubliable Afrique, faisant de moi un saharien, un blindé, un parachutiste. Elle a favorisé mon choix de répondre à l'appel du général de Gaulle en inscrivant ma carrière dans l'épopée de Leclerc.
> « Combien de mes chefs, de mes bons camarades, de mes meilleurs soldats sont tombés à mes côtés, alors que j'étais épargné, non seulement au cours des combats exaltants de la libération du territoire national, mais aussi de ceux qui nous furent tristement imposés en Indochine et en Algérie.
> « Déçu dans notre recherche de la paix outre-mer, j'ai trouvé en ces dix dernières années l'occasion d'œuvrer pour elle, de part et d'autre du Rhin, de la Lorraine au pays de Bade, en nouant des liens nombreux entre ces deux peuples voisins et si souvent opposés.
> « Ainsi ma gratitude va-t-elle à vous tous, qui m'avez aidé dans mon désir de faire des Forces françaises en Allemagne une puissance dyna-

mique et naturelle. En perfectionnant sans cesse la qualité de votre action sur les jeunes que vous confie la Nation, vous maintiendrez l'Armée dans sa noble mission pacificatrice.

« Au prestige guerrier de vos drapeaux et étendards, vous ajouterez la gloire que réclame notre temps : celle de l'amitié entre les hommes. »

De Gaulle et Massu ont, ensemble, fréquenté l'Histoire depuis mai 1940, ils s'en éloignent à quelques semaines l'un de l'autre.

Ce sont pour les deux hommes deux occasions d'échanger leurs dernières lettres. Au président de la République démissionnaire, Massu écrit toute sa tristesse devant le résultat du référendum. De son exil lorrain, Charles de Gaulle prend soin, le 17 juillet 1969, de féliciter Massu pour sa promotion de grand-croix de la Légion d'honneur :

> « Mon cher ami,
>
> « ... Je tiens d'abord à vous dire à quel point je me félicite de voir votre magnifique carrière couronnée, comme elle l'est, par l'estime et la reconnaissance générales.
>
> « Sachez aussi que, dans ce que vous ferez et entreprendrez encore, ma confiance et mes vœux vous accompagneront. Enfin, soyez assuré que je vous aime bien, après avoir éprouvé depuis trente ans et dans les plus graves circonstances ce que vous valez à tous les égards.
>
> « Veuillez présenter à Madame Massu mes hommages les plus respectueux et, j'ajoute, dévoués, auxquels ma femme joint ses meilleurs souvenirs.
>
> « Pour vous, mon cher Massu, le témoignage de ma fidèle amitié. »

Il y aura une dernière visite de Jacques Massu à celui qu'il a toujours considéré comme son chef. Il apprend, comme tous les Français, par la radio, le 10 novembre 1970 au matin, le décès la veille au soir, à La Boisserie, du général de Gaulle. Il lui paraît impossible de ne pas aller lui rendre un dernier hommage. Massu rejoint aussi vite qu'il le peut Colombey-les-Deux-Eglises où il n'est encore jamais venu. Il n'est précédé que par le maire et les conseillers municipaux de Colombey, le préfet de la Haute-Marne accompagné de sa femme, puis un représentant du ministère de l'Intérieur habituellement chargé des hautes personnalités. Les gendarmes sont déjà en place, avec mission d'interdire l'accès à La Boisserie. Lorsque Massu, en civil, se présente, ils se mettent au garde-à-vous et ouvrent leur barrage. Une voix se fait entendre depuis La Boisserie :

« Qui est-ce ?

– Le général Massu.

– Qu'il entre. »

Massu s'incline devant la dépouille du Général, telle que va bientôt la découvrir Philippe de Gaulle. Dans le salon plongé dans la pénombre, Charles de Gaulle repose face à ses derniers visiteurs. Il est dans son uniforme kaki avec pour seul insigne le petit losange de la France libre. Il a les mains jointes sur la poitrine et autour d'elles un chapelet de nacre blanche. Un drapeau tricolore dont les plis tombent jusqu'au sol recouvre le corps des pieds à la taille. Massu s'incline, se recueille puis se retire. Michel Debré suit, puis le général Fourquet, chef d'état-major des armées. Mme de Gaulle s'agace et dit à son fils, lorsqu'il la rejoint : « Voilà les ministres qui arrivent maintenant ! Ton père avait dit ni ministres ni officiels. »

Yvonne de Gaulle et son fils Philippe sont d'accord pour que le cercueil soit fermé sans plus attendre. Philippe veut éviter une nuit de veille supplémentaire à sa mère. Yvonne paraît surtout redouter que quelques photographes leur dérobent une image du Général sur son lit de mort.

Lorsque Georges Pompidou, Jacques Chaban-Delmas puis Maurice Couve de Murville et Alain Peyrefitte se présentent, le 11 novembre, ils ne peuvent saluer qu'un très long cercueil de chêne brun clair. Certains en seront amers et persuadés à jamais que Mme de Gaulle leur a, de fait, interdit de se recueillir devant le Général. Ils n'avaient sûrement pas totalement raison, ni entièrement tort, car Mme de Gaulle, surmontant son chagrin, saura nuancer ses attitudes, glissant en aparté à Alain Peyrefitte : « Il vous aimait bien... »

Général à la retraite, Jacques Massu découvre une tout autre vie. Avec Suzanne Massu, ils se partagent entre l'appartement de Neuilly-sur-Seine et la maison de Conflans-sur-Loing. Le Loiret les attire de plus en plus ; ils y sont au calme. Ils ont là, auprès d'eux, de vieux amis des temps agités, tels les Desjoyaux revenus d'Algérie. Le général peut céder à sa passion pour le cheval et il monte aussi souvent qu'il le peut l'animal que l'armée lui a laissé. Il accompagne les chasses à courre, y noue de nouvelles relations, admire l'équipage qu'entretient une voisine, Catherine Drouin. Jacques Massu se mêle à la vie locale. Il anime une campagne contre un projet d'autoroute, ce qui n'a rien d'extravagant. Ce qui étonne, c'est de retrouver côte à côte, ravis d'être ensemble et tout à fait déterminés dans leur combat commun, Jacques Massu et Georges Séguy... L'ancien commandant des forces françaises en Allemagne et l'ancien patron de la CGT sont devenus pour l'occa sion de fervents écologistes. Ils viennent ensemble à Paris, en juin 1990, pour donner une conférence de presse et affirmer qu'ils sont « animés d'une même volonté contre ce funeste projet » ouvrant une large brèche dans la forêt d'Orléans et dans le paysage préservé du Gâtinais. Ils interviennent chacun dans leur style, avec des références qui trahiraient leur passé pour qui ne les connaîtrait pas :

> « Dans cette affaire, déclarait le général Massu, c'est l'union sacrée. L'autoroute sera un véritable mur de Berlin et notre vie et celle de nos petits-enfants sera empoisonnée. »
> « Le gouvernement, insistait Georges Séguy, doit aujourd'hui choisir entre les magouilles politiciennes et le respect de la démocratie. J'espère bien que cette aberration ne se produira pas. »

Il arrive aussi au temps de la réflexion, avec les retours sur un passé d'autant plus prenant que celui-ci est chargé. Et comme il n'a guère aimé la réputation qu'ont voulu lui bâtir des adversaires de tous les temps ou de faux amis en quête de bouc émissaire, il décide de prendre la plume.

Il va écrire ses livres de souvenirs dans une immense pièce comme savent en aménager les anciens officiers qui ont fait carrière sur le terrain. Ils se ressemblent souvent, ces asiles où les guerriers d'hier s'isolent avec leur passé, leurs rames de papier et un encrier bien plein. Un drapeau, des fanions de leurs commandements passés dans l'angle de la pièce, des décorations encadrées, des armes accrochées, des photographies au mur ou sur la table de travail. Parmi les portraits veillant sur Jacques Massu, il y a ceux de Leclerc et de Gaulle dédicacés.

Jacques Massu n'a pas de comptes à régler, il a des vérités à rétablir. Alors il rédige son premier livre, *La Vraie Bataille d'Alger*. Le schéma en est simple : pour répondre aux questions que peuvent se poser ses lecteurs, vingt-deux réponses feront le tour du problème. D'autres ouvrages suivront, encore sur l'Algérie, puis sur l'Indochine ou sur Suez. Il travaille seul le plus souvent, parfois avec des complices de choix : Jean-Julien Fonde qui fut de bien des aventures à ses côtés depuis la création de la 2e DB ou Henri Le Mire qui est aussi passé par la 10e DP. Avec un autre complice, Jacques Massu s'essaie à un autre style, le dialogue : Alain-Gilles Minella l'interroge en tenant parfois le rôle du naïf. Peut-être cette forme de dialogue donne-t-elle plus de liberté au général Massu. C'est à Minella, en tout cas, qu'il livre ses premières confidences sur ses doutes, ses craintes, ses regrets. Il estime, avec quelques années de recul, que l'accession de dix millions d'Algériens à la citoyenneté française aurait pu avoir d'étranges conséquences sur la représentation parlementaire et des effets sans doute catastrophiques sur la vie politique nationale. L'évolution de l'Algérie est au premier rang de ses préoccupations :

> « Sur le plan économique aussi ça pouvait devenir un problème ! Cela dit quand on voit comment les choses se sont passées depuis trente ans, je ne suis pas sûr que nous ayons été très heureux dans cette optique. Je ne suis pas certain que l'affaire ne nous aurait pas coûté moins cher et amené moins d'aléas si nous étions restés en Algérie. Je ne suis pas absolument sûr que la France ait fait le meilleur calcul en larguant. Il y avait sûrement à étudier la forme de l'association à réaliser. Je crois aussi que ça aurait dû se faire plus tôt. A partir du moment où la rébellion était déclenchée, c'était probablement trop tard.
> « En admettant que les Algériens aient eu une satisfaction d'amour-propre du fait de l'Indépendance, avec un grand I... ce n'est pas l'indépendance qui donne à bouffer !... Ce n'est pas l'indépendance qui élève les jeunes et qui assure l'avenir du pays. »

Les vérités de Jacques Massu ne seront évidemment jamais celles de ses adversaires. Ses livres ne passent pas inaperçus, ils n'étaient d'ailleurs pas écrits pour cela. Ils étaient rédigés pour s'approcher de la vérité autant qu'il est possible de l'effleurer. Répondant aux faits qu'il expose surgissent des réponses qui ne sont que la poursuite d'un combat, autant dire des agressions. Il devient, plus que jamais, l'homme qui a voulu la torture durant la bataille d'Alger. Aucun de ses détracteurs ne veut entendre ce qu'il a toujours affirmé et qu'il ne cessera de répéter : que cette pratique, regrettable au demeurant, l'a précédé et l'a suivi. Il ne s'y est jamais ni habitué ni résigné, pas plus que les officiers de la 10e DP. Simplement, ils n'avaient guère d'autre possibilité pour aller débusquer les dépôts de bombes des terroristes et identifier ceux qui les fabriquaient ou les posaient. Ils se sont noirci les mains pour sauver des vies humaines par centaines ; ils se sont salis l'âme parce que les politiques l'ont voulu, l'ont ordonné, en se gardant bien de laisser la moindre trace écrite. Ils ont quitté Alger à l'automne 1957, l'esprit alourdi par les traces d'un combat qu'ils n'avaient jamais aimé et le cœur léger parce qu'ils avaient débarrassé la ville de ses tueurs et qu'Alger retrouvait un moment de sérénité...

Les polémiques ne manquent pas à la sortie de *La Bataille d'Alger*. A l'automne 1971, elle tourne à la guerre des lettres ouvertes entre Germaine Tillion et Jacques Massu. Répondant à la première missive de Germaine Tillion – publiée dans la presse avant qu'elle ne soit adressée au général –, Jacques Massu rappelle ce qu'il a toujours affirmé :

> « Je ne me vante pas d'avoir ordonné et couvert la torture, je la considère comme un mal mais j'explique pourquoi je l'ai autorisée, pour éviter un autre mal plus tragique, l'assassinat par les bombes de votre ami Yacef Saadi d'innombrables victimes innocentes... »

Germaine Tillion reprend aussitôt la plume :

> « On pouvait à tout moment arrêter le terrorisme aveugle : il suffisait pour cela d'arrêter les exécutions capitales d'Algériens (il y en a eu des centaines) mais le mécanisme attentat-exécution et exécution-attentat affolait tour à tour les deux populations et cet affolement a constitué l'instrument de ceux qui voulaient renverser la République et qui, sans de Gaulle, auraient réussi. »

La République doit beaucoup plus qu'elle ne l'imagine à Jacques Massu, artisan essentiel du retour du général de Gaulle au pouvoir. Puis, il n'y a eu que quelques rares exécutions à la prison d'Alger en 1957 et le général Massu n'y pouvait strictement rien, se contentant de livrer des coupables à la Justice qui statuait ensuite sur leur sort. Il l'écrit aussi à Germaine Tillion :

> « La prison Barberousse, où ont été guillotinés un très petit nombre d'assassins, condamnés à mort par la justice civile, dépendait des autorités civiles. Je n'y ai jamais mis les pieds et je suis même intervenu pour qu'on cesse d'y procéder à des exécutions, dont la Casbah voisine se faisait l'écho... »

De la torture considérée comme un mal... Le général Massu a dit tout ce qui lui restait à dire, lors de cette polémique :

> « La torture a continué à être autorisée par une cruelle nécessité, jusqu'à la fin de cette bataille d'Alger, mais tout fut mis en œuvre pour la limiter au maximum, la faire contrôler et surtout n'admettre son emploi que pour l'indispensable nécessité du renseignement visant à éviter des drames cent fois plus atroces dont seraient victimes des innocents. »

Il ne pourra, ensuite, que répéter ce qu'il lui en a coûté de laisser ses officiers s'engager sur ces voies douloureuses pour les âmes comme pour les corps. Il n'avait rien à dire de plus. Il a obéi, il a accepté, il a couvert. Parce qu'ils ont été exprimés dans l'action, puis après l'action, ses regrets ne sont en aucune façon des remords tardifs, de ceux que l'on cherchera à lui extorquer pendant des décennies. Il est dit, pourtant, que l'Histoire, le poursuivant jusqu'au crépuscule de sa vie, rattrapera encore le général Massu...

Ce qui s'appelait autrefois des permissions, dont il a bien peu usé tout au long de sa carrière, devient une période de repos au long cours. C'est aussi cela, la retraite. A la condition de ne pas se laisser engourdir, et cet abandon n'est pas dans les intentions de Jacques Massu. Le voici donc, selon les heures ou selon les mois, auteur, cavalier, citadin ou rural. Le voici également estivant.

Il s'est trouvé un refuge sauvage sur la côte varoise qui passe pour agitée. Il n'a pas choisi le lieu le plus fréquenté, bien qu'à deux pas du Rayol et de Cavalaire, à quelques centaines de mètres de cette route qui, allant par le littoral de Toulon à Saint-Raphaël, réinvente au cœur de l'été les pires embouteillages des boulevards parisiens. Il est en marge, comme il l'a souvent été dans la vie. Il niche avec femme et enfants au pied d'une bâtisse blanche posée au plus haut d'une colline, où demeurent deux vieilles dames. Celles-ci ont aménagé autour de leur demeure des maisonnettes qu'elles réservent à quelques locataires. Là, Jacques Massu vit comme il l'entend, avec un rituel presque immuable. Chaque matin, par le sentier dégringolant jusqu'à la mer à travers les myrtes, les lauriers et les arbousiers, il gagne une crique. La mer est translucide et laisse entrevoir les profondeurs rocheuses, une floraison d'algues et les reflets argentés des dorades égarées. Il nage longuement. Il faisait des kilomètres à chaque baignade, se souvient Malika. A l'heure du repas, il retrouve la famille revenue du marché. Il fait griller les poissons ou la viande, s'isole avec un livre et reprend le sentier jusqu'à sa crique pour le bain du soir. Il est un homme heureux.

Un jour, Suzanne et Jacques Massu ne quitteront plus Conflans-sur-Loing. Ils préfèrent ce petit village reposant, à l'écart des grandes agitations. Suzanne Massu sait désormais qu'elle ne vaincra plus la maladie qui la ronge. Elle s'inquiète plus pour son mari que pour elle ; elle craint que la solitude ne lui soit insupportable, qu'il sombre dans une mélancolie conduisant à l'abandon ou à la dépression. Elle prépare même son avenir à son insu et elle explique pourquoi à ses deux filles. Véronique et Malika l'écoutent murmurer ses espérances : surtout qu'il ne reste pas seul, qu'il se remarie. Il le faut pour lui, pour les enfants. Suzanne Massu a tout prévu. Il y a, dans leur entourage, une jeune femme que les circonstances ont laissée seule. Elle est entrée dans le cercle limité des amis, où l'ont guidée des relations communes et, au-delà, une identique passion : le cheval, les équipages, la chasse à courre. Catherine Drouin paraît se plaire avec eux et s'entendre parfaitement avec les Massu. Suzanne Massu insiste auprès de ses filles : qu'elles l'aident, qu'elles ne laissent pas cet espoir échapper à leur père.

Véronique, qui a achevé son doctorat de médecine et exerce désormais la gynécologie, a pu suivre la progression du mal qui va terrasser sa mère. L'une de ses joies aura certainement été de lui donner un petit-fils. Mariée le 11 avril 1975, elle met au monde le petit Jean le 9 novembre 1976. Il arrive à temps pour la joie de sa grand-mère qu'enchantait la tribu naissante : Jean chez Véronique, Nathalie et Benoît chez Malika. Suzanne meurt le 25 novembre 1977. Elle repose au petit cimetière entourant l'église, exactement devant leur maison où Jacques Massu se retrouve horriblement seul.

Catherine Drouin prend effectivement la relève. Elle est discrète, présente quand il le faut, indispensable au général. Les enfants s'attachent à elle ; elle est attachée aux enfants. Elle prend en charge la vie de la famille qui s'est élargie avec la naissance des enfants de Rodolphe, Maïké, Ondine et Lorraine et plus tard avec les petits-enfants de Malika amusée de les voir blonds aux yeux bleus, ses « petits Gaulois », dit-elle. Un jour, poussant la porte de la maison, visitant le général, Catherine Drouin apprend que celui-ci prépare leur mariage, si elle en est d'accord bien sûr. Il a tout prévu : l'aumônier qui officiera, Malika qui sera son témoin... Le mariage est célébré le 30 décembre1978 ; la mairie est à trois pas de la maison, l'église encore plus près.

Catherine Massu sait que rien ne sera facile, que le souvenir de Suzanne ne s'effacera jamais. Il lui faudra sourire lorsque Jacques Massu, en quête de son épouse, appellera encore Suzanne depuis l'étage. Il lui faudra apprendre par le menu l'histoire de la famille qui recoupe aussi quelques chapitres de l'histoire de France. Elle y réussit et devient la mémoire des lieux ; celle qui, sans avoir connu les événements ou leurs acteurs qu'elle découvre au fil des mois, se souvient de tout et de tous, guide irréfutable parmi les méandres du passé. Suzanne n'est pas une ombre évanescente ; Catherine veille sur elle, entretient sa mémoire, son souvenir. La maison retrouve sa part de joie. Les amis viennent comme autrefois, lorsque l'âge ne les retient pas au loin. Conflans-sur-Loing prend les apparences d'une annexe de la Maison de la 2e DB, le point de ralliement des fidèles de Massu comme de Leclerc. La famille reste soudée, Catherine Massu la réunit aussi souvent qu'il est possible pour que le général soit heureux. Il y a pourtant encore des épreuves à traverser. Parce que la maladie qui avait rongé Suzanne s'en prend cette fois à Véronique. Elle disparaît le 12 décembre 1986.

Son fils Jean marchera sur ses traces; plus tard lui aussi sera médecin, installé à Montargis, fier de sa mère comme de ses grands-parents, dont il ajoutera le patronyme à son nom : Jean Hallade-Massu. Malika est loin maintenant, vivant en Provence dont elle a pris l'accent chantant; sans ses enfants plongés dans la vie active, Nathalie à Clermont-Ferrand et Benoît officier de carrière, privée du même coup de ses petits-enfants. Rodolphe est loin également. Il avait hésité entre les études et la plongée sous-marine, avant de réussir une synthèse de l'un et l'autre : ses diplômes universitaires en poche, il entre dans une société de recherche sous-marine, enchaîne avec une carrière africaine chez les pétroliers, carrière qu'il poursuit à l'Institut français du pétrole. Et lorsqu'il vient à Conflans, il doit s'étonner que le perroquet ramené de ses voyages, un gris du Gabon, n'ait pas oublié sa plaisanterie habituelle, criée au milieu de l'après-midi : « Le thé du général est servi. »

Les voyages occupent aussi le général Massu. Il aime retrouver des terres connues et aimées comme le Maroc ou le Vietnam. Il apprécie également les découvertes, le Togo ou l'Afrique du Sud, Israël où il se rend à deux reprises, les Etats-Unis aussi.

L'âge venant, il sait qu'il ne retournera pas au Niger. Pourtant les habitants du village de Timia lui ont rendu un bien curieux hommage, en restaurant un fort qu'il a construit avec des briques séchées au soleil, lorsqu'il entraînait là les jeunes parachutistes au combat. L'affaire commence avec l'année 1997. Le chef du village, Mohamed Rabda, est en relation avec une association de Louviers, « Les amis de Timia », décidée à aider ces populations sub-sahariennes. Leur assistance n'est pas seulement financière, elle se veut plus pratique et plus formatrice : elle apporte des semences pour l'agriculture vendues au dixième de leur valeur, elle aide au développement de l'élevage dans les mêmes conditions, participe au forage des puits et – pourquoi pas – s'intéresse au développement du tourisme. De là part l'idée de la restauration du fort qu'avait implanté le colonel Massu et que le temps et l'oubli ont sérieusement dégradé. Mais cette fois, il s'agit d'un investissement en termes financiers : le fort restauré doit devenir une étape touristique. Le projet est aussi pittoresque que séduisant, à un détail près toutefois : un fort a par définition une vocation militaire et ses vestiges datent d'une époque coloniale révolue. Le chef de village, travaillant sur le projet, interroge donc le général sur l'usage que la France, c'est-à-dire lui-même, faisait de cette bâtisse. La réponse de Jacques Massu, datée du 27 mars 1997, le rassure :

> « Cher Monsieur,
> En souvenir d'un Niger et d'un Aïr heureux, que j'ai connus dans les années 51-54, je veux bien essayer de vous aider à réaliser votre projet, si le devis des travaux que vous souhaitez réaliser est raisonnable.
> « De mon temps, je préparais des détachements de renfort pour l'Indochine et je visais à entraîner mes hommes à des terrains montagneux (comme le Tonkin) et aussi à pagayer sur le Niger à partir de deux postes près de Niamey, à Tondibiah, où la " soupe " n'était distribuée que sur une rive – les deux postes se faisant face – (il y a beaucoup d'eau au Vietnam).
> « J'avais servi de 1938 à 1943 au Tibesti et au Fezzan et vivais le plus souvent comme un nomade.
> « J'avais la baraka, puisqu'il a beaucoup plu en 1939.
> « Je vous souhaite la même bénédiction et vous adresse mon salut le plus cordial. »

Afin qu'il n'y ait aucun malentendu sur le projet, une pancarte, à proximité du chantier, en rappellera un temps les objectifs :

> Restauration du Fort Massu« – Ce fort a été construit en 1952 par le général Massu.
> Il n'a eu aucune utilité militaire. Il représente pour le village une curiosité historique.
> « – Les autorités villageoises ont décidé de le restaurer pour éviter qu'il se dégrade au fil du temps. Il sera transformé dans son style d'origine en gîte d'étape où des touristes pourront séjourner tout en visitant la région.
> « – Le général Massu participe financièrement aux travaux qui ont débuté en Octobre 1997. Une collecte est organisée en France par l'association " Les amis de Timia " 10 rue Jean Nicolle 27400 Louviers. tel : 0232400442
> « – Il est prévu d'installer sur la terrasse du fort un télescope équatorial de diamètre 200 mm pour observer la voûte céleste. Timia deviendra un des rares lieux permanents africains pour l'astronomie amateur.
> Le chef de village Mohamed Rabda »

Depuis, les touristes ont pris le chemin du Fort Massu.

L'Association « jeunesse » perdure. Elle a traversé vents et tempêtes. Elle a, elle aussi, été rapatriée lorsque l'Algérie a cessé d'être française. Il y avait suffisamment de stagiaires à ne pas vouloir rester en Algérie... La générale Massu s'en est personnellement occupée tant que sa santé le lui a permis. Le général Massu lui a succédé avant que l'âge ne pèse ; il est ensuite devenu le président d'honneur. Marc Desaphy, expulsé d'Algérie en novembre 1960 sous le prétexte que « sa présence [était] de nature à entraver l'action des pouvoirs publics », en a pris la direction générale en 1963 et l'a assurée jusqu'en 1989. Aujourd'hui Rodolphe Massu perpétue la présence familiale au conseil d'administration. Toujours implantée dans le Béarn, sous la présidence de Pierre Bochet et en accord avec les pouvoirs publics, l'association s'occupe de jeunes gens et jeunes filles ayant des troubles de la conduite et du comportement.

Jacques Massu aurait pu achever ses jours paisiblement. Conflans incite à la méditation, certainement pas aux grands emportements. La vie est calme dans le petit village ; la maison est paisible à l'ombre de l'église. Il aime le confort du canapé, face à la cheminée ; il y a des livres et des journaux sur la table basse ; le perroquet veille sur son perchoir ; les deux chiens sont à ses pieds, le labrador et le je-ne-sais-quoi aux allures de griffon, l'un et l'autre bondissant vers la porte au moindre appel de la sonnette... Il faudra pourtant que, de temps à autre, surgissent les éternels chercheurs de sujets racoleurs. Ils arrivent avec leurs idées toutes faites, sans trop connaître les événements et encore moins leur environnement ; traquant le sensationnel comme d'autres cherchent les champignons : toujours de la même espèce et au même endroit pour ne pas se tromper. Alors pourquoi penseraient-ils au Fezzan, à la libération de Paris, à la course sur Dabo, à Berchtesgaden, à Saigon ou Hanoi, à Suez, à Baden ? Alger fera naturellement et éternellement l'affaire. Les interlocuteurs de Jacques Massu reviennent sans la moindre lassitude sur la lutte contre le terrorisme, les méthodes de ses parachutistes, puis sur ses propres choix. Il n'a plus rien à dire, le général Massu ; il a tout expliqué depuis si longtemps. Qu'importe... Il faut appeler Massu encore et toujours. Parce que les livres se multiplient qui ne traitent la guerre d'Algérie qu'à travers la torture et ses conséquences, sans référence à un environnement qui ne justifie rien mais qui explique tout, ou presque tout. Parce que le général Aussarresses a voulu soulager sa conscience en racontant sa bataille d'Alger. Parce qu'une dame se souvient soudain, après plus de quarante ans de silence, des séances de torture qu'elle aurait supportées à la 10e DP. Parce que Bigeard hurle au scandale et dément audacieusement toute pratique de la question. Parce que la mode, en ce début de XXIe siècle, est à la repentance et que chacun est invité à regretter, à s'excuser de ce qu'il a fait, pas fait ou aurait pu faire...

Ainsi, un entretien, que publie le quotidien *Le Monde* daté du 22 juin 2000, laisse supposer que le général Massu a tardivement des remords. Cet entretien est aussi l'occasion pour Massu de revenir, une fois de plus, sur les vraies responsabilités, sur le rôle des politiques et leurs encouragements ; cela paraît secondaire bien que Massu, depuis 1957, n'ait jamais varié dans ses propos. Qu'il ait regretté l'usage de la torture appliquée à une militante du FLN, il le confirmera ; elle n'avait aucune raison d'apprécier, dira-t-il. Qu'il ait ajouté que la torture n'est pas indispensable en temps de guerre et que l'on pourrait très bien s'en passer, est un fait acquis ; encore que le propos soit à nuancer et qu'il n'en ait pas apprécié la transcription. Il s'agit d'un principe : il a accepté les méthodes employées à Alger en 1957, il aurait préféré qu'il en fût autrement, encore aurait-il fallu que la 10ᵉ DP se trouve face à un adversaire identifié, repéré, et non au terrorisme urbain... Un accord pour interdire la torture en cas de conflit et la condamnation par la France de telles pratiques ? Il va de soi qu'il accepte pour que les guerres soient le moins sales possible... Il n'en reste pas moins que Jacques Massu a gardé l'impression d'avoir été joué en ce mois de juin 2000. Il le dira ensuite, en privé ou en public, à l'auteur et à ses confrères du *Figaro-Magazine* auxquels il déclare en décembre de cette même année 2000 : « « Quant à ceux qui veulent m'accuser aujourd'hui, écrivez bien que je leur dis merde [1] ! »

Cette ultime péripétie remet en évidence les éternelles discordances entre Massu et Bigeard qui n'ont jamais été faits pour vivre en harmonie. Jacques Massu est discret, de stricte obédience militaire, attaché au devoir comme à l'obéissance, ce qui n'interdit pas de jouer les grognards. Marcel Bigeard, attaché aux apparences, prend volontiers des allures de bateleur, toujours en quête d'estrade, de lumières et de flonflons. Massu, après quelques anicroches, achèvera sa carrière avec les plus beaux commandements, notamment les forces françaises d'Allemagne ; Bigeard décrochera aussi sa cinquième étoile mais dans un autre registre, commandant les forces françaises du sud de l'océan Indien, puis acceptant le maroquin de secrétaire d'Etat à la Défense avant de se faire élire député.

Le général Massu aurait préféré ne pas connaître la torture et laisser une autre image de sa carrière, où s'enchaînent les pages les plus glorieuses et les actions les plus déterminantes. Des regrets, il en a eus, certes. Mais ceux qu'il a le plus vivement exprimés ne sont pas exactement ceux que l'on pouvait attendre de lui ou que l'on

1. *Le Figaro Magazine*, 23 décembre 2000.

cherchait à lui extirper. Ce qu'il a regretté, c'est la manière de sortir du bourbier algérien, c'est le sort fait aux harkis, leur abandon, le refus de les accueillir en métropole, ce qui revenait à les livrer à leurs bourreaux. Et qui a décidé de cela ?

> « Des chefs qui commandaient en Algérie à ce moment-là, y compris des chefs civils. Il semble bien qu'on n'ait pas cherché, par la suite, à établir les véritables responsabilités. Peut-être certains harkis se sont-ils fait des illusions en restant dans leur pays mais nul doute que la plupart ont été empêchés de s'échapper (...) En ce qui concerne les harkis, il faut au plus tôt mettre un terme à ce paradoxe insupportable : l'inégalité de traitement entre ceux qui ont combattu la France en Algérie et ceux qui se sont battus avec elle. Les premiers tiennent depuis leur arrivée en France le haut du pavé. Bénéficiant du soutien que leur avaient déjà apporté leurs " amis " de l'époque, ils réclament l'intégration à laquelle ils étaient alors violemment opposés. Les seconds, les harkis, furent et sont encore dans bien des cas traités comme des parias. Cette situation est inadmissible, insupportable ; elle constitue à mes yeux ce que je n'hésite pas à appeler " une saloperie française " [1]. »

Réapparaît aussi, au cœur de l'été 2002, le journaliste allemand Kempski. Il n'a jamais revu Massu ; il l'aurait bien invité en Bavière et Massu aurait été d'accord sur le principe mais la rencontre n'a pas eu lieu. Pour évoquer son interview d'Alger, en janvier 1960, Kempski a attendu que le temps passe, beaucoup de temps d'ailleurs... C'est à l'occasion de son quatre-vingtième anniversaire que *Suddeutsche Zeitung* demande à son ancien reporter, désormais retiré, une interview qui sera publiée le... 3 août 2002.

Les réponses de Kempski à ses confrères bavarois, outre certaines distorsions évidentes avec les réalités historiques, apportent quelques arguments aux tenants de la manipulation ou de la provocation :

> *SD* : « Vous avez presque contribué au changement d'un système politique. L'interview de Massu a ébranlé la Ve République. »
> *HUK* : « C'était en 1960. Le général français des parachutistes Jacques Massu avait menaçé d'investir le pays en 1958, si de Gaulle n'arrivait pas au pouvoir. Là, la IVe République était en déliquescence, de Gaulle est devenu président. Deux ans plus tard, au plus fort de la guerre d'Algérie, de Gaulle fut soupçonné par ses soldats de vouloir libérer l'Algérie. A ce moment, j'ai interviewé Massu, qui a exprimé clairement que l'armée était mécontente et qu'elle avait le pouvoir de changer le sens de la politique. Il y a eu un putsch avec beaucoup de morts.

1. *Le Figaro Magazine*, 20 juillet 1991.

Des généraux d'extrême droite avaient le commandement. Pendant une quinzaine de jours la Ve République fut ébranlée.
« Moi-même, je fus condamné à mort – condamnation qui fut levée par la suite – par la Main Rouge, leur organisation terroriste. Mais de Gaulle a réussi à nettoyer l'armée de ces gens d'extrême droite.
« Les conséquences étaient, malgré son déroulement sanglant, très positives. L'indépendance algérienne fut avancée de deux ans. Avec Massu – sans le savoir – nous avons accéléré le mouvement de l'histoire. »
SZ : « Cela doit être très impressionnant d'être ce déclencheur. »
HUK : « Ceci ne doit arriver qu'une fois dans la vie. »

Avec l'été 2002, arrive le temps du déclin. Jacques Massu prend de l'âge; souffrant, il se fatigue vite. Physiquement, il ne change guère pourtant, moins vaillant certes, plus émacié peut-être, voûté aussi. Mais il garde les mêmes traits un peu plus burinés par les ans, son surprenant sourire bancal, les cheveux éternellement rebelles et une étonnante douceur dans le regard; comme s'il avait renoncé à dissimuler cette bonté qu'il a tenue secrète tant bien que mal. Sa tenue est inchangée, celle du gentilhomme rural; le pantalon de velours au pli impeccable, la chemise discrète et un chandail de laine ajoutant la touche de couleur. Il va encore faire deux voyages en Bretagne, où Catherine aime l'entraîner, persuadée des bienfaits de l'air atlantique. De retour à Conflans-sur-Loing, l'automne s'annonçant, ses proches comprennent qu'il ne sera plus très longtemps parmi eux. Dans l'après-midi du 26 octobre, il reçoit l'extrême-onction des mains du père Maurice Cordier. Lui aussi est un ancien de la 2e DB qui avait déserté le séminaire pour venir se battre avec Leclerc, avant de retourner à ses études théologiques. Plus tard, les aumôniers de la division Leclerc ayant souvent disparu – les uns en première ligne aux côtés des combattants, les autres victimes de l'âge – le père Cordier prendra la relève, aumônier par héritage... Quelques heures après sa visite, le général Jacques Massu s'éteint.

Les hommages de la presse sont minces; parfois douteux avec quelques titres provocants – « de la gégène à Baden », « le général repenti » – et les sempiternelles références aux à-côtés de la bataille d'Alger. Le président de la République, lui, confirme au général Massu son rang légitime :

« Homme de conviction tout entier dévoué à son pays et à son métier, il laissera aussi le souvenir d'un homme de cœur et de générosité. »

Le général d'armée Jacques Massu n'appartient plus qu'aux siens. A sa famille composée, aux rameaux généreux. A ses frères d'armes ; les parachutistes au premier rang certes, mais toutes les armes puisque l'aviation enverra des appareils survoler la petite église de Conflans-sur-Loing à l'heure des obsèques. Parents, amis, fidèles garderont en tête, au fond de leur cœur, quelques phrases de l'homélie du père Cordier, en la chapelle de l'Ecole militaire :

> « Votre vocation fut d'être un soldat, un militaire et vous l'avez été dans la perfection.
> « Or voici déjà la détresse : cette vocation, de nos jours, n'est pas parmi les plus prisées. Les idéologies, les propagandes, l'intoxication médiatique ont réussi à jeter le discrédit pêle-mêle sur toutes les catégories militaires. Pour le commun, et plus particulièrement pour les " branchés ", le militaire, c'est celui qui apprend à tuer, qui sera professionnellement appelé à tuer et peut-être à mourir avant l'âge, et pourquoi ? Dans un pays où la conservation de la beauté physique et de la santé coûte plus cher que l'action et que la construction de l'avenir, c'est rédhibitoire.
> « Quand ces questions nous tenaillent, la première pensée qui nous vient, et aussi la plus droite, c'est que les militaires, quoi qu'on en dise, ne font pas la guerre par plaisir. En général, ce ne sont pas eux qui les déclarent ; ce sont le plus souvent les politiques. L'armée, la " grande muette ", obéit. Les militaires font leur devoir, jusqu'à en mourir. Parfois, le peuple tout entier marche avec eux... parfois seulement... »

Après les honneurs militaires, le dernier des grands guerriers, le dernier des grognards s'en est allé vers Conflans-sur-Loing, vers le cimetière à l'ombre de la maison familiale. Il s'en est allé porté par huit officiers des troupes aéroportées que précédait un officier du 1er hussard parachutiste, le capitaine Benoît Michel, son petit-fils.

Mais les épopées ne connaissent pas de fin.

L'appel du 18 juin ne disparaîtra jamais des mémoires, ni le serment de Koufra, l'un et l'autre entraînant une poignée d'hommes dans le sillage du général de Gaulle et de Leclerc vers un destin hors du commun ; avec son cortège d'efforts, de sacrifices, de douleur et de gloire. Ces hommes-là, ces héros, rendront à la France un prestige trop longtemps en berne. La décolonisation, plus amère, plus crispante et souvent éprouvante pour les gardiens de la Patrie, ajoutera d'autres chapitres tournant parfois à la tragédie, où les soldats de la République auront à choisir entre l'obéissance au nom du devoir et la rébellion au nom de l'honneur. Puis la France, sortie de l'OTAN, son indépendance proclamée haut et fort, reprendra son élan pour aller vers d'autres horizons, peut-être moins enthousiasmants mais plus concrets et inapprochables en état de guerre : l'industrialisation, la relance économique, l'aisance... Jacques Massu a participé à l'écriture de toutes ces pages de l'Histoire. Il avait choisi de servir et d'obéir. Il n'a jamais voulu dévier du chemin qu'il s'était tracé ; s'en tenant à son engagement, qui n'était pas forcément le cap le plus facile à garder. Surtout quand la République vacille et que le pouvoir semble à portée de main ; surtout quand la seule victoire française dans une guerre subversive fait de son héros le roi d'Alger ; ou quand chuchotent les sirènes de la sédition...

Avec Leclerc, pour de Gaulle... Servir, obéir. Mais en grognant s'il le fallait.

ANNEXES

1

Les origines de Jacques Massu

Jacques Massu est né le 5 mai 1908 à Châlons-sur-Marne.

Côté paternel, il est :

– fils du chef d'escadron d'artillerie Charles Massu (1876-1936),

– petit-fils du général de brigade Emile Massu (1838-1917),

– arrière petit-fils du colonel du génie Jean Massu (1789-1837).

Le chef d'escadron Charles Massu était l'arrière-petit-fils de Jean-Claude Monnier (1771-1819) et de Marguerite Ney, sœur de Michel Ney, maréchal de France, duc d'Elchingen et prince de la Moskova.

Le colonel Jean Massu avait épousé, à Nancy, Anne Georgeat (1806-1896). La sœur de la mère d'Anne Georgeat, Anne-Catherine Durand, était mariée à Antoine Schneider, dont la descendance s'illustrera notamment avec les Forges du Creusot. Descendent également d'Antoine Schneider – et sont donc de lointains cousins de Jacques Massu – Madame Anne-Aymone Sauvage de Brantes, épouse de Valéry Giscard d'Estaing, et l'écrivain Gonzague Saint-Bris.

Côté maternel, Jacques Massu est le

– fils de Marie Lefevre (1885-1941), elle-même issue du mariage de Joachim Lefevre (1826-1896) et de Marie Mathélat de Bourbévelle (1853-1938).

Marie Lefevre était la petite-fille de Lina d'Escoubleau de Sourdis (1822-1892) et l'arrière-petite-fille d'Antoine-René d'Escoubleau, marquis de Sourdis. Par cette lignée d'Escoubleau de Sourdis, Jacques Massu descend notamment de Guillaume le Conquérant, du roi Robert II le Pieux ainsi que de Florimond Robertet, secrétaire d'Etat de Charles VIII, Louis XII et François Ier.

Ces éléments de la généalogie de Jacques Massu sont extraits de l'ouvrage *A la découverte de leurs racines*, par Joseph Valynseele et Denis Grando, publié aux éditions de L'Intermédiaire des chercheurs et curieux, 28, rue Geoffroy-Saint-Hilaire, à Paris V^e^.

Bernard Marin a exploré une autre source avec le *Nobiliaire ou Armorial général de la Lorraine et du Barrois* – édité en 1758 – du RP Dom Ambroise Pelletier, religieux bénédictin, curé de Senones (Vosges). Celui-ci relève qu'un certain Charles Massu, natif de Ligny-en-Barrois, a obtenu de prendre les armes de sa mère Jeanne de Fleury, épouse de Jean Massu, le 9 mai 1627. D'où une lignée Massu de Fleury dont pourrait être issu Jacques Massu, originaire de cette région.

Jacques Massu avait trois frères :

– Jean-Marie (1909-1963), inspecteur d'assurances après son passage à la 2e DB. Installé à Metz où son frère était gouverneur militaire, il est décédé le 23 janvier 1963 des suites d'une longue maladie.

– André (1910-1986), colonel dans l'artillerie.

– Henri (1920-1969), directeur régional de la société Shell à Montpellier, qui a trouvé la mort dans un accident de la route, dans les Pyrenées orientales, le 13 août 1969.

2

Les accords du 6 mars 1946

Les négociations entre Français et Vietnamiens, engagées le 23 février, s'achèvent le 6 mars 1946 par la signature d'un accord que Jean Sainteny paraphe pour la France ; Hô Chi Minh président du gouvernement et Vu Hong Khanh délégué spécial du Conseil des ministres pour le Vietnam.

Voici ce que le texte prévoit :

> 1° Le gouvernement français reconnaît la République du Vietnam comme un État libre ayant son gouvernement, son Parlement, son armée et ses finances, faisant partie de la fédération indochinoise et de l'Union française. En ce qui concerne la réunion des trois « Kys », le gouvernement français s'engage à entériner les décisions prises par les populations consultées par référendum.
>
> 2° Le gouvernement du Vietnam se déclare prêt à accueillir amicalement l'armée française lorsque, conformément aux accords internationaux, elle relèvera les troupes chinoises. Un accord annexe, joint à la présente convention préliminaire, fixera les modalités suivant lesquelles s'effectueront les opérations de relève.
>
> 3° Les stipulations ci-dessus formulées entreront immédiatement en vigueur. Aussitôt après l'échange des signatures, chacune des hautes parties contractantes prendra toutes mesures nécessaires pour faire cesser sur-le-champ les hostilités, maintenir les troupes sur leurs positions respectives et créer un climat favorable nécessaire à l'ouverture immédiate de négociations amicales et franches.
>
> Ces négociations porteront notamment sur les relations diplomatiques du Vietnam avec les Etats étrangers, la nature future de l'Indochine, les intérêts économiques et culturels français au Vietnam.
>
> Hanoi, Saigon ou Paris pourront être choisis comme siège de la conférence.
>
> Fait à Hanoi le 6 mars 1946
>
> Signé : Hô Chi Minh et Vu Hong Khanh
>
> Sainteny

Un accord complémentaire est signé le lendemain 7 mars, apportant quelques précisions au texte précédent.

Ainsi est-il prévu que les 15 000 soldats français qui pourront stationner au nord du 16e parallèle devront être uniquement d'origine métropolitaine, sauf s'ils sont affectés à la garde des prisonniers japonais. C'est Hô Chi Minh qui aurait imposé cette réserve, son village natal ayant été détruit en 1930 par la Légion étrangère. Il est aussi précisé que la progression, l'implantation et l'utilisation des troupes seront décidées en commun.

La relève des troupes françaises par des unités vietnamiennes aura lieu par cinquième chaque année, soit un départ total dans les cinq ans, clause ajoutée pour que l'accord soit conclu malgré les événements en cours à Haiphong. Ni d'Argenlieu ni Leclerc ne souhaitaient la publication de cette clause.

Parvenu à Saigon, des réserves – ou plus précisément des regrets – sont émises du côté français où l'on aurait souhaité des bases concédées en baie d'Halong, vers Saigon-le cap Saint-Jacques, des aérodromes à Hanoi, Cam Ran, Dalat et Saigon, ainsi qu'un pays Moï de souveraineté française.

(*Service historique de l'armée de terre, carton 10 H 162*)

3

Le Comité de salut public du 13 mai 1958, à Alger

Composé par le général Massu, le Comité de salut public du 13 mai regroupe des militaires proches du général, des civils européens ou musulmans, Jacques Massu ayant souhaité la présence de ces derniers.

M. le général MASSU.
M. le lieutenant-colonel TRINQUIER.
M. le lieutenant-colonel DUCASSE.
M. le colonel THOMAZO.
M. Auguste ARNOULD, pilote, membre du comité directeur du Comité d'entente des anciens combattants.
M. André BAUDIER, commis aux HLM.
M. Mohamed BERKANI, comptable.
M. Taïeb CHIKH, agriculteur.
M. Maurice COULONDRE, secrétaire général des Fédérations de la résistance.
M. Léon DELBECQUE, conseiller technique de la Défense nationale, vice-président du Comité.
M. René DENIS, vice-président de l'Union nationale des combattants d'Afrique du Nord, directeur commercial, vice-président du comité.
M. Claude DUMONT, directeur commercial.
M. Armand FROMENT, ingénieur à la SNREPAL, ancien parachutiste SAS.
M. Joseph JOLIVET, conducteur de travaux.
M. Pierre LAGAILLARDE, président de l'AGEA, avocat au barreau de Blida, officier parachutiste.
M. Jean LALANNE, chef de service commercial radio-électricien, président des anciens parachutistes SAS.
M. Jacques LAQUIÈRE, avocat à la cour d'appel.
M. Bernard LEFEVRE, docteur en médecine.
M. Jean L'HOSTIS, ingénieur des ponts et chaussées.
M. Mohand Saïdi MADANI, contremaître.
M. Saci MAHDI, commandant en retraite.
M. Robert MARTEL, agriculteur.

M. Claude MARTIN, membre du comité directeur du Comité d'entente des anciens combattants et cadres de réserve.
M. Jacques MERLO, ingénieur CFPA, président des étudiants de l'IPA.
M. Gabriel MONTIGNY, agent NCE.
M. Paul MOREAU, directeur de société.
M. Maurice MOUCHANT, directeur d'école, membre du comité directeur du Comité d'entente des anciens combattants et cadres de réserve.
M. Roger MULLER, professeur agrégé.
M. Edgar NAZARE, ingénieur de l'aéronautique.
Lieutenant NEUWIRTH, ancien parachutiste SAS.
M. Rodolphe PARACHINI, employé, société Shell Algérie.
M. Armand PERROU, membre de l'association des anciens de la Défense nationale.
M. André PROST, expert près les tribunaux.
M. André REGARD, secrétaire général du ministère de l'Algérie.
M. Marcel SCHAMBILL, chef de service, société Shell Algérie.
M. Alain de SERIGNY, directeur de *L'Echo d'Alger*.
M. Armand VACHER, chef de service à la Nationale caisse enregistreuse.
M. René VINCIGUERRA, administrateur au ministère de l'Algérie.

Membres suppléants

Capitaine Jacques ENGELS.
Capitaine Robert MARION.
Capitaine Charles RENAULT.
M. Maurice CRISPIN, représentant.
M. Roger GOUTAILLER, président de l'UDCA, commerçant.
M. Joseph ORTIZ, commerçant.
M. Jacques ROSEAU, président de l'AGELCA.

signé : SALAN.

Un autre comité de salut public jouera aussi un rôle notable, notamment de coordination : le Comité de salut public d'Algérie et du Sahara. Il s'agit, en fait, d'un élargissement du précédent auquel se sont joints trente-deux personnalités.

4

Le rôle des Comités de salut public

Un message du général Massu, enregistré le 16 mai puis diffusé à travers l'Algérie, définit le rôle que celui-ci réserve aux Comités de salut public qui se créent à travers l'Algérie.

« Habitants de l'Algérie.

« Trois jours se sont écoulés depuis le magnifique sursaut par lequel, en complète union avec l'Armée, vous avez donné au monde et à la France le plus bel exemple de patriotisme clairvoyant et de volonté lucide.

« Dans toutes les communes se sont constitués ou achèvent de se former les Comités de salut public qui vous étaient recommandés par le comité d'Alger que je préside, sous l'autorité du général Salan. Le moment est venu de mettre au point la doctrine de ces comités et de bien préciser leur rôle.

« Les Comités de salut public, constitués dans chaque commune de l'Algérie, doivent obligatoirement représenter les deux communautés de l'Algérie : Français de souche et Français musulmans. Le nombre des membres en est variable selon l'importance de la population.

« Il est indispensable que l'Armée en fasse partie, par la désignation d'un ou de plusieurs officiers d'active. Ainsi seulement sera manifestée l'union de l'Armée et de la Nation dont l'Algérie française est en ce moment le symbole.

« Je vous rappelle que les Comités de salut public ont pour rôle d'assurer la liaison entre la population dont ils sont l'émanation et l'autorité militaire qui, seule, détient tous les pouvoirs. Ils ne se substituent en aucun cas aux organismes réguliers et administratifs avec lesquels ils doivent se tenir en pleine harmonie. Municipalités, délégations spéciales, sous-préfectures et préfectures continuent comme par le passé à gérer les affaires publiques conformément à la législation de la République.

« Les Comités de salut public ne sont pas des comités révolutionnaires, car nous ne sommes pas des factieux, et leur mission essentielle est de resserrer les liens qui unissent les deux communautés, de renseigner la population sur l'évolution des événements et de la maintenir en état de vigilance.

« Je précise, en outre, que les unités territoriales doivent prêter leur concours entier et sans réserve à l'autorité militaire. Qu'elles n'oublient, sous aucun prétexte, leurs devoirs de discipline de soldats dans le service.

« Ainsi, habitants de l'Algérie, les Comités de salut public que je vous demande de compléter afin de les rendre représentatifs au maximum, seront à l'image de ce pays, unis au coude à coude, dans la cohésion et l'ordre, sous l'autorité sans faille de ses chefs militaires.

« A ce prix, notre action pèsera sur les décisions attendues de la Métropole et fera comprendre à nos compatriotes qui l'ignorent trop souvent et au monde qui nous regarde, le visage calme, résolu et sage de l'Algérie tout entière. Et surtout, ne l'oubliez pas, nous avons à poursuivre les opérations. La mission en incombe à l'armée, mais il est nécessaire que nos soldats se sentent les combattants de la nation tout entière, unie et cohérente, et que l'ennemi ne puisse se faire aucune illusion sur notre force intérieure et notre détermination.

« Soyez-en certains, la Métropole, malgré les tentatives d'étouffement de l'opinion dont elle est l'objet, ne tardera pas à comprendre l'action que l'Algérie mène pour le salut commun de la nation. Adressez-nous vos motions, les textes de vos résolutions. Nous saurons les faire connaître. Elles pèseront sur cette opinion trop souvent égarée, pour qu'elle force le mur sordide des intérêts des partis et exige la formation du Gouvernement de salut public avec lequel et par lequel nous verrons fleurir notre victoire et rayonner dans le monde notre France aimée. »

5

La motion n° 20 votée le 9 juin 1958, « à l'adresse du général de Gaulle »

« Les membres du Comité de salut public de l'Algérie et du Sahara, après avoir pris acte des déclarations du général Salan en date du 8 juin 1958, se félicitent de l'amicale et confiante collaboration qui, pendant plusieurs semaines, a uni les membres civils et militaires du Comité et expriment leur fierté d'avoir pu servir la cause nationale sous l'autorité compréhensive de leurs présidents, le général Massu et le docteur Sid Cara.

« Ils se félicitent d'avoir, par leur pression constante et intransigeante, obligé le " système " à faire appel au général de Gaulle.

« Ils sont heureux d'avoir pu obtenir la promesse de l'intégration totale et sans réticence de l'Algérie à la Métropole.

« Ils font remarquer, que dans leur esprit, cette intégration doit se faire entre la Métropole et l'Algérie et non dans le cadre de la seule Algérie. Cela implique pour eux l'abrogation de la loi-cadre et la disparition de tous les organismes administratifs marquant un particularisme algérien : ministère de l'Algérie, ministère du Sahara, monnaie, douanes, chemins de fer algériens, EGA, etc.

« Ils se sont fait les interprètes de tous les Algériens, qu'ils soient d'origine européenne ou de confession musulmane, pour exprimer leur immense angoisse de ne pas voir affirmer que le Sahara est une province française.

« Ils insistent tout particulièrement sur le réel danger que représenterait l'organisation, avant le référendum, d'élections municipales très difficiles à réaliser et s'inspirant des principes de la loi-cadre qu'ils ont rejetés.

« D'autre part, il leur apparaît que toute élection semble prématurée avant que les institutions de la France soient définies et acceptées par le peuple.

« Ils reconnaissent que la tâche urgente et pressante de l'Armée est de détruire les bandes rebelles tout en étendant le domaine de la pacification ; ils se déclarent prêts à l'aider de toutes leurs forces pour réaliser une véritable intégration des âmes.

« Cependant, ils rappellent solennellement que le CSP du 13 mai, jailli des forces vives et pures du peuple, a pour mission essentielle de susciter la restauration des valeurs spirituelles de cohésion, d'union et de fraternité, et de combattre les facteurs matérialistes de division et de haine. Ils considèrent que les partis politiques, instruments d'intérêts particuliers, sont des facteurs de division, et qu'il importe d'obtenir leur disparition si l'on veut pouvoir unir et regrouper tous les Français autour de ces réalités vivantes d'intérêt général que sont le milieu familial, la profession, la commune, la province et la Patrie.

« Ils estiment que leur devoir les appelle désormais à véhiculer dans toute la France les idées de Restauration civique et patriotique afin de promouvoir un véritable Gouvernement de salut public et d'assurer au général de Gaulle un soutien populaire, profond et solide, capable de s'opposer efficacement au complot communiste appuyé par tous les traîtres à la Patrie.

« Ils ont décidé, en conséquence, d'appuyer de toute l'autorité que leur confère l'action entreprise le 13 mai, la campagne de Renouveau national qu'entreprendront, dans la Métropole, les Comités de salut public.

« Ils souhaitent avoir l'appui de tous les patriotes pour l'accomplissement de cette tâche, et ils ne sauraient accepter aucun compromis sur les buts qu'ils se sont juré d'atteindre dans la décision statuaire du 22 mai 1958.

« Cette motion a été approuvée par le général Salan. »

« Alger, le 9 juin 1958 »

6

Le texte intégral de l'article de H.U. Kempski

C'est le 18 janvier que le quotidien bavarois *Süddeutsche Zeitung* publie l'interview qui aura pour conséquences le rappel à Paris du général Massu et la « semaine des barricades ». En voici le texte intégral :

MASSU DÉÇU PAR DE GAULLE

le général des parachutistes se distancie de la politique algérienne du président

de notre correspondant Hans Ulrich Kempski

Alger, 18 Janvier. Dans un entretien avec notre correspondant de la *Süddeutsche Zeitung*, H.U. Kempski, le général français des parachutiste et préfet d'Alger, Jacques Massu, s'est fait le porte-parole des forces armées en Algérie dont le mécontentement devant la politique de De Gaulle a pris de plus en plus d'ampleur. La critique par Massu est d'autant plus importante qu'elle est exprimée juste avant la conférence sur l'Algérie prévue le 22 janvier, à Paris, par de Gaulle. Massu participera à cette conférence. Le général Massu devrait inciter le Président à accorder un champ d'action plus large pour les militaires en Algérie.

A la question de savoir ce qui le préoccupait le plus, Massu répondit : « Je voudrais que le gouvernement nous aide enfin à voir plus clair pour le futur, pour nous permettre de sauvegarder une Algérie française. » A la remarque que le président de Gaulle devait en avoir une vision claire, Massu remarqua : « Je ne sais pas. S'il en a une, ce n'est en aucun cas la nôtre. De Gaulle ne comprend pas les musulmans. Si on continue de la sorte, nous passerons pour des faibles. » Pour combattre la résistance algérienne avec succès, il faudrait – d'après Massu – l'installation immédiate de tribunaux d'exception dans toute l'Algérie. Les tribunaux doivent être autorisés à prononcer des jugements qui dans leurs sentences s'éloigneraient de la jurisprudence ayant cours en France. En outre, les recours en appel des accusés devraient être traités uniquement en Algérie même, et non plus à Paris. « C'est la seule solution pour combattre le FLN. »

De telles demandes de la part de l'armée étaient restées sans suite jusqu'alors car « Paris n'a jamais mené une telle guerre ». Pour encourager les Arabes francophiles à la résistance contre les rebelles, Massu pense leur distribuer des terrains boisés comme terrains privatifs « pour que les gens sachent pour quelle raison ils se défendent. Les gens ont faim – il faut également résoudre ce problème-là ».

A la question de savoir si l'armée avait le pouvoir de mener la guerre en Algérie selon sa propre conception, le général Massu répondit : « L'armée possède le pouvoir. Elle ne l'a pas encore montré car l'occasion ne s'est pas présentée. Mais l'armée se servira de son pouvoir dans une situation bien précise. » Par la suite, Massu en arrivait, de lui-même, à émettre quelques critiques vis-à-vis de De Gaulle en disant : « Nous ne comprenons plus sa politique. L'armée ne pouvait pas s'attendre à ce que de Gaulle pratique une telle politique. » Ceci ne vaut pas uniquement pour la politique algérienne du Président dont le plan de Constantine – au départ accepté par l'Armée – s'avère dès lors sans intérêt, car il paraît évident que les peuples africains utiliseront l'autodétermination uniquement pour quitter – tôt ou tard – la Communauté française. Massu dit : « La plus grande déception pour nous est le fait que de Gaulle soit devenu l'homme de la gauche. »

En rappelant la révolte du 13 mai 1958, pendant laquelle Massu fut le porte-drapeau de De Gaulle, il fit la réflexion suivante : « Lui était le seul homme qui soit à notre disposition. L'armée a peut-être commis une faute. » Est-ce qu'une personnalité autre se profilerait comme un éventuel successeur de De Gaulle ? La réponse de Massu était : « La première question est : quand viendra le successeur de De Gaulle. » Massu avoua que l'armée inciterait les colons européens en Algérie à former des organisations para-militaires et leur fournirait des armes. Au début, il avait répondu à une question semblable en riant : « Une telle pratique ne serait pas bien vue de la part du général de Gaulle. » Mais, plus tard, il avoua « qu'en pratique cela se faisait ».

Le point culminant de cet entretien se trouva dans la réponse à la question suivante : « Est-ce que l'armée suivra sans condition chaque mot de son président ? » Massu : « Bien sûr, il y en a dans l'armée qui suivraient sans se demander ce qui pourrait arriver par la suite. » La manière dont Massu prononça et commenta cette phrase permettrait de supposer que lui-même et une majorité des commandants n'étaient pas portés à suivre aveuglément les ordres de De Gaulle. Il confirma à demi-mot en répondant à une autre question : « Est-ce qu'il y a de telles personnes dans des positions clés ? », Massu répondit : « Il n'y a pas de telles positions clés. »

Les mois précédents, Massu avait strictement refusé de s'exprimer devant les journalistes. Cet entretien avec Massu fut possible par l'intermédiaire du commandant des forces françaises en Algérie, le général Maurice Challe. Le commandant avait déclaré lui-même : « N'oubliez pas que nous – l'armée – sommes en Algérie et que nous ne la quitterons jamais. » (Hans Ulrich Kempski poursuivra la publication de ses reportages sur la situation en Algérie après son retour d'Afrique du Nord.)

(Traduction : Barbara Berman.)

Sources

PRINCIPAUX OUVRAGES CONSULTÉS

ARON, Robert, *Histoire de la libération de Paris*, Fayard, 1966.

AUSSARESSES, général Paul, *Services spéciaux, Algérie 1955-1957*, Perrin, 2001.

BECCARIA, Laurent, *Hélie de Saint Marc*, Perrin, 1988.

BIGEARD, colonel Marcel, *Pour une parcelle de gloire*, Plon, 1975.

BRANCHE, Raphaëlle, *La Torture et l'armée pendant la guerre d'Algérie*, Gallimard, 2001.

CHALLE, Maurice, *Notre révolte*, Presses de la Cité, 1968.

COLLECTIF, *La France et son Empire dans la guerre*, Editions littéraires de France, 1946.

COMPAGNON, général Jean, *Leclerc, maréchal de France*, Flammarion, 1994.

DUQUESNE, Jacques, *Pour comprendre la guerre d'Algérie*, Perrin, 2001.

FOUCHET, Christian, *Au service du général de Gaulle*, Plon, 1971. – *Les lauriers sont coupés*, Plon, 1973.

FRANCHINI, Philippe : *Les Guerres d'Indochine*, Pygmalion-Gérard Watelet, 1968.

GAULLE, général Charles de, *Mémoires de guerre*, 3 vol., Plon, 1954-1959. – *Mémoires d'espoir*, 2 vol., Plon, 1970-1971.

GAULLE, amiral Philippe de, *Mémoires accessoires*, Plon, 1997 et 2000.

GAUJAC, Paul, *Suez 1956*, Lavauzelle, 1986.

GODARD, colonel Yves, *Les Paras dans la ville*, Fayard, 1972.

GRAS, général Yves, *Histoire de la guerre d'Indochine*, Denoël 1992.

GRIMAUD, Maurice, *En mai, fais ce qu'il te plaît*, Stock, 1977.

INGOLD, général, *L'Epopée Leclerc au Sahara*, Berger-Levrault, 1944.

JOUHAUD, Edmond, *Ce que je n'ai pas dit*, Fayard, 1977.

LANGLADE, général Paul de, *En suivant Leclerc. D'Alger à Berchtesgaden*, Laffont, 1964.

LEFEBVRE, Denis, *L'Affaire de Suez*, Bruno Leprince, 1996. – *Guy Mollet face à la torture en Algérie*, Bruno Leprince, 2001.

LE MIRE, Henri, *Histoire militaire de la guerre d'Algérie*, Albin Michel, 1982.
MARCELLIN, Raymond, *L'Importune Vérité*, Plon, 1978.
MARIN, Bernard, *Massu à cœur ouvert*, Cercle d'études Charles-de-Gaulle de Belgique.
MASSU, général Jacques, *Mémoires :*
t. 1, *La Vraie Bataille d'Alger*, Plon, 1971 ;
t. 2, *Le Torrent et la digue*, Plon, 1972 ;
Sept ans avec Leclerc, Plon, 1974, rééd. 1997 ;
La Vérité sur Suez, en collaboration avec H. Le Mire, Plon, 1978 ;
L'Aventure Viet Minh, en collaboration avec J. J. Fonde, Plon, 1980 ;
Baden 68, Plon, 1983 ; Le Rocher, 1998 ;
Avec de Gaulle, Le Rocher, 1998.
MASSU, Suzanne, *J'étais Rochambelle*, Grasset, 1969, rééd. 2000. – *Un commandant pas comme les autres*, Fayard, 1971.
MIQUEL, Pierre, *Compagnons de la Libération*, Denoël, 1995.
MINELLA, Alain Gilles, *Entretiens avec le général Massu*, Mame, 1993.
MONTAGNON, Pierre, *La Guerre d'Algérie*, Pygmalion-Gérard Watelet, 1987.
PEYREFFITTE, Alain, *C'était de Gaulle*, de Fallois/Fayard, 1994, 1997 et 2000.
PUJO, Bernard, *Juin, maréchal de France*, Albin Michel, 1988.
RAPHAEL-LEYGUES, Jacques, *Ponts de lianes, missions en Indochine 1945-1954*, Hachette, 1976.
SAINTENY, Jean, *Histoire d'une paix manquée*, Fayard, 1967.
SALAN, Raoul, *Mémoires*, 4 vol., Presses de la Cité, 1970-1974.
SCHALLER-VEZY, Edith, *Gargamelle, mon ambulance guerrière 2e DB*, L'Harmattan, 1994.
THEIS, Laurent et RATTE, Philippe, *La Guerre d'Algérie ou le temps des méprises*, Mame, 1974.
TRINQUIER, Roger, *Le Temps perdu*, Albin Michel, 1978.
YACEF, Saadi, *Souvenirs de la bataille d'Alger*, Julliard, 1962.

AUTRES SOURCES

L'Année politique, Presses universitaires de France.
Le Figaro, collections du quotidien et du magazine.
Caravelle, hebdomadaire du Corps expéditionnaire en Indochine.
Coups de Massu, bulletin de liaison du groupement de marche de la 2e DB en Indochine.
Archives de l'Institut des hautes études de la Défense nationale.

Pour Saint-Cyr :
SHAT-Vincennes, carton 7 N 4241.

Pour la campagne de France :
Fondation Maréchal Leclerc de Hautecloque, carton GL 44014 ; collection *Coups de Massu*.

Pour l'Indochine :
SHAT-Vincennes, cartons 10 H 5938-1, 10 H 161-2, 10 H 162-1, 10 H 163-1, 10 H 165.
Office universitaire de recherche socialiste,
réunions du 37e congrès du 11 au 15 Aout 1945 ; comité directeur socialiste des 23 décembre1946, 12 et 27 janvier 1947 ; Conseil national des 19 et 20 mars 1947.

Pour la 11e DI (Tunisie) :
SHAT-Vincennes, Carton 2 H 310.

Pour Suez :
SHAT-Vincennes, cartons 3 T 161, 10 T 326-2, 10 T 791.

Pour la Bataille d'Alger :
SHAT-Vincennes :
cartons 7 U 660 et 7 U 662 (1er régiment étranger de parachutistes).
7 U 737 et 7 U 741 (1er régiment de chasseurs parachutistes).
7 U 3017 (2e régiment de parachutistes coloniaux).
7 U 3027 et 7U 3029 (3e régiment de parachutistes coloniaux).

Index

Pour les officiers cités, les grades retenus sont les derniers sous lesquels ils apparaissent dans ce livre.

Remerciements

Le général Jacques Massu
Madame Catherine Massu
qui ont accepté de recevoir l'auteur, de répondre à ses questions, de lui faciliter recherches et contacts
Madame Malika Messeghem-Massu
Monsieur Rodolphe Massu
pour leur compréhension, leur aide et leur témoignage.

Jacques Baignières
Xavier de Bartillat, pour sa confiance précieuse
Jacques Baumel
Michel Bellevin et Madame
Général Berlaud, du Service historique de l'armée de terre
Barbara Berman
Lieutenant-colonel Pierre Brière
Colette Caste
Père Maurice Cordier
Colonel Courdesses, conservateur du « Fonds historique Maréchal Leclerc ».
Marc Desaphy
Christian Drouin
Jean Ferré
Amiral Philippe de Gaulle
Joseph-Yves Gely
Denis Lefèbvre, secrétaire général de l'Office universitaire de recherche socialiste, dont les travaux sur Guy Mollet et l'affaire de Suez m'ont été précieux
Général Lemaire
Gilles Leroux
Bernard Marin
Pierre Messmer, ancien Premier ministre, Chancelier de l'Institut
Alain-Gilles Minella, dont les travaux m'ont été précieux et auxquels je me suis souvent référé

Patrice du Puy de Clinchamps
Jean-Marie Sanne
Edith Schaller-Vezy
Colonel Senant, du Service historique de l'armée de terre
Laurent Theis, guide attentif depuis si longtemps
Marc Zacchetti
... ainsi que les ophélètes de l'Intermédiaire des chercheurs et curieux, aux connaissances insoupçonnables.

Que les officiers de la promotion de Saint-Cyr « Général Leclerc » (1946-1948) qui avaient bien voulu m'aider lors de la rédaction du livre consacré à leur promotion – *Saint-Cyr, génération Indochine Algérie* (Plon, 1992, Perrin, 1998) – soient une nouvelle fois remerciés. Leurs témoignages ont parfois, très logiquement, retrouvé place dans cette biographie. Il en est de même pour tous les officiers de la 10e division parachutiste qui avaient bien voulu m'accorder leur confiance lors de la préparation de *La Bataille d'Alger* (Perrin, 1995; Tempus, 2002). Notamment les officiers du 1er régiment étranger parachutiste, du 3e régiment de parachutistes coloniaux, ou ceux qui étaient attachés à l'état-major de la division pour le renseignement et l'information. Leurs récits ont, partiellement, repris place dans cet ouvrage.

Table

Cet ouvrage a été composé et imprimé par la
SOCIÉTÉ NOUVELLE FIRMIN-DIDOT
Mesnil-sur-l'Estrée
pour le compte des Éditions Perrin
en décembre 2002